Alexander Reyss / Thomas Birkhahn

Kraftquellen des Erfolgs
Das Reiss Profile Praxisbuch

Worauf es im Leben wirklich ankommt
und wie Sie die 16 Lebensmotive im Alltag nutzen

Haben Sie Fragen an die Autoren?
Anregungen zum Buch?
Erfahrungen, die Sie mit anderen teilen möchten?
Nutzen Sie unser Diskussionsforum:
www.mankau-verlag.de

mankau

Bibliografische Information der Deutschen Nationalbibliothek

Die Deutsche Nationalbibliothek verzeichnet diese Publikation in der Deutschen Nationalbibliografie; detaillierte bibliografische Daten sind im Internet über http://dnb.d-nb.de abrufbar.

Alexander Reyss / Thomas Birkhahn

Kraftquellen des Erfolgs
Das Reiss Profile Praxisbuch

Worauf es im Leben wirklich ankommt
und wie Sie die 16 Lebensmotive im Alltag nutzen

ISBN 978-3-938396-35-3
1. Auflage 2009

Mankau Verlag GmbH
Postfach 13 22, D-82413 Murnau a. Staffelsee
Im Netz: www.mankau-verlag.de
Diskussionsforum: www.mankau-verlag.de/autoren/diskussionsforum

Lektorat: Georg Patzer, Karlsruhe; Dr. Thomas Wolf, MetaLexis; Ulrich Nigge, Lünen
Endkorrektorat: Dr. Thomas Wolf, MetaLexis
Gestaltung Umschlag: Guter Punkt, München – Andrea Barth I www.guter-punkt.de
Gestaltung Innenteil: Heike Brückner, Grafikstudio, Regensburg
Druck: Bercker Graphischer Betrieb GmbH & Co. KG, Kevelaer

Inhalt

Vorwort

„Wer sind wir? Woher kommen wir? Wohin gehen wir?
Was erwarten wir? Was erwartet uns?
Viele fühlen sich nur als verwirrt.
Der Boden wankt, sie wissen nicht warum und von was."

(Ernst Bloch, Das Prinzip Hoffnung)

Wir trafen uns an einem sonnigen Tag in Hamburg mit Blick auf die Elbe. Als wir über die Erkenntnisse von Professor Steven Reiss sprachen, stellten wir uns ganz ähnliche Fragen. Vertieft haben wir diesen Austausch später gemeinsam am Kaminfeuer in einem privaten Jagdhaus bei Wiehl. Aus unseren vielen Ideen und harmonischen Dialogen entstand dieses Buch.

„Wer sind wir? Was treibt uns an? Und wenn wir wissen, was uns antreibt, was können wir damit anfangen? In welche Richtung bewegen wir uns dann? Wie gehen wir damit um? Welche Auswirkungen hat das für uns und das Zusammenleben mit unseren Mitmenschen?"

Das sind die Fragen, die wir Menschen uns täglich stellen. Es sind die „Königsfragen" zu den großen Themen des Lebens. Fragen nach der Vielfalt unserer Persönlichkeit. Fragen, die uns nicht loslassen.

Deshalb sitzen wir zusammen im Restaurant „Tschebull" im Levante-Haus in Hamburg und philosophieren über die Fragen, die uns bewegen. Die „Genuss-Motive", Schönheit und Essen, sind bei uns extrem hoch ausgeprägt: Deshalb zieht es uns wohl auch immer wieder an diesen inspirierenden Ort, bei dem wir, von der kulinarischen Atmosphäre und der Philosophie des Kärntner Spitzenkochs begleitet, unseren Dialog fortsetzen.

Für uns stehen die Einzigartigkeit und die Vielfalt des Denkens wie auch des Handelns der Persönlichkeit im Vordergrund unserer Ausführungen.

„Zwei Seelen wohnen, ach, in meiner Brust", so heißt es in Goethes „Faust", der uns auf die Vielfalt unserer Persönlichkeit genauso hinweist wie es Hermann Hesse in seinem Roman „Der Steppenwolf" tut. Aber kein Mensch ist so angenehm einfach, dass sich sein Naturell als die Summe von nur zwei Hauptelementen erklären ließe.

Wir bestehen nicht nur aus zwei Wesen wie Harry Haller in dem Roman, sondern aus hunderten, aus tausenden. Unser Leben bewegt sich nicht nur zwischen zwei Polen, etwa dem Geist und dem Trieb oder dem Heiligen und dem Wüstling, sondern es schwingt zwischen unzählbaren Polpaaren.

Mit den Erkenntnissen von Steven Reiss und dem Reiss Profile gelangen die individuellen Motive ins Bewusstsein unserer Persönlichkeit. So wie es Hesse beschreibt, ist keine Persönlichkeit eine Einheit, sondern eine höchst vielfältige Welt, ein kleiner Sternenhimmel, ein Chaos von Formen, von Stufen und Zuständen, von Erbschaften und Möglichkeiten. Als Körper ist jeder Mensch eins, als Seele nie.

Diesem Phänomen und den gestellten Fragen gehen wir nach. Sie werden Antworten in Form von Angeboten erhalten. Gleichzeitig möchten wir Sie anregen, selbst nach Antworten zu suchen.

Vermutlich rufen die Fragen und Antworten auch neue Fragen hervor. Vielleicht sind das genau diejenigen, die für Sie zentral sind und von deren Beantwortung das Gelingen eines veränderten Lebens mit abhängen könnte.

Wir laden Sie ein auf diese Reise. Eine Reise zu ihren persönlichen Kraftquellen.

Thomas Birkhahn und Alexander Reyss
Hamburg und Köln im November 2009

Teil I:

DIE KRAFTQUELLEN
UNSERER PERSÖNLICHKEIT

Einführung –
Was treibt uns wirklich an?

Wie häufig sind wir Menschen schon der Frage nachgegangen,
was uns privat und beruflich antreibt? Erfolg, Karriere,
Familie, Gesundheit, Sport oder Erotik?
Was ist uns wirklich wichtig?
Was macht uns wirklich zufrieden und glücklich?
Worauf kommt es im Leben heute wirklich an?

Dies sind Fragen, die im Leben immer wieder auftauchen, Fragen, die beantwortet werden wollen.

Was würde sich bei Ihnen verändern, wenn Sie diese Fragen beantworteten und sich und Ihre Persönlichkeit so entdeckten, dass Sie sich selber und anderen sagen könnten: „Ich weiß jetzt, wer ich bin und welche Lebensmotive und Kraftquellen ich in mir habe"?

Schon wieder eine Frage: So ist das Leben. Es besteht aus Fragen und Antworten. Hätten wir Menschen niemals Fragen gestellt, würden wir immer noch in der Höhle sitzen, allerdings ohne Licht und Feuer. Fragen regen an, sich weiterzuentwickeln. Dabei kommt es aber darauf an, die wirklich wichtigen und für jeden Menschen passenden Fragen so zu stellen, sodass die Aufmerksamkeit durch die Frage auf das Ergebnis gelenkt wird und zur Lösung des Problems beiträgt. Wir haben festgestellt, dass es für das Finden der richtigen Antworten sehr unterstützend sein kann, „wirksame Fragen" zu stellen.

Welche der gestellten Fragen hat bei Ihnen bereits eine Überlegung ausgelöst?

Sie könnten nun diesen Gedanken nachgehen oder sich weiter inspirieren lassen – Sie könnten aber auch beides tun!

Der mehrfach ausgezeichnete, amerikanische Psychologieprofessor Steven Reiss fand heraus, dass 16 genetisch bedingte Motive für die Gestaltung unseres Lebens und die Sicht auf die Dinge unserer Existenz verantwortlich sind. **Dabei ist jeder Mensch einzigartig:** Genau wie einen individuellen Fingerabdruck hat jeder Mensch ein unverwechselbares „Motivprofil".

Sich dessen bewusst zu sein und danach zu leben, ist eine wichtige Voraussetzung, um mit sich und anderen ins Reine zu kommen. Was uns Menschen so einzigartig macht, ist die jeweilige Kombination unserer Antriebskräfte und was sie für den Einzelnen bedeutet!

Allen menschlichen Verhaltensweisen liegen diese Motive zugrunde: Macht/Power, Teamorientierung, Neugier, Anerkennung, Ordnung, Sparen, Ziel- und Zweckorientierung, Idealismus, soziale Beziehungen, Familie, Status, Kampf/Rache, Schönheit, Essen, körperliche Aktivität und emotionale Ruhe. Diese Beweggründe bestimmen vordergründig und nachhaltig unser Leben: Sie sind der Antriebsstoff und der Nährboden für unsere persönliche Motivation. Richtig eingesetzt, sind sie unsere Kraftquellen für ein erfolgreiches, zufriedenes und gesundes Leben.

Das Reiss Profile ist das derzeit wirkungsvollste, psychologisch basierte und weltweit einsetzbare Instrument, um die spezifischen Grundlagen der menschlichen Motivation zu messen und für eine individuelle und erfolgreiche Lebensführung zu nutzen.

Das Reiss Profile bildet ab, wie sich Menschen idealerweise verhalten wollen, wonach Sie täglich streben, unabhängig davon, ob das direkte Umfeld, die Kultur, die Zeit, das Geld etc. dies zulassen. Durch die wissenschaftlich belegbaren Erkenntnisse der individuellen Motivstruktur unserer Persönlichkeit bekommt der Sprachnebel der Motivation eine bislang nicht vorhandene Klarheit und Anwendbarkeit für uns Menschen. Erfolg und Leistungssteigerung durch ein Reiss-Profile-Coaching basieren auf der Grundlage der individuellen Antriebsstruktur des jeweiligen Menschen.

Das Reiss Profile wird überall dort eingesetzt, wo es darum geht, die menschliche Leistungsfähigkeit zu steigern. Menschen, die ihre individuelle Antriebsstruktur kennen und nutzen, können authentisch und leistungsfähig sein. Diese Grundannahmen sind der Ausgangspunkt für den professionellen Einsatz des Reiss Profile in:

- Human Resources Management
- Unternehmens- und Mitarbeiter-Auswahl und -Führung
- Coaching, Beratung und Training
- Life-Balance-Beratung
- Gesundheit und Ernährung
- Leistungssport

Darüber hinaus wird das Reiss Profile in der psychologischen Beratung sowie in Vertrieb, Marketing, Kommunikation, Schulpsychologie, Partnerberatung und Kindererziehung angewendet.

Das neue Wissen ermöglicht die Weiterentwicklung von individuellen Ressourcen und die Entfaltung einer integrierten und ganzheitlichen natürlichen Persönlichkeit. Selbsterkenntnis und Selbstreflexion, der Umgang mit sich und anderen bekommen dadurch eine neue Qualität. Menschen, die im Berufs- und Privatleben spürbar zufrieden, glücklich, erfolgreich und motiviert sind, wissen oft unbewusst sehr genau, wer sie sind und was ihnen wichtig ist. Sie akzeptieren sich selbst, respektieren und tolerieren aber auch das Anderssein anderer. Menschen, die ihre Motive kennen, sind in der Lage, ihr Leistungspotenzial wirkungsvoll für ihre Ziele zu nutzen. Das macht sie authentisch, und sie überzeugen durch ihre Persönlichkeit. Erfahren Sie, was Sie persönlich motiviert und antreibt, was Sie frustriert und demotiviert und welche Möglichkeiten Sie haben, damit umzugehen und Ihre Situation zu verändern.

Warum verhalten sich mehr und mehr Menschen in der heutigen Zeit entgegen ihren inneren Triebfedern? Viele Frauen und Männer sind heute unzufrieden und krank, weil sie ein Leben führen, das nicht zu ihnen passt. Dieses Buch klärt darüber auf, was uns wirklich wichtig ist und was wir tun können, um leistungsfähig und selbstbewusst mit uns und anderen umzugehen.

Wir überreichen dem deutschsprachigen Raum die Forschungsergebnisse von Professor Dr. Steven Reiss, kombiniert mit langjährigen, praxisnahen Erfahrungen aus der Arbeit mit dem Reiss Profile. Wir beschreiben umfassend die menschlichen Antriebskräfte, die durch das Reiss Profile in seiner individuellen Ausprägung abgebildet werden. Das Buch führt Sie auf eine abwechslungsreiche und interessante Reise durch alle Bereiche unserer Existenz und gibt praktische Tipps für Ihre ganz individuelle Lebensgestaltung: Persönlichkeitsentwicklung – Gesundheit – Partnerschaft – Erziehung – Beruf – einschließlich Berufs- und Studienwahl sowie Karriereplanung – Ernährung, Erziehung, Sport und Bewegung.

Durch die Erkenntnis dessen, was uns wirklich antreibt, wird das Buch „Kraftquellen des Erfolgs" für Sie zu einem wertvollen und impulsgebenden Nachschlagewerk und lebensbegleitenden Ratgeber.

Es wendet sich an alle interessierten und veränderungsbereiten Menschen, die herausfinden wollen, wie sie auf der Suche nach der individuellen Motivation, ihrem persönlichen Glück und der inneren Zufriedenheit schneller und zielgerichteter vorankommen können.

Die Kraftquellen unserer Persönlichkeit für ein bejahendes Leben

Nur drei von zehn Deutschen sind aktuellen Studien zufolge glücklich und zufrieden mit ihrem Leben. Erfolg und Glück sind Ansprüche, die in der modernen Gesellschaft wie selbstverständlich von uns Menschen gestellt werden. Dies sind Ziele, die von außen proklamiert oder selber definiert werden. Viele Menschen scheitern auf ihrem Weg dorthin und reagieren mit innerer Leere, Depression, Antriebslosigkeit und Suchtverhalten, so die Analyse des französischen Soziologen Alain Ehrenberg.

Ist das Leben, das wir führen, unser „eigenes", fragt Wilhelm Schmid, einer der erfolgreichsten philosophischen Publizisten, in seinem Vorwort zu „Schönes Leben? – Einführung in die Lebenskunst".

Das Leben – ein komplexes, selbstgestaltetes Kunstwerk

Täglich sind wir Einflussfaktoren ausgesetzt, die etwas bei uns bewirken. Wirkkräfte, die mit uns umgehen, aus unserer Perspektive nicht immer schonend, und uns manchmal in eine scheinbar ausweglose Situation bringen. Dies meinen wir zumindest. Vielleicht trifft das in vielen Fällen zu. Gleichwohl sind wir allein – vor uns selbst – für dieses Leben verantwortlich, niemand sonst wird diese Verantwortung übernehmen. Also stellt sich jedem die Frage nach der Philosophie seines Lebens. Welches Leben möchte ich leben? Wie werde ich es gestalten? Was werde ich tun?

„Lebenskunst ist die Ernsthaftigkeit des Versuchs, aus diesem Grund sich das Leben beizeiten selbst anzueignen und vielleicht sogar ein schönes Leben daraus zu machen" *(Schmid 2000, 7)*. Ein schönes Leben gestalten zu wollen, heißt nicht, dass unsere Zeit nur aus Glücksmomenten besteht. Widersprüche auszuhalten, mit Entbehrungen und Konflikten umgehen zu können ist ebenso Teil des Lebens. Dies ist eine Seite, die genauso dazugehört wie das Dunkle zum Hellen, die Nacht zum Tag und die Wolken zur Sonne. Polaritäten. Die Gestaltung des eigenen Lebens kann darin bestehen, eine Balance zu finden. Eine ganz persönliche Balance.

Passen die von uns anvisierten Ziele im Leben wirklich zu dem, was uns antreibt? Zur Beantwortung dieser Frage ist es vermutlich nicht mit vier, fünf ganz netten und einfachen Ratschlägen oder mit gut gemeinten Handlungsanweisungen getan.

Erfolg, Glück, Gesundheit und die Gestaltung des Lebens sind sehr komplexe Phänomene. Sie lassen sich nur aus der ganzen Persönlichkeit entwickeln. So können wir die eigenen Chancen auf Erfolg und Glück nur dann wirklich individuell und nachhaltig gestalten, wenn sich unsere Gesamtpersönlichkeit mit dem, was uns antreibt, und den Zielen, die wir anvisieren, authentisch und kompatibel verhält.

Bei der Motivation kommt es auf die Kongruenz der unbewussten Motive und der bewussten Vorstellungen und Ziele an. Wenn wir das erreichen, sind wir zufrieden und leistungsfähig. *Roth (2008)* stellt fest, dass wir dann, neben der Liebe, die wichtigste Erfahrung in unserem Leben machen: dass unser Verfolgen selbstbestimmter Ziele und das erfolgreiche Gestalten einer Herausforderung eine Belohnung in sich selbst trägt und dass wir keine Belohnung von außen benötigen.

Wir sprechen gleich zu Beginn unserer Ausführungen dieses Thema an, um dazu anzuregen, die Selbsterkenntnisse aus dem Reiss Profile zur Reflexion des bisherigen, aber auch zur Gestaltung des zukünftigen Lebens zu nutzen.

Dasjenige, wonach der Mensch sucht, ist das, wofür es sich zu leben lohnt. Die Sehnsucht nach der Möglichkeit, das Leben so zu gestalten, dass es bejahenswert ist. Wenn die Motive unser Handeln und Denken also maßgeblich beeinflussen, könnte es verlockend sein, diese Erkenntnisse zu nutzen, um sie mit unserer Lebensphilosophie in Einklang zu bringen oder diese neu zu durchdenken.

Wir wollen mit unseren Überlegungen zum Zusammenwirken der Motive dazu beitragen, die Komplexität unseres Erlebens und Verhaltens in der Auseinandersetzung mit der Welt interdisziplinär zu betrachten. Wir wollen bewusst zusammenführen, was zusammengehört. Dazu haben wir neben der Psychologie auch die Philosophie und Neurobiologie nach ihren neuesten Forschungsergebnissen befragt und ebenso die Einsichten der Kybernetik und der Erkenntnistheorie berücksichtigt und zu einem Ganzen zusammengefügt.

Es war uns wichtig, die für uns sinnvollen Ansätze zusammenzubringen, ohne uns dabei im wissenschaftlichen Detail zu verlieren. Wir möchten Ihnen praxisnah und verständlich die Thematik rund um die 16 Lebensmotive nahebringen.

Es liegt uns weiterhin am Herzen, den Fragen nachzugehen, welche Bedeutung die Motive für unser tägliches Erleben und Verhalten und welche Auswirkungen sie in den Gebieten der Lebensgestaltung wie Persönlichkeitsentwicklung – Gesundheit – Partnerschaft – Erziehung – Beruf – einschließlich Berufs- und Studienwahl sowie Karriereplanung – Ernährung, Sport und Bewegung haben.

Es ist uns wichtig, in einer Welt ständigen Wandels nicht nur „guten Fragen", sondern förderlichen und zielführenden Fragen nachzugehen. Denn sie betonieren nicht lebendige Prozesse in Schwarz-Weiß-Phänomene und Überlegungen in Klischees, sondern steigern die Hirnleistung und knüpfen an unsere Kernkompetenz – die Selbstverantwortung – an. Diese Fragen machen dann zusätzlich Sinn, wenn wir sie mit der Frage nach der Zukunft verbinden: Wodurch entsteht Zukunft und welche Umrisse werden die komplexen Situationen künftigen Lebens aufweisen – immer verbunden mit der Frage, welche Auswirkungen die Kenntnisse über unsere Motive haben werden.

Zukunft „entsteht – erstens – durch Zufälle, an denen wir nichts oder wenig ändern können", so *Horx (2005, 16)*. „Sie erwächst – zweitens – aus den Gesetzmäßigkeiten lebendiger Systeme, die wir verstehen lernen können" – dazu soll auch dieses Buch einen Beitrag leisten: nämlich uns selber besser zu verstehen. Nutzen wir Vorhandenes flexibel und kreativ und werden zu Beteiligten, dann sind wir weniger ohnmächtig.

Unsere Zukunft entwickelt sich aber auch durch menschliches Handeln. Durch humane Vereinbarungen. Dieses Handeln kann jedoch blind und dumpf sein und in eine Richtung führen, die wir nicht wollen. Zukunft ist das Ergebnis von Verhandlungen, in denen wir zumindest Sitz und Stimme haben sollten – umso besser, wenn wir wissen, wer wir sind, und wenn ja, wie viele Menschen mit uns agieren. Vor allem ist es sehr interessant, mit welchen Motiven wir ausgestattet sind und welche Ausprägung deren Struktur aufweist.

Komplexität bewältigen –
eine unserer größten zukünftigen Herausforderungen

Gehen wir also auf Entdeckungsreise – auf eine Reise, bei der Komplexität eine der größten Herausforderungen für uns Menschen sein wird.

Denn Komplexität entzieht dem traditionellen Management in der Wirtschaft ebenso wie dem privaten Bereich seine Basis: Stabilität, Klarheit, Berechenbarkeit, Kontinuität, Eindeutigkeit und Planbarkeit.

Wir werden nicht einfach nur von Trieben vorwärtsgeschoben, von Anreizen angezogen oder von Verstärkern in unserem Verhalten geformt. Wir leben in einer komplexen Welt, in der die materielle und soziale Umgebung sich von Moment zu Moment ändert. Oft bilden wir eine Synthese aus gegenwärtigen Bedürfnissen, vergangenen Erfahrungen und Prognosen, um herauszufinden, welchen Weg wir am besten einschlagen sollten *(LeDoux 2006, 332)*. Nur wer förderliche und zieldienliche Fragen stellt, wird auf der Suche nach dem Sinn des Lebens das Gespräch voranbringen und am wirkungsvollsten zur Lösung beitragen.

Am Anfang allen Denkens steht das Wissenwollen, die Neugier, stehen also die Fragen. Die Philosophen sehen im Fragenstellen die Hebammenkunst der Wahrheitsfindung. Wir bewegen uns mit unseren Fragen also in guter Gesellschaft mit Sokrates, der immer wieder fragte, was die Menschen wirklich wollen und denken und wie sie ihr Leben verstehen. Heidegger fragte nicht nur nach dem Sinn des Seins schlechthin, vielmehr definierte er das „ganze menschliche Dasein sogar von diesem Impuls: Menschliches Dasein kann – und es muss – fragen" *(Weischedel 2008, 274)*.

Genau dazu möchten wir anregen. Jeder nachdenkliche Mensch, nicht nur die großen Denker von der Antike bis zur Gegenwart, stellte sich die Fragen nach dem Sinn des Ganzen – und auch wir sind daran nun beteiligt.

„Wer sind wir? Was treibt uns an? Und wenn wir wissen, was uns antreibt, was können wir damit anfangen? In welche Richtung bewegen wir uns dann? Wie gehen wir damit um? Welche Auswirkungen hat das für uns und das Zusammenleben mit unseren Mitmenschen?" Das sind die Fragen, die wir Menschen uns täglich stellen. Es sind die „Königsfragen" zu allen großen Themen des Lebens. Es sind Fragen, die uns bewegen und die uns nicht loslassen.

Die Bedienungsanleitung für unsere Persönlichkeit

Bitte lesen Sie dieses Kapitel aufmerksam durch und befolgen Sie alle Hinweise. So gewährleisten Sie einen zuverlässigen Betrieb und eine lange Lebenserwartung. Bewahren Sie die Bedienungsanleitung zum späteren Nachlesen und für Rückfragen gut auf. Bei Weitergabe des Artikels ist auch diese Anleitung mitzugeben.

Solche Anweisungen lesen wir, wenn wir ein neues technisches Gerät in Betrieb nehmen. Wie oft tun wir das in unserem Leben? Eine neue Kaffeemaschine, Waschmaschine, Pocket-PC, Fernsehgerät oder ein neues Auto. Wie funktioniert das, was wir benutzen? Wie viel Zeit verbringen wir, uns damit auseinanderzusetzen, um auch die letzte technische Raffinesse unserer neuen Errungenschaft nutzen zu können? Interessant ist zudem die Frage, wie unterschiedlich die Geschlechter damit umgehen und welche Bedeutung das für unser Zusammenleben hat.

Mit „uns selbst" gehen wir tagtäglich um. Wir erleben und verhalten uns allein und mit anderen Menschen. Unsere „Persönlichkeit" kommt permanent zum Einsatz. Wissen wir, welche Möglichkeiten tatsächlich in uns stecken? Was würden Sie tun, wenn Sie wüssten, welche Stärken und Potenziale Sie tatsächlich haben?

Wenn wir die Kraftquellen unserer Persönlichkeit betrachten, sehen wir, wie die Elemente des mentalen Dreiklangs ineinandergreifen. Unser Kopf ist nicht nur ein Denkapparat, der unabhängig von Gefühlen seine Leistung hervorbringt. „Er ist ein integriertes System synaptischer Netzwerke, die kognitive, emotionale und motivationale Funktionen erfüllen. Und er umfasst, was noch wichtiger ist, auch Interaktionen zwischen den Netzwerken, die für die verschiedenen Aspekte unseres Innenlebens zuständig sind" (*LeDoux 2006, 341*).

Wann haben Sie sich zuletzt mit der Bedienungsanleitung für Ihre Persönlichkeit auseinandergesetzt? Haben Sie „Ihre Bedienungsanleitung" im Kontakt mit anderen Menschen weitergegeben, damit auch diese mit den „Schätzen" und Kraftquellen, die in Ihnen stecken, wertschätzend umgehen können? Sind den anderen Ihre Besonderheiten bekannt?

Vermutlich nicht. Denn wer möchte schon die Dinge von sich preisgeben, die uns ausmachen. Die anderen Menschen könnten das ja ausnutzen. Häufig ist dies also ein hilfreicher Selbstschutz. Das ist allerdings nur eine Richtung unseres Denkens. Und wir könnten überprüfen, ob uns dieses Denken in jeder Konsequenz gut tut.

Bei einem Vorstellungsgespräch wurde ein Freund von uns neben seinen Stärken auch nach seinen Schwächen befragt. Ohne zu zögern, erzählte Michael, der sich als Key Account Manager bei einem international tätigen Handelsunternehmen vorstellte, dem Personalverantwortlichen, dass er häufig Schwierigkeiten habe, Mozart und Beethoven auseinanderzuhalten. Der Gesprächspartner runzelte zunächst die Stirn. Als Michael dann auch noch von einer weiteren Schwäche berichtete, sagte der Personalsachbearbeiter, dass dies für die Stelle, auf die er sich beworben hatte, ja keine Bedeutung habe. Michael hatte sehr überzeugend dargestellt, dass er nicht sehr gut kochen könne. Er würde die Spagetti stets ein wenig zu früh aus dem Wasser nehmen. Die andere Personalsachbearbeiterin sagte darauf: „Mmhhh, ‚al dente‘, das ist doch besonders schmackhaft!"

Was sind also wirklich Stärken und Schwächen? Diese Frage erscheint uns deshalb sehr wichtig, weil häufig Einwände wie „Ja, aber … Das ist meine Schwäche … das kann ich nicht" ohne Berücksichtigung der Situation betrachtet werden, oder die förderlichen Auswirkungen dieses Einwandes werden nicht in Betracht gezogen.

Was macht Ihre Persönlichkeit aus? Was treibt Sie wirklich an? Wie sind Sie in der Realität ausgestattet? Welche Kraftquellen stecken tatsächlich in Ihnen?

Und hier geht es uns nicht darum, die rosarote Brille aufzusetzen und nur über das zu reden, was positiv ist. Vielmehr möchten wir dazu anregen, die Aufmerksamkeit auf das zu lenken, was für unsere Persönlichkeit unterstützend und förderlich ist.

„Energy flows, where attention goes. Da, wo die Aufmerksamkeit hingeht, dort entsteht Energie, Energie für das Denken und unsere Emotionen" *(Schmidt 2004, 51).*

Jede Persönlichkeit ist einzigartig

Jede Person und jede Situation ist einzigartig. Es gibt jedoch ausreichende Ähnlichkeiten zwischen den Menschen und ihren jeweiligen Lebensgeschichten. Deshalb ist es nicht immer leicht festzustellen, was das Besondere an einem Menschen ausmacht. Wie können wir Persönlichkeit definieren? Wie können wir das, was über die Persönlichkeit eines Menschen bekannt ist, am besten erkennen und für den Umgang miteinander nutzen?

Wenn ein Sachverhalt komplex ist, reduzieren wir die Komplexität, um sie erfassen zu können. Wir bilden uns ein Modell. Dadurch wird die von uns betrachtete Realität nachvollziehbar und verständlich. So gehen wir im Alltag auch mit uns und mit anderen Menschen um. Äußerungen wie „Ich bin so …" oder „der oder die ist so …" sind üblich. Ob diese Art und Weise der Bewertung eines Menschen wirklich nützlich ist, werden wir noch näher beleuchten. Eine Frage an dieser Stelle: Was würde sich verändern, wenn wir stattdessen sagen würden, „Claudia hat sich in dieser Situation so und so verhalten", und dann anstelle einer Bewertung eine Beschreibung des Verhaltens von uns abgäben?

… Wir lassen diese Frage zunächst wirken … verbunden mit einer kleinen Geschichte.

Der Adler und das Huhn

Ein Bauer fand einmal ein Adler-Ei und legte es einer seiner Hennen ins Nest. Der kleine Adler wurde zusammen mit den Küken ausgebrütet und wuchs mit ihnen auf. Da er sich für ein Huhn hielt, gackerte er. Er schlug mit den Flügeln und flatterte immer nur höchstens einen oder anderthalb Meter in die Höhe. Wie ein anständiges Huhn. Und er scharrte in der Erde nach Würmern und Insekten. So verging Jahr um Jahr, und der Adler wurde alt. Eines Tages sah er einen prächtigen Vogel, der hoch oben am Himmel majestätisch seine Kreise zog. Bewundernd blickte der alte Adler nach oben.

„Wer ist das?", fragte er ein Huhn, das gerade neben ihm stand. „Das ist der Adler, der König der Vögel", antwortete das Huhn. „Wäre es nicht herrlich, wenn wir auch so hoch am Himmel kreisen könnten?" „Vergiss es", sagte das Huhn. „Wir sind Hühner." Also vergaß der Adler es wieder. Und er lebte und starb in dem Glauben, ein Huhn gewesen zu sein.

Um mit uns selbst und anderen umzugehen, benutzen wir unsere Vorstellungen von der Welt. In gewisser Weise sind wir alle Persönlichkeitspsychologen, ob wir nun wollen oder nicht. Das heißt, wir entwickeln Vorstellungen über andere Menschen und finden Begriffe, um sie zu beschreiben und zu unterscheiden, sowie Regeln, um ihr Verhalten verstehen und vorhersagen zu können. Das wiederum beeinflusst, häufig unbewusst, unser Denken und Verhalten.

Menschen, denen wir begegnen, beschreiben wir in Bezug auf ihre Persönlichkeit, und auf der Grundlage unseres Eindrucks urteilen wir darüber, ob sie uns sympathisch sind oder nicht. Der Umgang mit anderen basiert häufig darauf, was wir meinen und was wir auf der Grundlage dieser Einschätzung von ihnen erwarten können. Das gilt nicht nur für kleine Entscheidungen, sondern auch dann, wenn wir bedeutsame Lebensentscheidungen treffen müssen.

Aus welchen Gründen nehmen wir die Dinge unterschiedlich wahr? Warum werden manche Menschen unter gleichen Lebensbedingungen psychisch krank und andere nicht? Um die komplexen Beziehungen zwischen den verschiedenen Funktionsweisen von Menschen zu verstehen, ist es hilfreich zu erfahren, wie sie sich in ihren Wahrnehmungen unterscheiden und wie die Auswirkungen dieser Unterschiede zur Gesamtpersönlichkeit in Beziehung stehen. Somit beschäftigen wir uns weniger mit einem einzelnen psychologischen Prozess, sondern mehr mit den Wechselwirkungen der verschiedenen Prozesse, um zu verstehen, wie die Ergebnisse dieser Relationen zur Bildung eines integrierten Ganzen zusammenwirken.

Der Mensch funktioniert als organisierte Ganzheit. Zurzeit gibt es keine allgemein anerkannte Definition von Persönlichkeit. Persönlichkeitsdefinitionen sind nicht richtig oder falsch, sondern für den Psychologen mehr oder weniger nützlich im Hinblick auf seine Einschätzung *(Pervin 1993, 17 f.).* Für die Psychologie als Wissenschaft sind solche Ansätze ebenso wie für uns Menschen im Alltag mehr oder weniger von Nutzen, wenn sie dazu beitragen, Erleben und Verhalten von Menschen zu verstehen und einzuschätzen sowie persönliche Weiterentwicklungsprozesse zu unterstützen. Unseren weiteren Überlegungen legen wir folgendes Verständnis von Persönlichkeit zugrunde:

Persönlichkeit repräsentiert alle Elemente einer Person, die zu einem Erlebens- und Verhaltensmuster beitragen.

Um die weiteren Gedanken nachvollziehen zu können, gilt es folgende Punkte zu berücksichtigen: Um Klarheit über die Kraftquellen des Erfolges, also von den in und um uns herum befindlichen motivierenden Elementen zu haben, müssen diese Bausteine klar definiert werden. Nur so lässt sich übereinstimmendes, ähnliches oder unterschiedliches Erleben und Verhalten messen und beobachten, ja vergleichbar machen. Das heißt, wir brauchen einen Maßstab, eine Maßeinheit, um eine gemeinsame Orientierung für das zu haben, worüber wir sprechen – über unsere Persönlichkeit.

Zweitens ist unsere Persönlichkeit gekennzeichnet durch konsistente Merkmale. Wir sind einerseits einzigartig in der Ausprägung unserer Kraftquellen. Gleichzeitig sind wir anderen Menschen ähnlich. Persönlichkeit ist also ein Konzept, das die Einzigartigkeit und die Regelmäßigkeiten in einer Person und die Ähnlichkeiten zwischen verschiedenen Personen erfasst.

Drittens beinhaltet unsere Persönlichkeit sowohl die stabilen, unveränderlichen Bausteine des psychischen Wirkens – wir bezeichnen sie als Struktur –, als auch die fließenden, veränderlichen Elemente – wir bezeichnen sie als Prozess.

So wie der physische Organismus aus Körperteilen besteht und verschiedene Prozesse die Verbindungen zwischen den Teilen herstellen, so setzt sich auch der psychische Organismus aus konsistenten Teilen und wirkenden Prozessen zusammen, die das Ergebnis der Verbindungen herstellen. In diesem Sinne kann man die Persönlichkeit als ein System bezeichnen *(Pervin 1993, 18).*

Unsere Persönlichkeit – ein komplexes System

Systemische Konzepte beschäftigen sich damit, wie Realitäten in wechselseitigem Austausch und im gemeinsamen Aushandeln der Beteiligten konstruiert werden.

Ein System ist etwas, das zusammen- (syn) -steht (stamein) oder -liegt (histamein). Also etwas, das zusammengehört. Eine gängige Definition für ein System lautet: „Ein Satz von Elementen und Objekten zusammen mit den Beziehungen zwischen den Objekten und ihren Merkmalen." *G. Schmidt (2004, 19)* weist darauf hin, dass diese Aussage auf Wechselwirkungen fokussiert ist und weniger auf die den Elementen innewohnenden Eigenschaften. „Es sind die Wechselwirkungen, die den Zusammenhalt des Systems gewährleisten. Die jeweilige Organisation der Wechselwirkungsmuster ist genauso wesentlich wie die einzelnen Elemente des Systems. Diese Wechselwirkungen oder auch Beziehungen laufen nicht planlos oder zufällig ab, sondern folgen bestimmten Regeln." Für lebende Systeme wird angenommen, dass die Regeln des Zusammenwirkens das System befähigen, sich in selbstorganisierender Weise zu reproduzieren.

Leben reproduziert sich selbst. Die wichtigste Aufgabe des Lebens scheint das Produzieren von Leben zu sein. So schaffen lebende Systeme gegen die Wirkung starker Außenkräfte „über hyperzyklische, metabolische und schließlich Sinn konstituierende Prozesse ... unwahrscheinliche Zustände und organisieren Komplexität", die „Gesetzmäßigkeiten aufweist, welche sich nicht auf die Gesetze der Physik reduzieren lassen" *(Schmidt 2004, 19)*.

Damit also ein lebendes System seine Existenz sichern und reproduzieren kann, entwickelt es Regeln, die seinen Aufbau wieder ermöglichen und die unter anderem auch dafür sorgen sollen, dass die Regeln weiter aufrechterhalten werden. Da dies immer im Austausch mit einer sich ständig ändernden Umwelt geschieht, reicht es nicht aus, die bisherigen Regeln starr zu belassen (Homöostase). Einen Teil der Regeln muss das System immer wieder in Abstimmung mit der Umgebung verändern (Morphogenese), um seine Stabilität weiter zu ermöglichen. „Wer einigermaßen der Gleiche bleiben will, muss sich ständig verändern ...", muss eine optimale Balance zwischen Homöostase und Morphogenese finden *(vgl. Schmidt 2004, 19 f.)*. Was die optimale Balance für das jeweilige System ausmacht, entscheidet das System selber.

Wir sehen, welche Überlegungen aus systemischer Perspektive erforderlich sind, um die Komplexität des Erlebens und Verhaltens der Persönlichkeit zu durchdringen.

Kehren wir zurück zum Begriff der Persönlichkeit:

Viertens beinhaltet die Persönlichkeit neben dem beobachtbaren Verhalten auch Denkprozesse (Kognitionen) und Emotionen (Affekte), die in komplexen Beziehungen zueinander und zum Verhalten stehen.

Fünftens stehen diese Prozesse immer im Zusammenhang mit Anreizen aus Situationen von außen: Persönlichkeit existiert nicht in einem Vakuum, sondern reagiert auf Situationen, sodass Beziehungen hergestellt werden. Und Beziehungen sind weder von vornherein vorhanden noch konsistent – sie müssen immer wieder neu hergestellt werden.

Unter Berücksichtigung dieser Komplexität wollen wir Persönlichkeit verstehen und individuelles Erleben und Verhalten für jeden Einzelnen erfahrbar und nachvollziehbar zugänglich machen.

Das Ganze ist mehr als die Summe seiner Teile

Wir haben bereits festgestellt, dass ein System etwas Zusammengesetztes darstellt. Ein zusammengesetztes Ganzes ist mehr als die Summe seiner Einzelteile.

Der systemische Ansatz legt die Aufmerksamkeit auf das Zusammenwirken der Elemente in einem System. Im Gegensatz zu kausalen und linearen Betrachtungsweisen versucht der systemische Ansatz, der Komplexität des Ganzen gerecht zu werden und beschreibt Wechselwirkungen, Ergänzungsprozesse und die sich daraus ergebene gegenseitige Beeinflussung.

Dieses Mehr besteht in den Wechselwirkungen zwischen den Elementen des Systems. Sie sind so aufeinander bezogen, dass die Veränderung eines Elements zwangsläufig zur Veränderung aller anderen Elemente im System führt. Mit dem systemischen Ansatz betrachten wir nicht nur ein einzelnes Element unserer Persönlichkeit, sondern alle Elemente, die an einem Beziehungsgefüge beteiligt sind. Wir gehen davon aus, dass jedes Element die Bedingungen der anderen mitbestimmt.

Auf die Kraftquellen unserer Persönlichkeit bezogen bedeutet dies, dass wir die 16 Lebensmotive in ihren individuellen Ausprägungen weniger als Ursache-Wirkungsmodell betrachten, sondern vielmehr das Zusammenwirken der Motive. Darüber hinaus sind die weiteren Einflussfaktoren, nämlich unsere Werte, Einstellungen und Glaubenssätze ebenso beteiligt wie auf der bewussten Ebene unsere Ziele und die äußere Situation.

Wir verstehen die beteiligten Elemente unserer Persönlichkeit als komplex und nicht-linear miteinander verwoben. Aus der Beobachterperspektive beschreiben wir Beziehungen und Verhalten, anstatt feste Eigenschaften zuzuschreiben. Wenn eine Person irgendwie „ist", wie soll sie sich verändern können? Wenn eine Person hingegen ein Verhalten in einer bestimmten Situation „zeigt", könnte sie in einer anderen Situation ein anderes Verhalten zeigen. Sie hat also die Chance auf eine Veränderung, nämlich das, was tatsächlich in ihr steckt, zur Wirkung zu bringen.

Motive – der Treibstoff für unsere Motivation

Welche Kraft treibt uns weg von der Bequemlichkeit des Vertrauten hin zu Neuem, veranlasst uns, Herausforderungen anzunehmen, obwohl wir nicht wissen, wo wir ankommen werden? Bei der Suche nach dem Sinn des Lebens werden wir durch unterschiedliche Faktoren angetrieben, manche Menschen mehr, andere weniger. Je nachdem, wie unsere Antreiber, unsere Motive ausgeprägt sind.

Was sind Motive?

Motive sind richtunggebende, leitende und antreibende psychische Ursachen menschlichen Handelns. *Edelmann (1986)* bezeichnet das Motiv als Persönlichkeitsdisposition und den Aufforderungscharakter als emotionale Valenz des Zieles. *Heckhausen (1980, 24)* weist darauf hin, dass sich Motive im Laufe einer individuellen Lebensgeschichte als relativ überdauernde Wertungsdisposition herausgebildet haben: „Motive stehen hier als Sammelname für unterschiedliche Bezeichnungen wie Bedürfnis, Beweggrund, Trieb, Neigung und Streben. Bei allen Bedeutungsunterschieden im Einzelnen verweisen alle diese Bezeichnungen auf eine dynamische Richtungskomponente. Es wird eine Gerichtetheit auf gewisse, wenn auch recht unterschiedliche, aber stets wertgeladene Zielzustände angedeutet; und zwar Zielzustände, die noch nicht erreicht sind, deren Erreichung aber angestrebt wird" (*Edelmann 1986, 47*).

Motive sind also Persönlichkeitsdispositionen. Bereits *Edelmann (1986, 87)* und *Heckhausen (1980, 24)* stellen fest, dass Motive „beträchtliche individuelle Unterschiede aufweisen".

Unsere Motive sind so verschieden, wie Personen verschieden sind. Was bei allen Menschen gemeinsam anzutreffen ist und uns verbindet, ist das „Streben nach positiven Erlebniszuständen und das Vermeiden negativer Erlebniszustände" (*Roth 2008, 251*).

Steven Reiss geht von 16 unterschiedlichen Motiven aus, die in sich eine individuelle Ausprägung aufweisen. Motive richten, auch unbewusst, das Verhalten auf bestimmte Ziele aus. Motive sind keine Kompetenzen, doch sehr häufig der Grund für Kompetenzerwerb und -einsatz. Motive sind verantwortlich für die Handlungssteuerung und -energetisierung und sorgen für eine zielbezogene selektive Informationsverarbeitung. Die Motive stellen von Fähigkeiten und Persönlichkeitsstilen deutlich abgrenzbare Dispositionen der Selbstorganisation dar. Fähigkeiten (z.B. Intelligenz) und Persönlichkeitsstile (z.B. Extraversion) erklären das Wie des Verhaltens, während Motive das Warum erklären helfen.

Langens, Sokolowski, Schmalt (in: Erpenbeck/von Rosenstiel 2003, 75 ff.) differenzieren zwischen impliziten und expliziten Motiven. Implizite Motive sind tief im affektiven Bereich verankert und werden automatisch aktiviert. Explizite Motive werden dagegen durch bewusste kognitive Vorgänge, wie zum Beispiel Vorannahmen oder Ziele, aktiviert und spiegeln Aspekte des Selbstkonzeptes der Person wider.

Roth (2008, 249) unterscheidet zwischen biogenen und soziogenen Motiven, die sich in ihrer Ausprägung nicht ausschließen. Damit es zur Wirksamkeit aller soziogenen Motive kommen kann, müssen sie vielmehr mit den biogenen Motiven verbunden sein. Das ist ein wichtiger Hinweis darauf, dass die durch das Reiss Profile ermittelten 16 Motive in ihrer individuellen Ausprägung für sich alleine bereits eine hohe Aussagekraft besitzen, die Wirksamkeit für die Gesamtpersönlichkeit sich jedoch aus dem Zusammenwirken aller Motive ergibt.

Die Motivation bestimmt unser Erleben und Verhalten

Motivation geht auf den lateinischen Begriff movere (= bewegen) zurück. Er gibt Aufschluss über die Beweggründe des Handelns und Verhaltens eines Menschen. Die Motivationspsychologie versucht, Richtung, Ausdauer und Intensität des Erlebens und Verhaltens zu erklären. Charakteristisch dafür ist, dass angestrebte Zielzustände und das, was sie attraktiv macht, die zu erklärenden Größen sind. Der Motivationsbegriff beschäftigt sich mit den verschiedenen Prozessen des Lebensvollzuges, die mit der Zielausrichtung unseres Verhaltens zu tun haben. Unter Motivation wird der Drang zur Aktivität verstanden, und zwar unabhängig davon, ob sie nun nützlich ist oder nicht. Motivation hat also keine positive Konnotation, sondern ist zunächst einmal neutral.

Rheinberg (2000, 16) beschreibt Motivation als eine „aktivierende Ausrichtung des momentanen Lebensvollzuges auf einen positiv bewertenden Zielzustand. An dieser Ausrichtung sind unterschiedliche Prozesse im Verhalten und Erleben beteiligt, die in ihrem Zusammenwirken und ihrer Beeinflussung näher aufgeklärt werden sollen."

Hunt (in: Heckhausen 1996) benutzt zwei unterschiedliche Bezeichnungen für die Motivierung beim Lernen: Die intrinsische Motivation geht von Anreizen aus, die in der Sache, der Aufgabe, dem Schwierigkeitsgrad, dem Neuigkeitsgrad oder den Erfolgsaussichten liegen. Entscheidend ist jedoch, dass die intrinsische Motivation vorliegt, wenn die Tätigkeit aus Motiven entsteht, die in unmittelbarer Verbindung mit der Ausführung der Tätigkeit selbst stehen. Die extrinsische Motivation bezieht sich auf Reize von außen, zum Beispiel Belohnung, Strafe, eine Person, einen Auftraggeber oder eine Aufgabe.

Zwischen inneren Motiven und äußeren Anreizen – die Kunst, eine innere Balance herzustellen

Motive sind angeborene Dispositionen, die ihren Besitzer befähigen, bestimmte Gegenstände wahrzunehmen und durch die Wahrnehmung eine emotionale Erregung zu erleben, darauf in bestimmter Weise zu reagieren oder wenigstens den Impuls zur Handlung zu verspüren.

Motivation ist die Steuerung unseres Verhaltens oder Handelns durch Motive in einer konkreten Situation mit spezifischem Aufforderungscharakter. Richtung, Intensität und Dauer unseres Handelns werden durch sie bewirkt.

Auf diese Weise wird die Aktivität einer Person auf ein ganz bestimmtes Ziel gelenkt, wobei andere Verhaltensweisen ausgeschlossen werden: Ein Verhalten wird angeregt. Der Anreiz von außen und das Motiv stehen somit in einem Wechselwirkungsverhältnis.

Bei dem Vorgang der Motivation lassen sich zwei Pole unterscheiden:
- der interne Pol, den wir als Personenfaktor, als Motiv = Antrieb, Bedürfnis, Strebung, Neigung, Wunsch oder Interesse bezeichnen, und
- der externe Pol, den wir als Situationsfaktor bezeichnen. Dieser Pol besitzt Aufforderungscharakter.

Das Motiv bewirkt also eine Aktivierung des Organismus, während der Aufforderungscharakter der Situation das Streben auf ein ganz bestimmtes Objekt ausrichtet: Wie häufig stehen wir im Leben vor Situationen, in denen wir hin- und hergerissen sind? Esse ich die im Café angebotene Sachertorte? Eigentlich hatte ich mir doch vorgenommen, abzunehmen. Gehe ich laufen und bewege mich oder setze ich mich auf die Couch und schaue mir meine Lieblingssendung an?

Die größte Herausforderung eines bejahenden Lebens besteht darin, in all dem Durcheinander gegensätzlicher und widersprüchlicher Einflüsse eine Balance zu finden und zu wahren. Lebenskunst beschreibt *Schmid (2005, 9)* als die Kunst der Balance zwischen Angst und Unerschrockenheit, Beharrlichkeit und Bewegung, Lust und Schmerz, Alleinsein und Zusammensein und vielem mehr.

Die Kunst der Balance ist weniger darauf ausgerichtet, die Polarität des Lebens aus der Welt zu schaffen, sondern sie anzuerkennen und damit zu leben. Und vielleicht gelingt es uns, eine innere Haltung einnehmen zu können, die „das Positive wie auch das Negative" umfasst *(Schmid 2005, 10)*.

Nicht dass es eine Norm wäre, die Balance wahren zu müssen. Aber sich auf die Suche nach ihr zu begeben, eröffnet einen Weg des Lebens, der als erfüllend erfahren werden kann. Zwar wird es auch kaum gelingen, in jedem Augenblick die Balance herzustellen, sehr wohl aber durch die Zeit hindurch – mit dem Wissen, welche Kraftquellen wir nutzen können.

Diese differenzierte Betrachtung spielt eine besondere Rolle bei der Leistungsmotivation. Leistungshandeln ist gekennzeichnet durch einen Gütemaßstab: Die Ausführung der Tätigkeit kann gut oder weniger gut gelingen. Wir Menschen entwickeln ein individuelles Anspruchsniveau, an dem das Ergebnis gemessen wird. Erreichen oder verfehlen wir es, spüren wir Freude oder Stolz oder Ärger.

Die intrinsische Leistungsmotivation liegt dann vor, wenn jemand über ein hohes Maß an Hoffnung auf Erfolg und ein niedriges Ausmaß an Angst vor Misserfolg verfügt: Dieser Mensch ist demnach intrinsisch hoch motiviert. Ein Mensch, der intrinsisch niedrig motiviert ist, weil die Angst vor Misserfolg überwiegt, kann insgesamt dennoch hoch motiviert sein. Das ist dann der Fall, wenn die extrinsische Motivationskomponente (Hoffnung auf Belohnung) sehr groß ist.

Motive und Persönlichkeit

Wie hängen die Aspekte der Motive und Motivationen mit unserer Gesamtpersönlichkeit zusammen? Um der Frage nachzugehen, aus welchen Kraftquellen sich unsere Persönlichkeit entwickelt, wollen wir dieses Phänomen beleuchten. In diesem Zusammenhang sprechen wir immer wieder vom Selbst, von Persönlichkeitseigenschaften und -theorien. Bringen wir Licht in diese Begriffe, indem wir zunächst klären, was wir unter „Persönlichkeit" verstehen. Anschließend betrachten wir, wie das Ganze mit unserem Selbst zusammenhängt.

Es herrscht wahrlich kein Mangel an Äußerungen, was Begriffe wie Persönlichkeit oder Selbst zu bedeuten haben. William James schreibt darüber: „Das Selbst eines Menschen ist die Summe all dessen, das er sein Eigen nennen kann, nicht nur sein Körper und seine psychischen Kräfte, sondern auch seine Kleidung und sein Haus, seine Frau und seine Kinder, seine Vorfahren und Freunde, sein Ruf und seine Werke, sein Land und seine Pferde, seine Yacht und sein Bankkonto. Wenn sie gedeihen, triumphiert er; wenn sie hinschwinden, ist er niedergeschlagen – nicht notwendigerweise bei jedem Ding im selben Maße, aber doch bei allen in sehr ähnlicher Weise" *(LeDoux 2006, 25)*.

Die Unverwechselbarkeit der Motivstruktur eines Menschen

Die Reiss-Profile-Motivanalyse bildet das individuelle Motivprofil eines Menschen ab. Da keines dem anderen gleicht, können insgesamt über 6,5 Milliarden verschiedene Motivprofile dargestellt werden. Demzufolge besteht unser Motivgeflecht aus einer immens großen Anzahl von Motivkombinationen, die unmittelbar mit den persönlichen Werten, Einstellungen und Glaubenssätzen verbunden sind und unser Erleben und Verhalten steuern.

- In aller Konsequenz hat das auch Auswirkungen auf die Ausbildung unserer Kompetenzen und unsere Bildungsprozesse. Um die eigenen Motive in ihrer vielfältigen Ausprägung zu erfahren, müssen wir sie zunächst ermitteln.
- Unterschiede in der Motivausprägung sind verantwortlich für die Ausrichtung des Verhaltens sowie für die Intensität *(Langens, Sokolowski, Schmalt, in: Erpenbeck/von Rosenstiel 2003, 75 ff.)*.

Kennen Sie Ihre Motivstruktur?

Durch das Reiss Profile wird die individuelle Ausprägung der Motive ermittelt. Vermutlich könnte ein erster Schritt zu einer erfolgreichen Veränderung bereits dadurch gemacht sein. Ein Beispiel: Wenn mir bewusst ist, dass für mich Bewegung ein wichtiger Antreiber ist und zudem noch in der durch die Motivanalyse abgebildeten Ausprägung, könnte es in meinem inneren Zustand alleine durch „die Bedienung" dieses einen Motivs schon zu Veränderungen meines Allgemeinbefindens kommen.

Vielleicht lässt sich an diesem Beispiel bereits erahnen, was es für positive Auswirkungen haben könnte, wenn ich meine individuelle Motivstruktur kenne und das Ergebnis „leben" würde.

Unser Denken und Handeln wird beeinflusst durch unsere Motivation. Wie wir festgestellt haben, sind nicht nur unsere Motive maßgeblich, sondern auch unsere Werte, Glaubenssätze, Einstellungen, Erfahrungen und auf der bewussten Ebene unsere Ziele und Situationen des täglichen Lebens. Ein sehr individuelles, komplexes Geflecht, aus dem heraus wir mit unserer Gesamtpersönlichkeit denken und handeln. Sehr häufig wird uns die Frage gestellt, ob denn Veränderungen im Denken und Handeln überhaupt möglich sind? Die Wahrscheinlichkeit, dass Veränderungen jederzeit möglich sein können, ist relativ hoch. Allerdings braucht es schon gewisse Anstrengungen, um diese Prozesse anzustoßen, um eigene Veränderungen dann auch im Sinne der jeweiligen Persönlichkeit vorzunehmen.

Durch den Prozess der Wechselwirkung der bereits erwähnten Faktoren und der von uns anvisierten Ziele sowie den Anreizen entstehen Variablen unseres Verhaltens, die eine Verhaltensveränderung ermöglichen. Dennoch ergibt sich daraus kein zufälliges Denken und Handeln.

Vielmehr kann mein Denken und Handeln meiner Gesamtpersönlichkeit zugeschrieben werden. Wenn ich etwas verändern möchte, stellt sich zunächst die Frage: „Was genau soll denn verändert werden?" Sehr häufig lauten die Antworten: „Ich möchte mich besser fühlen", „Ich möchte zur inneren Ruhe kommen", „Ich möchte erfolgreicher sein", „Ich möchte abnehmen, aber das gelingt mir trotz mehrfacher Diäten nicht".

Basale oder implizite Motive – das Wechselspiel zwischen genetischer Disposition und Umwelt

Erinnern wir uns: Unsere impliziten Motive weisen eine genetische Disposition auf. Neben Reiss nehmen andere Wissenschaftler hinsichtlich der impliziten Motive inzwischen eine sehr biologistische Position ein *(Rheinberg 2000, McClelland 1995; Schneider & Schmalt 1999)*. Die impliziten Motive haben sich als Grobmuster evolutionär herausgebildet. Als evolutionär hervorgebrachte Funktionseinheiten gibt es diese Motive auch nur in begrenzter Anzahl. Sie sind allerdings universell, d.h. bei jedem Menschen anzutreffen – wenn auch in sehr unterschiedlicher Ausprägung *(vgl. Rheinberg 2000, 189)*. In der Literatur werden implizite auch basale Motive genannt.

Der Affekt ist der Kern, der eigentliche Motor der basalen Motive. Dieser Affekt wird von einem Schlüsselreiz ausgelöst *(Lorenz 1973)*, der mit dem motivspezifischen Affekt verbunden ist. Im Verlauf unserer persönlichen Entwicklung werden dann über Lernprozesse die Schlüsselreize mit vielen anderen Reizen und Situationen verknüpft. Diese dann aktivierten Verknüpfungen in unserem Gehirn, die Synapsen, werden so zu Hinweisreizen, die dann ihrerseits das entsprechende basale Motiv anregen können.

Das ist jedoch nicht die alleinige Erklärungsgröße. Hinter jedem Affekt steht eine Fülle von Neurohormonen, deren Ausschüttung diesen Affekt bewirkt. Beim Machtmotiv sind hier die Hormone Norepinephrin und Testosteron, beim Leistungsmotiv das Hormon Vasopressin und beim Anschlussmotiv Dopamin nachgewiesen *(Rheinberg 2000; McClelland 1984; Schultheiss, Campell & McClelland 1995, in: Erpenbeck/von Rosenstiel 2003)*.

Die Ausschüttung dieser Hormone hat eine belohnende Wirkung und verstärkt die Tendenz, in ähnlicher Situation zukünftig die gleichen Zustände wieder herbeiführen zu wollen.

Die Ausprägung der Motivunterschiede lässt sich auf die Unterschiede in der Intensität und der situativen Auslösbarkeit der Ausschüttung bestimmter Hormone zurückführen *(Freud 1951, McClelland 1984, Rheinberg 2000, Reiss 2009)*.

Die Koppelung von Hinweisreizen und Affektauslösung wird bereits in frühester Kindheit etabliert. Diese Verknüpfungen können deshalb auch ohne Beteiligung unseres Bewusstseins zustande kommen. Sie finden im Zwischenhirn und in der – emotional relevanten – rechten Hirnhälfte statt. Seit einiger Zeit gibt es Belege dafür, dass rein zwischenhirnvermittelte Lernprozesse auch ohne Beteiligung des Cortex, d.h. ohne Bewusstseinsbeteiligung und kognitive Prozesse möglich sind *(LeDoux 2006)*.

Bereits im frühen Kindesalter entstehen motivetablierende Lernprozesse. Beobachtbar ist dies schon bei sechs Wochen alten Säuglingen. Bei ihnen sehen wir, wie sie lernen, Bewegungen so zu steuern, dass sie bestimmte Verhaltensweisen in ihrer Umwelt erzielen. Solche vorsprachlichen Affektkoppelungen bilden den Kern des späteren Leistungsmotivs *(Rheinberg 2000, Weinberger & McClelland 1995; vgl. auch schon White 1959)*. Aus der Forschung wissen wir bereits, dass sich ein hohes Leistungsmotiv nach 26 Jahren bereits aus entsprechenden Leistungsanforderungen in den ersten beiden Lebensjahren vorhersagen lässt. Ähnliche Forschungsergebnisse finden wir bezüglich des Machtmotivs bei *Rheinberg 2000, McClelland & Franz 1992 (in: Erpenbeck/von Rosenstiel 2003), Weinberger & McClelland 1995.*

Motivunterschiede sind neben diesen frühen Lernerfahrungen „aber auch von genetischen Unterschieden in der Produktion und Auslösbarkeit der affektrelevanten Neurohormone abhängig" *(Rheinberg 2000, 190).* Es gibt also angeborene Unterschiede in der Fähigkeit, bestimmte Affekte besonders stark auszubilden. Dies ist dann davon abhängig, mit welchen Situationen diese Affekte verknüpft werden.

Fassen wir noch einmal kurz zusammen:

Die basalen Motive
- basieren auf einer neurohormonal-affektiven Grundlage
- sind vorsprachlich früh erworben
- sind bislang nicht bewusst repräsentiert, sie kommen erst mit dem Reiss Profile an die „Oberfläche"
- befinden sich eher in der rechten Gehirnhälfte und sind im Zwischenhirn lokalisiert
- weisen individuelle Unterschiede genetisch oder früherfahrungsbedingt auf
- werden durch Hinweisreize situativ angeregt

Motivierende Selbstbilder – eine zweite Steuerungsgröße

Neben den basalen Motiven beruht unsere Motivation auch auf den von uns selbst hergestellten und uns motivierenden Selbstbildern.

McClelland und seine Mitarbeiter *(McClelland, Koestner & Weinberger 1989, in: Erpenbeck/von Rosenstiel 2003)* gehen davon aus, dass es neben den basalen Motiven eine zweite Steuerungsgröße motivierten Verhaltens gibt, nämlich das Bild, das die Person von sich und ihren Vorlieben, Wünschen, Werten und Zielen hat. Dieses Selbstbild besteht aus den so genannten *self-attributed motives,* die den basalen, impliziten Motiven gegenüberstehen.

McClelland, Koestner & Weinberger (1989), King et al. (1995) und *Franz (1992)* stellen fest, dass beide motivationalen Steuersysteme unabhängig voneinander existieren. Dabei gibt es Fälle, in denen das kognitiv hergestellte Selbstbild mit den impliziten Motiven übereinstimmt. Zum Beispiel liegt eine innere Balance vor, wenn jemand ein stark ausgeprägtes „implizites Machtmotiv" aufweist und sich selber auch für einflussreich hält. Sie stimmen jedoch nicht immer überein. Im Gegenteil: Sie behindern und stören sich sogar sehr häufig. Und hier liegt vermutlich auch das Problem, warum wir so häufig aus der Bahn geworfen werden – hier wird es jetzt richtig interessant.

Die innere Balance ist dann gestört, wenn das konstruierte Selbstbild und das genetisch bedingte implizite Motiv nicht übereinstimmen, zum Beispiel wenn jemand sich für leistungsmotiviert hält und das implizite Motiv ist eher ein weniger stark ausgeprägtes Leistungsmotiv. Da wir in unserem Leben nicht nur ein uns motivierendes Selbstbild haben, sondern, wie Reiss herausgefunden hat, mindestens 16 Lebensmotive besitzen, wird es etwas komplizierter. Wir können uns nun sicherlich vorstellen, welche Auswirkungen es hat, wenn dieses Bündel an Kraftquellen ohne Unterstützung und sinnvolle Ausrichtung zur Wirkung gelangt.

Wenn solche motivationalen Selbstbilder mitbestimmen, welche Ziele eine Person verfolgt, dann ist es keineswegs ungewöhnlich, dass sich ein Mensch Ziele zu eigen macht, die zu den impliziten Motiven überhaupt nicht passen *(Rheinberg 2000; Brunstein, Schultheiss & Grässmann 1998, in: Erpenbeck/von Rosenstiel 2003; Bowi 1990).*

Wie kann es nun sein, dass motivationale Selbstbilder und implizite Motive mitunter so stark voneinander abweichen? Die Antwort liegt in der unterschiedlichen Entstehung und Verankerung beider Steuerungssysteme. Wie die impliziten Motive entstehen, haben wir bereits beleuchtet. Fragen wir Menschen nach ihren Vorlieben und Wünschen, nach den Beweggründen, die sie wirklich antreiben, können sie uns deshalb keine zutreffenden Auskünfte zu ihren impliziten Motiven geben, weil diese uns unbewusst beeinflussen. McClelland verweist hier ausdrücklich auf Parallelen zum Freud'schen Konzept des „Es" *(Rheinberg 2000, McClelland 1984).*

Als Steuerungskomponente sind die Selbstbilder selbstverständlich auch von Bedeutung. Sie sind zwar in uns vorhanden, aber gänzlich von einer anderen Qualität als die basalen Motive. Wir gehen davon aus, dass sie das Ergebnis unserer bewussten Wahrnehmungen sind und somit eine ausschließlich kognitive Basis besitzen. Diese Steuerungsgröße lässt sich als kognitives Muster verstehen, bei dem emotionale Verknüpfungen bislang nicht nachhaltig vorgedrungen sind.

Rheinberg (2000, 187 ff.) geht davon aus, dass die motivierenden Selbstbilder aktiv werden, „wenn wir in hoch strukturierten Entscheidungssituationen stehen und wenn uns wegen des sozialen Kontextes klar ist, dass wir nicht nur vor uns selbst, sondern auch vor anderen begründbar handeln sollten. Wenn wir in solchen und ähnlichen Situationen überlegen, wie wir jetzt sinnvollerweise entscheiden und welche Ziele wir verfolgen sollten, dann orientieren wir uns an unseren motivationalen Selbstbildern."

Hier wird versucht, Übereinstimmungen zwischen Selbsteinschätzung und eigenem Verhalten zu erreichen. Dadurch gewinnen solche Selbsteinschätzungen an Einfluss und Bedeutung. Sie sind dann keine belanglosen Gedankenstrukturen, sondern verhaltenswirksame kognitive Muster *(Rheinberg 2000; Carver & Scheier 1981, in: Erpenbeck/von Rosenstiel 2003; Cantor, Niedenthal & Langston 1987, in: Erpenbeck/von Rosenstiel 2003;* vgl. auch das Konzept der Subjektiven Theorie von *Groeben 1986).*

Die motivationalen Selbstbilder entstehen deutlich später als die impliziten Motive. Hier finden sich eigene Wahrnehmungen, Sozialisationseinflüsse sowie Bewertungen, Wünsche und Einschätzungen wichtiger anderer Personen und kulturelle Normen wieder. Wie wir uns vorstellen können, ergeben sich durch die individuell hergestellten Kognitionsstrukturen und Selbstdefinitionen nahezu unendliche Variationen und Möglichkeiten.

Diese Konstruktionen können sich selbstverständlich auch auf die gleichen Situationen und inhaltlichen Bereiche beziehen wie die impliziten Motive. Und dies ist sogar sehr wahrscheinlich, weil die impliziten Motive zweifellos wichtige Bereiche unseres Lebens betreffen und wir zu diesen Lebensbereichen auch unsere Selbsteinschätzungen haben. Auch wenn Menschen diese Informationen und Auskünfte völlig aufrichtig und selbstbewusst von sich geben, „müssen sie keineswegs etwas über die basalen Motive aussagen" *(Rheinberg 2000, 193).*

Fassen wir hier noch einmal zusammen, was unsere zweite Steuerungsgröße ausmacht:

Die motivationalen Selbstbilder
- basieren auf einer kognitiven Grundlage
- sind später erworben
- sind bewusst und sprachlich repräsentiert
- sind eher in der linken Gehirnhälfte lokalisiert
- weisen eine unbegrenzte Zahl einzigartiger Selbstdefinitionen auf
- sind als individuelle Unterschiede sozialisations- und lernbedingt
- werden angeregt durch die Aktivierung selbstbezogener Kognitionen
- zeigen sich darin, dass Verhaltenseffekte kurzfristig erfolgen, besonders in strukturierten und sozial definierten Situationen

Motive und Kompetenzen

Motive, wenn sie richtig eingesetzt und gelebt werden dürfen, sind die stärksten antreibenden Kräfte für die Entwicklung unserer Kompetenzen. Sie sind der Grund dafür, dass wir uns bemühen, Kompetenzen zu erwerben und sie einzusetzen. Menschen mit einem hohen Leistungsmotiv erwerben deshalb früher und in einem größeren Ausmaß Kompetenzen zur Selbstregulierung. Kompetenzen helfen den Menschen, sich in offenen und überschaubaren, komplexen und dynamischen Situationen selbstorganisiert zurechtzufinden. Angesichts der heutigen Komplexität und Dynamik sind solche Situationen für uns tägliche Herausforderungen. Kompetenzen sind Dispositionen selbstorganisierten Handelns. Man kann sie unterscheiden in fachliche, methodische und sozial-kommunikative sowie persönliche Kompetenzen.

Motive und Bildung

Unsere Gesellschaft befindet sich in einem Prozess des Umbruchs. Veränderungen gehören zur Normalität des privaten und beruflichen Alltags. Dieser Veränderungsprozess stellt den einzelnen Bürger, auch als Mitarbeiter eines Unternehmens, genauso vor neue Herausforderungen wie staatliche Organisationen. In der *Financial Times* vom 22. September 2006 stellt Bundespräsident Horst Köhler die Frage: „Hat wirklich schon jeder von uns begriffen, wie groß die Herausforderung des ‚Lebenslangen Lernens' ist?"

Veränderungen bringen Zukunftsängste mit sich. Sie eröffnen jedoch auch Chancen. Im Mittelpunkt dieser Veränderungen steht der Mensch. Der Mensch als Persönlichkeit. Der Mensch als Privatperson. Der Mensch als Mitarbeiter in Unternehmen. Die Entwicklung des einzelnen Menschen zum sozialen Wesen erfolgt nur im Zusammenspiel mit anderen sozialen Wesen. Eine Kultur, in der Menschen leben, ist auch eine Lernkultur. Gesellschaftliche Veränderungen bedingen auch einen Wandel der Lernkultur, die aufgrund der Dynamik ein lebenslanges Lernen erfordern.

Mit der Erstausbildung wird die Grundlage für die weitere Entwicklung gelegt. Die persönliche Entwicklung wird zukünftig noch häufiger als heute geprägt sein von Um- und Neuorientierungen. Der flexible Umgang mit Veränderungen und die Bewältigung von Komplexität durch den Einzelnen, aber auch von Unternehmen, werden die erforderlichen Kompetenzen für die Gestaltung der Zukunft sein. Lernen, verstanden als überdauernde Verhaltensveränderung, wird zukünftig mehr als bisher an den Erfordernissen einer sich wandelnden Gesellschaft orientiert sein, also an Flexibilität und nicht an abfragbarem, statischem Wissen und Verhalten.

Lebenslanges Lernen endet nicht nach der Erstausbildung. Wenn nicht bereits von klein auf das Fundament für ein positives Verhältnis zum Lernen gelegt wird, wird es umso schwerer im Erwachsenenalter, die nötige Motivation für Bildungsprozesse herzustellen.

Lebenslanges Lernen umfasst die Aneignung von Wissen und Fähigkeiten, die im persönlichen, bürgerschaftlichen, sozialen und beruflichen Umfeld zum Tragen kommen. Dazu gehört formelles genauso wie informelles und inzidentelles (nicht gesteuertes) Lernen am Arbeitsplatz und im Privatleben. Lebenslanges Lernen bedeutet, ein Leben lang weiter zu lernen, neu zu lernen und umzulernen.

Es wird aber nicht darum gehen, das herkömmliche Lernen auf das ganze Leben auszudehnen. Gemeint ist auch nicht, jeder müsse ständig Neues lernen. Entscheidend wird vielmehr sein, zum richtigen Zeitpunkt das Richtige dazuzulernen. Aber wer entscheidet das? Und woher weiß ich, wann ich etwas lernen sollte?

Jeder einzelne Mensch ist ein komplexes System mit internen Wirkungszusammenhängen, auf das von außen Bildung, Familie, Freizeit, Beruf und das Unternehmen sowie die gesellschaftlichen Rahmenbedingungen wirken. Ein Lebenszeitstrukturmodell, das davon ausgeht, dass der Mensch am Anfang des Lebens lernt, dann arbeitet und am Ende des Lebens primär Freizeit hat, ist endgültig überholt.

Die vorhandenen und entwickelten Kompetenzen müssen auf dem Lebensweg ständig durch individuelle Bildungsprozesse ergänzt, erweitert und vertieft werden.

Für die Umsetzung des Konzeptes des „Lebenslangen Lernens" ist eine positive Einstellung bei den Beteiligten, eine Mentalität des Lernen- und Lehrenwollens ebenso wichtig wie die gemeinsame Formulierung und das Aushandeln der Ziele sowie die gemeinsame Auseinandersetzung mit der Welt. Wir brauchen vielfältige und variable Kompetenzen für diesen Bildungsprozess.

Um die Anforderungen der zukünftigen Gesellschaft bewältigen zu können, müssen wir uns fragen, ob unsere Aus- und Weiterbildungskonzepte noch zeitgemäß sind. Wird es uns gelingen, Persönlichkeit und Identität zu entwickeln? Oder stehen nicht noch zu sehr die Vermittlung von Faktenwissen und veraltete Überlegungen, wie es denn richtig sein müsse, im Vordergrund?

Bildung als bewertetes und bewertendes Lernen ist ein offener Prozess der Aneignung lebensnotwendigen Wissens und menschlicher Verhaltensmöglichkeiten, um sich informiert und kritisch mit der Welt und sich selbst auseinandersetzen zu können.

Wenn wir den Bildungsbegriff mit dem Verständnis des Neuhumanismus wieder aufgreifen, wo der Mensch als unmittelbarer Schöpfer seiner selbst verstanden wird, ist der Prozess der Bewusstmachung meiner mich antreibenden Motive mit dem Reiss Profile als eine besondere Freiheit zu verstehen, durch die sich der Mensch selber und mit sich selbst seine Umwelt verändern kann.

Bereits im 15. Jahrhundert sprach der italienische Humanist und Philosoph Pico della Mirandola davon, dass der Mensch sein eigener Bildhauer und Dichter sei. Ein Gedanke, der von Nietzsche wieder aufgenommen wurde. Seit der Aufklärung wird Bildung als Selbstdenken, Selbstbestimmung und als Selbstaneignung verstanden.

Die Ausprägung der Persönlichkeit, die „Ich-Werdung", ist Ausgangspunkt für Humboldts Begriff der „Bildung". Humboldt stellt in seiner „Theorie der Bildung des Menschen" (1793) die Individualität im Bildungsprozess heraus und knüpft damit an Kant an, der Bildung als die „Fähigkeit, selbst zu denken" beschrieb. Ausgehend von der Frage „Was ist Aufklärung?" (1784) schreibt Kant: „Aufklärung ist der Ausgang des Menschen aus seiner selbstverschuldeten Unmündigkeit. Unmündig ist das Unvermögen, sich seines Verstandes ohne Leitung eines anderen zu bedienen. Selbstverschuldet ist diese Unmündigkeit, wenn die Ursache derselben nicht am Mangel des Verstandes, sondern der Entschließung und des Mutes liegt, sich seiner ohne Leitung eines anderen zu bedienen. Sapere aude! Habe Mut, dich deines eigenen Verstandes zu bedienen! ist also der Wahlspruch der Aufklärung" *(zitiert nach Siebert 2000, 72).*

Verändern kann der Mensch nur etwas durch selbstbestimmtes, an der Vernunft orientiertes, autonomes Handeln, das auf keine Belehrung durch fremde Autoritäten angewiesen ist. Vernünftig ist das Denken und Handeln dann, wenn es nicht alleine nur dem individuellen Interesse, sondern auch dem Gemeinwohl dienlich ist. Die Verantwortung für das „Große und Ganze" ist der Kern des kategorischen Imperativs: „Handele nur nach derjenigen Maxime, durch die du zugleich wollen kannst, dass sie allgemeines Gesetz werde."

In Humboldts Verständnis soll der Bildungsprozess so angelegt sein, das sich die Individualität einer Persönlichkeit zu einer „spezifischen und eigenen Idealität" ausprägt. Im Wesen des Menschen selbst ist ein „unhintergehbares Selbstverwirklichungs- und Vervollkommnungsstreben" angelegt *(Siebert 2000, 72).*

Der Deutsche Ausschuss für das Erziehungs- und Bildungswesen hat 1960 letztmalig versucht, einen konsensfähigen Bildungsbegriff zu definieren, der den Anforderungen der modernen Gesellschaft gerecht werden sollte: „Gebildet im Sinne der Erwachsenenbildung wird jeder, der in der ständigen Bemühung lebt, sich selbst, die Gesellschaft und die Welt zu verstehen und diesem Verständnis gemäß zu handeln" *(in: Siebert 2000, 404).*

Siebert (2008) sieht in diesem Bildungsverständnis eine „Bildungstrias" von Selbstverstehen, Fremdverstehen und Weltverstehen.

Bildung als Selbstbildung ist auf Verstehen ausgerichtet. Um mein Denken und Verhalten erklären zu können, ist Wissen über meine persönlichen Kraftquellen und meine individuellen Lebensmotive erforderlich. Verstehen zielt auf einen selbst (Selbstverständnis), auf den Umgang mit anderen (soziale Kompetenz) und die Auseinandersetzung mit der Komplexität der Welt. Selbstverstehen beinhaltet auch „sich selber zu entdecken". Neugierde scheint für Bildungsprozesse ein zentrales Element zu sein.

Fremdverstehen soll hier als Empathiefähigkeit, also als die Kompetenz, sich in die Lage einer anderen Person hineinzuversetzen, verstanden werden. Hier erscheint das Entdecken der anderen Lebenswelt als das zentrale Anliegen. Um die Welt zu verstehen, ist neben der Neugierde und dem Interesse an thematischen Zusammenhängen die Auseinandersetzung mit den Dingen das Kernelement der Bildung. In diesem Verständnis sind Persönlichkeitsentwicklung und Bildung untrennbar miteinander verbunden.

Weitere Kraftquellen des Erfolgs

Was uns noch antreibt –
unsere Werte

Angetrieben durch unsere Lebensmotive, gehen wir unseren eigenen Weg. Wir gehen ihn mit unserer Persönlichkeit, gekennzeichnet durch das, was uns wichtig erscheint, nämlich durch unsere Werte.

Werte sind Gründe für Sinn. Und was ist im Leben wichtiger als die Erfahrung von Sinn? Deshalb ist die Suche nach Sinn das Menschlichste im Menschen. Suchen wir nicht permanent nach unseren eigenen Werten? Warum sind gerade in der heutigen Zeit Werte von so großer Bedeutung? Wegen der vielen Veränderungen? Machen uns die unbekannten Auswirkungen der Veränderungen Angst?

Der Soziologe Ulrich Beck beschreibt unsere Gesellschaft als eine Individualisierungsgesellschaft. Aufgrund der Individualisierung wird es immer bedeutsamer für den einzelnen Menschen, herauszufinden, was für ihn in jeder Situation wichtig ist. Menschen brauchen einen Rahmen, eine Orientierung. Da diese Orientierung heute immer weniger gegeben ist, suchen sie mehr denn je nach Möglichkeiten, sie für sich selbst herauszufinden.

Werte sind nach *Uwe Böschemeyer (2008, 22)* „allgemeine Leitlinien zur Orientierung auf der Suche nach Sinn". Darüber hinaus sind Werte „dynamische Größen, Brenngläsern gleich, die die Lebenskraft der Person bündeln". Sie sind „der Nährstoff der Person, das Bewegende im Leben, das, was das Herz zu erwärmen vermag". Werte sind Kraftquellen mit hoher Anziehungskraft.

Das, was einen Menschen dazu bewegt, sinnvoll zu leben, ist nach *Böschemeyer (2008)* ein geistiger Wert. Er beeinflusst und bestimmt neben anderen Kraftquellen sein Denken, Fühlen und Handeln. Die Wahrscheinlichkeit, dass durch diese Kraftquellen Veränderungen zustande kommen, ist hoch. Werte sind Gründe für Sinnerkenntnis und Sinnerfahrung.

Wir sprechen hier von Werten, die unsere Seele kennt. Denn sie kennt Gründe zum Leben, die der Verstand nicht kennt. Wir bekommen hier einen wichtigen Hinweis auf unser Unterbewusstsein.

Der Wiener Psychiater und Neurologe Viktor Frankl beschreibt den „unbewussten Geist" als „die Quelle jener Wertgefühle, die ein sinnvolles Leben ermöglichen". Frankl geht von dem „stärksten Energiezentrum" aus, zu dem wir Zugang haben können *(Böschemeyer 2008, 30)*. Wenn es uns gelingt, Zugang zu den Kraftquellen in uns zu bekommen, dann haben wir Zugang zu uns selbst. Haben wir Zugang zu uns selbst, dann bilden wir unsere Persönlichkeit weiter. Bilden wir unsere Persönlichkeit weiter, dann ist das die beste Voraussetzung für ein starkes, sinnvolles und bejahendes Leben.

Glaubenssätze –
innere Landkarten zur Orientierung

Der Glaube versetzt Berge. Wer hat diesen Satz nicht schon gehört oder selber häufig ausgesprochen. Eine alte Volksweisheit. Vermutlich eine sehr wirkungsvolle obendrein. Auf unserem Weg durch das Leben, bereits von klein auf, werden wir auch geprägt durch das, woran wir glauben. Glaubenssätze begleiten uns auf den Stationen der Weiterentwicklung, auf unserem Weg durch das Leben, manchmal unterstützend, manchmal auch weniger hilfreich.

Ein Glaubenssatz ist der sprachliche Ausdruck der Dinge, an die ein Mensch glaubt, an das, was diese Person für wahr hält.

Glaubenssätze sind ein Ausdruck innerer Modelle, die wir entwerfen, um uns in der Welt zu orientieren. Sie sind „Leitprinzipien, unsere inneren Landkarten, die wir benutzen, um der Welt Sinn für uns zu verleihen". Sehr weit gefasst können wir Glaubenssätze auch als „alle Überzeugungen definieren, denen wir einen Wahrheitscharakter zuschreiben" *(Ötsch/Stahl 1997, 36 f.)*.

Glaubenssätze besitzen eine sehr starke Kraft. Glaubt jemand daran, dass er etwas tun kann, wird er dazu grundsätzlich auch in der Lage sein.

Auch Glaubenssätze, die andere Menschen von uns haben, können uns beeinflussen. *Dilts (1993, 12)* berichtet von einer Untersuchung, in der eine Gruppe von Kindern mit durchschnittlicher Intelligenz willkürlich in zwei gleich große Teilgruppen aufgeteilt wurde. Eine Gruppe wurde einem Lehrer anvertraut, der die Information erhielt, die Kinder seien „besonders begabt". Dem Lehrer der anderen Gruppe wurde gesagt, dass diese Schüler „besonders langsam" seien.

Ein Jahr später wurde die Intelligenz der beiden Gruppen überprüft. Vermutlich ahnen Sie schon das Ergebnis: Die Mehrzahl der Kinder in der Gruppe, die als „begabt" bezeichnet worden ist, erbrachte generell bessere Leistungen als vorher, die Mehrheit der Schüler, die eher als „langsam" bezeichnet worden waren, schlechtere Leistungen.

Unsere Glaubenssätze können große Auswirkungen auf unser Erleben und Verhalten, auf unser Wohlbefinden und auch auf unseren Gesundheitszustand haben. Durch Anregungen und Impulse aus unserem Unterbewusstsein nehmen wir das wahr, was uns dann als Realität erscheint. Anregungen aus unserer Umwelt, die wir über die Sinne wahrnehmen, werden durch die Filter unserer Glaubenssätze und -systeme in Gedanken und Gefühle umgewandelt. Einschränkende Glaubenssätze könnten lauten: „Ich bin schwach und hilflos" oder „Keiner hat mich lieb". Je früher wir einen Glaubenssatz „aufnehmen", desto massiver ist oft der Einfluss auf unser Leben. Aus welchem Grund wir uns nur schwer dagegen wehren können, lässt sich neurobiologisch leicht erklären. Wir werden das in den Kapiteln „Motive und die Bedienungsanleitung für das Gehirn" und „Lebensmotive und Persönlichkeitsentwicklung" vertiefen.

Die Gedanken und Gefühle, die durch die Filter unserer Glaubenssätze aus dem Unterbewussten an die Oberfläche drängen, veranlassen uns, Entscheidungen zu treffen und aus der Fülle der Möglichkeiten auszuwählen. Daraus entstehen Handlungen und Verhaltensweisen, mit denen wir unser Leben gestalten: Wir wählen und bestimmen die Qualität unserer Beziehungen und Partnerschaften, unseren Beruf, die persönliche Weiterentwicklung bis hin zu Erfolg und Misserfolg, Krankheit oder Gesundheit. Die verinnerlichten Glaubenssätze bewirken neben den anderen Kraftquellen aus der Tiefe unserer Persönlichkeit, welche Qualität unser Leben bekommt. Unerkannte Glaubenssätze können zeitlebens wirken und das Leben mitgestalten, ja sogar regieren.

Vergleichbar mit einer CD, die im Gehirn ständig abgespielt wird, werden die Glaubenssätze fortwährend wiederholt und beeinflussen so die Gedanken und Gefühle, die wiederum die Lebensentscheidungen bestimmen.

Allerdings müssen wir uns unseren Glaubenssätzen nicht tatenlos ergeben. Wie bereits erwähnt, haben sie eine starke Wirkkraft in unserem Leben – dennoch gibt es Möglichkeiten, mit Ihnen umzugehen. Es ist möglich festzustellen, ob Glaubenssätze noch angemessen sind oder nicht. Einschränkende lassen sich durch befreiende Glaubenssätze zu ersetzen.

Wenn die einschränkenden Glaubenssätze durch freimachende Glaubenssätze substituiert werden, ist das wiederum vergleichbar mit dem „Überspielen" eines Tonbandes oder dem Neuprogrammieren des iPods. Die Arbeit mit Glaubenssätzen, insbesondere das Herstellen, Konstruieren und „Überspielen" von befreienden Glaubenssätzen erfordert ein hohes Maß an Feingefühl und psychologischer Kompetenz. Unterstützung bietet die Psycho-Kinesiologie und auch NLP-Techniken. Mehr dazu im Kapitel „Lebensmotive und Persönlichkeitsentwicklung".

Ziele –
Kraftquellen auf der bewussten Ebene

Ebenso beeinflusst werden wir durch das, was wir uns vornehmen, nämlich durch unsere Ziele. Und dies geschieht im Gegensatz zu den anderen Wirkkräften hier bewusst, bei den anderen Kraftquellen jedoch eher unbewusst.

Die Motivationspsychologie unterscheidet zwischen Zielen und Motiven *(Roth 2008, 251; Puca & Langens 2005, in: Erpenbeck/von Rosenstiel 2003)*. Mit Zielen bezeichnen wir in der Zukunft liegende, erstrebenswerte oder angestrebte, veränderte Zustände. Ziele sind demnach angestrebte Endpunkte eines Prozesses. Wir differenzieren zwischen imaginären und tatsächlichen Zielen.

Wenn wir so tun, als ob wir ein Ziel bereits erreicht hätten, sind wir kognitiv in der Lage, ein solches Ziel zu imaginieren und dann sprachlich zum Ausdruck zu bringen. Obwohl wir diesen Endzweck tatsächlich noch nicht erreicht haben, existiert er in unserer gedanklichen Vorstellung.

Ziele sind bewusste Handlungsantriebe *(Roth 2008, 251)*. Handlungen als ein Mittel, um das angestrebte Ziel zu erreichen, können wiederum auch als Ziele formuliert werden. Wenn nun Ziele durch solche Mittel-Zweck-Beziehungen miteinander verbunden sind, entsteht ein Zielsystem oder eine Zielhierarchie, mit Oberzielen und Unterzielen auf einer Linie. Behindern sie sich oder schließen sich gegenseitig aus, sprechen wir von Zielkonflikten oder von konkurrierenden Zielen.

Die Komplexität der Elemente, die unser Erleben und Verhalten beeinflussen

Wie wir nun festgestellt haben, sind vielfältige Elemente an unserem Erleben und Verhalten beteiligt. Wenn wir diese Komplexität durchdringen, werden wir feststellen, welche Möglichkeiten wir haben, wirklich etwas zu verändern.

Zur Erreichung unserer Ziele werden wir von dieser Komplexität der verschiedenen Elemente beeinflusst. Das erfolgt einerseits unbewusst, andererseits bewusst. Für uns ist es deshalb manchmal nicht sehr leicht nachzuvollziehen, weshalb wir derart hin- und hergerissen sind.

Gehen wir vom klassischen Grundmodell der Motivationspsychologie aus, so resultieren die Handlungstendenzen einer Person aus ihren überdauernden Motiven, die über situative Hinweisreize angeregt wurden. Die Ziele, die ein Mensch anvisiert und verfolgt, müssen sich aus ihren überdauernden Motiven ergeben. Wozu benötigen wir dann überhaupt noch unseren Willen, wenn zielgerichtetes Verhalten ohnehin unter dem Einfluss angeregter Motive steht?

Demnach würden wir Dinge tun, die zu uns passen und bei denen wir uns wohl fühlen. Es würde keine Notwendigkeit geben, uns willentlich zu etwas durchzuringen oder zum Durchhalten zu zwingen.

Zur Erreichung attraktiver Ziele müssen wir mitunter Tätigkeiten ausführen, die weniger angenehm für uns sind. Diese Aktivitäten können im Extremfall sogar Angst auslösend oder schmerzhaft sein.

Um ein Ziel zu erreichen, wird es immer wieder erforderlich sein, auch ein Zwischenziel anzuvisieren und Umwege zu gehen. So muss man sich vielleicht für den Abschluss des Studiums mit der kaum interessanten Statistik befassen. Langfristig anvisierte Oberziele können uns Menschen in bestimmten Lebenssituationen immer wieder dazu bringen, Zwischenziele anzusteuern, die zu anderen Motivbereichen gehören. Immer wieder müssen wir Aufgaben erledigen, die den eigenen Vorlieben keineswegs entsprechen.

Wir bekommen diese Aufgaben en bloc serviert und müssen uns entscheiden. Obwohl unser Erleben und Verhalten motivgesteuert ist, kommen wir im täglichen Handeln nicht ohne Willensprozesse aus. Durch die Entscheidungen, die wir dann treffen, kommt es zu neuen Erlebnissen und Erfahrungen.

So entstehen neue kognitive Strukturen, die auch unsere Wahrnehmung beeinflussen. Aufgrund der gebildeten Synapsen fokussieren wir zukünftig das, was uns schon einmal begegnet ist. Ob das etwas Förderliches oder Hinderliches ist, scheint zunächst zweitrangig, im weiteren Verlauf unserer persönlichen Entwicklung ist es jedoch für das Finden unserer Balance von entscheidender Bedeutung.

Die Verknüpfungen in unserem Gehirn sind als feststehende Größe nicht von Geburt an vorgegeben. Wir stellen diese durch solche Entscheidungsprozesse selber täglich her. Wie kommt es nun zu dem Phänomen, dass wir in vielen Situationen des Lebens hin- und hergerissen sind?

Gründe für Unzufriedenheit –
die Inkongruenz von Motiven und Zielen

Wenn wir uns Ziele setzen, bei denen die impliziten Motive und das motivierende Selbstbild stark voneinander abweichen, wird die Zielverfolgung weniger dazu führen, dass wir uns wohl fühlen.

Die Zielverfolgung wird in diesem Fall nicht von den impliziten Motiven emotional gestützt. In diesen Situationen müssen wir willensgestützt agieren und uns immer wieder rechtfertigen, wofür das wichtig, wertvoll und gut ist und warum wir gerade so und nicht anders handeln. Wir haben uns dann zu bemühen, solche weniger freudvollen Aktivitäten zu erledigen, anstatt uns den spannenden Dingen zuzuwenden.

Besonders schwer wird diese Konstellation für Menschen, wenn sie ihre Ziele und Aufgaben besonders gründlich, insbesondere mit Blick auf soziale Erwartungen und Bewertungen auswählen. Eine wirkliche Zufriedenheit stellt sich dadurch kaum ein. Wenn diese Ziele oder Aufgaben dann auch noch inkongruent zu den impliziten Motiven verfolgt werden, dann ist die Unzufriedenheit vorprogrammiert.

Betrachten wir das noch ein wenig konkreter.

Die impliziten Motive, also unsere Lebensmotive, sind Ausdruck unserer Persönlichkeit und bewegen sich zunächst eher auf der unbewussten Ebene. Ziele sind bewusste Handlungsantriebe. Ein Ziel ist ein in der Zukunft liegender, erstrebenswerter oder angestrebter, veränderter Zustand. Es ist somit ein angestrebter Endpunkt eines Prozesses.

Unser Handeln ist darauf ausgerichtet, die Zielvorstellungen zu verwirklichen, die wir von uns selbst und unserer Zukunft haben. Diese Vorstellungen und die damit verbundenen Aktivitäten der Selbstgestaltung unseres Lebens sind wesentliche Antriebsmomente unserer persönlichen Entwicklung. Sie sind zugleich aber auch selbst Entwicklungsergebnisse. Sie entstehen und verändern sich in einem Feld von individuellen Interessen und Handlungsmöglichkeiten sowie sozialen Entwicklungsangeboten.

Unsere impliziten Motive sind auf der unbewussten, unsere Ziele auf der bewussten Ebene an diesem Prozess beteiligt. Wir kommen in einen instabilen Zustand, wenn Motive und Ziele auseinanderklaffen. Diese Inkongruenz lässt sich mit dem Reiss Profile verändern, wenn wir die Motive auch auf die bewusste Ebene heben.

Die Kongruenz zwischen Motiven und Zielen hat Bandura in seinem Konzept der Selbstwirksamkeit beschrieben. Das wird dann erreicht, wenn wir die Einschätzung haben, dass wir an der Verwirklichung von Zielen durch das eigene Verhalten etwas bewirken können *(Bandura 1994)*: Selbstwirksame Menschen zeigen deshalb eine große Hartnäckigkeit bei der Verfolgung von Zielen. Eine weitere Voraussetzung für die Selbstwirksamkeit ist die Realitätsorientierung. Das bedeutet, abschätzen zu können, welcher Aufwand sich für welches Ziel lohnt. Selbst wenn ein bestimmtes Ziel sehr nachhaltig verfolgt wird, kann es sein, dass wir nicht sehen, ob man dieses Ziel erreichen kann oder ob es sich nicht lohnt, sich anzustrengen. Gelingendes Lebensmanagement hat somit nicht nur mit der Erreichung von Zielen zu tun, sondern auch mit der Fähigkeit, sich von unerreichbaren Zielen zu lösen.

Wir empfinden unser Leben dann als befriedigend, wenn „meine anvisierten und wohlgeformten Ziele motivkongruent sind, wenn ich also bewusst und aus vollem Herzen tun kann, was mein unbewusstes Selbst, meine unbewusste Persönlichkeit auch wirklich will, und umgekehrt" *(Brandstädter 2007, 3)*. Wenn wir einen zufriedenen und leistungsfähigen Zustand erreicht haben, wenn wir motiviert sind, dann stimmen die unbewussten Motive und die bewussten Ziele überein. Dann machen wir neben der Liebe die wichtigste und nachhaltigste Erfahrung in unserem Leben – nämlich dass das Verfolgen selbstbestimmter Ziele, das Meistern von Herausforderungen, eine Belohnung in sich trägt und keine Belohnung von außen benötigt *(Roth 2008, 254)*.

Motive und die Bedienungsanleitung für das Gehirn

Wir wissen bereits, dass wir für unsere Persönlichkeit eine Bedienungsanleitung gut gebrauchen können. Gehen wir noch einen Schritt weiter. Warum sollten wir dann nicht die Seite für das Gehirn aufschlagen? Es könnte sein, dass Sie dort Folgendes lesen:

Waren Sie der Meinung, dass Ihr Gehirn schon von allein so funktioniert, wie es funktionieren soll? Dann war das leider ein Irrtum. Es funktioniert so, wie es mit den darin angelegten Verbindungen funktionieren kann. Und welche Verschaltungen angelegt werden, hängt wesentlich davon ab, wie und wozu Sie Ihr Hirn bisher benutzt haben.

Vielleicht hätten Sie sich doch schon früher einmal fragen sollen, ob die Art und Weise, wie Sie Ihr Gehirn bedienen, nicht unter Umständen dazu führt, dass es später für manche Aufgaben kaum noch einsetzbar ist. Oder sind Sie bisher davon ausgegangen, dass man sich um etwas, das man schon immer besitzt, nicht weiter zu kümmern braucht? Auch das war ein Irrtum. Alles, was sich weiterentwickelt, jedes Kind, jede Beziehung, selbst der Gemüsegarten, bedarf ganz besonderer Beachtung und sorgfältiger Pflege. Das gilt auch für unser Gehirn.

Provozierend, oder? Das war auch unsere Meinung. Provozierend vermutlich für den, der mit der Einstellung gelebt hat: Ich bin so, und daran kann man und kann ich sowieso nichts verändern... Gerald Hüther bringt es auf den Punkt – „wir können uns verändern" *(Hüther 2005, 7)*!

Die Erkenntnisse der Wissenschaft nehmen denen die Hoffnung, die geglaubt haben, ein „allmächtiger Schöpfer oder die allmächtigen Gene hätten das Gehirn so geschaffen und zusammengebaut, damit Sie sich damit für alle Zeit in dieser Welt zurechtfinden, und dass es deshalb an diesem Gehirn nichts mehr zu verändern gibt" *(Hüther 2005, 8)*.

Es wäre zwar eine sehr angenehme Vorstellung, „entweder er oder sie, aber eben nicht Sie selbst verantwortlich dafür zu machen, was aus dem Hirn wird. Wie gesagt, diese Annahme war leider ein Irrtum" *(Hüther 2005, 8)*. Nun besitzt jeder Mensch ein besonderes Gehirn, das von Anfang an mit Schwächen und Stärken ausgestattet ist. Ob wir Menschen bestimmte Schwächen ausgleichen oder noch weiter verstärken und ob bestimmte Begabungen entfaltet oder unterdrückt werden, hängt davon ab, wie und wofür der Mensch sein Zerebrum benutzt.

Die Frage ist, in welcher Weise das Gehirn an den Motiven beteiligt ist. Welche Funktion hat unser Gehirn bei der Entstehung unserer Motive? Sind

Motive veränderungsresistent? Wie ist das Organ aufgebaut und wie funktioniert es? Diese Fragen sind von Biologen und Hirnforschern beantwortet worden. Ihre Erkenntnisse führen zu neuen Fragen. Wenn wir das wissen und uns in diesem Denkgebäude aufhalten, sollte die Frage gestellt werden, wie und wozu wir unser Gehirn benutzen, damit sich seine Möglichkeiten auch wirklich in vollem Umfang entfalten können.

Motive sind emotional aufgeladene Zustände

Aus McClellands Sicht sind Motive emotional aufgeladene Zustände, die Zielobjekte vorwegnehmen. Er geht davon aus, dass wir Menschen eine begrenzte Anzahl angeborener Motive (Triebe oder Bedürfnisse wie Hunger, Durst und Sexualität) haben. Diese Motive sind abhängig von natürlichen Reizen in unserer Umwelt, die wir wahrnehmen. Wenn wir etwas tun und das Ziel mit dem Verhalten erreichen, wird eine Emotion mobilisiert und die Verhaltenssequenz verstärkt, die zum Erfolg geführt hat. Durch Erfahrung lernen wir auch, Signale zu erkennen, die allein schon auf die Verfügbarkeit natürlicher Anreize hinweisen. Auch diese Signale lösen Emotionen aus. Weil positive emotionale Zustände verstärkend wirken, begeben wir uns vorzugsweise in solche Situationen, in denen erlernte oder natürliche Anreize vorhanden sind *(LeDoux 2006, 338)*.

Lange vor dem Zeitpunkt, als McClelland diese Forschungsergebnisse veröffentlichte, fanden bereits William James, William McDougall und Henry A. Murray heraus, dass wir angeborene Motive besitzen, die unser Verhalten steuern und die an unserer persönlichen Weiterentwicklung beteiligt sind. Steven Reiss stellte den Zusammenhang zwischen positiven und negativen Gefühlen und den 16 Lebensmotiven dar *(Reiss 2008, 29)*. Er entwickelte auf der Basis von Studien mit weltweit über 20.000 Befragten die derzeit am besten validierte Methode, um die impliziten Motive unserer Persönlichkeit zu erfassen.

Was bedeutet es, dass Motive emotional aufgeladene Zustände sind?

Bereits in der pränatalen Phase sind die Sinnesorgane und ihre Verschaltungen schon so weit ausgereift, dass damit erste sinnliche Wahrnehmungen gemacht werden können. Der Fötus spürt das Schaukeln, schmeckt das Fruchtwasser, hört den Herzschlag der Mutter und Geräusche von außen. Für das noch ungeborene Kind ergibt sich hier ein Bereich der Sicherheit und der Geborgenheit.

Plötzlich und auch wiederholt auftretende Störungen in Form von lauten Geräuschen oder Angst und Stress der Mutter werden in der Schwangerschaft vom Fötus über die Veränderung des Herzschlages der Mutter und über die

Blutversorgung und die Ausschüttung verschiedener Hormone wahrgenommen. So kann das Gefühl der Geborgenheit bei manchen Babys bereits zum Zeitpunkt der Geburt nur schwach ausgeprägt sein. Diese Kinder sind weitaus schwerer durch mütterliche Zuwendung zu beruhigen, als diejenigen, die solche Erfahrungen nicht gemacht haben.

Dennoch erlebt jeder Mensch bereits bei seiner Geburt ersten tiefgreifenden Stress. Danach muss sich der kleine Mensch einen Weg suchen, um sein verlorengegangenes inneres Gleichgewicht wiederzufinden. Die Erfahrungen, die das neugeborene Kind während der ersten Tage und Wochen in seiner neuen Lebenswelt macht, werden in seinem Gehirn mit einem Gefühl verankert. Auch die Erfahrung und die Emotion, dass es seine Angst bewältigen kann, werden gespeichert. Damit dieses Gefühl entstehen kann, muss das Kleinkind seine Angst zum Ausdruck bringen können. Sein Schreien muss gehört werden, es muss sich ihm jemand zuwenden, es wärmen, mit ihm sprechen und es beruhigen.

Nur wenn das Baby jemanden hat, der ihm ermöglicht, möglichst viel von dem wahrzunehmen, was es bereits in seiner bisherigen Lebenswelt, nämlich im Mutterleib, kennen gelernt hat, und das mit der dortigen Geborgenheit und Sicherheit verbindet, kann es seine Angst überwinden und sein Gleichgewicht wiederfinden. Je häufiger das Kind durch eigene Leistung seine Angst mit Hilfe einer anderen Person, vermutlich zunächst mit der Mutter, bewältigt, umso tiefer wird diese Erfahrung mit einem Gefühl in seinem Gehirn abgespeichert und verankert werden. Das Selbstvertrauen des Kindes wächst ebenso wie das Vertrauen in die Fähigkeit seiner Bezugsperson, ihm Sicherheit und Geborgenheit zu bieten. Das Kind entwickelt seine emotionale Bindung an die Mutter.

Ein afrikanisches Sprichwort sagt, dass man „ein ganzes Dorf benötige", um einem Kind all die Entwicklungsmöglichkeiten zu geben, die es braucht, um „die genetischen Anlagen zur Ausbildung eines zeitlebens lernfähigen, komplex verschalteten Gehirns in vollem Umfang nutzen zu können" *(Hüther 2005, 75)*.

Die ersten Jahre haben in unserem Leben eine überragende Bedeutung. Nach neuesten Erkenntnissen reifen die zwei großen Systeme im Gehirn unterschiedlich schnell. Bereits in der pränatalen Phase ist das limbische System in der Lage, emotionale Erlebnisreize zu verarbeiten und abzuspeichern – lange, bevor kognitives Lernen und das Bewusstsein einsetzen. Möchte sich ein Erwachsener an die Zeit der „infantilen Amnesie" (Freud) erinnern, wird er lediglich Inseln des Bewusstseins herausfinden. Die frühe unbewusste Prägung ist der Schlüssel zur menschlichen Psyche, denn hier werden die ersten Kriterien einer Persönlichkeit ausgebildet.

Das kindliche Unbewusste ist das Zentrum der sich heranbildenden Persönlichkeit. Hier häufen sich frühe Zuwendung, Ablehnung, Qual und

Glückseligkeit an. Eine glühende Herdplatte, ein zu hohes Tempo beim sonntäglichen Spazierenfahren, stilles Leid der Mutter, riskante Spiele des Vaters, das alles schlägt sich direkt in der neuronalen Struktur eines Kinderhirns nieder. „Emotionale Konditionierung" nennt Roth diesen Mechanismus: Das ganze Leben lang greift das Individuum auf den Erlebnisspeicher zurück und gleicht ab. Das Gehirn funktioniert aufgrund seiner Geschichte, der wir so gut wie nicht entfliehen können – sie ist uns nicht bewusst.

Ein faszinierend dynamischer Prozess: Ein wahrgenommener Reiz führt jedes Mal zu einer Veränderung des neuronalen Netzwerkes. Dabei kommt es dann zu einem analogen Verhalten. In jedem Moment findet eine Bewertung statt, deren Ergebnis zusammen mit dem Ereignis abgespeichert wird.

Alles, was wir tun, vielleicht zum Wasserglas oder zur Kaffeetasse greifen, einen Brief schreiben oder einen Freund umarmen, alles wird gefiltert und über die emotionale Schleife im Unbewussten abgespeichert. Dabei wird dann entschieden, was gut für uns ist, was uns Lust bereitet oder Schmerz zufügt. Unser Erfahrungsgedächtnis vollführt ein Frage- und Antwort-Spiel: Soll ich das tun oder nicht?

Das Bewusstsein –
„Geisel" des Unbewussten

Und ebenso wichtig: Das unbewusste Erfahrungsgedächtnis ist in der Lage, den rational arbeitenden Teil des Gehirns mit seinen Botschaften „als Geisel zu nehmen", wie es der Neurowissenschaftler *Joseph LeDoux (2006, 341)* ausdrückt.

Jeder Gedanke von uns muss das limbische System passieren, das Reich der Gefühle. Dort ist der Ursprung des kognitiven Aktes, dort wird er eingestimmt, dort wird die Vernunft hergestellt. Jeder Prozess unterliegt dem gleichen Zensor: Ist das Unbewusste einverstanden oder nicht? Und in unserem Unbewussten liegen zunächst unsere impliziten Motive verborgen.

Ein raffiniertes Schutzsystem – das manchmal allerdings kläglich versagen kann. Denn wundern wir uns nicht manchmal über Entscheidungen, die wir doch anders treffen wollten? Rätselhaft, warum die letzte Beziehung trotz rationaler Abwägung wieder in die Brüche ging. Erklärung: Häufig drängt es uns in die Richtung des schon bekannten emotionalen Musters. Denn das Unbewusste setzt auf Wiederholungen und Vertrautes. So werden wir von unserer eigenen „Institution" getäuscht und treffen wieder die falsche Entscheidung.

Wir tun oder erleben etwas, und dies hat für uns positive, negative oder neutrale Konsequenzen. Die unterschiedlichen Folgen werden von unserem

Gehirn bewusst oder unbewusst registriert und in unserem Erfahrungsgedächtnis abgespeichert. Der Prozess der emotionalen Konditionierung beginnt also schon vor der Geburt und setzt sich das ganze Leben hindurch fort. Das Gehirn versieht die unterschiedlichen Erfahrungen, die wir in unserem Leben machen, mit emotionalen Markern, damit wir einen schnellen Zugang zu unserem Vorrat an Erfahrungen haben *(Roth 2008, Damasio 2001)*.

Wann immer wir in eine Situation kommen, die das Gehirn als bereits bekannt oder ähnlich einstuft, werden bestimmte Gefühle aufgerufen, die uns dann als eine Art von Kurzbotschaften des Erfahrungsgedächtnisses raten, was wir zu tun und zu lassen oder wovor wir uns in Acht zu nehmen haben. Immer wenn in der äußeren oder inneren Welt eine Veränderung auftritt, entsteht ein Gefühl. Dieses Gefühl teilt uns mit, dass außerhalb von uns oder im Inneren etwas nicht stimmig ist. Am häufigsten erleben wir dieses Gefühl, wenn wir etwas wahrnehmen, das nicht zu dem passt, was wir erwarten, oder wenn Anforderungen an uns gestellt werden, die wir nicht erfüllen können. Vielleicht auch, wenn uns eine andere Person verletzt, enttäuscht oder betrogen hat. Viele Namen haben wir für dieses Gefühl: Verunsicherung, Verzweiflung, Ohnmacht, Hilflosigkeit – wir haben Angst.

Wenn uns etwas gelungen ist und wir es geschafft haben, die bisherige innere Ordnung in unserem Gehirn wiederherzustellen, entsteht das andere Grundgefühl, für das es ebenso viele verschiedene Bezeichnungen gibt: Hoffnung, Zuversicht, Befriedigung, Lust – wir haben Freude.

Das dritte Grundgefühl, das wir stets dann erleben, wenn wir noch nicht genau einschätzen können, ob wir das, was wir wahrgenommen haben, als Bedrohung oder als Gelegenheit zur Festigung und Wiederherstellung unserer inneren Ordnung nutzen können, ist die Überraschung.

Emotionen leiten und bewegen uns und werden damit zur Grundlage unserer Motivation *(Roth 2008, 143)*. Das Wissen über die individuelle Ausprägung meiner Motive lenkt die Aufmerksamkeit meiner Wahrnehmung. Ist uns unsere Motivstruktur in der individuellen Ausprägung jedoch bewusst, können wir die Aufmerksamkeit darauf richten.

Sobald uns diese Struktur, die wir wahrnehmen, bekannt ist, ist die kognitive Verarbeitung von einem emotionalen Arousal begleitet. Das emotionale Arousal führt dann oft nicht zu einer einfachen automatischen Reaktion, sondern dient uns auch dazu, unser Verhalten auf die Situation hin- oder wegzulenken, auf die der emotional erregende Reiz gerichtet ist *(LeDoux 2006, 341)*. Dabei müssen wir unser Ziel im Auge behalten, selbst wenn es erforderlich wird, Umwege zu gehen. Aber wie heißt es so schön: Umwege erhöhen auch die Ortskenntnisse.

Sollte nun unterwegs ein wichtiges Ziel auftauchen, muss das System völlig neu ausgerichtet werden. Dazu müssen wir kognitive, emotionale und motivationale Ressourcen neu zuweisen und innerhalb der einzelnen Verarbeitungssysteme und zwischen ihnen Abstimmungen vornehmen. Hüther sagt, „dass sich das Gehirn erst durch die Art seiner Benutzung gewissermaßen selber programmiert" *(Hüther 2005, 8)*.

Unsere Wahrnehmungskanäle – die Eingangstore zu unseren neuronalen Netzwerken

Visuell, akustisch, kinästhetisch, olfaktorisch, gustatorisch nehmen wir die Welt um uns herum wahr: Wir sehen, hören, fühlen, riechen oder schmecken. Die wahrgenommenen Impulse werden von unserem Nervensystem aufgenommen und an das Gehirn weitergeleitet.

Unsere Gefühle sind nicht nur dafür verantwortlich, welche Erfahrungen im Gehirn verankert und abgespeichert werden und wie sehr sie unsere Grundhaltungen und Überzeugungen bestimmen, sondern sie sind auch an der „Ausrichtung von Wahrnehmungs- und Denkprozessen" maßgeblich beteiligt *(Hüther 2005, 18)*.

Das aus den Sinneseindrücken zusammengesetzte Bild ist freilich kein wahres Abbild der tatsächlichen Beschaffenheit der Welt, sondern lediglich das Bild, das wir uns aufgrund unserer Motive, Werte, Glaubenssätze und Anreize herstellen. Je nachdem, wie unsere Konstruktionen ausgebildet sind, sind wir in der Lage, mehr oder weniger von unserer äußeren Welt wahrzunehmen und somit unser Bild zu gestalten.

Unser Gehirn ist in der Lage, auch die Signale aus der Innenwelt wahrzunehmen und sie zur Regelung unserer inneren Ordnung zu benutzen. Das erfolgt grundsätzlich unbewusst. Unser Gehirn macht sich ständig ein Bild davon, was in uns vorgeht. Veränderungen des Blutzuckerspiegels, der Sauerstoffkonzentration, der Körpertemperatur, des Muskeltonus, des Blutflusses, der Aktivität unserer inneren Organe und der Hormone werden von unserem Gehirn meist unbewusst wahrgenommen. Und immer dann, wenn sich an dem Bild der inneren Welt etwas verschiebt, leitet das Gehirn eine Gegenreaktion ein, um das innere Gleichgewicht wiederherzustellen *(Hüther 2005, 104)*.

Indem wir alle neuronalen Netze besonders häufig und intensiv aktivieren, die an der Aufnahme, Verarbeitung und Abspeicherung derartiger Veränderungen beteiligt sind, werden diese Netzwerke auch besonders gut ausgebildet und sind leichter zu aktivieren als andere. Wir schärfen unsere Wahrnehmung und sind dadurch schneller und intensiver in der Lage, unsere Sinne für unsere Kraftquellen zieldienlich einzusetzen.

Konstruktionen in unserem Gehirn entstehen aus unseren impliziten Motiven, die anfänglich noch streng genetisch programmiert sind, zunächst beginnend über Affekte und später durch eigene Erfahrungen, die mit Gefühlen verankert werden. Der Komplexitätsgrad der Vernetzung der neuronalen Netzwerke wächst kontinuierlich. Die Arbeitsweise des Gehirns bleibt dabei gleich und verändert sich in der Entwicklung grundsätzlich nicht. Genauso wie jede Nervenzelle immer erst dann einen Impuls weiterleitet, wenn sie durch Anstöße anderer Nervenzellen erregt wird, leitet das Gehirn erst dann eine Gegenmaßnahme ein, wenn die wahrgenommenen Veränderungen der äußeren und inneren Welt so groß sind, dass es zu einer Erregung tiefer liegender Nervennetze des Gehirns kommt. Diese Aktivierung limbischer Zentren empfinden wir als Störung unseres emotionalen Gleichgewichtes.

Die Intensität unserer Wahrnehmung und wie wir auf die Veränderung reagieren, hängt von den Erfahrungen ab, die wir in unserem bisherigen Leben gemacht haben. Diese Erfahrungen sind abgespeichert. Die meisten und wichtigsten machen wir bereits während unserer frühen Kindheit, sie sind und bleiben oft unbewusst.

Halten wir also fest, dass ein Nervensystem primär die Aufgabe hat, alle Veränderungen der äußeren Welt, die zu Störungen der inneren Ordnung unserer Persönlichkeit führen können, abzuwenden oder auszugleichen.

Das Wissen über sich selber ist zweifellos ein wesentlicher Aspekt der menschlichen Motivation (*LeDoux 2006, 341*). Demnach ist das Wissen um die Ausprägung der eigenen Motivstruktur von maßgeblicher Bedeutung. Unser Verhalten wird zu einem großen Teil von Prozessen beeinflusst, die sich außerhalb unseres Bewusstseins abspielen. Genauso wichtig wie das Bewusstsein sind deshalb die darunterliegenden, unbewusst arbeitenden kognitiven, emotionalen und motivationalen Prozesse.

Sind Veränderungen unseres Verhaltens möglich?

Diese Frage ist eng verbunden mit einer anderen Frage: Soll ich bei Entscheidungen eher meinem Verstand oder eher meinen Gefühlen folgen? Gehen wir also der Frage nach, wie unsere Persönlichkeit im Gehirn entsteht und wie sie unbewusst und bewusst unser Denken und unser Handeln lenkt.

Wo sitzt eigentlich unser Bewusstsein und welche Aufgabe übernimmt das Unterbewusstsein? Bei Entscheidungen und Verhaltensveränderungen haben die unbewussten Anteile unserer Persönlichkeit das erste und das letzte Wort – Verstand und Vernunft sind lediglich Berater, sagt Roth. Er sagt auch, dass es schwer ist, sich zu verändern. Dagegen stellt *Gerald Hüther*

(2005, 24) fest: „Ein zeitlebens lernfähiges Gehirn ist auch lebenslänglich veränderbar."

Betrachten wir nun, unter welchen Voraussetzungen Veränderungen unseres Erlebens und Verhaltens möglich sind und welche Bedingungen das unterstützen.

Fast ein Jahrhundert lang war das Denken der meisten Neurobiologen und Psychologen vom „Dogma der Unveränderlichkeit der einmal im Gehirn entstandenen Verschaltungen" bestimmt *(Hüther 2005, 10)*. Inzwischen hat sich herausgestellt, dass das Gehirn auch im Erwachsenenalter noch in hohem Maße strukturell formbar ist. Zwar können sich bis auf wenige Ausnahmen Nervenzellen nach der Geburt nicht mehr teilen, sie sind jedoch zeitlebens in der Lage, ihre neuronalen Verbindungen an neue Bedingungen anzupassen. Bei weit über 100 Milliarden Neuronen sind die synaptischen Verschaltungen nicht gerade gering.

Jahrzehntelang ist man davon ausgegangen, dass die während der Hirnentwicklung ausgebildeten synaptischen Verbindungen unveränderlich seien. Heute weiß man, dass das Gehirn zeitlebens zur adaptiven Modifikation und Reorganisation seiner einmal angelegten Verbindungen befähigt ist und dass die Herausbildung und Festigung dieser Verbindungen entscheidend davon abhängt, wie und wofür wir unser Gehirn benutzen. Forschungsergebnisse der letzten Jahre haben deutlich gemacht, dass unser Gehirn in seinem Aufbau und seiner Funktion in besonderer Weise für Aufgaben geeignet ist, die wir unter dem Begriff der „psychosozialen Kompetenz" zusammenfassen. Unser Gehirn ist demzufolge weniger ein Denk- als vielmehr ein Sozialorgan.

Gehen wir der Ausgangsfrage noch ein Stück weiter auf den Grund, um die Zusammenhänge deutlich herauszustellen.

Ist unser Gehirn deterministisch? Die Frage, ob das menschliche Gehirn partiell oder vollständig determiniert ist und ob es in hirnphysiologischen Prozessen Zufälle gibt, ist nach dem heutigen Stand der Forschung noch nicht zu beantworten.

Diese Frage ist deswegen auch hochinteressant, weil sie ausgehend von der Annahme, dass wir Menschen grundsätzlich das Gefühl haben, im täglichen Leben frei über unser Handeln entscheiden und damit das Leben selber bestimmen zu können, eine weitere Frage aufwirft: Geht unserem Handeln ein freier Wille voraus?

Die enorm große Anzahl an möglichen Zuständen erlaubt es nicht, den Grad der Determiniertheit zu ermitteln. Das menschliche Gehirn besteht wie erwähnt aus weit über 100 Milliarden Neuronen, die jeweils 30.000 Synapsen aufweisen. Alleine in der Großhirnrinde haben wir 15 bis 20 Milliarden davon. Rechnen wir das hoch, kommen wir auf 500 Billionen Synapsen. Die

Synapsen können sehr viele unterschiedliche Zustände annehmen, mindestens zehn, vielleicht sogar 100 *(Roth 2008)*. Das Gehirn kann somit 10^{150} verschiedene Zustände einnehmen. Das Potenzial in diesem Organ ist also nur mit Wahrscheinlichkeitsrechnungen zu bestimmen, aber nicht exakt. Ob es determiniert ist oder nicht – wir können es nicht feststellen.

Wonach handeln wir Menschen? Der Anteil des Zufalls im menschlichen Agieren ist nicht ermittelbar und näher bestimmbar. Wie viel bei unserem Verhalten zufällig ist, wissen wir nicht. Abseits vom Zufall gilt jedoch die Annahme, dass alles, was wir tun, durch bewusste und unbewusste Motive bestimmt ist. Jedes menschliche Verhalten ist also zusätzlich durch Motive determiniert.

Sie haben dieses Buch vor sich und lesen es. Dafür gibt es einen oder auch mehrere Gründe. Und die sind mit den dahinterliegenden Motiven verbunden. Damit Gründe wirksam werden, müssen sie stets mit Motiven verbunden sein. Unsere Folgerung: Weil Sie dieses Buch jetzt lesen, sind die Motive, zu lesen, stärker als die Motive, an der Bar zu sitzen und etwas zu trinken.

Für alles, was wir tun, abgesehen vom Zufall, müssen wir also Motive annehmen. Roth geht deshalb von einem Motiv-Determinismus aus und nicht vom freien Willen: Alles, was wir tun, basiert auf unseren impliziten Motiven, motivationalen Selbstbildern und in uns schlummernden Kraftquellen. Die Kraftquellen stehen untereinander in einem ständigen Kampf.

Dieses Wechselspiel aus Entscheidungen und Konsequenzen führt dazu, dass sich der Mensch fortlaufend ändert und auch in nahezu identischen Situationen zu unterschiedlichen Zeitpunkten unterschiedliche Entscheidungen trifft. Dieser physiologische Prozess der Entscheidung über Handlungsalternativen im Gehirn lässt sich als ein komplexes Zusammenspiel verstehen zwischen

- der bewusstseinsfähigen Großhirnrinde, insbesondere dem Stirnhirn,
- den Basalganglien der Großhirnrinde, die für den Zeitpunkt und die genauen Ausführungen von Handlungen zuständig sind, und
- dem überwiegend unbewusst arbeitenden limbischen Zentrum (insbesondere die Amygdala und das mesolimbische System) als emotional-motivationales Erfahrungsgedächtnis, das parallel Großhirnrinde und Basalganglien beeinflusst.

Bei einem Entscheidungsprozess findet zunächst eine Aktivierung im Stirnhirn, im präfrontalen Cortex, statt. Hier kommt es zu einer ersten Vorentscheidung. Zum Beispiel: „Ich fahre nach Paris." Damit die Entscheidung umgesetzt werden kann, werden über die großen absteigenden Bahnen die Basalganglien aktiviert. Hier sind unter anderem die Programme zur Handlungsausführung gespeichert. Die Rückmeldung an den Cortex führt dann zum bewussten Entschluss und der Handlungsausführung. Die unbewussten Motive haben hierauf einen Einfluss über die Zentren des limbischen Systems, die über unbewusste Gefühle, Überlegungen und Entscheidungen bestimmen und damit als unbewusste Berater agieren. Wenn wir die unbewussten Motive auf die bewusste Ebene heben, haben wir plötzlich kompetente und uns wohlgesinnte Berater, die wissen, was wir wirklich benötigen!

Betrachten wir weiter die Vorgänge in unserem Gehirn. So ist die Amygdala (der Mandelkern) überwiegend für das Furchterregende, Unangenehme und Überraschende im Leben zuständig und meldet dies an das Bewusstsein. Das mesolimbische System ist für Belohnung, Neugierde und den Antrieb verantwortlich. In Experimenten lässt sich bereits etwa sieben Sekunden vor der bewussten Entscheidung mit bildgebenden Verfahren eine Aktivität im limbischen System zeigen, die eine relativ sichere Vorhersage darüber erlaubt, wie die Entscheidung, die über die Basalganglien und den präfrontalen Cortex abläuft, in Bezug auf die experimentelle Aufgabe ausfallen wird.

Daraus lässt sich folgendes Fazit ableiten: Die unbewusst arbeitenden, emotionalen Erfahrungssysteme (die Amygdala und das mesolimbische System) haben bei den Handlungsentscheidungen das erste und das letzte Wort. Sie sind das erste beim Entstehen von Wünschen, Absichten und Zielsetzungen, das letzte bei der Entscheidung, ob das, was geplant ist, wirklich jetzt so und nicht anders ausgeführt werden soll. Das garantiert uns, dass alle Entscheidungen im Lichte vergangener Erfahrungen getroffen werden.

Unser Erleben und Verhalten wird in dem Moment festgelegt, in dem bewusst und unbewusst arbeitende Netzwerke im Gehirn die Kraftquellen (unbewusste und bewusste Motive, Glaubenssätze, Werte, Ziele) und die aktuelle Situation gegeneinander abwägen. Das Gefühl der Steuerung unserer Handlungen aus bewusster Willenskraft ist also eine Illusion.

Unterbewusstsein und Bewusstsein –
Auswirkungen auf den Alltag

Jeder Eindruck, jeder Reiz, jede Wahrnehmung hinterlässt eine Spur. Sehr häufig wissen wir nicht, warum wir verstimmt sind. Oder warum wir uns gerade besonders glücklich fühlen. Oft sind Kleinigkeiten vorausgegangen, die wir übersehen haben: ein freundliches Wort am Frühstückstisch, eine Filmszene, eine Beobachtung auf dem Weg zur Arbeit. „Wehe der verhängnisvollen Neugier, die durch eine Spalte einmal aus dem Bewusstseinszimmer heraus und hinab zu sehen vermochte", warnte Friedrich Nietzsche (*zitiert nach Weischedel 2008, 256*). Das Unbewusste existiert und seine Führungsqualitäten sind unbestritten. Es lenkt uns Menschen, ob wir unser Fahrzeug steuern, ob wir ohne den Wecker pünktlich erwachen oder mit dem Partner so heftig streiten, dass es uns selber überrascht. „Wir sind nicht Herr im eigenen Haus."

Dass vieles unbewusst abläuft, war schon Freud bekannt. Keiner vor ihm machte das Modell der unbewussten Kraft so populär wie er. Er beschrieb die Vorstellung eines unbewussten „Es", das dem eher bewussten „Ich" sowie dem von Erziehung und Kultur gespeisten „Über-Ich" gegenübersteht. Freud verglich das „Es" mit einem Pferd und das „Ich" mit dem Reiter, der die überlegene Kraft des Pferdes zügelt. Die Sphäre des „Es" sei es, die in der Entwicklung des Seelischen schon vor dem Bewusstsein existiere und lebenslang den Menschen dominiere. Wie der Reiter will der Mensch sich nicht vom „Pferd" trennen, obwohl ihm sehr oft nichts anderes übrig bleibt, als es dahin zu führen, wohin es gehen will. So pflegt auch das „Ich" den Willen des „Es" in eine Handlung umzusetzen, so, als ob es der eigene Wille wäre.

Letztlich ist es das „Es", das Pferd, das die Richtung vorgibt. Der Reiter macht sich die Intention des Tieres zu eigen und glaubt triumphierend: Das Pferd ist genau dorthin gegangen, wohin ich wollte.

Wir haben etwas Grandioses in uns, das sich unserer Kontrolle entzieht. Mittlerweile hat sich auch in der Wissenschaft der Ansatz durchgesetzt, das Unbewusste weniger als Gegenspieler des „Ichs" zu verstehen, sondern als Ressource, als Kraftquelle mit noch nicht richtig abschätzbaren Möglichkeiten für unser Erleben und unser Verhalten.

Freud hat das Unbewusste auch mit einem Eisberg verglichen, dessen Informationen und Massen sich unter der Oberfläche ausdehnen. Das Bewusstsein stellt die Spitze des Eisberges dar. Ein solches Bild ist aufgrund der heutigen wissenschaftlichen Erkenntnisse überholt. Die Massen darunter sind voluminöser als bislang vermutet. Hier liegt ein gigantisches Reservoir an Ressourcen. In jeder Sekunde trommeln über unsere Sinne Millionen Informationen auf uns ein, die wir nicht bewusst wahrnehmen. Sie sinken ungefiltert ins Tiefgeschoss des Gehirns, in unser Unterbewusstsein. Dort werden sie als Sinneseindrücke und Erfahrungen abgespeichert, weil wir den „chaotischen Überfluss" nicht gebrauchen können.

Welches Auto ist gerade vorbeigefahren? Welches Geräusch habe ich eben gehört? Klopft da nicht jemand? Wie schmeckt der Kaffee? Das Unbewusste schläft nie, das Gehirn ist ständig aktiv. Permanent strömen Informationen auf uns ein und beeinflussen unser Erleben und Verhalten. Immerhin lebt mindestens eine Branche davon. Werbepsychologen wissen, dass viele Wege nach unten führen. Immer wiederkehrende Wiederholungen lassen Produktnamen ins Unbewusste sickern und beeinflussen unser Kaufverhalten. Denn das, was unbewusst im Gehirn verankert ist und zunächst schlummert, wird bei entsprechender Reizaktivierung als vertraut und angenehm eingeschätzt und deshalb eher gekauft.

Der Weg der Wahrnehmung über die Sinnesorgane geht also zunächst in das Unterbewusstsein. Damit wir einen Reiz bewusst wahrnehmen können, muss er einen Schwellenwert von wenigstens 100 Millisekunden überschreiten, damit eine ausreichende Menge von Neuronen synchronisiert werden kann. Dadurch entstehen neuronale Verbindungen, so genannte Synapsen. Hier wird unser Bewusstsein gebildet.

Alle Reize drängen durch die gleiche Pforte. Vieles gelangt allerdings nie ins Bewusstsein, weil der Stimulus zu schwach ist. Er wird weggefiltert oder unterdrückt, ist jedoch im Unterbewusstsein abgespeichert und wirksam – wenn auch nicht sofort und bewusst. Er befindet sich im „Untergrund" – so wie jene Bilder von zähnefletschenden Dobermännern und lächelnden Kleinkindern.

Das erste Wort hat das Unbewusste also bei der Entstehung unsere Wünsche. Ob ich neugierig bin, wie mein Gehirn funktioniert, ob ich Lust auf ein genussvolles Essen habe, ob ich mich gerne bewege oder lieber auf dem Sofa sitze, das alles ist tief in unserer Persönlichkeit verankert. Das ist das erste Wort. Die unbewusst arbeitenden Erfahrungssysteme, die Amygdala und das mesolimbische System senden nun Signale an mein Bewusstsein.

Das Bewusstsein haben wir selber hergestellt. Und plötzlich fühle ich oder mir wird bewusst: „Ja, dieses Buch könnte spannend sein, das Essen würde mir gut tun, das Treffen mit Claudia könnte für mich interessant sein", oder Sie sagen: „Bloß nicht, lass es sein." In dieser Situation, besonders wenn sie komplex ist, kommt der Auftritt unseres Bewusstseins oder des „Über-Ichs", unserer Kontroll-Instanz: Vielleicht sollte ich den Termin doch lieber absagen, das Buch kann ich auch noch nächsten Monat lesen und den Aufwand für das Essen … Nein. Dann überlegen wir hin und her. Der große Auftritt des Überlegens ist gekommen. Was passiert da in unserem Gehirn? Das Überlegen und Abwägen wird beeinflusst durch ein gigantisches Netzwerk unserer Synapsen: Es sind mindestens eine Milliarde von Neuronen, die jetzt bewusst abwägen.

Und dann – der Entschluss: Ich lese das Buch oder nicht. Ich gehe zu dem Treffen oder nicht. Ob dieser Entschluss befolgt wird, hängt nicht von unserem Bewusstsein ab, sondern von den Basalganglien und dem Einfluss des limbischen Systems.

Es könnte nämlich sein, dass Sie sich für das Treffen entscheiden, und plötzlich fällt Ihnen ein, dass Sie einen wichtigen Brief schreiben müssen. Dann hat Ihnen ihre Amygdala gesagt: keine gute Idee. Aus welchem Grund, das verrät sie nicht. Sie macht nur Andeutungen, weil die Antwort so komplex ist, dass es Tage und Wochen, vielleicht Monate dauern würde, bis eine konkrete Antwort da wäre – wenn überhaupt.

Solche Situationen kennen Sie, wenn plötzlich Entschlüsse geändert werden. Sie wollen sich bei einem anderen Menschen beschweren. Sie haben sich alles zurechtgelegt, stehen vor der Tür, wollen anklopfen, und plötzlich fällt Ihnen ein: Na, passt denn wohl das Kleid oder der Anzug, sitzt mein Halstuch richtig, oder ist da nicht doch noch ein wichtiger Telefonanruf, den ich zunächst erledigen sollte? Da hat sich ihr Unterbewusstsein gemeldet und nachgefragt: Ist das wirklich ein gute Idee, deiner besten Freundin jetzt mal die Meinung zu sagen oder dem Chef endlich zu erklären, wie sein Verhalten wirklich ankommt? Unser Unterbewusstsein fragt also ab, ob die bewusste Entscheidung eine wirklich gute Idee ist. Das Unbewusste hat das letzte Wort. Menschen tun sehr häufig ganz andere Dinge, als sie bewusst entschieden haben, und wundern sich dann.

Eine weitere Erkenntnis: Obwohl wir von einem Motivdeterminismus sprechen, haben wir natürlich Wahlmöglichkeiten – und zwar bei Abwesenheit von äußeren und inneren Zwängen. Unser Gehirn kann abwägen, ob ich das eine oder das andere tun werde. Und zwar im Rahmen meiner Persönlichkeit. Es steht also von vornherein nicht konkret fest, wie ich eine Situation erlebe oder wie ich mich in dieser Situation verhalte. Was feststeht, ist das Grundgerüst – die Merkmale unserer Persönlichkeit. Wie ich etwas erlebe und wie ich mich verhalte, hängt vom Ergebnis des Abwägens in meinem neuronalen Netzwerk ab. Das kann kompliziert sein. Und sehr häufig wälzen wir uns dann nachts im Bett, und während wir versuchen zu schlafen, kämpfen die Motive, Glaubenssätze und Werte weiter. Wir können eher schlafen, wenn es uns gelingt, unsere Kraftquellen auf die bewusste Ebene zu bringen. Wir handeln dann für uns frei und stimmig, wenn wir eine Übereinstimmung zwischen den unbewussten Kraftquellen und unseren bewussten Zielen herstellen können.

Es geht also darum, sich die unbewussten Kräfte, die wir in uns haben, bewusst zu machen. „Doch der reine Appell an die Einsicht nützt nichts", erklärt *Roth (2007, 144)*, gerade dann, wenn es um besondere Prägungen wie Traumatisierungen geht: „Heilend wirken nur Gedanken, die mit starken Emotionen verbunden sind."

Was ist das eigentlich – das Bewusstsein?

Das Bewusstsein ist dieser ganz besondere Zustand, in dem wir Eindrücke, Gedanken und Erinnerungen empfinden. Es ist vermutlich das komplexeste Phänomen, das Neurobiologen, Psychologen und Philosophen je zu begreifen versucht haben. Und es ist eines der drei elementarsten Rätsel, welche die

Menschheit beschäftigen, neben den Fragen nach dem Ursprung des Universums und dem Ursprung des Lebens. „Ich trage in meiner Seele eine Blume, die niemand pflücken kann", so hat es der französische Schriftsteller Victor Hugo formuliert. Nur ich kann beschreiben, was ich wahrnehme, denke und fühle. Ob ich in den Alpen die schneebedeckten Berge sehe, dem Wind am Meer lausche, den Duft der Rosen wahrnehme, beim Marathonlauf meinen Körper spüre oder einen Vortrag über neurobiologische Vorgänge verfolge, für all das ist unser Bewusstsein erforderlich. Angeblich können wir nur wenige Informationen – vermutlich bis zu sieben – gleichzeitig erfassen. Wir beleuchten wie mit einem Suchscheinwerfer aus den mehreren Millionen Bits an Informationen mit unseren Wahrnehmungsorganen nur eine kleine Auswahl und machen sie uns bewusst.

Bis weit ins 20. Jahrhundert war die Frage nach dem Bewusstsein eine Leib-Seele-Debatte, begonnen im 17. Jahrhundert von René Descartes, der von einem Dualismus, nämlich der Existenz einer materiellen und einer geistigen Welt ausging. Philosophen stritten lange darüber, ob sich bewusste Erfahrungen mit den Begriffen der Hirnforschung überhaupt erklären lassen. Erst in den letzten zwei Jahrzehnten setzte sich die Ansicht durch, dass sich das Bewusstsein mit naturwissenschaftlichen Methoden erforschen lässt. Vermutlich gibt es nicht „das Bewusstsein" als einen feststehenden Bestandteil in unserem Gehirn. Vermutlich sind es alle Zustände, die von einem Individuum subjektiv erlebt werden.

Wir sprechen von einem Selbst-Bewusstsein, das es uns ermöglicht, uns als eigene Person zu betrachten und uns dadurch als Individuum von anderen zu unterscheiden. Weil sich das Selbst-Bewusstsein auf unterschiedliche Bewusstseinszustände beziehen kann, wie etwa das Körperbewusstsein, das handelnde, das sprachliche oder das erlebende Bewusstsein, nimmt Roth an, dass das „Ich" gar keine einheitliche Instanz ist. Vermutlich heftet man das „Ich"-Gefühl an verschiedene Bewusstseinsformen an, wie „Ich bin es, der es denkt, fühlt oder ausführt".

An welcher Stelle befindet sich das „Ich" oder das übrige Bewusstsein im Hirn? Bisher kann man nur sagen, dass die Großhirnrinde dieses Phänomen beherbergt. Die vom Auge kommenden Sinnesreize werden vom Hinterhauptslappen verwendet. Teile des Schläfenlappens verarbeiten das Hören und dienen der Sprachwahrnehmung. Das „Arbeitsgedächtnis", wo auch die Intelligenz verankert ist und die rationalen Entscheidungen getroffen werden, finden wir im Bereich des Stirnlappens. Das Bewusstsein lässt sich also nicht einem bestimmten Teil des Gehirns zuordnen, es befindet sich in verschiedenen Arealen.

Ins Bewusstsein gelangt nur das,
worauf die Aufmerksamkeit gerichtet wird

Die Wahrnehmung über die Sinnesorgane erfolgt zunächst über einen Reiz. Dadurch entstehen Synapsen, aus denen unser Bewusstsein erwächst. Der Bremer Hirnforscher Andreas Kreiter fand heraus, wie Neuronen reagieren, wenn die Aufmerksamkeit auf ein bestimmtes Objekt gerichtet wird: Wenn sich das Auge zum Beispiel auf einen Gegenstand konzentriert, senden die an der Verarbeitung beteiligten Neuronen elektrische Impulse mit einer Frequenz von 50 bis 90 Hertz aus, und zwar auf Millisekunden genau synchron. Aufmerksamkeit spiegelt sich vermutlich darin wider, dass sich Nervenzellen zu Netzen verbinden und dabei im Takt arbeiten.

Wir haben ein inneres Modell dessen, was um uns herum passiert. Die Aufmerksamkeit hilft uns, jene Informationen der Sinne herauszufiltern, die wir brauchen, um das innere Modell abzugleichen. Das Gehirn stellt aus den Eindrücken der Sinne und der Erinnerung ein Bild, ein Modell der Außenwelt her. Wir glauben, das komplette äußere Geschehen wahrzunehmen, doch in Wirklichkeit ist es überwiegend das abgespeicherte Modell. Aktualisiert werden dann vor allem die Eindrücke, auf die die Aufmerksamkeit gerichtet ist. So kann es zum Beispiel geschehen, dass wir einen anderen Menschen treffen und mit ihm längere Zeit sprechen. Vielleicht haben wir ein Gefühl, dass irgendetwas anders an ihm ist, aber wir können es nicht erklären. Erst wenn wir unsere Aufmerksamkeit bewusst auf das Gesicht richten, fällt uns plötzlich auf, der Bart ist ab – er hat sich rasiert. Das scheinbar unveränderte Gesicht, das wir während des Gesprächs zu sehen glaubten, war weitgehend eine Reproduktion unseres Gedächtnisses.

Wenn wir unsere Aufmerksamkeit stark genug auf etwas fokussieren, können Teile der restlichen Wirklichkeit komplett verschwinden. Subjektiv haben wir jedoch stets das Gefühl, das Geschehen vollständig wahrgenommen zu haben.

Der amerikanische Psychologe Daniel Simons hat das mit einem verblüffenden Experiment nachgewiesen. Er zeigte Versuchspersonen eine Videoaufnahme, in der drei schwarz gekleidete Sportler gegen drei weiß gekleidete Basketball spielten. Er bat die Betrachter zu zählen, wie viele Pässe die Mitglieder der weißen Mannschaft einander zuspielten. Anschließend fragte er die Probanden, ob ihnen irgendetwas Ungewöhnliches in dem Film aufgefallen sei. Die meisten verneinten. Dabei hatten sie etwas übersehen. Auf der einen Seite des Sportplatzes hatte plötzlich ein Mensch in einem Gorilla-Kostüm das Spielfeld betreten, sich unter die Basketballspieler gemischt, sich auf die Brust getrommelt und war verschwunden. Ins Bewusstsein gelangt also nur das, worauf die Aufmerksamkeit gerichtet ist.

Teil II:

Das Reiss Profile

Das Reiss Profile

Das Reiss Profile ist ein neuer persönlichkeitsorientierter Ansatz in der Motivationsforschung, der von Dr. Steven Reiss, Professor für Psychologie und Psychiatrie an der Ohio State University (USA), entwickelt und verbreitet wurde. Das Reiss Profile ist ein wissenschaftliches Diagnosesystem, das sowohl individuelle Persönlichkeitsprofile als auch in der persönlichen Betrachtung mit dem Reiss-Profile-Master-Coach situationsbedingte Verhaltensweisen erfassen und vorhersagbar machen kann.

Das Reiss Profile verdeutlicht Menschen die grundlegenden, stabilen Motive und Werte der individuellen Persönlichkeit. Auf Basis von 16 Motiven wird aufgezeigt, welche dauerhaften individuellen Aspekte das Handeln eines Menschen von innen her bestimmen. Jeder Einzelne hat die 16 Motive als inneren Bestandteil seiner Persönlichkeit. Die Individualität entsteht dabei aus der unterschiedlichen Ausprägung der 16 Motive.

Deren Kombinationsmöglichkeiten ergeben über 6,5 Milliarden Persönlichkeitsprofile. Die Erfassung und Darstellung der Individualität hat klare Vorteile und einen höheren nachhaltigen Nutzen im Vergleich zu anderen Typologien. Es kommt jedoch immer darauf an, für welchen Zweck Sie welches Instrument einsetzen möchten.

Das Reiss Profile ermöglicht eine neuartige Betrachtung und ist eine wirkungsvolle individuelle Grundlage für Lebensberatung, Berufswahl, Karriereentwicklung, Gesundheit, Ernährung, Personalauswahl, Personalentwicklung und Teamentwicklung. Gleichzeitig ist es eine sichere Entscheidungsbasis, um unter anderem mit Mitarbeitern, Kunden, Lebenspartnern und den eigenen Kindern individueller umzugehen, sie besser zu verstehen und mit ihnen zu kommunizieren.

Das Reiss Profile zeigt, wie wir uns in privaten, Arbeits- oder Stresssituationen verhalten und gibt uns einen tiefen Einblick in die Unterschiede zwischen unserem gewünschten Verhalten und unserem tatsächlich gezeigten Rollenverhalten.

Das Reiss Profile erfasst unsere intrinsische Motiv- und Wertestruktur, betrachtet unsere individuellen Antreiber (unsere 16 Motive) und erklärt, warum wir uns in einer ganz bestimmten Art und Weise verhalten. Zudem offenbart es, ob das gezeigte Verhalten – uns selbst und anderen Menschen gegenüber – mit unserem Wesen stimmig ist.

Das neue Wissen über die eigene Persönlichkeit ist von unerlässlichem Nutzen für alle persönlichen Entscheidungen, die hinsichtlich dauerhafter Leistung zu treffen sind. Eine andauernde Leistungsfähigkeit steht Menschen nur im Rahmen ihrer individuell gelebten Persönlichkeit zur Verfügung. Je größer die Übereinstimmung der Persönlichkeit mit ihren Lebensumständen ist, umso einfacher kann sie ein hohes Leistungsniveau erreichen und halten. Erfahren Sie, wie Sie sich flexibler verhalten können. Lernen Sie, andere Menschen besser zu verstehen, und nutzen Sie dieses Wissen für Ihr Leben.

Weshalb ist das Reiss Profile bisher nicht vergleichbar?

Die meisten Testverfahren auf dem Markt beschäftigen sich mit Denkstil- und Verhaltensanalysen. Das Reiss Profile hingegen erfasst die Ursachen für menschliches Verhalten. Es ist ein neues und in seiner Präzision einzigartiges Diagnoseinstrument für Motivation auf der Ebene der menschlichen Persönlichkeit.

Der Ansatz von Professor Steven Reiss beruht auf einer wissenschaftlichen Theorie, die die Ansätze von Allport und Maslow integriert und weiterentwickelt. Reiss folgte einem konsequent empirischen Ansatz und entwickelte auf der Basis von Studien eine Methode, um menschliche Persönlichkeit in ihren Motiven und Werten zu erfassen.

Wir leben aktuell in einer Zeit, die unter der mangelnden Motivation von Menschen und fehlender persönlicher Einsatzbereitschaft leidet. Der Ansatz für Bildung, Weiterbildung, Training und Coaching ist auch heute noch oft fehlerhaft. Unternehmen gehen nicht individuell auf die Motive und die Persönlichkeit der Mitarbeiter ein. Persönliche Motivationsprobleme von Menschen lassen sich nachweislich kaum „wegqualifizieren", denn die Motivation ist ein relativ stabiler Faktor, der nicht einfach erlern- oder trainierbar ist.

Ziel der Arbeit mit den Erkenntnissen aus den 16 Lebensmotiven ist es, die Motivationsgrundlagen von sich selbst und anderen Menschen zu erkennen und die Rahmenbedingungen so zu gestalten, dass sie die Motivation begünstigen. Hierfür bietet das Reiss Profile zielgerichtete Unterstützung. Mit ihm lassen sich Beweggründe und Werte von Menschen erfassen, persönliches Handeln verstehen, optimieren und kritische Situationen lösen.

Vorstellung der 16 Lebensmotive und lebensmotivbedingte Praxisbeispiele

Reiss führt das menschliche Verhalten auf 16 relevante Lebensmotive zurück. Nach einer im Jahr 2000 veröffentlichten Langzeit-Untersuchung entwickelte er eine komplexe, nicht hierarchische Ordnung der intrinsischen Grundmotive des Menschen, die in diesem Kapitel vorgestellt werden.

Jedes Motiv wirkt für sich autark und alleine, steht jedoch mit jedem anderen Motiv je nach individueller Ausprägung und Abweichungsgrad von der Norm in einer mehr oder weniger starken Verbindung. Somit können sich bestimmte Motivkonstellationen positiv verstärken, abschwächen oder blockieren.

Die Leistungsfähigkeit von Menschen definiert sich über drei Größen: Dürfen, Können und Wollen. Bei der Optimierung des Potentials liegt die Aufmerksamkeit bisher meistens auf Dürfen und Können. Diese beiden Bereiche sind relativ leicht erfassbar und beeinflussbar. Der Aspekt des Wollens wird dagegen eher vernachlässigt. Gründe hierfür können sein, dass die Facetten des Wollens, abgesehen von Selbstaussagen der Menschen, bisher nicht verlässlich zu erfassen waren und schwerer zu beeinflussen sind als das Können und Dürfen.

Jeder kennt dieses Phänomen von sich selbst: Was ein Mensch lernen will, woran jemand Spaß und Freude hat, löst eine große innere Bereitschaft und Motivation aus, sich bestimmte Fertigkeiten und Fähigkeiten anzueignen. Wenn die innere Einstellung zu einer Aufgabe, einem Schulfach oder Lernstoff, einer Ausbildung, einer Weiterbildung stimmt, also von innen heraus motiviert ist, wird es leichter fallen, diese Aufgaben umzusetzen. Die Erkenntnisse aus den 16 Lebensmotiven setzen erstmalig wissenschaftlich am Wollen an.

Was macht die Menschen glücklich, zufrieden und damit dauerhaft leistungsfähig? Was ist für jeden Menschen wirklich wichtig?

Reiss musste in den 90er Jahren überrascht feststellen, dass sich die eigene Wissenschaft wenig für die existenzielle Frage nach dem „Wer bin ich?" interessiert hatte und daher kaum nachvollziehbare und wissenschaftlich abgesicherte Antworten bieten konnte.

Wie Reiss herausfand, bestimmen nicht nur ein oder zwei Motive unser Leben, sondern 16. Diese Motivausprägungen sind situations- und zeitüberdauernd und verändern sich im Laufe des Lebens nicht wesentlich. Vor allem wenn man berücksichtigt, dass die Motive und daraus ableitbare Werte und Ziele aus der Sicht der Evolutionstheorie als archaische beziehungsweise genetisch veranlagte Persönlichkeitsprägungen betrachtet werden können.

Das Ergebnis des Reiss Profile ist immer wertfrei zu verstehen. Man kann nicht oft genug betonen: Es gibt kein gutes und auch kein schlechtes Motivprofil, kein falsches oder richtiges. Das Reiss Profile dient einzig der Darstellung der Individualität eines Menschen und wird immer mit den vergangenen, aktuellen und zukünftigen Situationen im Leben abgeglichen. Es dient also als Wegweiser in ein glückliches und erfüllendes Leben. Das Reiss Profile bildet ab, wie sich ein Mensch idealerweise verhalten will, unabhängig davon, ob er dies gerade kann oder darf. Demnach ist das Ergebnis aus dem Reiss Profile nicht zu vergleichen mit den Verhaltens- und Typologie-Modellen, die aktuell gezeigtes Verhalten meist in Bezug auf den Beruf darzustellen versuchen.

Was es so bisher nicht gab, ist die Individualität, die das Reiss Profile abbilden kann. Es gibt Testverfahren, die können 16, 32, 64 Typen abbilden, 20.000 oder 30.000 Textbausteine sind als Auswertungsunterschiede hinterlegt. Das Reiss Profile jedoch trifft eine komplexe Aussage, wie sich ein Mensch am liebsten aufgrund seiner 16 Lebensmotivausprägungen verhalten möchte. Bei ihm gibt es über 6,5 Milliarden verschiedene abbildbare und individuelle Motivkonstellationen. Vergleichen Sie und entscheiden Sie selbst, was aus Ihrer Sicht der Individualität eines Menschen und vor allem Ihrer eigenen Persönlichkeit am nächsten kommt. Nur das ist es, was zählt.

Die Vorgehensweise ist einfach und erfolgt in zwei Schritten. Zunächst wird mit dem Klienten nach einem ersten Einführungsgespräch der Reiss-Profile-Online-Account eingerichtet und freigeschaltet. Den Online-Fragebogen auszufüllen dauert rund 20 Minuten. Dann analysieren Klient und Reiss-Profile-Master die Ergebnisse gemeinsam in einem persönlichen und intensiven, zwei- bis dreistündigen Gespräch. Als Auswertung bekommt der Kunde zum Beispiel, was die stärksten Motive sind, welche Bedeutung die Motive haben, wie er/sie seine/ihre individuellen Lebensmotive am besten leben, gestalten und flexibilisieren kann. So kann auch das Verhalten in einer natürlichen Umgebung (ohne außergewöhnliche Bedingungen) antizipiert werden. Interessant ist dies auch als Grundlage für zukünftige Entscheidungen, zum Beispiel zu Studien- oder Berufswahl und Karriereentwicklung.

Neue Erkenntnisse
auf der Grundlage des Reiss Profile

Motiviertes menschliches Verhalten lässt sich auf einzelne Lebensmotive zurückführen oder auch auf eine Kombination aus mehreren der 16 Lebensmotive. Menschen wenden sich den Menschen zu, die ähnliche Werte wie sie selbst haben, und halten sich von denen fern, die gegenteilige Werte aufweisen. Das Reiss Profile betont die Einzigartigkeit jedes Menschen aufgrund seines individuellen Motivprofils. Es ist eine klare Absage an Intoleranz gegenüber Andersdenkenden und Unangepassten und fordert mehr Toleranz gegenüber denen, die anders sind als man selbst.

Die 16 Lebensmotive stellen das dar, was die Menschen wirklich wollen. Lebensmotive wirken sich unmittelbar auf die Wahrnehmung aus: Stimuli, die ausgeprägte Lebensmotive ansprechen, werden fokussiert, gegenteilige Reize oder weniger wichtige Reize und Werte werden ausgeblendet. Lebensmotive bestimmen nachhaltig die persönliche Wahrnehmung und Wahrheit. Das Reiss Profile bildet die individuelle Grund-Motivstruktur eines jeden Menschen entsprechend einem individuellen Fingerabdruck ab. Diese Grundmotive (Lebensmotive) beeinflussen den Menschen umfassend und weitreichend in folgenden Bereichen: in seiner Wahrnehmung, seinem Denken, seinem Fühlen und seinem Verhalten.

Die Bedeutung von Lebensmotiven

Überdurchschnittlich stark – oder schwach – entwickelte Motive bestimmen unser Verhalten und beeinflussen dabei unsere Gefühle, Gedanken und Aufmerksamkeit. Lebensmotive gestalten unser Leben, weil wir sie persönlich, wirklich, individuell und ganzheitlich erfahren: Sie „lenken" unser eigenes Verhalten und bestimmen unsere Konzentration und Aufmerksamkeit ebenso wie unser Fühlen, Denken und Handeln. Lebensmotive sind kontinuierlich – von eher schwach ausgeprägt bis besonders stark.

Die nachfolgende Abbildung zeigt beispielsweise den Unterschied in unserem Bedürfnis, Neues zu lernen: Obwohl alle Menschen neugierig sind und gerne etwas lernen, unterscheiden sich Individuen stark darin, wie sehr dies ihr Leben bestimmt und wie stark es sie motiviert – im Beispiel bevorzugt Irmtraut insgesamt, viel mehr zu fragen, sich Neues anzueignen und zu hinterfragen, während Wolfram schneller gelangweilt ist, den praktischen Nutzen erklärt haben möchte, für vieles kein Interesse hat, weniger Fragen stellt, weniger aufgeschlossen für Neues ist beziehungsweise weniger schnell die Abwechslung und neue Aufgaben benötigt. Selbst im Alter von über 60 Jahren arbeitet sich Irmtraut noch in die Welt des Internet hinein, wogegen Wolfram lieber den Rasen mäht.

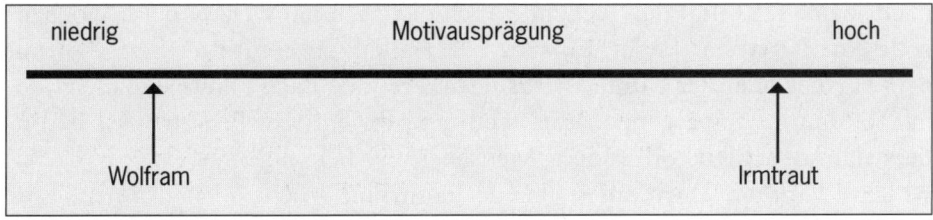

Das Lebensmotiv „Neugier" als Kontinuum.

Die persönlichen Lebensmotive führen uns Menschen individuell zu einem Gleichgewicht zwischen zu viel und zu wenig.

Wenn Irmtraut oder Wolfram weniger von dem erleben, was sie aus dem Neugier-Motiv heraus wünschen, dann motiviert sie dies, sich neues Wissen anzueignen: Irmtraut immer mehr mit dem Ziel, Neues zu lernen, Wolfram immer mehr mit dem Ziel, es anwenden zu können. Wolfram lernt anders, er ist ein Praktiker, Irmtraut eignet sich neue Dinge an, wobei Wolfram lieber das tut, was er schon immer gerne getan hat.

Erfahren beide auf ihre Art dagegen mehr „Neugier" als gewünscht, wird sie dies in den Zustand des „Nicht-lernen-Wollens" führen, um ein neues Gleichgewicht zu finden. Zufrieden sind Irmtraut und Wolfram nur dann, wenn sie ihrem Bedürfnis nach Neugier individuell nachgehen können. Falls die beiden beispielsweise länger als drei Stunden auf einer Lesung sind, würde dies Wolfram sehr unzufrieden machen, da dies ein Mehr an Neugier-Aktivität von ihm erfordert, als ihm und dem niedrig ausgeprägten Neugier-Motiv lieb ist.

Irmtraut dagegen mit ihrem starken Neugier-Motiv wird sich wohl fühlen – und am Ende vielleicht noch mit einigen Gleichgesinnten in eine Diskussionsrunde gehen, um die verschiedenen neuen Ansätze näher zu beleuchten. Wolfram wäre froh, endlich nach Hause gehen zu können. Vielleicht schaltet er den Fernseher an und schaut sich die Sendung „Das Traumschiff" an oder er hört klassische Musik und liest dabei den Finanzteil der Zeitung.

Unsere Lebensmotive
beeinflussen die persönliche Aufmerksamkeit

Während wir alle Reize besonders beachten (Fokussierung), die mit dem betreffenden und am stärksten ausgeprägten Grundmotiv zu tun haben, neigen wir umgekehrt dazu, alles auszublenden (Filterung), was keine direkte Bedeutung für dieses Motiv hat.

Zum Beispiel wird eine gesellige Person immer auf abwechslungsreiche Möglichkeiten und lustige, feiernde Menschen achten, während der weniger nach sozialen Kontakten Suchende noch nicht einmal weiß, wo am Wochenende eine Party stattfindet. Er wird lieber allein zu Hause bleiben, Zeit mit dem Partner oder der Familie verbringen, Freunde nach Hause einladen oder in die Stammkneipe gehen. Eine wettkampforientierte Person wird besonders darauf achten, ob andere Menschen sie beleidigen oder provozieren wollen, während Harmoniesuchende kaum auf solche Ideen kämen. Eine ordnungsliebende Person wird immer darauf achten, wie aufgeräumt das Zimmer, der Schreibtisch und die Kleidung sind, und sofort bemerken, falls etwas nicht an seinem Platz, schmutzig oder ungepflegt ist. Die „Ordnungs-flexiblen" dagegen nehmen kaum Notiz davon, dass der Tisch, die Wohnung, der Schreibtisch noch alle Spuren der letzten Geburtstagsfeier zeigen, Gläser herumstehen, Chips auf dem Boden liegen oder das Haus ein einziges Chaos ist. Wenn dieser in Bezug auf Ordnung flexible Mensch ein höheres Motiv an körperlicher Aktivität hat als an Ordnung, wird er ohne Probleme das Chaos so lassen und zum Sport gehen.

Das Reiss Profile basiert in allen Facetten auf den in den beiden folgenden Kapiteln ausführlich vorgestellten empirisch ermittelten 16 Lebensmotiven. Deren individuelle Ausprägung bestimmt unser Handeln und unsere Leistungsbereitschaft auf Dauer. Jeder Mensch hat sein individuelles Motivprofil. Also immer etwas Gutes und sehr Besonderes. Werden wir Menschen Tag für Tag danach behandelt? Wer entscheidet, was gut beziehungsweise schlecht, interessant oder uninteressant ist? Wie fühlen sich Menschen, wenn Sie das nicht TUN dürfen, was Sie wirklich wollen?

Das Reiss Profile ist aber kein Persönlichkeitstest: Denn nach Professor Reiss ist es nicht umfassend möglich, menschliche Persönlichkeit zu testen oder abzubilden. Es ist ein Diagnose-Instrument, das die Antriebskräfte für menschliches Verhalten erfasst.

Die Anwender gewinnen dadurch erstmalig wertvolle Erkenntnisse über die individuelle Motivationsstruktur (das „WOLLEN") zur Identifikation der individuellen persönlichen Antriebe:

- Förderung der Eigenmotivation und Umsetzungsqualitäten
- Verbesserung des Selbstmanagements für Job, Familie, Fitness und Ernährung
- Lebenszufriedenheit und Gesundheit
- Stärkung von zielgerichtetem Verhalten und Kommunikation in Partnerschaft, Kindererziehung, Teams und Projektgruppen

Für Steven Reiss ist die individuelle Ausprägung der 16 Lebensmotive der Schlüssel, um menschliches Verhalten nicht nur zu verstehen, sondern auch vorhersagen zu können: „Wenn man wissen möchte, was Menschen tun werden, muss man zuerst herausfinden, was sie wirklich wollen!"

Stabilität des Reiss Profile

Wie stabil sind die Forschungsergebnisse zu den 16 Lebensmotiven? Gibt es auch einmal ein 17. oder ein 18. Lebensmotiv? Reiss sagt in seinem ersten Buch „Who Am I?" Folgendes dazu: „Einige Leser haben vielleicht Spaß daran, nach einem 17. oder auch 18. Lebensmotiv zu suchen, die wir in unseren Forschungen eventuell vergessen haben. Für alle Leser, die sich für diese Herausforderung interessieren, hier einige Grundregeln. Auf folgende Kriterien sollten Sie bei Ihrem Vorgehen achten:

- Das Motiv, an das Sie denken, muss einen intrinsischen Wert darstellen und darf kein Mittel zur Erreichung eines Zwecks sein. Das heißt, es muss um seiner selbst willen verfolgt werden.
- Das Motiv muss eine erklärende Bedeutung für das Verständnis des Lebens fast aller Menschen haben.
- Das Motiv darf im Großen und Ganzen in keinem Zusammenhang mit den 16 Lebensmotiven stehen, die bereits Bestandteil der Liste sind.

Nur wenn alle drei Kriterien wirklich klar erfüllt sind, können wir über die Möglichkeit eines 17. oder auch 18. Lebensmotivs nachdenken. Und wenn alle drei Grundregeln erfüllt sind, müssen wir immer noch bestimmen, ob sich das menschliche Verhalten mit einem System aus 17 oder 18 Lebensmotiven exakter vorhersagen lässt als mit dem gegenwärtigen System aus 16 Lebensmotiven. Ein weiteres Lebensmotiv zu finden, das unsere Liste ergänzen könnte, ist zwar nicht unmöglich, aber eine gewaltige Herausforderung."

Mehr als neun Jahre sind vergangen, seitdem Steven Reiss seine wissenschaftlichen Erkenntnisse im Jahr 1999/2000 veröffentlicht hat. Zurzeit sieht es nicht im Ansatz danach aus, dass sich neue Motive ergeben oder Verschiebungen erkennbar sind. Seine Erkenntnisse werden dadurch bestätigt, dass immer mehr Länder und Kulturen das Reiss Profile nutzen und die menschliche Norm keine Veränderungen vorzuweisen hat.

Individuelles, menschliches Verhalten – das Ergebnis aus dem Zusammenspiel der 16 Lebensmotive

So, wie alle Stoffe auf ihre chemischen Bestandteile zurückgeführt werden können, lässt sich menschliches Verhalten als eine Kombination der 16 Lebensmotive auffassen. Sie wollen das nicht glauben? Versuchen Sie es selbst:

Ein Motiv oder ein Bedürfnis „bahnt" das Verhalten. Motive verweisen auf Absicht oder Bedeutung des Verhaltens und drücken Werte aus. Wenn beispielsweise ein Kind aus Freude spielt, dann begründet der Wunsch/das Bedürfnis „Freude-Haben" des Kindes seine Handlung: Es ist die Absicht, die das Kind mit dem Spielen verfolgt und die psychologische Bedeutung seines Verhaltens – wobei das Motiv zudem zeigt, dass das Kind Freude-Haben als motivationalen Grundwert schätzt, für das Kind selbst allerdings unbewusst.

Wie schon Aristoteles vor mehr als zweitausend Jahren feststellte, können Motive in Mittel und Zwecke unterschieden werden. Mittel dienen demnach nur als „vermittelnde" Zwischenschritte, um das zu bekommen, was wir wollen – sie motivieren nur insoweit, als sie etwas anderes ermöglichen.

Daher ist Geld auch kein Motiv, sondern nur ein Mittel. Und wie wir alle wissen, motiviert Geld nur bis zu einem gewissen Grad, aber nie dauerhaft.

Dagegen sind Zwecke das, was die Menschen wirklich oder „letztlich" wünschen: Essen als Beispiel – oder Status, Macht und Familie. Wenn eine hungrige Person zum Imbiss geht und einen Salat bestellt, dann ist Essen das „Endmotiv". Wenn ein Badmintonspieler regelmäßig an Turnieren teilnimmt, kann der Sieg oder vielleicht die Mitgliedschaft in der Nationalmannschaft sein Ziel sein: das Statusmotiv jedoch oder Rache als Kampfmotiv können das Endmotiv sein.

Lebensmotive definieren wir als elementare Letztmotive und Zwecke. So wie Chemiker alle Stoffe auf elementare Bestandteile zurückführen können, zeigen Faktorenanalysen komplexer Motivhandlungen, dass praktisch alle psychologisch bedeutenden Motive aus einer Kombination der 16 Grund- oder „Letztwerte" bestehen.

In unserem Leben streben wir danach, die im Reiss Profile am höchsten ausgeprägten der 16 Lebensmotive zu befriedigen und zu erfüllen. Diese Lebensmotive wirken immer selbstverstärkend (sie werden auch als Traits bezeichnet): Sehr bald, nachdem wir das Motiv oder eine Motivkombination bedient und befriedigt haben, wird es wieder „fordernd".

So wie wir einige Stunden nach einer sättigenden Mahlzeit wieder Hunger bekommen, nach anregenden Gesprächen oder Kontakten erneut die Nähe anderer suchen oder Menschen mit einer hohen Ausprägung von Bewegung kein Problem haben, mittags Tennis oder Golf spielen zu gehen, obwohl sie doch morgens schon 60 Minuten joggen waren. Die Frage ist: Wie bewusst ist mir dies und wie geht mein Umfeld damit um? Passe ich mich an, oder begründe ich, weswegen ich dies zum Glücklichsein brauche?

Natürlich prägen Motivkonstellationen auch dann im negativen Sinne, wenn die individuellen Lebensmotive nicht bewusst sind und nicht gelebt werden. Die meisten Menschen wissen unbewusst, welche Motive ihnen am wichtigsten sind. Sie können sie zwar nicht unbedingt mit Namen benennen, spüren aber instinktiv, wenn sie wichtige Motive befriedigen, dass dies ein Wohlbefinden auslöst. Oder sie empfinden, dass das Nicht-leben-Können oder -Dürfen demotivierend oder kräftezehrend ist. Wenn Menschen Motive leben müssen, die nicht zu ihnen passen, wirkt sich das im besten Fall in Form einer Minderleistung und Lustlosigkeit aus. Man fühlt sich schneller leer, müde, schlapp. Wenn Menschen in einer Rolle, in einem Umfeld leben, das nicht zu ihnen passt, werden sie oft krank. Warnsignale sendet der Körper früh genug. Nur: Wollen wir diese Warnsignale überhaupt richtig deuten? Vielen fehlt das Wissen hierzu. Man geht zum Arzt und vertraut ihm, dass er die Kenntnisse über die persönlichen Warnsignale hat.

Daher beachten Sie: Jedes der 16 Lebensmotive ist ein Kontinuum. Menschen regulieren und balancieren ihre intrinsischen Motive, die sie schätzen. Von „zu viel" bis „zu wenig". Was jeweils „zu viel" oder „zu wenig" bedeutet, definiert jeder Mensch für sich.

Wir wenden uns Menschen zu, die ähnliche Interessen, Vorstellungen und Werte haben. Sie separieren sich von denen mit gegenteiligen Interessen, Vorstellungen oder Werten. Kämpferische Menschen suchen nach Diskussionen, Provokationen oder Beleidigungen. Sozial und altruistisch orientierte Menschen suchen Gelegenheiten, bei denen sie anderen helfen können. Statusorientierte Menschen achten auf Kleidung und Besitz, auf Titel und öffentliche Wertschätzung, zudem darauf, dass möglichst gut über sie gesprochen wird. Familienorientierte Menschen wollen möglichst viel Zeit mit ihren Kindern verbringen und streben eine hohe Fürsorge an. Sie wollen wiederum von den Kindern dafür geliebt werden.

Die 16 Lebensmotive im Kurzüberblick

Die hier vorgestellten 16 Lebensmotive sind ein sehr genaues Instrument zur besseren Selbsterkenntnis, Selbstreflexion und Selbstwahrnehmung. Sie erhalten Antworten und Begründungen, warum wir bestimmte Verhaltensaspekte, die anderen Menschen wichtig sind, oft übersehen. Das Reiss Profile wird bei einer professionellen Reflexion durch einen erfahrenen Reiss-Profile-Master und den vertiefenden Trainings- und Coaching-Prozessen dazu beitragen, dass Sie Ihre Reaktion auf andere und deren Reaktion auf Sie verstehen.

Die Kenntnis der 16 Lebensmotive und ihrer Querverbindungen zueinander, bezogen auf Ihr aktuelles und zukünftiges Leben, kann Ihnen letztlich dabei helfen, Ihre Fähigkeit zur Empfindung eines werte- und motivbasierten Glücks – das Gefühl, dass Ihr Leben einen wirklichen tiefen Sinn hat – deutlich zu steigern. Die folgende Beschreibung wird Ihnen helfen, diese Motive in Ihrem Alltag zu erkennen.

Beim Lesen der Motive hören Sie bitte auf Ihren Bauch, auf Ihre Intuition, zu welchen Sie sich am meisten hingezogen fühlen. Hören Sie in sich hinein und erfahren Sie, welche Begrifflichkeiten und Motivbeschreibungen für Sie am ehesten zutreffen. Es wird auch passieren, dass Sie Begrifflichkeiten, die nicht zu Ihnen passen, ablehnen. Denken Sie daran: Andere Menschen haben gerade diese Werte und denken zunächst einmal über Ihre genauso negativ.

Was Ihre wirklichen Motive sind, hat nicht unbedingt etwas damit zu tun, ob Sie sie im Alltag leben können oder dürfen. Daher achten Sie beim Lesen darauf, welche Wörter, Beschreibungen und Beispiele Sie am meisten treffen könnten. Gleichgültig, was andere darüber denken oder ob dies den Regeln der Gesellschaft, der Religion oder der Allgemeinheit entspricht.

Jedes Lebensmotiv ist ein eigenes Organ im Gesamtkörper des Menschen. Nur hat jeder seine individuelle Ausprägung, wie auch jedes menschliche Organ anders ist. Alle Motive stehen in einer engen Verbindung. Die Stärke der Motiv-Verbindungen variiert von Mensch zu Mensch. Wenn bei dem einen oder anderen Motiv etwas nicht rund läuft, es über- oder unterfordert ist, kann sich das auf den ganzen menschlichen Organismus auswirken. Der Mensch fühlt sich am glücklichsten und gesündesten, wenn alle Motive optimal gelebt werden können. Dieses Optimum bewusst anzustreben ist ohne Reflexion und Kenntnis der persönlichen Lebensmotive nicht möglich. Auch durch die Erkenntnis und das Wissen ist es im Alltag nicht immer einfach umsetzbar. Zudem wird dies mit zunehmendem Alter immer schwieriger. Aber an sich selbst Tag für Tag zu arbeiten lohnt sich.

Motive bezogen auf
entsprechende Alltagssituationen

Das Lebensmotiv „Status" zeigt beispielsweise, wie viel Respekt und Achtung Menschen gezollt wird, die einen sozialen Status einnehmen, der als erstrebenswert gilt. Statusorientierte Personen verfolgen das Ziel, sich mit einem hohen sozialen Status zu identifizieren, und drücken dies über Kleidung, Verhalten, Titel und anderes aus. Demgegenüber haben Personen mit einem schwach ausgeprägten Lebensmotiv Status ein starkes Bedürfnis nach gesellschaftlicher Gleichberechtigung. Nicht auffallen, sich nicht abheben von der Masse. Sie respektieren Menschen dafür, was sie tun, aber nicht wegen ihrer Herkunft oder wegen ihrer Titel.

Was meinen Sie, welcher Mensch hat ein größeres motivationales Problem? Jemand, der ein hohes Motiv Status in seiner Persönlichkeit hat, jedoch über keinen nennenswerten Status verfügt, oder der, dem Status nicht so wichtig ist, jedoch eine angesehene Stellung im Job hat oder ein Haus?

Die Menschen, die sich durch ein niedriges Motiv Status auszeichnen, sagen uns immer wieder in Auswertungsgesprächen, dass ihnen eine Rolex- oder Cartieruhr, der Porsche, das Boot, die Pelzmäntel oder das große Haus nicht viel bedeuten. Sie könnten darauf gut verzichten. Obwohl sie viele Luxusartikel besitzen, ist es für sie kein starker motivationaler Reiz oder bewirkt eine positive Bedürfnisbefriedigung. Oft ist das, was diese Menschen an Status zeigen, für die Masse der Bevölkerung sehr viel, bezogen auf das Einkommen und ihr Bankkonto jedoch ein Bruchteil dessen, was sie sich leisten könnten. Sie wollen dies aber nicht. Andere wollen und können nicht oder verschulden sich, nur um „mithalten" zu können.

Sehr vieles dreht sich in unserer heutigen Gesellschaft um Status: Ob es nun Statussymbole sind, Marken, Fachzeitschriften und TV-Sendungen über die „Reichen und Schönen", das Dschungel-Camp mit geldgierigen C-Promis. Würden Sie sich für 25.000 Euro derart lächerlich machen? Menschen, die über ein stärkeres Maß an Status in der eigenen Persönlichkeit verfügen, können nachvollziehen, welche negativen Gefühle und Emotionen damit verbunden sind, Status zu haben, dann auf Status verzichten zu müssen oder den gewünschten Status nie zu erreichen. Es gibt Menschen, die sich in Phasen des Jobverlustes oder während einer Veränderung im Beruf mehr Gedanken über ihren möglicherweise eintretenden Statusverlust machen als um die Absicherung der Familie. Manche, die für einen statusgeprägten Job ihre Familie die ganze Woche lang nicht sehen, haben damit kein nennenswertes emotionales Problem, viele sind sogar froh darüber (die wenigsten würden das jedoch öffentlich zugeben, da dies nicht gesellschaftskonform ist).

Viele wollen Karriere machen, sie lieben ihre Kinder, sehen es jedoch nicht als erstrebenswert an, möglichst viel Zeit mit dem Nachwuchs zu verbringen.

Sie wollen den Kindern ein guter Kumpel und Vertrauter sein und mögen das Wort Vater / Mutter nicht gerne hören. Wenn die Kinder sie mit Vornamen ansprechen, fühlen sie sich deutlich besser und freier. In diesen Fällen war bisher immer das Status-Motiv im persönlichen Reiss Profile stärker ausgeprägt als das Familie-Motiv. Die Motive, die stark von der Norm abweichen, sind jedoch die wirklichen persönlichen Leistungs- / Motivationsplattformen.

Für alle Motive gilt dabei: Ausschlaggebend für Leistung und Erfolg ist die Übereinstimmung zwischen der Motivausprägung und der täglichen Möglichkeit, diese auszuleben.

Lebensmotive und individuelle Verhaltensmerkmale

Ihre individuellen Lebensmotive zeigen den Weg der psychologischen Entwicklung zeigen, den Sie nehmen müssen, um die Person zu werden, die Sie werden wollen. Daher können sie Ihnen dabei helfen, darüber nachzudenken, was Sie benötigen, um ein motivorientiertes und wertebasiertes Glück zu finden.

Die 16 Lebensmotive bieten zudem ein wirksames Instrument zur Analyse des Verhaltens der Menschen in Ihrer Umgebung. Wenn Sie wissen wollen, wie sich andere verhalten werden, sollten Sie herausfinden, was sie sich wünschen, und davon ausgehen, dass sie versuchen werden, ihre Bedürfnisse und Motive zu erfüllen. Bedürfnisse teilen uns vielleicht nicht alles mit, was wir über uns selber oder andere wissen wollen. Die Dinge, die sie uns mitteilen über die Einstellungen und das Verhalten anderer Menschen, sind jedoch immens wichtig, um unsere eigenen Handlungen zu verstehen oder das Verhalten anderer und den Zustand des Glücks und der Lebenszufriedenheit nachvollziehen zu können.

Lebensmotiv	Individuelle Verhaltensmerkmale
Macht	Das Lebensmotiv Macht gibt Auskunft über das Bedürfnis, ob jemandem das Führen / Verantworten oder eher das Ausführen von Anweisungen wichtig ist.
Teamorientierung	Das Lebensmotiv Teamorientierung gibt Auskunft über das Bedürfnis, wie jemand seine Beziehungen in den Aspekten Verbundenheit oder Autonomie zu anderen Menschen gestaltet.
Neugier	Das Lebensmotiv Neugier gibt Auskunft über das Bedürfnis, welche Bedeutung das Thema Wissen für jemanden im Leben hat und wozu er Wissen erwerben möchte.

Anerkennung	Das Lebensmotiv Anerkennung gibt Auskunft über das Bedürfnis, durch wen oder durch was jemand sein positives Selbstbild aufbaut.
Ordnung	Die Ausprägung im Lebensmotiv Ordnung gibt Auskunft über das Bedürfnis, wie viel Strukturiertheit oder Flexibilität jemand in seinem Leben benötigt.
Sparen/Sammeln	Das Lebensmotiv Sparen/Sammeln gibt Auskunft über das Bedürfnis, wie viel es jemandem emotional bedeutet, Dinge zu besitzen.
Ziel-/ Zweckorientierung	Das Lebensmotiv Ehre gibt Auskunft über das Bedürfnis, ob jemand nach Prinzipientreue strebt oder eher realitätsbezogen beziehungsweise situativ entscheidet und ziel-/zweckorientiert ist.
Idealismus	Das Lebensmotiv Idealismus betrachtet den altruistischen Anteil der Moralität und gibt Auskunft über das Bedürfnis, wie viel Bedeutung Verantwortung in Bezug auf Fairness und soziale Gerechtigkeit hat.
Beziehungen	Das Lebensmotiv Beziehungen gibt Auskunft über das Bedürfnis und die Bedeutung von sozialen Kontakten. Hierbei spielt einerseits die Qualität und andererseits die Quantität der Kontakte eine entscheidende Rolle.
Familie	Das Lebensmotiv Familie gibt Auskunft darüber, welche Bedeutung das Thema Fürsorglichkeit für jemanden hat (bezogen auf die eigenen Kinder).
Status	Das Lebensmotiv Status gibt Auskunft über das Bedürfnis, entweder in einem elitären Sinne erkennbar anders, also bedeutsam, oder aber unauffällig und wie die anderen zu sein.
Rache/Kampf	Das Lebensmotiv Rache/Kampf gibt Auskunft über das Bedürfnis des Vergleichens mit anderen. Dazu gehören auch die Themen Diskussion, Aggressionen austragen und Vergeltung einerseits sowie Harmonie und Konfliktvermeidung andererseits.
Schönheit	Eros als Lebensmotiv in der Originalversion des Reiss Profile gibt Auskunft über die Bedeutung von Sinnlichkeit im Leben eines Menschen. Dazu gehören neben der Sexualität auch alle anderen Aspekte von Sinnlichkeit (z.B. Design, Kunst, Schönheit). In der Business-Version des Reiss Profile wird die Bedeutung von Schönheit, Design und Kunst ohne Bezug zu Sexualität für das persönliche Leben abgebildet. Das Lebensmotiv Schönheit hat keine bipolare Ausprägung: Das Ergebnis trifft eine Aussage über die Quantität des Motivs Schönheit, nicht die Qualität.

Essen	Das Lebensmotiv Essen gibt Auskunft über die Bedeutung, die Essen als Selbstzweck für jemanden hat, d.h. wie viel der Nahrungsgenuss zur Lebenszufriedenheit beiträgt. Das Lebensmotiv Essen hat keine bipolare Ausprägung: Das Ergebnis trifft eine Aussage über die Quantität des Motivs Essen, nicht die Qualität.
Körperliche Aktivität	Das Lebensmotiv Körperliche Aktivität gibt Auskunft über das Bedürfnis nach der qualitativen und quantitativen Wichtigkeit, die körperliche Aktivität, Anstrengung, Bewegung, Sport und Fitness (Arbeit oder Sport) für die Lebenszufriedenheit haben.
Emotionale Ruhe	Das Lebensmotiv Emotionale Ruhe gibt Auskunft über das Bedürfnis nach emotionaler Stabilität. Es fragt nach der Bedeutung stabiler emotionaler Verhältnisse für die Lebenszufriedenheit. Es fragt auch nach der qualitativen und quantitativen Wichtigkeit, Ängste und Schmerzen zu vermeiden oder bewusst Risiken zu suchen.

Außer dem Motiv Schönheit und dem Motiv Essen, die nur eine polare Ausprägung ausdrücken, sind alle anderen 14 Lebensmotive von bipolarer Ausprägung. Das bedeutet, dass jedes Motiv zwei Aussagen trifft: eine qualitative und eine quantitative. Es sind also immer zwei Seiten eines Motivs in jedem Menschen vorhanden. Welche Ausprägung die stärkere ist oder ob beide gleich sind, entscheidet die individuelle Abweichung pro Motiv von der menschlichen Norm, welche nur über den Fragebogen zu ermitteln ist.

Ein Beispiel zum Motiv Neugier: Jemand mit einem hohen Neugier-Motiv möchte sich, um zufrieden zu sein, 80 Prozent des Tages mit neuen Dingen und seiner Wissenserweiterung beschäftigen. Zu 20 Prozent wird das tägliche TUN mit der Umsetzung von gewohnten Dingen und Abläufen und der Praktikabilität zu tun haben. Also Abwechslung um der Abwechslung willen und Wissen aneignen, um sich Wissen anzueignen. Jemand mit einem niedrigen Neugier-Motiv möchte sich nur 20 Prozent seines Tages mit neuen Dingen beschäftigen. Dies heißt nicht, dass dieser Mensch nicht neugierig ist, jedoch wird er viel schneller gelangweilt und überfordert sein, wenn der Tag mehr als 20 Prozent Neues bringt oder der starke Wunsch nach Anwendung, also nach Praxisbezug nicht klar hervorgehoben wird.

Nehmen wir zwei Kinder, eines mit niedrigem Neugier-Motiv und eins mit hohem Neugier-Motiv. Beide sind unterschiedliche Lern- und Aufmerksamkeitspersönlichkeiten. Das Kind mit einem niedrigen Neugier-Motiv wird besser lernen, wenn es praxisnah ist, wenn es etwas erleben, anfassen, greifen oder etwas bauen und erschaffen kann. Wenn der Schul-Unterricht zu viel Theorie bietet, ist dieses Kind schnell überfordert, es wird zappelig und unkonzentriert – was in vielen Fällen im Schulalltag zu beobachten ist.

Um sich und seine Motive sowie seine Persönlichkeit ideal entfalten zu können, sollte möglichst auf die stärksten Bedürfnisse eingegangen werden. Das Kind mit der hohen Neugier ist der vollständig gegensätzliche Lerntyp. Es fragt viel nach, will alles ganz genau wissen und verstehen. Oft wird in einer Klasse von dreißig Kindern dieser Durst nach Wissen nicht befriedigt werden können. Dieses Kind liest dann vielleicht selbst in Büchern nach, ist immer einige Lektionen im Lernstoff voraus.

In beiden Fällen können diese Kinder auffällig werden und schlechte Noten erhalten: Das eine Kind ist eher über-, das andere unterfordert. Durch die unterschiedlichen Motivausprägungen kommt es im Alltag immer wieder zu Missverständnissen, Problemen und Konflikten. Die Ursache hierfür ist die unterschiedliche persönliche Wahrnehmung der Umgebung und der Alltagssituationen.

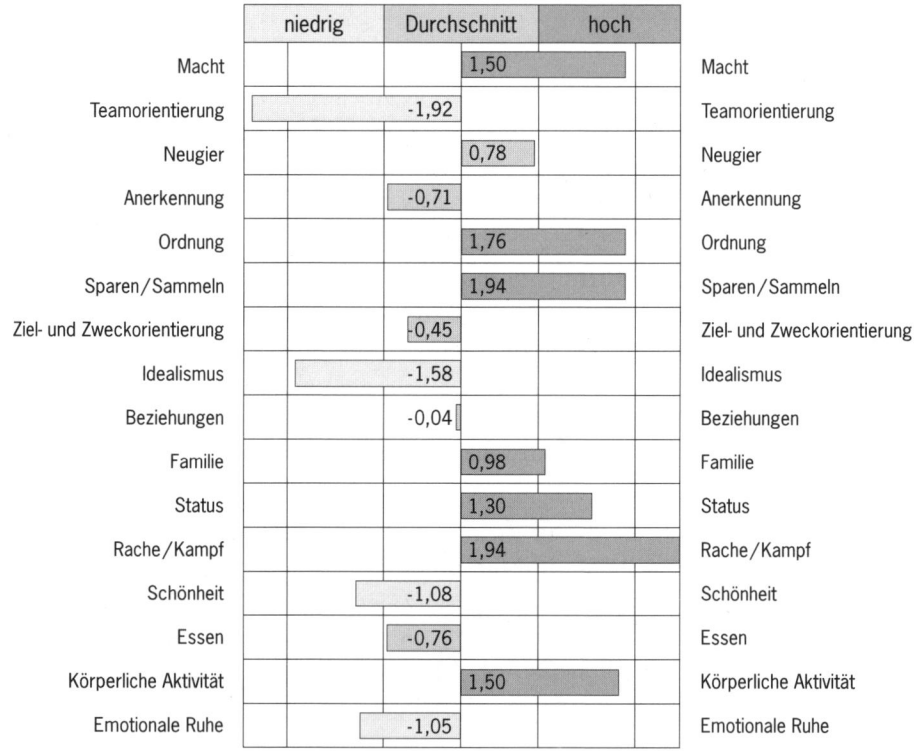

	niedrig	Durchschnitt	hoch	
Macht		1,50		Macht
Teamorientierung	-1,92			Teamorientierung
Neugier		0,78		Neugier
Anerkennung		-0,71		Anerkennung
Ordnung		1,76		Ordnung
Sparen/Sammeln		1,94		Sparen/Sammeln
Ziel- und Zweckorientierung		-0,45		Ziel- und Zweckorientierung
Idealismus	-1,58			Idealismus
Beziehungen		-0,04		Beziehungen
Familie		0,98		Familie
Status		1,30		Status
Rache/Kampf		1,94		Rache/Kampf
Schönheit		-1,08		Schönheit
Essen		-0,76		Essen
Körperliche Aktivität		1,50		Körperliche Aktivität
Emotionale Ruhe		-1,05		Emotionale Ruhe

Grafische Darstellung eines Reiss Profile.

Interpretation
der individuellen Ausprägung

Wie verstehe ich nun eine Reiss-Profile-Auswertung am besten? Wie „lese" ich die Grafik?

Die links dargestellte Auswertung beinhaltet die Testergebnisse als Zahlenwerte und als Grafik in Balkenform. Wenn der Wert einer Lebensmotivausprägung zwischen -0,79 und +0,79 liegt, wird der Balken gelb eingefärbt. Dies bedeutet, dass solche Werte im menschlichen Normbereich liegen und keine besonders erkennbare Prägung der Persönlichkeit auszumachen ist. Diese individuellen Ausformungen gilt es jedoch auch noch später im Prozess stark zu beachten.

Liegen die Werte -0,80 und tiefer, werden die Balken rot eingefärbt. Diese Lebensmotive sind unterdurchschnittlich niedrig ausgeprägt. Sie sind ein sehr starker Bestandteil der Persönlichkeit. Liegen die Werte +0,80 und höher, sind die Balken grün eingefärbt. Diese Lebensmotive sind überdurchschnittlich hoch ausgeprägt und ebenfalls ein sehr starker Bestandteil der Persönlichkeit. Die Textauswertung wird aus Textbausteinen erstellt. Sie gibt eine erste Orientierung, die immer in einem persönlichen Auswertungsgespräch mit dem beratenden Reiss-Profile-Master vertieft wird. Das vollständige Ergebnis des Reiss Profile besteht aus der Auswertung und dem persönlichen Auswertungsgespräch. Auch die gesamten Bedeutungen der „neutral" ausgeprägten Lebensmotive (GELB) können erst in einem individuellen Gespräch genauer eingeordnet werden.

Wie würde sich dieser Mensch
idealerweise verhalten?

Je größer die Abweichungen, desto größer die Unzufriedenheit der Person. Viele Menschen sind sich ihrer individuellen Motivausprägungen nicht bewusst und haben viele der Motive noch nie wirklich gelebt. Hier steckt die Chance, jeden auf dem Weg zu seinem eigenen ICH zu unterstützen.

Macht – neutrale Ausprägung,
persönlicher Skalenwert bei +0,39 bis -0,39

Ihr Lebensmotiv Macht hat im Testergebnis eine neutrale Ausprägung ergeben. Das bedeutet, dass keine eindeutige Tendenz für einen der beiden Pole des Machtmotivs vorhanden ist. Somit sind beide Aspekte des Lebensmotivs Macht Bestandteil Ihrer Persönlichkeit, aber nie in der ausschließlichen Form und auch nie in einem überdauernden Zeitrahmen. Wenn Sie nur eine der beiden Ausprägungen leben können, empfinden Sie Stress oder Unwohlsein.

Macht – leicht überdurchschnittlich ausgeprägt, persönlicher Skalenwert bei +0,40 bis +0,79

Ihr Lebensmotiv Macht hat eine klare Tendenz in Richtung der oberen Abweichung, ohne diese zu erreichen oder zu überschreiten. Das bedeutet, dass Sie eine Tendenz haben, Führung, Entscheidungen, Verantwortung oder Kontrolle zu übernehmen. Daraus resultiert ein leicht erhöhter Ehrgeiz. Ihr individuelles Maß an Führung, Verantwortung und anderem ist allerdings begrenzt, was sich sowohl im zeitlichen Umfang als auch in der Bedeutung der inhaltlichen Aspekte bemerkbar macht. Wenn Sie zum Beispiel das Führen von vier Mitarbeitern noch als motivierend und stressfrei empfinden, so kann es aber sein, dass jede zusätzliche Arbeitskraft bereits Stress oder Unwohlsein auslöst und Sie überfordert.

Macht – leicht unterdurchschnittlich ausgeprägt, persönlicher Skalenwert bei -0,40 bis -0,79

Ihr Lebensmotiv Macht hat eine klare Tendenz in Richtung der niedrigen Abweichung, ohne sie zu erreichen. Das bedeutet, dass Sie eine Neigung haben, Führung, Verantwortung, Entscheidungen und Kontrolle eher nicht zu übernehmen. Sie haben keinen aus dem Lebensmotiv Macht getriebenen Ehrgeiz. Ihr individuelles Maß an Führung und Verantwortung, das Sie gerne und mit Zufriedenheit übernehmen, ist begrenzt. Dies macht sich in längeren Phasen, in denen Sie führen müssen, stark bemerkbar, in zeitlich begrenzten Situationen jedoch weniger. Angenehmer sind für Sie Tätigkeiten, in denen Sie unter Anleitung und ohne Eigenverantwortung arbeiten können.

Macht – überdurchschnittliche Ausprägung, persönlicher Skalenwert bei +0,80 bis +2,00

Da Ihr Lebensmotiv Macht überdurchschnittlich ausgeprägt ist, spielt es für Sie eine große Rolle, Einfluss zu haben. Dieses Bedürfnis äußert sich in dem Wunsch nach Führung, Erfolg oder Leistung und Kontrolle über Situationen. Menschen mit einem großen Bedürfnis nach Einfluss sind entschlossen, ernst und zielstrebig, manche auch eigensinnig oder bestimmend. Sie können sich für ihre Überzeugungen einsetzen und ihren Ansichten Ausdruck verleihen. Sie übernehmen gerne Verantwortung – ob im eigenen Haushalt, bei der Arbeit oder in der Freizeit. Ihre Erfolgsziele können Ihr Leben dominieren, Sie arbeiten täglich sehr lange und stellen private Dinge oft an die zweite Stelle.

Manche Menschen mit einem großen Bedürfnis nach Einfluss erschaffen gerne Neues und verstehen Kreativität auch als ein Mittel zum Zweck.

Macht – unterdurchschnittliche Ausprägung,
persönlicher Skalenwert bei -0,80 bis -2,00

Da Ihr Lebensmotiv Macht unterdurchschnittlich ausgeprägt ist, ist es Ihnen wichtig, nicht führend/beherrschend sein zu müssen. Sie mögen es nicht, Ihren Willen durchzusetzen, um Dinge, Situationen oder Personen zu ändern. Menschen mit einem großen Bedürfnis, nicht beherrschend zu sein, lehnen es ab, andere zu beeinflussen, ihnen Ratschläge und Anleitungen zu geben, ihnen ihren Willen und ihre Werte zu vermitteln. Sie neigen dazu, Menschen einfach sie selbst sein zu lassen, und stellen wenige Forderungen an andere. Sie bitten selten um Gefallen, es kann sein, dass sie sehr geduldig mit Menschen umgehen, sie mögen unterstützende Tätigkeiten und Ersatzrollen. Sie vermeiden Macht und bevorzugen es, im Hintergrund zu bleiben. Sie könnten es genießen, die Karriere ihres Partners zu unterstützen.

Sie sind lieber Zuschauer als aktiv Beteiligter und tendieren dazu, anderen die Verantwortung zu überlassen. Sie versuchen Karriere und andere Aspekte des Lebens miteinander in Balance zu bringen. Es kann sein, dass sie persönliche Erfolge schätzen, aber nur, wenn diese mit Mäßigung erreicht wurden. Oft setzen sie sich nur persönliche Ziele, die leicht zu erreichen sind, damit sie Zeit für andere Interessen haben. Sie sind gerne gelassen/lässig/unbekümmert, vielleicht sogar locker/entspannt.

Das Reiss Profile als persönliche Standortbestimmung

Die relative Bedeutung, die wir jedem der 16 Lebensmotive beimessen, ist das, was uns zu Individuen und jeden von uns einzigartig macht. In anderen Worten: Für jeden Menschen hat jedes Motiv einen anderen Stellenwert. Vielleicht haben Sie das Gefühl, Macht, Familie und Status seien Ihnen sehr wichtig, und für einen anderen sind es vielleicht Idealismus, Ordnung und Teamorientierung.

Eine weitgehende Übereinstimmung der beruflichen Tätigkeiten und Inhalte mit den individuell bedeutsamen Lebensmotiven eines Menschen bietet die realistische Basis zu einer anhaltend hohen Motivation. Im Falle einer Disharmonie zwischen der Ausprägung der Lebensmotive und den beruflichen oder privaten Tätigkeiten empfindet der Mensch Stress und erlebt Demotivation. Die Reiss-Profile-Auswertung dient immer als eine Art persönlicher Landkarte und individueller Standortbestimmung.

Die 16 Lebensmotive
in der detaillierten Beschreibung

Es gibt keinen Menschen auf der Welt, der einem anderen in Aussehen oder in allen Persönlichkeitsmerkmalen gleicht. Jeder Mensch hat einen einzigartigen genetischen Fingerabdruck. Auf unsere Thematik rund um die Lebensmotive bezogen, gibt es keine zwei Individuen auf der Welt, die über exakt das gleiche Potenzial verfügen. Die Intensität der persönlichen Ausprägung variiert bei allen 16 Lebensmotiven je nach Individuum und konkretem Lebensmotiv. Zudem kommen noch die individuelle Prägung, Erziehung, Lebenserfahrungen, Kultur, Umfeld und Selbsterkenntnisgrad hinzu.

Die 16 Lebensmotive machen uns zu einzigartigen Wesen. Jeder Mensch hat seine persönliche Hierarchie an Lebensmotiven, und diese spiegelt die Bedeutung eines jeden Antriebs für die Lebenszufriedenheit eines Menschen wider. Wenn wir unsere persönliche Motivhierarchie kennen, realisieren wir gleichzeitig, welche Priorität wir jedem der 16 Lebensmotive einräumen möchten, um uns zufrieden, glücklich und gesund zu fühlen.

Wir erfahren durch unser persönliches Reiss Profile, welche Bedürfnisse oder Motive stark und welche schwach ausgeprägt sind. Indem wir die Stärke und Schwäche unserer Bedürfnisse im Vergleich zu anderen Menschen erleben, verstehen wir unser Verhalten ihnen gegenüber und deren Verhalten uns gegenüber.

Wir konzentrieren uns in der Beschreibung der 16 Lebensmotive auf die hohe und niedrige Motiv-Ausprägung. Denn 68 Prozent der Menschen verfügen über beide Motivdimensionen in einem relativ ausgeglichenen Zustand und reagieren aus dem aktuellen Kontext heraus – jeder aber immer mit bestimmten stärker oder schwächer ausgeprägten Schwerpunkten. So wird sich jeder Leser in den Extrembereichen mal mehr, mal weniger wiederfinden können. Die Kombination der Motive untereinander jedoch macht erst in Verbindung mit dem aktuellen Leben das persönliche Verhalten ableitbar und erklärbar. Betrachten Sie also die einzelnen Motivbeschreibungen wie eine Art Verhaltensvokabular. Die Summe der Teile macht erst dann alles praktikabel und verständlich. Dies wäre hier jedoch nicht darstellbar, denn jeder Mensch ist einzigartig und hat sein persönlich individuelles Lebensmotivprofil. Im Bereich der niedrigen und der hohen Ausprägung befinden sich somit nur noch jeweils 16 Prozent der Menschen.

Für bestimmte Situationen im Leben sind diese starken persönlichkeitsprägenden Motivabweichungen notwendig, sie bieten aber auch immer einen guten Anlass für Kritik, Unzufriedenheit und anderes. Nicht unbedingt immer bei einem selbst, sondern bei Menschen, die dieses Motiv nicht in dieser Form haben und diese Ausprägung nur schwer nachvollziehen können. Zudem kann der Mensch mit dem extremen Motiv sich nur schwer in die Rolle einer Person mit normalen oder unter- beziehungsweise überdurchschnittlich ausgeprägten Motiven hineinversetzen. Missverständnisse und Konflikte sind vorprogrammiert. Die meisten Menschen haben diese extrem abweichenden Motivausprägungen und den Wunsch nach einem extremen Ausleben nicht. Wir möchten vorab ein paar Beispiele zeigen, die sich aus der täglichen Arbeit ergeben haben.

Wenn jemand mit einem starken Motiv nach körperlicher Aktivität zum Beispiel noch abends um 23.30 Uhr den Drang verspürt, zehn Kilometer zu joggen, und danach glücklich und zufrieden ist, werden die meisten Menschen, die diese starke Ausprägung nach Bewegung nicht haben, dies als nicht nachvollziehbar oder unnormal bezeichnen. Es gibt auch Aussagen, dass dies eine Störung sein muss: „Der läuft vor etwas weg!" Dieser starke Wunsch nach einer extremen Motivbefriedigung in Häufigkeit und Dauer trifft auf die Menschen, die ihre Motive im engen Normbereich haben, nicht zu. Dieses Extrem kann vielleicht einmal vorkommen, jedoch nicht in derartiger Intensität und Häufigkeit.

Es treffen bei den meisten Menschen immer Teile von der hohen und der niedrigen Ausprägung zu. Bei der körperlichen Aktivität im Normbereich, also bei Wert Null, kann dies bedeuten, dass dieser Mensch sich gerne bewegt, es jedoch nicht jeden Tag ein 10-km-Lauf sein muss. Bei einem Leistungssportler kann es signalisieren, dass er zwei bis drei Trainingseinheiten am Tag als zu viel oder zu anstrengend empfindet. Kein Wunder, wenn er am Wettkampftag ausgepowert ist oder sich im Training bewusst schont. Sehr schnell kann es zu Überlastungen kommen, Verletzungen sind die Folge. Wie wird wohl ein Trainer reagieren, der nur eine harte, schweißtreibende Trainingseinheit für Erfolg versprechend hält, wenn sein Top-Talent eher der Typus mit dem durchschnittlichen Motiv ist? Beobachten Sie einmal Bundesligatrainer, die früher selbst gute Fußballer waren. Einige von ihnen haben schon immer härter trainiert als die Kollegen. Dies sind oft auch die Choachs, die viele verletzte Spieler im Kader haben.

Im Bereich Trainingsgestaltung liegen diese beiden unterschiedlichen körperlichen Aktivitäten auf völlig verschiedenen Ebenen. Über kurz oder lang wird es zum Konflikt kommen. Entweder in der Beziehung oder in der Leistungsentwicklung und der Verletzungsanfälligkeit des Sportlers. Am Ende verlieren beide das Spiel. Der Sportler ist unzufrieden, bringt seine Leistungen nicht oder ist oft verletzt, wird vielleicht nicht mehr aufgestellt und wechselt irgendwann frustriert den Verein. Es gibt genügend Talente, die mit ihrer Persönlichkeit und ihren Lebensmotiven nicht in ein bestimmtes Umfeld passten und ihrer Karriere dadurch geschadet haben. Wenn die

Rahmenbedingungen für die individuellen Motive eines Sportlers im neuen Verein besser passen, ist dieser „aussortierte" Wettkämpfer auf einmal im anderen Verein ein Leistungsträger.

Auch das andere Beispiel erleben wir Jahr für Jahr. Millionen Euro werden für zum Verein oder zur Mannschaft nicht passende Spieler unnötig verbrannt. Wenn der Trainer es nicht schafft, bei möglichst vielen Sportlern die optimalen Rahmenbedingungen herzustellen, wird er schneller, als ihm lieb ist, seinen Job wieder los sein. Die Presse und die Fans sind hier gnadenlos. Man erwartet bei teuren Spielerkadern den Erfolg und gewonnene Spiele.

Wir kennen unzählige Beispiele, wo bestimmte Sportler unnötigen Druck bekommen, als trainingsfaul und schlapp beschimpft werden. Wie viele junge Wettkämpfer werden in eine andere Rolle gedrängt, müssen ein hohes Maß an körperlicher Aktivität im Trainingsalltag leben, obwohl sie lieber andere Dinge tun wollen. Wenn der Fußballer eigene Kinder hat und eine hohe Ausprägung im Motiv Familie aufweist, möchte er gerne viel Zeit mit den Kindern und der Familie verbringen. Sein Trainings- und Wettkampfalltag lässt dies jedoch nicht zu. Sind solche Sportler dann nicht geeignet für dieses Geschäft? Doch, denn das Talent ist vorhanden, man sollte sich nur mehr darauf einstellen, jeden Sportler individueller zu fördern.

Dass dies alles sehr komplex ist, wissen wir selbst aus der Praxis und unserer täglichen Arbeit mit Unternehmen und jungen Sportlern. Es erfordert vor allem Zeit, Einsicht und die Reflexion auf die Motive. Vor allem sollten die richtigen Worte benutzt werden. Deshalb müssen immer alle Beteiligten und das gesamte berufliche und private Umfeld in den Prozess integriert werden. Es gilt für alle Seiten, sich in die Motive und die Gefühlswelt des Sportlers oder Mitarbeiters hineinzuversetzen. Grundvoraussetzung für ein konstruktives und nachhaltiges Gespräch wird hier und in allen anderen Bereichen des Lebens gegenseitiges Vertrauen und ehrliche Wertschätzung sein.

Weitere Beispiele für Motive in Bezug auf das Berufsleben:

Bei normal ausgeprägtem Macht-Motiv etwa kann es bedeuten, dass der betreffende Mensch sich einmal stark nach Führung, Leistung und Kontrolle orientiert verhält, ein anderes Mal wieder gar nicht – was auch für jedes andere normal ausgeprägte Motiv gilt. Dies kann einen Menschen persönlich oder das Umfeld irritieren, da eine wirkliche Tendenz zu einem Motiv nicht erlebt wird.

Nehmen wir einmal im Job das Lebensmotiv Macht, das in der Auswertung bei zum Beispiel +0,5 Abweichung von der menschlichen Norm liegt. Dies entspricht einem Wert von 50 Prozent über der Normalverteilung. Dieser Mensch hat nach Jahren guter Leistungen im Job und mehreren Beförderungen nun eine anspruchsvolle Führungsposition mit 40 Mitarbeitern. Die Führungskraft ist im Alltag stark gefordert, das Machtmotiv wird den ganzen Tag eher überstrapaziert. Tag für Tag verliert er Energie, weil er immer einen höheren Level leben muss. Oder er pendelt sich bei seinem Motiv Macht bei 55 Prozent ein und ist in der Fremdwahrnehmung eine oft schwache Führungskraft. Er erzählt, dass er abends oft nach Hause kommt und gar nichts mehr entscheiden möchte. Selbst banale Entscheidungen für eine Fernsehsendung oder das Abendessen fallen schwer.

Wenn doch noch Entscheidungen getroffen werden müssen, fühlt sich der Manager schnell gereizt und zieht sich zurück. Seine negative Stimmung spüren die Kinder und die Frau, was er natürlich bedauert.

Für ihn wäre in Abgleich mit anderen Motiven und der Stellenanforderung ein Team von fünf bis zehn Personen optimal, bei einem Team von 20 bis 40 Personen ist er überfordert. Er hätte gern weniger Mitarbeiterverantwortung, würde Entscheidungen lieber wohlüberlegt und nach Absprache mit dem Führungskreis treffen. Leider sieht die Realität seines Jobs anders aus. Da er als Führungskraft ja schließlich zu funktionieren hatte, teilte er sich bisher niemandem mit. Heute ist er durch Veränderungen im Verantwortungsbereich und mehr Struktur in seinem Alltag viel ausgeglichener. Er treibt wieder regelmäßig nach Feierabend Sport und fährt erst dann nach Hause. Natürlich gibt es immer noch Tage, an denen er sich überlastet und ausgepowert fühlt, doch durch eine bessere Balance seiner wichtigsten Motive geht es ihm viel besser. Auch die Beziehung zur Frau und den Kindern hat sich wieder verbessert, er ist ausgeglichener und hat mehr Energie am Ende des Arbeitstages für Privates übrig.

Wenn Lebensmotive über einen längeren Zeitraum überstrapaziert oder unterfordert sind, geht dies meistens mit mentalen oder körperlichen Symptomen einher. *Dethlefsen und Dahlke (1990)* beschreiben in ihrem Bestseller „Krankheit als Weg" die Deutung und Bedeutung von Krankheitsbildern. Viele Menschen sind für diese Erkenntnisse heute offen, und es werden immer mehr, die sich mit ihren eigenen Lebensmotiven auseinandersetzen. Wenn man die Erkenntnisse von Steven Reiss zur Bedeutung von Krankheiten hinzunimmt, versteht man leichter, weshalb rund 25 Millionen Menschen in Deutschland psychosomatisch erkrankt sind.

Wir gehen auf unsere Erfahrungen zur Bedeutung der 16 Lebensmotive für die Gesundheit noch näher ein. Auch in der Kindererziehung hatten schon lange vor Steven Reiss viele Menschen die richtigen Ansätze. Die Pädagogik von Maria Montessori hat bereits sehr früh festgelegt, dass ein Kind sich individuell entwickeln soll und das lernen soll, worauf es Lust hat. Leider wird immer mehr in unserer Gesellschaft normiert. Das Leben ist ja schließlich kein Wunschkonzert oder Ponyhof – so reden und denken viele Menschen.

Dagegenzuhalten ist, dass die individuelle Lebensmotivausprägung wichtig für die unterschiedlichsten Lebensbereiche eines Menschen ist.

Wie viele private Beziehungen scheitern in jedem Jahr aufgrund von Verständnisproblemen und von im Job über- oder unterforderten Menschen? Wie viele Kinder und Jugendliche müssen eine Klasse wiederholen, da man nicht individuell auf ihre Stärken eingeht? Wie auch? Lehrer können bei Klassen mit bis zu 35 Kindern nicht mehr individuell auf jedes Kind eingehen. In einer Stunde hat jedes Kind im Durchschnitt etwas mehr als eine Minute: Da werden die meisten Schüler nicht zeigen dürfen, was sie können.

Wie interpretiere ich die einzelnen Motivausprägungen?

Die folgende Skala bezieht sich auf die Gauß'sche Normalverteilung der 16 Lebensmotive. Die meisten Menschen liegen im Normbereich der Skala zwischen -0,8 und +0,8. Bezogen auf die 16 Lebensmotive bedeutet das, dass keine wirkliche Abweichung der meisten Menschen in Bezug auf dieses betrachtete Motiv zu beobachten ist.

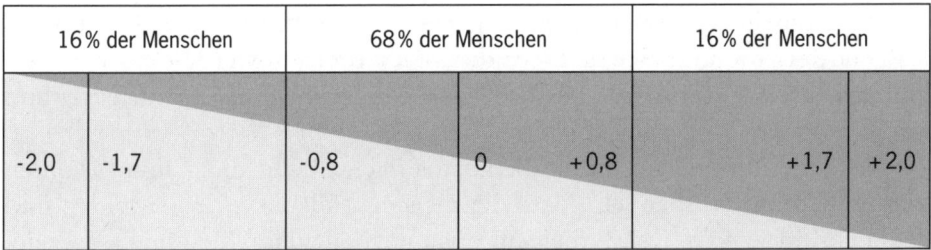

16% der Menschen	68% der Menschen	16% der Menschen
-2,0 -1,7	-0,8 0 +0,8	+1,7 +2,0

Menschen im Normbereich der 68 Prozent haben beide Motiv-Anteile zu ungefähr gleichen Anteilen und entscheiden situativ aus dem Kontext heraus, was stärker gewichtet wird. Wenn man jeweils ein Motiv in der starken oder schwachen Abweichung hat, treffen die Beschreibungen für die folgenden starken und schwachen Motivausprägungen zu.

Motiv Macht

... in starker Ausprägung:

Haben Sie ein großes Bedürfnis nach persönlichem Einfluss?

Das Machtmotiv beschreibt das Streben nach Einfluss. Machtorientierte Menschen haben ein hohes Maß an Ehrgeiz und richten einen Großteil ihres

Lebens auf Leistung aus. Sie macht die Einflussnahme auf andere, ihre größere Kompetenz und die hervorgehobene Stellung sowohl im Privatleben als auch im Beruf glücklich. Es besteht eine gewisse Lust, Menschen nach dem eigenen Willen zu führen und zu beeinflussen. Personen, die ein ausgesprochen stark ausgeprägtes Machtmotiv besitzen, können oft als dominant und manipulierend bis hin zu ausbeuterisch bezeichnet werden. Solche Menschen sind vor allem in Führungspositionen zu finden. Dort werden sie auch besonders benötigt, denn sie sind bereit, Verantwortung zu übernehmen, viel und lange zu arbeiten, ihre eigenen Kompetenzen zu erweitern und andere anzuweisen. Menschen mit einem großen Bedürfnis nach Einfluss sind oft auch eigensinnig. Machtorientierte Individuen sind ehrgeizig und leistungsorientiert, zudem ist Leistung für sie etwas besonders Positives. Sie haben oft starke Persönlichkeiten, sind entschlossen und zielstrebig. Sie ändern nicht gerne ihre Meinung, sondern verfolgen etwas, wovon sie überzeugt sind, mit viel Ehrgeiz, hohem Arbeits- und Zeitaufwand und großer Energie. Dieser Personentypus ist im Allgemeinen willensstark und entschieden.

Machtorientierte Menschen werden bevorzugt gefragt, sie geben gerne ihre Unterstützung für Dinge, die sie für sinnvoll halten. Sie machen sich stark für Schwächere. Wenn ihr persönlicher Einsatz ihnen zu mehr Macht, Einfluss und Führung verhilft, sind sie gern zu Wiederholungen bereit. Die Geschwindigkeit, in der sie etwas realisieren, ist für viele Menschen zu hoch. Sie benötigen weniger Schlaf als andere. Gefordert zu werden motiviert sie und macht sie glücklich, Unterforderung dagegen hilflos, unzufrieden und krank.

Menschen mit einem hohen Bedürfnis nach Macht und Einfluss sollten sich im Klaren darüber sein, dass die meisten anderen nicht so fühlen und denken. Zudem sollten sie Arbeitsanweisungen oder eine Meinung klarer definieren und langsamer erklären. Die anderen benötigen Zeit, um zu folgen. Machtorientierte Menschen bevorzugen es, der Projektleiter, der Chef bei der Arbeit oder der Ratgeber für die Freunde und die Familie zu sein.

Allerdings sollten die nach Macht strebenden Menschen auch Verständnis für die anderen haben, die eben nicht die Arbeit in den Mittelpunkt ihres Lebens stellen. Denn im Unternehmensalltag kommt es hier oft zu Konflikten. Tausende von Menschen bleiben Tag für Tag länger am Arbeitsplatz, weil der Chef auch noch da ist.

... in schwacher Ausprägung:

Haben Sie ein großes Bedürfnis, etwas für andere zu tun?

Für Menschen mit einem weniger starken Machtstreben sind Worte wie Ehrgeiz und Einflussnahme nebensächlich. Sie ziehen sich lieber zurück und lassen sich führen. So kommt es gelegentlich vor, dass sich Personen von

Arbeit völlig distanzieren und am liebsten in Ruhe gelassen werden möchten.

Sie mögen es nicht unbedingt, ihren Willen durchzusetzen, um Dinge, Situationen oder Personen zu ändern. Sie mischen sich auch nicht gerne ein oder drängen anderen Menschen nicht ihre persönliche Meinung und ihren Willen auf. Sie stimmen sich am liebsten bei Entscheidungen mit anderen ab oder mögen es, etwas für andere zu tun. Sie werden im Grunde auch gerne angeleitet oder entlasten andere. Zum Beispiel könnten sie gut etwas nach Plan und Vorgabe ausführen oder abarbeiten. Selbst treffen sie nicht gerne wichtige Entscheidungen beziehungsweise treffen sie am liebsten gut durchdacht und längst nicht so schnell wie der Mensch mit einem hohen Machtmotiv. Wenn sie eine größere Zahl an Entscheidungen, als ihnen lieb ist, alleine treffen müssen, verunsichert und überfordert sie das. Sie mögen es nicht, leitend oder bestimmend zu sein und streben auch nicht unbedingt nach Führungspositionen.

Wenn sie führen, dann eher kollegial und wohldurchdacht. Sie sehen meistens ihren Job nicht als die Lebensaufgabe an, sondern machen ihn gut und zuverlässig. Überstunden möchten sie nur bedingt leisten. Sie lassen auch gerne einmal die Seele baumeln und ihren Gedanken freien Lauf. Sie suchen nicht den Mittelpunkt der Aufmerksamkeit. Wo sie können, versuchen sie ein gesundes Maß an Anstrengung und Einsatz zu leben. Zu viel davon stresst und überfordert sie schnell.

Sie könnten glauben, dass jeder seine eigenen Entscheidungen im Leben treffen muss und von seinen eigenen Fehlern lernen soll. Sie neigen vielleicht dazu, Menschen einfach sie selbst sein zu lassen. Menschen mit einem großen Bedürfnis, nicht beherrschend zu sein, stellen wenige Forderungen an andere. Sie erbitten selten Gefallen von anderen, helfen aber sehr gerne. Es kann sein, dass sie sehr geduldig mit anderen umgehen. Viele Menschen mit einem großen Bedürfnis, nicht beherrschend zu sein, mögen unterstützende Rollen und Ersatzrollen. Sie vermeiden Macht und bevorzugen es, im Hintergrund zu bleiben. Sie finden Gefallen daran, anderen zu assistieren. Zu Hause könnten sie es genießen, die Karriere ihres Partners zu unterstützen.

Menschen mit einem großen Bedürfnis, nicht beherrschend sein, ziehen die Rolle des Zuschauers der des Eingreifenden vor. Vielleicht sehen sie dabei zu, wie ihre Nachbarn durch eine Scheidung gehen, ohne ihnen Ratschläge zu geben, wie sie ihre Probleme lösen könnten. Es könnte sein, dass sie merken, wie ihr Bruder oder ihre Schwester unkluge Berufsentscheidungen trifft, ohne diese dazu zu drängen, den eingeschlagenen Weg zu überdenken.

Menschen mit einem großen Bedürfnis, nicht beherrschend zu sein, versuchen eine Balance zwischen Karriere und anderen Aspekten des Lebens zu schaffen. Es kann sein, dass sie persönliche Erfolge schätzen, aber nur, wenn diese mit mäßigem Aufwand zu erzielen sind. Oft setzen sie sich persönliche

Ziele, die leicht zu erreichen sind, damit sie Zeit für andere Interessen haben. Sie sind gerne gelassen/lässig/unbekümmert, vielleicht sogar locker/entspannt.

Meist bleibt das Machtmotiv eines Menschen ein Leben lang stabil. Mit zunehmendem Alter schwächt es sich leicht ab. Jedoch gibt es zu unterschiedlichen Zeitpunkten immer wieder Verschiebungen darin. Empfindet er zum Beispiel unsere Einflussnahme als zu groß, zieht er sich ein wenig zurück und überlässt das Bestimmen anderen. Fühlt er sich unterdrückt und überflüssig, wird er versuchen, Teile der Macht an sich zu ziehen. Die eigene Person soll dadurch wieder an sozialer Bedeutung gewinnen.

Machtorientierte und Dienstleistungsorientierte, deren Machtstreben niedriger ist, missverstehen sich tendenziell. Ohne entsprechende Reflexion denken die machtorientierten Menschen, dass den dienstleistungsorientierten Menschen der Durchsetzungswille oder auch der Ehrgeiz und die nötige Ausdauer fehlt. Dienstleistungsorientierte Menschen unterstellen, dass machtorientierte Menschen wichtigtuerisch und dominante Workaholics sind.

Ob dies nun für Sie persönlich und Ihr Leben zutrifft, müsste anhand von anderen Lebensmotiven und deren individuellen Ausprägungen, von Erziehung und Umfeld abgeglichen werden.

Ich kenne auch sehr viele Führungskräfte, die einen Mitarbeiter am liebsten noch nach Anwesenheit und Leistung bezahlen möchten: Je mehr Stunden man viel leistet, umso besser. Dass mit dem Gedanken der extrem hohen Leistungsorientierung jedes Jahr Millionen von Menschen über ihre Leistungsgrenzen gehen und krank werden, wird oft vergessen. Unser heutiges Leben fordert in vielen Fällen des Alltags mehr von den einzelnen Menschen, als ihnen ihren Motiven entsprechend zur Verfügung steht. In Deutschland spricht man inzwischen leise davon, dass jeder dritte Arbeitnehmer Vorsorge tragen muss, keinen Burn-out oder Bore-out zu erleiden.

Interessant wird es, wenn man davon betroffene Menschen mit ihrem gelebten Alltag und ihren Motiven aus dem Reiss Profile betrachtet. Es ist zu sehen, dass man sehr schnell Antworten für das Entstehen des Burn-outs bekommt sowie eine entsprechende Behandlung ableiten kann.

Nicht das viele Arbeiten und die hohe Verantwortung stressen die hoch Machtmotivierten, sondern das Nichts-tun-Dürfen, keine Verantwortung zu haben, nicht eingebunden zu werden, sich unterordnen zu müssen oder keinen Einfluss zu haben.

Bewerten Sie...

Ihr Machtbedürfnis als sehr groß, wenn die folgenden Aussagen im Allgemeinen auf Sie zutreffen:

- Sie sind im Vergleich zu anderen Menschen Ihres Alters äußerst leistungsorientiert, arbeiten viel und sind ehrgeizig.
- Nach Möglichkeit streben Sie Führungsrollen an und sind bereit, dafür auch viel zu arbeiten.
- Bevorzugt erleben Sie soziale Situationen mit Menschen Ihres Alters.

Bewerten Sie Ihr Machtbedürfnis als gering, wenn Sie den folgenden Aussagen generell zustimmen:

- Sie sind erheblich weniger leistungsmotiviert in Bezug auf viel und langes Arbeiten als andere Menschen Ihres Alters.
- Im Allgemeinen ziehen Sie es vor, sich in sozialen Situationen zu unterwerfen.
- Sie mischen sich nicht gerne in etwas ein, halten sich eher zurück, als sich aufzudrängen.

Bewerten Sie Ihr Machtbedürfnis als durchschnittlich, wenn Sie es weder als sehr groß noch als gering eingestuft haben oder wenn Sie Aussagen zustimmen, die sowohl auf ein sehr großes als auch auf ein geringes Machtbedürfnis hinweisen.

Motiv Teamorientierung

... in hoher Ausprägung:

Haben Sie ein großes Bedürfnis nach wechselseitigen Beziehungen?

Menschen mit einem großen Bedürfnis nach wechselseitigen Beziehungen streben nach Unterstützung von anderen. Sie möchten darauf vertrauen, dass bestimmte Personen für sie da sind. Die Teamarbeit und der emotionale enge Austausch stehen für sie im Vordergrund. Sie fügen sich gern in eine Gemeinschaft ein, in der man sich auf andere verlassen kann. Diese Menschen leben konsensorientiert.

Außerdem legen sie viel Wert auf Vertrauen und teilen bereitwillig private und persönliche Erfahrungen. Sie fühlen sich unwohl, wenn sie auf sich selbst gestellt sind. Viele Menschen mit einem großen Bedürfnis nach wechselseitigen Beziehungen sind teamorientiert. Sie verschreiben sich vielleicht folgender Philosophie: „Alleine können wir nicht viel erreichen, vereint ist alles möglich und umsetzbar."

Es kann sein, dass sie immer und überall einen hohen Gemeinschaftssinn haben. Viele von ihnen mögen die Zurschaustellung von Individualität nicht. Wenn sie eine Führungsrolle besetzen, bevorzugen sie es, einen Konsens zu erreichen, bevor sie Aktionen initiieren. Menschen mit einem großen Bedürfnis nach wechselseitigen Beziehungen sind feinfühlig gegenüber anderen. Es kann sein, dass sie sich gut in andere Menschen hineinversetzen können. Vielleicht teilen sie gerne ihre Erfahrungen mit anderen. Sie begreifen womöglich eine Beziehung als eine Seele, die in zwei Menschen wohnt. Manche dieser Menschen treffen lieber Entscheidungen, die auf „Intuition" und Gefühlen basieren als auf objektiven Fakten. Sie lieben es, sich „gehen zu lassen" und sich in einem Strom des Bewusstseins, der Gefühle und der subjektiven Erfahrungen zu verlieren. Sie sind vielleicht von mystischen Erfahrungen wie dem mentalen oder körperlichen „Flow" fasziniert. Um aufzuleben, könnten sie das benötigen, was andere als „Gefühlsduselei" bezeichnen. Eine Art von Einheit mit anderen zu erlangen, kann sie motivieren.

Auch bei diesem Lebensmotiv wird meist versucht, eine Balance zu finden. So haben auch Einzelkämpfer immer wieder das Verlangen nach Teamarbeit und Vertrauen anderer Menschen. Dagegen brechen auch die geborenen Teamplayer gelegentlich aus ihrem eigentlichen Verhaltensmuster heraus. Sie wollen Dinge selbstständig erledigen und dadurch das Selbstwertgefühl steigern.

... in niedriger Ausprägung:

Haben Sie ein großes Bedürfnis nach persönlicher und emotionaler Freiheit?

Menschen mit einem großen Bedürfnis nach persönlicher Freiheit verlassen sich auf sich selbst: Sie mögen es nicht, von dem Geld oder der Unterstützung anderer abhängig zu sein. Sie bevorzugen es, auf eigenen Füßen zu stehen. Sie schulden anderen nicht gerne einen Gefallen. Autarkie und Selbstverwirklichung ohne Hilfe von außen stehen im Vordergrund. Menschen mit einem starken Bedürfnis nach Unabhängigkeit fühlen sich leicht bevormundet und bedrängt. Bei Frauen kann das hohe Streben nach Autarkie bedeuten, dass sie gerne ihr eigenes Geld verdienen, von einem Mann nicht abhängig sein möchten, sich nicht in die Mutter-Kind-Abhängigkeit begeben möchten. Bei älteren Menschen kann es bedeuten, dass sie sich möglichst lange selbst versorgen wollen.

Viele Menschen mit einem großen Bedürfnis nach persönlicher Freiheit wollen ihre Individualität behaupten. Sie tendieren dazu, sich gegen das Gewöhnliche zu stellen; viele von ihnen sind Einzelgänger und wollen selbst entscheiden, ob sie sich gefühlsmäßig öffnen und Nähe zeigen. Sie halten nicht viel von Konventionen, die ihre Autarkie und ihre Freiheit einschränken.

Vielen Menschen mit einem großen Bedürfnis nach persönlicher Freiheit widerstrebt es, sich zu fügen, „nur" um miteinander auszukommen, und Dinge zu tun, nur um anderen zu gefallen. Kompromisse machen sie nur sehr ungern. Sie sitzen am liebsten alleine im Büro, möchten eine Tür zumachen können, wenn sie wollen. Wie geht es wohl den Menschen mit niedriger Teamorientierung, die in Großraumbüros sitzen?

Manche Menschen mit einem großen Bedürfnis nach persönlicher Freiheit streben nicht nach „Einheit" mit anderen. Sie fühlen sich unwohl, wenn von ihnen verlangt wird, in die Welt der subjektiven Erlebnisse einzutauchen. Sie können gefühlvolle und einfühlsame Übungen mit anderen Menschen nicht schätzen. Manche vertrauen auf Objektivität und Logik, nicht auf Intuition und Subjektivität. Sie verlassen sich auf andere nur so lange, wie es ihnen selbst und ihrer Unabhängigkeit etwas bringt.

Manche Menschen mit einem großen Bedürfnis nach persönlicher Freiheit sind unsensibel gegenüber den Bedürfnissen und Gefühlen anderer. Einfühlsam zu sein ist eine Fähigkeit, die Menschen brauchen, um enge Beziehungen zu anderen zu knüpfen. Da unabhängige Menschen ihre Freiheit bewahren und nicht von Beziehungen eingeengt werden wollen, sind manche Menschen dieses Typus nicht sehr einfühlsam.

Teamorientierte Menschen denken, dass unabhängige Menschen hochmütig sind. Unabhängige Menschen gehen davon aus, dass teamorientierte Menschen einen schwachen Willen haben und nicht selbst Entscheidungen treffen wollen oder nicht alleine sein können.

Bewerten Sie...

Ihr Bedürfnis nach Teamorientierung als hoch, wenn Sie folgenden Aussagen generell zustimmen:

- Im Vergleich zu anderen Menschen Ihres Alters sind Sie viel stärker auf Ihre Kollegen/innen, den Ehe- oder Lebenspartner fixiert. Ein Wir-Gefühl zu haben ist Ihnen wichtig.
- Sie sitzen gerne mit anderen Menschen zusammen und arbeiten bevorzugt gemeinsam an einem Projekt.
- Sie fragen andere Menschen gerne um Rat und wollen wissen, wie es anderen geht.

Bewerten Sie Ihr Bedürfnis nach Teamorientierung als gering, wenn Sie den folgenden Aussagen generell zustimmen:

- Meistens lehnen Sie Ratschläge und Anleitung von Dritten ab.
- Selbstbehauptung und eigenes Geld ist für Ihre Zufriedenheit von grundlegender Bedeutung.
- Gedanken und Emotionen machen Sie tendenziell erst mit sich aus, bevor Sie andere informieren und um Rat fragen.

Bewerten Sie Ihr Bedürfnis nach Teamorientierung als durchschnittlich, wenn Sie es weder als sehr groß noch als gering eingestuft haben oder wenn Sie Aussagen zustimmen, die sowohl auf sehr große als auch auf geringe Teamorientierung hinweisen.

Motiv Neugier

... in hoher Ausprägung:

Haben Sie ein großes Bedürfnis, aktiv zu denken und Neues zu erfahren?

In anderen Worten: Könnten Sie eine neugierige Person sein? Das Reiss Profile unterscheidet zwischen Intelligenz und Neugier. Intelligenz ist die Begabung zu lernen und Neugier der Wunsch, sich in Themen zu vertiefen. Die Unterscheidung ist wichtig, weil Begabung und Wunsch nicht das Gleiche sind – wenn es so wäre, lebten viele von uns als Starathleten, große Wissenschaftler oder Filmstars. Menschen mit einem großen Bedürfnis zu denken neigen dazu, besinnlich, wissbegierig und tiefsinnig zu sein. Hohe Werte im Motiv Neugier zeigen die Lust am Lernen, Lesen, an Abwechslung, Fragen und Reisen mit dem Ziel der Wissenserweiterung und den Drang nach neuen Erfahrungen.

Folglich geht es um die Freude am Fragen und Erfahren, welche Zusammenhänge zwischen Dingen bestehen. Neugierige Menschen versuchen, das Leben zu verstehen, öffnen sich deshalb bereitwillig jeder Diskussion und stehen der Wahrheit aufgeschlossen gegenüber. Sie denken immer über etwas nach oder analysieren es. Sie haben die Veranlagung, in Gedanken zu versinken und dabei die Geschehnisse um sich herum zu vergessen.

Egal, was sie tun – Unkraut jäten, sich erholen, einer Rede zuhören – eher früher als später fangen sie an, etwas zu analysieren und den Dingen auf den Grund zu gehen. Wenn sie nicht über etwas nachdenken, langweilen sie sich schnell. Viele Menschen mit einem großen Bedürfnis zu denken interessieren sich für Ideen unabhängig von ihrer praktischen Relevanz. Es kann sein, dass sie Ideen mehr als Taten schätzen. Wenn sie einmal herausgefunden haben, wie etwas funktioniert, ist es möglich, dass sie nicht mehr an der Durchführung interessiert sind. Menschen mit hohem Neugier-Motiv fangen viele Dinge an und spezialisieren sich nicht gerne auf etwas.

Viele neugierige Menschen werden zu lebenslang Lernenden. Sie schätzen es, viel zu wissen. Sie lesen und reisen gerne, sind oft in Museen, im Theater. Auch Sprachen zu lernen oder etwas Neues zu erforschen, treibt sie persönlich an. Sie versuchen stimulierende Gesellschaft zu finden und genießen lebendige Diskussionen und intellektuelle Gespräche. Sie sind klugen und nachdenklichen Menschen zugeneigt. Menschen mit einem großen Bedürfnis zu denken tendieren dazu, Dinge komplizierter zu machen, als sie sind. Es kann sein, dass sie es genießen, sich mit komplexen Themen und Nuancen zu beschäftigen. Sie bevorzugen möglicherweise Abstraktionen gegenüber dem Greifbaren. Sie lassen sich gerne ablenken, wenn es etwas Interessantes und Neues zu erfahren gibt.

Sie tendieren vielleicht zu langen und komplexen Sätzen, wenn sie reden oder schreiben. Neugierige Menschen wollen das „Warum" jeder einzelnen Tat wissen. Statt unerklärten Anweisungen von Vorgesetzten, Anwälten, Beratern oder sogar Ärzten zu folgen, wollen sie womöglich erst die Gründe der Maßnahmen erfahren. Je überzeugender und detaillierter eine Erklärung ist, desto eher sind sie bereit, der Anweisung zu folgen. Wenn die Erklärung einfach oder konkret ist („Du solltest die Medizin nehmen, damit es dir besser geht"), hinterfragen sie sie vielleicht mit einem „Warum und wie wirkt das Medikament?". Um sie zur Befolgung der Ratschläge zu motivieren, bedarf es oft einer detaillierten Erklärung: „Du brauchst diese Arznei, um die Entzündung zu beruhigen. Sie wird die kleinen Kanäle in deiner Leber öffnen, sodass die Antibiotika die infizierte Stelle schnell erreichen, die Bakterien getötet werden und die infizierten Flüssigkeiten dann viel besser ablaufen können." Wie fühlt sich wohl ein eher nicht neugieriger Mensch, wenn er auf einen Arzt mit hoch ausgeprägter Neugier trifft, der ihm begeistert die tolle Wirkung des Medikaments in seiner Sprache, versehen mit vielen Fachausdrücken, erklärt? Dem Patienten würde es reichen, wenn der Arzt einfach auf die Packung schreibt: „2 x täglich", zudem sagt: „Morgens und abends mit einem Glas Wasser. Dies wird Ihnen gut tun und Sie wieder schnell gesund machen!"

… in niedriger Ausprägung:

Haben Sie ein großes Bedürfnis nach einem klaren Verstand und lieben Sie eine schnelle und praktische Umsetzung? Könnten Sie eine praktische und aktionsorientierte Person sein?

Sie können gut oder schlecht im Verstehen von Dingen sein, aber die Testresultate lassen vermuten, dass Sie nicht gerne länger über eine Sache nachdenken, als nötig ist. Menschen mit einem großen Bedürfnis nach einem klaren Verstand interessieren sich nur für die Ideen, die einen anwendbaren Nutzen haben, die relevant für ihr Leben sind. Es kann sein, dass sie nichts auf theoretische Ideen geben, weil diese ihr Hirn „voll stopfen", ohne ihnen bei der Erledigung von Aufgaben zu helfen. Dementsprechend schalten diese Menschen auch schneller ab oder langweilen sich aus Überforderung.

Viele Menschen mit einem großen Bedürfnis nach einem klaren Verstand haben wenig Geduld mit Intellektuellen. Intellektuelle und geistig querdenkende Menschen können lästig sein, weil sie fortwährend über unpraktische

Dinge nachdenken. Menschen mit einem großen Bedürfnis nach einem klaren Verstand denken vielleicht, dass Intellektuelle auf Worte Taten folgen lassen sollten und nicht Worte auf Worte. Sie sind vielleicht der Überzeugung, dass Reden billig ist. Manche praktische Menschen verschreiben sich dem Gedanken, dass Einsatz und Talent, aber nicht Intellekt, der Schlüssel zum Erfolg sind. Sie glauben, dass der Genius überbewertet wird. Menschen, die in langen Sätzen reden, lassen sie unbeeindruckt.

Viele solcher Menschen wollen alles einfach halten. Sie arbeiten lieber mit den Händen, als in einer Bibliothek zu sitzen und Bücher zu lesen. Bücher mit kurzen Berichten, Beispielen und Bildern wiederum sind interessant für Sie. Es kann sein, dass komplexe Strategien und Pläne ihnen unter Umständen Unbehagen bereiten. Sich in etwas zu vertiefen oder Details analysieren zu müssen, kann ihre Energie aufbrauchen. Viele solcher Menschen sind in ihrem Element, wenn Aufgaben in kleine handliche Häppchen aufgeteilt werden. Es kann sein, dass sie am besten durch eine praktische Näherung ein Problem zu lösen lernen, wenn sie immer und immer wieder üben können, wenn sie Schritt für Schritt demonstriert bekommen, was zu tun ist.

Neugierige und praktische Menschen missverstehen sich tendenziell. Praktische Menschen denken, dass neugierige Menschen arrogant sind. Neugierige Menschen gehen davon aus, dass praktische Menschen einfach und nicht intellektuell sind.

Bewerten Sie…

Ihre Neugier als sehr groß, wenn Sie den folgenden Aussagen generell zustimmen:

- Sie haben Wissensdurst, lesen und fragen viel.
- Sie reisen gerne und sind an anderen Ländern und Kulturen etc. interessiert.
- Im Vergleich zu anderen Menschen Ihres Alters stellen Sie viele Fragen.
- Sie denken viel über das Warum nach, probieren gerne Neues aus.

Bewerten Sie Ihre Neugier als gering, wenn Sie den folgenden Aussagen generell zustimmen:

- Sie mögen keine geistigen Aktivitäten.
- Sie stellen selten Fragen und analysieren nicht unbedingt, warum etwas funktioniert.
- Sie lesen nicht gerne in verschiedenen Büchern gleichzeitig.
- Sie spezialisieren sich lieber oder setzen etwas schnell und praxisnah um.

Bewerten Sie Ihre Neugier als durchschnittlich, wenn Sie sie weder als sehr groß noch als gering eingestuft haben oder wenn Sie Aussagen zustimmen, die sowohl auf eine sehr ausgeprägte als auch auf eine geringe Neugier hinweisen.

Motiv Anerkennung

... in hoher Ausprägung:

Möchten Sie möglichst eigene Fehler vermeiden und werden Sie gerne gelobt?

Sie bauen Ihr positives Selbstbild vornehmlich durch das Lob anderer Menschen auf. Das Motiv Anerkennung vereint das Streben nach sozialer Akzeptanz, positivem Selbstwertgefühl und gesellschaftlicher Zugehörigkeit. Es geht Ihnen vordergründig darum, wie die anderen Sie persönlich und Ihre Leistungen sehen. Sie reagieren sensibel auf Kritik an der eigenen Person, es ist Ihnen sehr wichtig, welche Wirkung Sie auf andere Menschen haben – möglichst positiv, ist das Ziel. Sie machen sich viele Gedanken, wie Sie das erreichen können.

Menschen, die nach Anerkennung streben, sind meist in einem neuen Umfeld eher unauffällig und zurückhaltend. Sie versuchen, jederzeit einen guten Eindruck zu hinterlassen. Hieraus resultiert auch oft Prüfungsangst, denn die Angst vor dem Versagen führt zu Nervosität und Aufgeregtheit. Sie bereiten sich dementsprechend oft perfekt auf Prüfungen vor und überwinden diese Hürden mit einem hohen Aufwand an Energie. Im beruflichen Alltag sind sie oft schneller als andere Menschen überfordert und unsicher, wenn das Umfeld nicht genügend Lob und Anerkennung bietet. Viele von ihnen haben Stimmungsschwankungen oder neigen zu Depressionen. Wenn das Umfeld zu ihnen passt und wenn genug Anerkennung kommt, geht es ihnen blendend. Menschen mit einem hohen Streben nach Anerkennung könnten dazu tendieren, Niederlagen und eigene Fehler schwerer zu nehmen als andere. Es kann sein, dass sie sich eher bei dem anstrengen, was nicht gelingen könnte, statt bei Dingen, die funktionieren. Menschen, die Angst vor dem möglichen Versagen haben, sind schnell unsicher und haben Selbstzweifel. Ihnen fehlt Selbstsicherheit.

Sie sind sich ihrer eigenen Situation sehr bewusst. Oft jedoch glauben sie nicht an sich und schätzen ihre Fähigkeiten negativer ein, als sie in Wirklichkeit sind. Viele Menschen, die empfindlich auf Versagen reagieren, geben sich mit weniger zufrieden, als sie in Wirklichkeit wollen. Ihnen fehlt die Zuversicht, mehr zu erreichen. Unsichere Menschen treten nicht gerne vor Massen auf. Und wenn sie nun doch Künstler, Sportler, Schauspieler oder Politiker sind, kostet sie dies viel Kraft. Lob beflügelt sie, Kritik bewirkt sehr schnell psychische und emotionale Müdigkeit.

Unsichere Menschen können sehr unruhig werden, wenn man sie bewertet. Sie werden schneller als andere nervös, wenn sie an einer Leistungsbewertung, einem Bewerbungsgespräch, einer Probevorstellung oder Tests teilnehmen. Es kann sein, dass sie Magenprobleme bekommen oder Prüfungen, auf die sie nicht gut vorbereitet sind, schwänzen. Wenn sie bewertet werden, kann es sein, dass ihre Konzentration beeinträchtigt wird.

Viele, die empfindlich auf Versagen reagieren, streben nach Bestätigung von anderen. Sie sind am besten, wenn andere hinter ihnen stehen und ihnen sehr viel Mut zusprechen sowie Sicherheit vermitteln. Sie sind sehr gut, wenn sie bestätigt, gemocht und respektiert werden. Das Bemerkenswerte ist, dass sie schneller lernen als andere Menschen, wenn sie merken, dass dies zu mehr Selbstsicherheit verhilft.

Dies bedeutet, dass eine hohe intrinsische Motivation vorliegt, immer besser und perfekter zu werden. Wir kennen sehr viele Top-Sportler, -Künstler, -Schauspieler und -Verkäufer, die nach Anerkennung streben und überdurchschnittlich erfolgreich sind. Jedoch müssen sie darauf achten, wo sie ihr Lob und ihre Anerkennung bekommen. Hier sind gerade das unmittelbare Umfeld und der Job ausschlaggebend. Denn im Falle von Verletzungen, Misserfolgen und anderen Rückschlägen zweifeln die nach Anerkennung Strebenden schneller als der Durchschnitt der Menschen. Verstärkend negativ wirkt sich das Phänomen aus, dass unsere Gesellschaft eher nach dem sucht, was nicht funktioniert, und viel kritisiert, statt nach dem Guten zu schauen und zu loben. Viele kommen in solch negativen und kritischen Phasen nicht mehr nach oben. Sie beenden entweder ihre Karriere oder werden depressiv.

Andererseits ist es aber auch möglich, dass Menschen bewusst nach Anerkennung suchen, um ihren Selbstwert zu steigern. Berufe, die viel mit Menschen zu tun haben, die unreflektiert Lob geben könnten, werden von ihnen oft gewählt – ob nun Trainer, Coach, Psychologe, Künstler, Schauspieler, Führungskraft, Lehrer. Nur sieht der Alltag dann meist anders aus. Hier wäre ein dickeres Fell deutlich besser. Denn man wird in solchen Berufen viele Konflikte zu lösen haben, selber kritisiert werden und muss hier wirklich professionell reagieren.

Hier ist jede positive Unterstützung von außen sowie die Arbeit an sich selbst mit einem Coach von Vorteil. Auch das Einteilen von Herausforderungen in Teilziele ist förderlich. Persönliches und fachliches Lob bewirkt viel Gutes. Die Betroffenen selbst sollten lernen, positivem Feedback nicht mit der „Ja, aber"-Taktik zu begegnen. Jeder Mensch benötigt Lob und Anerkennung – allerdings auf seine ganz besondere Art. Menschen, die nach Anerkennung streben, fühlen sich viel selbstbewusster, wenn andere sie ermutigen.

... in niedriger Ausprägung:

Haben Sie keine Angst davor, Fehler zu machen?

Sie sind vom kritischen Feedback anderer eher unabhängig. Viele pfeifen sogar auf die Meinung anderer Menschen. Gerade das Feedback von anderen, die einem nicht wichtig sind, hat keinen Einfluss. Diese Menschen ändern manchmal erst etwas, wenn sie Beweise haben, dass ihre Meinung wirklich falsch ist. Sie können persönliche und materielle Rückschläge gut abschütteln und schnell wieder nach vorne schauen. Sie fokussieren sich vielleicht eher auf das, was gut gehen könnte, als auf das, was misslingen könnte.

Viele Menschen, die keine Angst vor Fehlern oder persönlichem Versagen haben, zeigen durchgehend guten Einsatz. Viele sind Optimisten. Es kann jedoch auch sein, dass man so sehr von sich überzeugt ist, dass man unter seinen Möglichkeiten bleibt, andere verunsichert und sich selbst nicht gerne in Szene setzt. Man wird es auch so schaffen, lautet die Devise. Oft funktioniert dies auch. Viele Menschen, die keine Angst vor dem Versagen haben, zeigen eine „Ich kann das"-Einstellung. Wenn sie auf eine Herausforderung treffen, sagen sie zu sich selbst: „Ich schaffe das!" Manche erwarten fast immer Erfolg, wenn sie sich entscheiden, etwas in Angriff zu nehmen. Sie können sich vielleicht selbst gut motivieren, indem sie andere beobachten und denken: „Wenn die das können, dann kann ich das auch." Sie brauchen immer wieder neue anspruchsvolle Herausforderungen und große Ziele.

Selbstbewusste Menschen sind bereit, das Versagens-Risiko in Kauf zu nehmen. Sie verfolgen anspruchsvolle Ziele. Manche suchen neue Geschäftschancen. Andere nehmen an anspruchsvollen Kursen teil. Viele sind auch faul und beratungsresistent, da sie der Meinung sind: Ich kann alles schaffen! Sie gehen unvorbereitet in Prüfungen oder Tests und fallen durch. Viele scheitern auch wegen der Selbstüberschätzung und weil sie zu wenig Wertschätzung für andere Leistungen und Meinungen zeigen. Nur mein Weg zählt, denken sie sich. Man möchte anderen gerne zeigen, was man selbst besser kann und wo sich die anderen noch verbessern könnten. Dies wirkt auf viele arrogant.

Selbstsichere Menschen halten Bewertungen gut stand. Leistungsurteile, Bewerbungsinterviews, Probevorstellungen und Tests vermögen bei ihnen nur moderate Beklemmung hervorzurufen, aber nicht genug, um sie krank zu machen oder ihre Konzentration zu stören. Selbstsichere Menschen wirken auf die meisten unnahbar und überheblich, zuweilen auch abwesend. Sie lassen sich nicht gerne umstimmen. Sie kommen erst wirklich zum Nachdenken, wenn ihnen jemand ein erwünschtes und knallhartes Feedback gibt. Nur: Wer erfüllt schon beide Kriterien?

Daher meiden viele auch die sehr von sich überzeugten Menschen. Zwar können diese Personen gut motivieren und Sicherheit ausstrahlen. Aber wenn den anderen zu wenig Lob gespendet sowie immer verstärkt auf Fehler aufmerksam gemacht wird, lassen sich die meisten Menschen dieses für sie kühle Verhalten nicht gefallen. Die selbstsicheren Menschen machen ihnen sogar Angst.

Menschen, die keine Angst vor dem Versagen haben, lernen nicht unbedingt aus ihren Fehlern. Gut ist, dass sie gewöhnlich angemessen auf konstruktive Kritik reagieren. Sie ziehen aber oft keine Konsequenzen aus Situationen, in denen etwas misslungen ist. Wenn sie sich die Kritik anhören, haben sie im Grunde genommen innerlich oft abgeschaltet. Somit ist die Wahrscheinlichkeit groß, dass sie beim nächsten Mal wieder genauso handeln.

Gelegentlich kommt es auch vor, dass sie das Gefühl haben, zu viel Anerkennung zu erhalten. Das liegt vermutlich daran, dass sie Zustimmung für ein Verhalten bekommen, das ihnen nicht wichtig ist. Deswegen kann es passieren, dass sie Lob nicht ernst nehmen oder negativ reagieren.

Selbstsichere und unsichere Menschen schätzen sich tendenziell nicht. Selbstsichere Menschen denken, dass unsichere Menschen ihr eigener ärgster Feind sind. Unsichere Menschen denken, dass selbstsichere Menschen zu „glatt" sind.

Bewerten Sie...

Ihr Bedürfnis nach Lob und Anerkennung als sehr groß, wenn Sie den folgenden Aussagen generell zustimmen:

- Sie setzen sich üblicherweise leicht zu erreichende Ziele.
- Sie geben schneller als andere auf, wenn etwas nicht klappt. Sie hadern schnell mit sich und ihren Stärken.
- Sie konzentrieren sich auf die Dinge, die gut klappen und bei denen Sie Erfolg haben, andere werden zunehmend unwichtiger.
- Sie bereiten sich möglichst gut auf Präsentationen und Prüfungen vor.

Bewerten Sie Ihr Bedürfnis nach Lob und Anerkennung als gering, wenn Sie den folgenden Aussagen generell zustimmen:

- Sie verfügen über ein hohes Maß an positivem Selbstwert.
- Sie bereiten sich auf Präsentationen und Prüfungen eher spontan vor.
- Sie suchen gerne nach anspruchsvollen Herausforderungen und haben die Einstellung: „Ich schaffe das!" Lob treibt Sie nicht unbedingt an.
- Wenn andere Sie ungefragt kritisieren, macht Ihnen das nicht viel aus. Selbstkritisch sind Sie jedoch auch.

Bewerten Sie Ihr Bedürfnis nach Lob und Anerkennung als durchschnittlich, wenn Sie es weder als sehr groß noch als gering eingestuft haben oder wenn Sie Aussagen zustimmen, die sowohl auf ein sehr ausgeprägtes als auch auf ein geringes Bedürfnis nach Lob und Anerkennung hinweisen.

Motiv Ordnung

… in hoher Ausprägung:

Haben Sie ein großes Bedürfnis nach Ordnung, Planung, Pünktlichkeit und Struktur?

Sie mögen es, sich nach eingespielten Vorschriften und Ritualen zu verhalten, und richten Ihr Leben so ein. Sie legen möglichst hohen Wert auf Organisation, Struktur und Reinlichkeit. Menschen, die nach Ordnung und Perfektion streben, mögen es, Dinge zu organisieren. Sie legen häufig viel Wert auf Sauberkeit und stehen jeder schnellen und spontanen Veränderung im Leben skeptisch gegenüber. Hierbei handelt es sich vorzugsweise um Personen, die gerne nach ihrem gut organisierten Terminkalender leben, sich Stundenpläne und Haushaltspläne erstellen oder andere ritualisierte Strukturen in ihrem Leben schaffen. Sie verhalten sich sehr zielorientiert und wissen oft, was sie wollen. Sie sind verwirrt, wenn es nicht so läuft, wie sie es sich vorgestellt haben.

Es kann sein, dass sie gerne ihr gesamtes Leben mit Ordnung und Struktur überziehen. Menschen mit einem großen Bedürfnis nach Ordnung sind organisiert. Es kann sein, dass sie Terminpläne machen, „To-do"-Listen schreiben, Pläne entwickeln und Aufgaben in traditioneller Weise angehen. Sie möchten, dass sich auch andere Menschen so strukturiert und planvoll verhalten. Menschen mit einem großen Bedürfnis nach Ordnung mögen es nicht, etwas spontan oder flexibel zu tun. Sie bevorzugen Stabilität und Vorhersehbarkeit. Sie glauben, dass Vorbereitung und Planung die Schlüssel zum Erfolg sind. Sie sind möglichst immer pünktlich. Es kann sein, dass sie Präzision und Konsistenz schätzen. Manche ordentliche Menschen sind Perfektionisten. Menschen mit einem großen Bedürfnis nach Ordnung haben Schwierigkeiten, sich an Veränderungen anzupassen. Wenn sie keine Ordnung halten können, löst dies Unbehagen aus.

Sie denken oft, dass etwas immer in einer bestimmten Art und Weise getan werden muss. Wenn Probleme auftauchen, sind sie bestrebt, „auf Kurs" zu bleiben. Als Reaktion auf Druck tendieren sie dazu, unnachgiebig zu werden und sich weniger an Veränderungen anzupassen. Menschen mit einem großen Bedürfnis nach Ordnung achten auf kleinste Details. Es kann sein, dass sie Schwierigkeiten haben, zwischen wichtigen und unwichtigen Aufgaben zu unterscheiden. Einige machen viele Überstunden, um alles perfekt und ordentlich zu gestalten. Sie werden nervös, wenn sie ihre Routine nicht abspulen oder Dinge nicht so tun können, wie sie es immer tun. Es kann sein, dass sie verbreitete Rituale (wie zum Beispiel sich zu bekreuzigen oder einen Glücksbringer zu tragen) als Mittel zur Stressverringerung benutzen.

… in niedriger Ausprägung:

Haben Sie ein großes Bedürfnis nach hoher Flexibilität und Spontaneität?

Schwach Ordnungsmotivierte leben sehr flexibel, bis hin zum Chaos. Sie ordnen sich ungern festen Prozessen unter, denn dies wirkt beengend und lässt ihnen nicht die nötige Entscheidungsfreiheit. Diese Menschen sind häufig spontan und lieben das Unerwartete. Im täglichen Leben können Menschen mit verschiedenen Ordnungsmotiven Schwierigkeiten miteinander haben: Aufregung über die offene Zahnpasta, der nicht runtergeklappte Klodeckel, die Zeitungen, die noch von der Vorwoche unsortiert auf einem Stapel liegen. Hier sind Meinungsverschiedenheiten und mangelnde Konzentration auf das eigentlich Wichtige immer wieder vorprogrammiert.

Menschen mit einem niedrigen Ordnungsmotiv machen oft einen schlampigen Eindruck: Ihre Kleidung wirkt nicht selten zerknittert, ihr Auto kann mit Müll überfüllt sein. Sich jeden Tag zu duschen oder die Haare zu waschen, ist für sie nicht wirklich nötig. Es kann sein, dass sie nicht einmal bemerken, wenn ihr Zimmer unordentlich ist oder sich dreckiges Geschirr im Spülbecken stapelt. Vielleicht fühlen sie sich sogar unwohl, wenn sie ein makellos sauberes Haus betreten. Menschen mit einem großen Bedürfnis nach Flexibilität schätzen Improvisation und Spontaneität. Dies benötigen sie, um kreativ denken zu können.

Sie erledigen Dinge mit minimaler Vorbereitung. Ihre Stärke ist es, sich schnell auf neue Situationen einstellen zu können, sie lieben neue und wechselnde Herausforderungen. Als Geschäftsleute stürzen sie sich gerne in neue Projekte, bei denen sie während der Ausführung lernen, was zu tun ist. Als Sprecher zeigen sie den Hang, einfach anzufangen zu reden, ohne vorher im Detail skizziert zu haben, was sie sagen wollen. Menschen mit einem großen Bedürfnis nach Flexibilität bevorzugen es, sich Optionen so lange wie möglich offen zu halten. Sie mögen keine Pläne. Es kann sein, dass sie wenige Gedanken daran verschwenden, wie sie ihr Leben gestalten wollen. Sie folgen sprichwörtlich ihrer „Nase". Menschen dieses Typus sind stolz auf ihr Anpassungsvermögen. Wenn etwas sich nicht wie erwartet entwickelt oder wenn es stressig wird, wechseln sie schnell zu etwas anderem. Ihre Pläne sind nicht „in Stein gehauen".

Manche Menschen mit einem großen Bedürfnis nach Flexibilität tendieren dazu, in mehr als eine Richtung auf einmal zu gehen. Es kann sein, dass sie es als beeindruckend empfinden, in mehreren Aktivitäten engagiert zu sein. Oft gehen sie dabei Gefahren ein: Sie starten ein neues Projekt, ohne das letzte beendet haben. Menschen mit einem großen Bedürfnis nach Flexibilität neigen dazu, das große Ganze zu betrachten. Oft (nicht immer) schenken sie Details, der Korrektur von Dokumenten auf Rechtschreibfehler und Zeichensetzung wenig Beachtung. Viele tippen ihre E-Mails gleich in kleiner Schreibweise.

Flexible und ordentliche Menschen missverstehen sich tendenziell. Flexible Menschen denken, dass ordentliche Menschen zu sehr auf unwichtige Details fixiert sind. Ordentliche Menschen unterstellen, dass flexible Menschen ineffizient sind.

Bewerten Sie...

Ihr Bedürfnis nach Ordnung und Hygiene als sehr groß, wenn Sie den folgenden Aussagen generell zustimmen:

- Sie sind erheblich organisierter als die meisten anderen Menschen.
- Es fällt Ihnen sofort auf, wenn etwas nicht an seinem gewohnten Platz ist.
- Sie fühlen sich in einem sauberen und ordentlichen Umfeld sehr wohl.
- Sie mögen es, wenn jemand wie verabredet pünktlich und zuverlässig ist.

Bewerten Sie Ihr Bedürfnis nach Ordnung und Hygiene als gering, wenn Sie den folgenden Aussagen generell zustimmen:

- In Ihrem Haus oder an Ihrem Arbeitsplatz kann auch ruhig etwas mehr als normal liegen bleiben.
- Sie wollen Termine und Verabredungen spontan treffen.
- Menschen, die mit Ihnen schon Wochen im Voraus etwas planen wollen, halten Sie für unflexibel.
- Oft wissen Sie nicht, wo Sie etwas hingelegt haben.

Bewerten Sie Ihr Bedürfnis nach Ordnung als durchschnittlich, wenn Sie es weder als sehr groß noch als gering eingestuft haben oder wenn Sie Aussagen zustimmen, die sowohl auf ein sehr ausgeprägtes als auch auf ein geringes Bedürfnis nach Ordnung hinweisen.

Motiv Sparen / Sammeln

... in hoher Ausprägung:

Haben Sie ein großes Bedürfnis, etwas zu bewahren und aufzuheben?

Sie verleihen nicht gerne Dinge, die Ihnen wichtig sind. Viele Dinge bewahren Sie auf, weil man sie ja noch einmal gebrauchen könnte. Das kann ein Teppichrest sein, ein paar Fliesen vom letzen Umbau des Badezimmers. Aber auch der alte Bauernschrank hat es verdient, dass man sich um ihn kümmert und ihn vor dem Verfall bewahrt. Dies gilt genauso für alte Autos, Uhren, Puppen, Zinnteller.

Das Bild, was einem oft bei Menschen, die stark nach Sammeln und Sparen streben, einfällt, ist Dagobert Duck, der jeden Taler und vor allem seinen ersten Taler um alles um der Welt verteidigt. Donald verkörpert das genaue Gegenteil. Wenn er mal Geld hat, was selten ist, gibt er es sofort aus. Sein Onkel Dagobert macht ihm hier auch in fast jeder Comicgeschichte Vorwürfe. Donald jedoch seinem Onkel auch, weil er ja so geizig ist. Dagobert entgegnet, dass er nicht geizig, sondern sparsam sei. Und dass er ohne diese Tugend so arm wäre wie Donald. Das versucht er auch seinen Neffen Tick, Trick und Track immer wieder klarzumachen. Wer raff- und geldgierig ist, landet im Gefängnis, wie die Panzerknackerbande. Alles sehr stark überzeichnet, jedoch mit einem wahren Kern.

Menschen mit einem großen Bedürfnis zu sparen hassen es, Sachen wegzuwerfen, auch wenn sie keinen Nutzen mehr haben. Zum Beispiel gibt es Menschen, die ihr ganzes Leben lang Kunstwerke und Autos sammeln. Nicht um sie irgendwann mal zu verkaufen. Viele von ihnen spenden ihre Sammlungen dann ihrer Heimatstadt oder dem Staat. Beispiel sind das Wallraf-Richartz-Kunstmuseum in Köln oder das private Automuseum von Fritz B. Busch mit über 200 Autos, Motorrädern und Wohnwagen in Wolfegg bei Ravensburg.

Ein Zitat von Jean Paul drückt aus, was Sammler und Sparer auszeichnet: „Erinnerungen sind das einzige Paradies, aus dem wir nicht vertrieben werden können." Diese Menschen halten oft an der Vergangenheit fest. Viele haben über 50 Jahre lang dieselbe Küche oder dasselbe Radio. Warum ein neues kaufen, wenn das alte noch funktioniert? Daher handelt es sich beim Motiv Sammeln und Sparen nicht nur um materielle Güter, sondern auch um Erlebnisse, Gedanken und Erinnerungen. Oft machen sie sich Notizen, heben Zeitungen und Magazine wegen eines interessanten Artikels auf. Andere schneiden diese Artikel aus und archivieren sie. Weil sie sich nur schwer von etwas trennen können, sind der Kleiderschrank, das Haus, die Garage, der Keller oder das Büro oft ein kleines Museum der letzten zehn bis 30 Jahre oder mehr. Auch das Glas, die Tasse mit dem Sprung wird nicht einfach weggeworfen. Wenn etwas zu Bruch gegangen ist, wird es repariert, geflickt, geklebt. Hier sind der Kreativität keine Grenzen gesetzt.

Viele Menschen mit einem großen Bedürfnis zu sparen passen gut auf ihren Besitz auf. Sie streben danach, Eigentum zu besitzen und zu bewahren. Es kann sein, dass sie ihre Häuser im bestmöglichen Zustand halten. Andere machen nur das Nötigste am Haus, denn Investitionen wie neue Fenster, eine neue Terrasse oder neue Gardinen sind ja sehr teuer und meistens nicht nötig, wenn alles noch funktioniert.

Ein weiteres Beispiel für einen Menschen mit einem hohen Sammel-/ Spar-Motiv war der berühmte private Kunst-Sammler Pang Yuanji, der von 1864 bis 1949 gelebt hat. Mit seinen Neigungen und Kompetenzen hat er dazu beigetragen, dass chinesische Kunst in den westlichen Ländern heute geschätzt wird. Er war Sammler, Händler, Liebhaber, Philanthrop und Mitglied verschiedener Kunstvereine in Shanghai. Er unterhielt wichtige Kontakte zu den Kunstvereinen und widmete sich engagiert der Förderung und Verbreitung chinesischer Kunst in Japan und in den USA.

In Deutschland gibt es mehr als sechs Millionen Münzsammler, diverse Münzbörsen und Auktionen. Und dazu Millionen von Briefmarkensammlern, Uhrensammlern, Puppensammlern, Bierdeckelsammlern und viele mehr. Sammeln sie, um ihre Kollektion dann später in bare Münze umzusetzen? Nein, sie sammeln um des Sammelns willen.

Manche Menschen mit einem großen Bedürfnis zu sparen würden auch lieber etwas Altes oder zu Bruch Gegangenes reparieren, als etwas Neues zu kaufen: Sie halten es für falsch, verschwenderisch zu sein.

… in niedriger Ausprägung:

Sind Sie großzügig und können sich gut von Dingen trennen?

Menschen, die nicht nach Sammeln und Sparen streben, können sich von Erlebnissen, Gewohnheiten, Gedanken und anderem viel schneller trennen als andere Menschen. Wenn sich bei ihnen etwas im Leben verändert, wie der Job oder die Partnerschaft, schauen diese Menschen zügig nach vorne. Sie passen sich der Realität schneller an als die meisten anderen Menschen. Daher bekommen sie vielleicht nach einer gescheiterten Beziehung von Freunden schon einmal gesagt: „Du hast ihn/sie ja nie wirklich geliebt." Aus deren Sicht stimmt es, aus der Sicht des Menschen mit dem niedrigen Sammel/Spar-Motiv nicht. Wohltätige Spender müssen zwar nicht unbedingt ein niedriges Sammel- und Spar-Motiv haben, jedoch spricht vieles dafür, dass großzügige Menschen gerne etwas von ihrem „Hab und Gut" abgeben.

Es kann auch sein, dass spendable Menschen großzügig in der Zeiteinteilung sind. Sie geben gerne unter Freunden eine Runde aus, laden zum Essen ein und wundern sich, dass die meisten Menschen eher getrennte Rechnungen bevorzugen. Freigiebige Menschen entscheiden schnell, wenn sie einladen oder Geld investieren. Sie schieben dagegen die Steuererklärung vor sich her, vergessen es auch schon einmal, eine Rechnung zu bezahlen. Menschen mit niedrigem Spar-/Sammel-Motiv legen eben ihr Hauptinteresse im Leben nicht auf die Börsenberichte oder die neuen Steuergesetze.

Diese Menschen können jedoch auch sehr vermögend sein und sparen durchaus viel, wenn andere Motive dafür sprechen. Der hoch ausgeprägte Sammel-/Spar-Motivierte spart um des Sparens willen. Der niedrig Sammel-/Spar-Motivierte spart, um sich später etwas kaufen zu können. Er gibt also fast immer sein gespartes Geld auch wieder aus. Oft würde ihn zum Beispiel ein großer Immobilienbesitz in seinem Freiheitsdenken einschränken.

Manche Menschen mit einem geringen Bedürfnis zu sparen werfen Sachen schnell weg. Es kann sein, dass sie Dinge nur ein- oder zweimal benutzen, bevor sie sie entsorgen. Sie kümmern sich oft nicht vorrangig um ihren Besitz, ihr Auto oder ihr Haus. Manche Menschen mit einem geringen Bedürfnis zu sparen kaufen lieber etwas neu, als etwas Altes zu reparieren. Sie lassen sich von neuen Produkten und gutem Marketing stärker reizen als die meisten anderen Menschen.

Großzügige und Sparer missverstehen sich tendenziell. Nichtsparer denken, dass Sparer Geizhälse und Geizkragen sind. Sparer gehen davon aus, dass Nichtsparer verschwenderisch sind.

Bewerten Sie...

Ihr Bedürfnis nach Sammeln und Sparen als hoch, wenn Sie den folgenden Aussagen generell zustimmen:

* Sie trennen sich nicht gerne von Gedanken, liebgewonnenen Gewohnheiten, Produkten und Kleidungsstücken.
* Sie fühlen sich gut, wenn Sie genügend Geld und Besitz haben.
* Sie denken, dass die meisten Menschen um Sie herum mit Geld und Gütern nicht gut umgehen können.
* Wenn Sie investieren, dann in etwas, was im Wert steigen wird oder erhaltenswert ist.
* Sie denken gerne an Erlebnisse aus der Kindheit und Jugend zurück.

Bewerten Sie Ihr Sparbedürfnis als niedrig, wenn Sie den folgenden Aussagen generell zustimmen:

* Wenn Sie genügend Geld haben, geben Sie es auch gerne aus.
* Sie würden sich als einen großzügigen Menschen bezeichnen.

- Sie verstehen es nicht, dass so viele Menschen unflexibel im Geldausgeben sind.
- Sie können sich von Gewohnheiten und Erfahrungen schnell gedanklich lösen.
- Sie haben auch schon öfters eine Rechnung aus Versehen nicht früh genug bezahlt.

Bewerten Sie Ihr Sparbedürfnis als durchschnittlich, wenn Sie es weder als sehr groß noch als gering eingestuft haben oder wenn Sie Aussagen zustimmen, die sowohl auf ein sehr ausgeprägtes als auch auf ein geringes Sparbedürfnis hinweisen.

Motiv Ziel-/Zweckorientierung

... in hoher Ausprägung:

Werden Sie stark von der Realität und von Zielen angetrieben?

Menschen mit Ziel-/Zweckorientierung in hoher Ausprägung beschreiben sich so: „Ich spiele das Spiel" oder „Ich halte mich an Regeln, solange ich Sie für gut und nützlich halte!" Am liebsten machen diese Menschen sich ihre Regeln selber. Und halten sich daran, solange es ihren Zielen dienlich ist. Kinder mit einen hohen Streben nach dem Motiv Ziel-/Zweckorientierung halten nicht viel davon, bestimmte Regeln wie „Hausaufgaben müssen gemacht werden!" einzuhalten. Solange sie mit ihren eigenen Regeln Erfolg haben, werden sie immer wieder sehr kreativ sein, bestimmte Normen und Regeln der Erwachsenen zu brechen.

Sie wechseln häufiger die Jobs als andere Menschen. Und sie ecken mehr an, weil das Einhalten von Regeln ja nicht unbedingt erstrebenswert ist. Daher kann es möglich sein, dass diese Menschen ein höheres Punktekonto in Flensburg oder mehr Parkknöllchen zu bezahlen haben. Sportler, die weniger regelkonform sind, haben seltener ein schlechtes Gewissen, anderen stärker ausgeprägten Motiven freien Lauf zu lassen. Gelbe und Rote Karten werden vermehrt die Folge sein. So gibt es immer wieder Spieler, die nicht pünktlich ins Trainingslager kommen oder sich nicht an interne Absprachen gegenüber der Presse halten. Viele Menschen, die von Eigennutz angetrieben werden, wollen stets wissen, was für sie „drin" ist. Oft denken sie, wenn alle nach der Nummer eins streben, müssen sie es auch. Sie sind vielleicht bis zu dem Maß loyal zu ihrem Arbeitgeber, in dem dieser sich um sie kümmert.

Wer von Eigennutz angetrieben werden, ist im Einhalten von Absprachen und vorgegebenen Regeln sehr flexibel. Viele verstehen das als eine notwendige Eigenschaft im Management. Sobald sich die Grundlage für eine Strategie oder eine Entscheidung aus ihrer Sicht verändert hat, können sie diese sehr leicht über Bord werfen: Es wird eben eine neuer Entschluss getroffen. Viele Manager halten diese „Flexibilität" für notwendig, um Erfolg zu haben.

Viele Menschen, die vom Selbstzweck angetrieben werden, nutzen Gelegenheiten aus, die sie nach vorne bringen. Wenn sich eine gute Möglichkeit ergibt, sind sie unter Umständen bereit, alles zu tun, um diese Chance auszunutzen. Wenn der Lohn groß genug ist und die Strafe, falls sie erwischt werden, nicht allzu hoch, sind sie versucht, etwas Falsches zu tun. Es kann sein, dass sie Notlügen erfinden oder hinter dem Rücken eines Freundes agieren.

Sie tun auch gerne etwas für andere Menschen – aber nicht um derentwillen, sondern aus dem Zweck heraus, dass sie damit bestimmte ihnen wichtigere Motive bedienen können. Verschiebt sich das, engagieren sie sich auf einmal nicht mehr für das, was sie jahrelang begeistert gemacht haben. Diese hohe Flexibilität irritiert natürlich die meisten Menschen. Wenn man es über die sich veränderten Rahmenbedingungen mit Hilfe der Motive erklärt, wird dieses Verhalten meist besser nachvollziehbar sein.

Viele Menschen, die von Eigennutz angetrieben werden, machen Versprechungen, die sie nicht einhalten. Dies stört sie vielleicht nicht, da sie überzeugt sind, dass sie ihre Meinung ändern können, wann immer sie wollen. Es kann sein, dass sie das Gefühl haben, dass alle so verfahren. Vielleicht versprechen sie, einen bestimmten Job zu machen, ändern aber später ihre Meinung, wenn ihnen ein höher bezahlter Job angeboten wird.

Manche Menschen, die von Eigennutz angetrieben werden, drücken sich vor Verpflichtungen. Sie suchen nach Schleichwegen. Es kann sein, dass sie ihre Telefon-, Arzt- oder andere Rechnungen nicht bezahlen, wenn sie umziehen – in der Überzeugung, dass man ihnen nicht folgen könne.

Als Leistungssportler denken sie eventuell, dass es clever ist, zu betrügen, wenn die Verantwortlichen nicht hinsehen. Heute werden bei einem Bundesligafußballspiel nahezu alle Reaktionen und Handlungen per Video aufgezeichnet. Selbst der Spieler, der sich nach dem Schlusspfiff beim Gegenspieler rächt, muss die Konsequenzen tragen. Obwohl die Sportler wissen, dass alles dokumentiert und aufgezeichnet wird, gibt es offenbar eine stärkere Kraft als den sachlichen Verstand – entgegen der Einsicht, dass dieses Verhalten falsch ist.

Manche Menschen, die von Eigennutz getrieben werden, neigen dazu, andere zu beschuldigen. Wenn sie erwischt werden (wenn sie z.B. gelogen haben, einen Termin verpasst haben, zu schnell auf der Autobahn gefahren sind oder bei einer Prüfung geschummelt haben), akzeptieren sie ihre Verantwortung nicht.

Haben Sie ein großes Bedürfnis nach Regeln, Traditionen, Ehre und Prinzipientreue?

Traditionelle Regeln, wie das väterliche Erbe zu wahren, die Loyalität gegenüber unseren Eltern oder der Glaubensgemeinschaft, Versprechen einzuhalten und dass ein Handschlag wie ein Vertrag gilt, spornen diese Menschen sehr stark an.

Es kann sein, dass sie Traditionen ihrer Familie, ihres Unternehmens, oder ihrer ethnischen Gemeinschaft sehr schätzen. Viele engagieren sich hier besonders stark. Dies kann zum Beispiel die Brauchtumspflege sein, der sonntägliche Gang in die Kirche, das Engagement im Betriebsrat, das Pflichtbewusstsein, sein Vaterland zu verteidigen, und vieles mehr. Oft erkennen sie die Opfer ihrer Eltern und Großeltern, die nach dem Krieg alles wieder aufgebaut haben, besonders an. Menschen mit einem großen Bedürfnis nach Ehre verhalten sich moralisch und erfüllen dadurch ihre Eltern oder die Familie mit Stolz. Sie halten es für wichtig, traditionelle Feste und Feiertage zu begehen und sie mit den Eltern und der Familie zu feiern. Die gute alte Zeit und die Erinnerungen an sie werden gerne gepflegt. Geschichten aus der Vergangenheit können sehr präsent sein.

Sie halten Versprechen. Sie sind ehrlich. Sie schummeln nicht, auch nicht, wenn keiner es merken würde. Viele ehrenhafte Menschen zeigen herausragenden Charakter. Sie sind vertrauenswürdig. Für sie ist ein Versprechen ein starkes Band. Treue in einer Beziehung wird als eine der Wichtigsten Eigenschaften erachtet. Diese Menschen können sehr gereizt reagieren, wenn bestimmte ihnen wichtige Regeln, Traditionen und Normen gebrochen werden. Sie fordern Offenheit und Vertrauen, sind aber oft im Geben von Feedback nicht offen und direkt.

Die sehr nach Regeln und Normen strebenden Menschen denken oft im Stillen: „Der hat sich bei mir zu melden, wenn er etwas von mir will!" Auch wenn die letzte Mail, der letzte Anruf von der Gegenseite kam und man selber nicht darauf reagiert hat. Oft trifft man auch auf die Denkweise, dass sich junge Menschen bei der älteren Generation zu melden haben und sich um sie kümmern müssen, obwohl der Opa oder die Oma viel mehr Zeit haben. Hier können sie standhaft an ihren Prinzipien festhalten. Dass sich die Welt sehr viel schneller wandelt als früher, realisieren sie oft nicht mehr.

Viele legen Wert darauf, wie ein Spiel gespielt wird, nicht nur darauf, ob man gewinnt oder verliert. Schiedsrichter, Richter oder bestimmte Beamtenpositionen sind für Menschen, die nach Ehre, Regeln und Traditionen streben, bevorzugte Tätigungsfelder. Hier wäre in den Augen der meisten Menschen sicher etwas mehr Flexibilität in der Auslegung von bestimmten Regeln und Tatsachen angebracht.

Prinzipientreue Menschen akzeptieren generell die Verantwortung für das eigene Handeln. Viele Ehrenkodexe fordern, Fehler zuzugeben, statt mit dem Finger auf andere zu zeigen. Prinzipientreue Menschen erfüllen ihre Pflicht.

Menschen dieses Typus haben sehr viel Selbstbeherrschung. Sie disziplinieren sich, um Versuchungen zu vermeiden und um unerschütterlich zu ihrem Regelkodex zu stehen. Viele Soldaten haben eine hohe Ausprägung im Motiv Ehre. Das gilt besonders für diejenigen, die sich freiwillig melden. Bis zum letzten Mann, bis zur letzten Kugel. Die Kameraden, die dies in aussichtslosen Situationen nicht so sehen und flexibler mit Regeln umgehen und vielleicht den Rückzug einleiten wollen, könnten später von ihnen vor das Kriegsgericht gestellt werden.

Prinzipientreue und an Zielen orientierte Menschen missverstehen sich tendenziell. Traditionelle Menschen denken, dass zielorientierte Personen keinen wirklichen Charakter haben und unehrlich sind. Zweckorientierte Menschen denken, dass traditionelle Individuen selbstgerecht, realitätsfremd und moralisierend sind.

Bewerten Sie ...

Ihr Bedürfnis nach Ziel-/Zweckorientierung als hoch, wenn Sie den folgenden Aussagen generell zustimmen:

- Sie sind so lange loyal, wie man dies auch Ihnen gegenüber ist.
- Es ist Ihnen wichtig, anderen Menschen klar und unverblümt die Meinung zu sagen.
- Sie halten sich nicht gerne an Regeln, die Sie nicht für gut erachten.
- Ihr tägliches Handeln nach Zielen auszurichten ist Ihnen wichtiger, als Regeln einzuhalten.

Bewerten Sie Ihr Bedürfnis nach Ziel-/Zweckorientierung als niedrig, wenn Sie den folgenden Aussagen generell zustimmen:

- Sie gelten als äußerst zuverlässige und loyale Person.
- Sie setzen sich für das Einhalten von Regeln ein.
- Traditionen sind etwas Wichtiges und Erhaltenswertes.
- Ein Handschlag zählt für Sie wie ein schriftlicher Vertrag.

Bewerten Sie Ihr Bedürfnis nach Ehre als durchschnittlich, wenn Sie es weder als sehr groß noch als gering eingestuft haben oder wenn Sie Aussagen zustimmen, die sowohl auf ein sehr ausgeprägtes als auch auf ein geringes Ehrbedürfnis hinweisen.

Motiv Idealismus

Haben Sie ein großes Bedürfnis nach sozialer Gerechtigkeit und schätzen soziales Engagement sehr?

Hier sind Wörter oder Wendungen, die Sie beschreiben: selbstlos, anteilnehmend, guter liebevoller Mensch, Weltverbesserer, human, von edler Gesinnung, visionär, Freiwilliger. Sie haben vielleicht die Einstellung: „Erst den anderen helfen und für andere da sein, etwas Gutes tun, und dann komme ich!"

Viele Menschen mit einem großen Bedürfnis nach sozialer Gerechtigkeit unterstützen humanitäre und sozial geprägte Anlässe. Sie unterstützen Gruppen, die sich für die Verbesserung menschlicher Lebensbedingungen einsetzen. Sie setzen sich für Tiere und für die Erhaltung des natürlichen Lebensraums ein. Massentierhaltung und Tiertransporte verabscheuen sie. Es kann sein, dass sie Gruppen fördern, die gegen Armut, Krankheiten und Tyrannei kämpfen.

Auch Karlheinz Böhm mit seiner Organisation „Menschen für Menschen" hat gewiss sehr hohe idealistische Werte. Früher ist er als berühmter Schauspieler (er hat unter anderem Kaiser Franz-Joseph in den Sissi-Filmen gespielt) vermutlich nie wirklich glücklich gewesen. In der Sendung „Wetten dass?" wettete er am 16. Mai 1981, dass nicht einmal jeder dritte Zuschauer eine Mark, sieben Schilling oder einen Franken für notleidende Menschen in der Sahelzone spenden würde. Er versprach, selbst nach Afrika zu gehen, um zu helfen, falls diese Summe nicht zusammen käme. Er gewann diese bemerkenswerte Wette, es kamen mehr als 1,7 Millionen DM zusammen. Nach der Sendung flog er dennoch im Oktober 1981 mit dem Geld nach Äthiopien und gründete am 13. November 1981 seine Hilfsorganisation: „Ich habe durch das Projekt ‚Menschen für Menschen' das gefunden, nach dem ich bewusst oder unbewusst in meinem Leben sehr lange gesucht habe. Ich habe zum ersten Mal mit dem ersten Projekt in Äthiopien das Gefühl gehabt, dass ich Wurzeln schlage, weil mich die Arbeit mit den Menschen sehr befriedigt und glücklich macht. Alles, was man tut im Leben, tut man ja auch, um seine eigene Befriedigung und Freude zu finden. Und das ist mir mit meiner Arbeit von ‚Menschen für Menschen' in einer Dimension gelungen, die ich als Schauspieler nicht erreicht hatte. Das waren Erfolge auf der Bühne und im Film mit guten Kritiken und kommerzielle Erfolge. Aber die innere Befriedigung, Menschenleben retten zu können oder das Leben von Menschen verbessern zu können, das ist es, was für mich zählt."

Menschen mit einem großen Bedürfnis nach sozialer Gerechtigkeit helfen den Bedürftigen. Sie spenden an Wohltätigkeitsvereine. Sie verbringen ihre

Zeit freiwillig mit Spendensammeln oder Krankenhausbesuchen. Sie helfen Nachbarn, die eine Tragödie erlebt haben. Für manche Menschen mit einem großen Bedürfnis nach sozialer Gerechtigkeit ist menschliche Fairness ein besonders hoher Wert. Sie unterstützen Projekte, um Menschenrechte zu schützen. Oft sind sie verärgert, wenn Organisationen nicht so arbeiten, wie sie sollten, oder wenn Politiker oder Führungskräfte keine fairen oder gerechten Entscheidungen treffen.

... in niedriger Ausprägung:

Haben Sie ein großes Bedürfnis nach Realismus in sozialen Belangen?

Sie haben vielleicht die Einstellung: „Erst muss es mir gut gehen, dann tue ich etwas für andere Menschen! Ich alleine kann die Welt nicht retten. Wer hilft mir denn, wenn es mir mal schlecht geht?" Diese Worte beschreiben Sie: weltlich, nicht interessiert an sozialen Aspekten, realistisch, „Wegseher". Menschen mit einem großen Bedürfnis nach Realismus unterstützen keine humanitären Aktionen. Es kann sein, dass sie an Realpolitik glauben, dass sie denken, dass die Welt ist, wie sie ist, und dass es keinen Sinn macht, sie ändern zu wollen. Sie sorgen sich nicht um das Wohlergehen von Menschen, die weit weg leben. Es kann sein, dass sie den Boykott eines Unternehmens nicht unterstützen.

Viele Menschen mit einem großen Bedürfnis nach Realismus gehen nüchtern an soziale Probleme heran. Sie glauben, dass die Unterdrückten sich selbst erheben müssen und nicht auf andere angewiesen sein sollten. Es kann sein, dass sie gegen teure Armuts- oder Sozialprogramme ebenso wie gegen sozialpolitische Maßnahmen sind. Manche (nicht alle) Menschen mit einem großen Bedürfnis nach Realismus schauen bei Ungerechtigkeiten weg, vielleicht, weil sie glauben, dass Ungerechtigkeit und Unfairness zum Leben dazugehören. Und oft denken sie, dass sich die Welt nicht ändern wird und sie es nicht riskieren können, das Wohlergehen ihrer eigenen Familie für Menschen, die sie nicht einmal kennen, aufs Spiel zu setzen.

Realisten und Humanisten missverstehen sich tendenziell. Realisten denken, dass Humanisten Träumer sind. Humanisten dagegen unterstellen, dass den Realisten Mitgefühl fehlt.

Bewerten Sie ...

Ihr Bedürfnis nach Idealismus als hoch, wenn Sie den folgenden Aussagen generell zustimmen:

• Sie erbringen für soziale oder humanitäre Anliegen persönliche Opfer.

- Sie finden es schrecklich, wie viele Menschen auf der Welt hungern müssen.
- Sie spenden gerne und helfen aktiv mit.
- Wenn jemand nicht gerecht behandelt wird, möchten Sie am liebsten helfen und etwas tun.

Bewerten Sie Ihr Bedürfnis nach Idealismus als niedrig, wenn Sie den folgenden Aussagen generell zustimmen:

- Erst muss es Ihnen gut gehen, dann schauen Sie, ob Sie anderen helfen können.
- Bilder und Beiträge von Hungersnöten oder Kriegsopfern lassen Sie zwar nicht kalt, jedoch beschäftigt es Sie nicht nachhaltig.
- Sie kümmern sich wenig um Angelegenheiten, die das Wohl der Gesellschaft als Ziel haben.
- Sie fühlen sich nicht aufgefordert zu spenden, wenn dafür geworben wird.

Bewerten Sie Ihr Bedürfnis nach Idealismus als durchschnittlich, wenn Sie es weder als sehr groß noch als gering eingestuft haben oder wenn Sie Aussagen zustimmen, die sowohl auf ein sehr ausgeprägtes als auch auf ein geringes Idealismus-Bedürfnis hinweisen.

Motiv Beziehungen

... in hoher Ausprägung:

Haben Sie ein großes Bedürfnis nach Kontakt mit vielen Menschen und pflegen Sie gerne Beziehungen?

Im Reiss Profile beziehen sich soziale Kontakte auf die Zeit, die man mit Gleichaltrigen / Gleichgesinnten verbringt, und nicht auf die Zeit, die mit Kindern (diese fallen unter den Begriff Familie) oder Eltern (diese fallen unter den Begriff niedrige Zielorientierung) verbracht wird.

Sie brauchen die Gesellschaft von Gleichaltrigen / Gleichgesinnten, um glücklich zu sein. Sie lernen gerne neue Menschen kennen, auch oberflächlich. Sie gehen gerne auf Partys, lachen viel und gerne. Sie würden eine Unterhaltung mit Freunden dem ruhigen Gespräch zu Hause vorziehen. Wenn es möglich ist, setzen und stellen Sie sich vielleicht im Café am liebsten so, dass Sie viele Menschen sehen und beobachten können.

Menschen mit einem großen Bedürfnis nach Beziehungen sind freundlich. Sie sorgen dafür, dass sich ihre Gäste wohl fühlen. Sie sind umgänglich, charmant, warmherzig und kontaktfreudig. Vielleicht interessieren sie sich für andere Menschen und halten den Kontakt zu ihnen. Sie streben nach einem anregenden Sozialleben. Viele Sportler haben höhere Werte im Motiv Beziehungen. Menschen, die gerne feiern und abends nicht gerne alleine zu Hause sind, wollen wissen, was „abgeht".

Viele Menschen mit einem großen Bedürfnis nach Beziehungen schließen sich bevorzugt Klubs, Gruppen und Teams an. Sie wollen dazugehören und sind verletzt, wenn sie ausgeschlossen werden. Sie genießen die Kameradschaft in Vereinen. Sind sie unter Menschen, fühlen sie sich fast immer wohl. Viele Stunden am Tag alleine im Büro zu sitzen, keine Gesprächspartner zu haben, ist Gift für ihre gute Laune. Sie lieben Witze und Spaß, leben auf Partys auf, mögen Unfug, Albernheiten und witzige Menschen, die gut drauf sind.

Manche Menschen mit einem großen Bedürfnis nach Beziehungen sind teamorientiert. Ein großes Bestreben nach Beziehungen motiviert sie, teamorientiert zu sein, weil sie dadurch soziale Kontakte knüpfen können. Dennoch ist längst nicht jeder, der ein hohes Streben nach Beziehungen hat, auf allen Partys zu finden. Wer zum Beispiel zusätzlich über ein höheres Statusmotiv verfügt, wird sich mehr an den angesagten Locations sehen lassen wollen als im Studentenpartykeller.

... in niedriger Ausprägung:

Haben Sie ein Bedürfnis nach nur wenigen, aber intensiven Kontakten?

Sie sind sehr gerne für sich alleine oder möchten sich nur in kleinen Gruppen aufhalten. Am besten, Sie kennen diese Menschen schon sehr gut. Vor Unbekannten zu reden ist gar nicht Ihr Ding: Sie wollen nicht im Mittelpunkt stehen. Sie beobachten lieber und hören gerne zu. Dennoch mögen Sie intensive und tiefgründige Gespräche sehr – nur eben nicht den ganzen Tag. Sie wünschen sich, dass die anderen Menschen Ihnen nur einmal länger in die Augen schauen würden und sich mehr Zeit für intensive Gespräche in der heutigen Zeit nehmen würden, oder? Sie fühlen sich unwohl oder sind gelangweilt, wenn Sie viel Zeit in der Gesellschaft von unbekannten Menschen verbringen. Sie mögen auch keine langen und regelmäßigen Business-Meetings.

Viele Menschen mit einem großen Bedürfnis nach Einsamkeit halten sich Fremde gerne vom Leib. Es kann sein, dass sie ungeduldig mit anderen umgehen und sich nicht die Zeit nehmen, sie kennen zu lernen. Sie mögen keinen Smalltalk und schenken dem Leben anderer Menschen keine Aufmerksamkeit. Sie vermeiden es vielleicht, anderen Menschen in die Augen zu blicken. Es kann sein, dass sie mit Bekannten, die wegziehen oder eine andere Arbeit annehmen, keinen Kontakt halten. Auch wenn sie vielleicht mit vielen Menschen zusammenarbeiten, nur wenige von ihnen werden enge Freunde.

Menschen mit einem großen Bedürfnis nach Einsamkeit entspannen, wenn sie alleine sind. Vielleicht empfinden sie das Knüpfen sozialer Kontakte als beschwerlich und Einsamkeit als entspannend. Die zahlreichen Networking-Plattformen, wie Xing und Co. sind nichts für sie. Aktiv werden sie möglicherweise nicht viele Kontakte aufbauen und pflegen.

Reden oder Präsentationen halten können sie möglicherweise sehr gut, da sie schnell auf den Punkt kommen und das Wesentliche sagen können. Es strengt sie jedoch sehr an, sodass sie solche Situationen am liebsten meiden. Wenn sie Gespräche führen oder Zeit mit Freunden verbringen, dann am liebsten in der Stammkneipe oder zu Hause, denn im engsten Freundeskreis blühen sie auf.

Es kann sein, dass sie gerne ihre Gedanken sammeln oder meditieren. Sie mögen Stille, eine gemäßigte Gangart, die Abwesenheit von Störungen und die Befreiung von sozialen Forderungen. Sie empfinden das Alleinsein oft als Befreiung von Kritik und Peinlichkeiten. Die Stille in der Einsamkeit ist wichtig für sie, da der Alltag meistens ganz anders aussieht. Was aber ist, wenn abends die Kinder und die Frau warten? Sie wollen ihre Ruhe haben, aber ...

Viele Menschen mit einem großen Bedürfnis nach Einsamkeit schätzen ihre Privatsphäre mehr als andere. Sie denken oft, dass ihr Privatleben niemanden etwas angeht. Fragen über ihr Privatleben nehmen sie manchmal übel, weil sie als zu persönlich und direkt empfunden werden. Unangemeldeten Besuch mögen sie nicht.

Manche Menschen mit einem großen Bedürfnis nach Einsamkeit gehen nur zu wenigen Partys und öffentlichen Anlässen. Sie wissen meistens nicht, was en vogue ist, wo es neue Restaurants oder Kneipen gibt. Gerne verbringen sie viel Zeit mit sich alleine. Es kann sein, dass sie Unfug und gute Witze als kindisch abtun. Auf den ersten Eindruck wirken sie schüchtern, sogar autistisch. Einige haben wenig Erfahrung mit sozial erwünschtem Verhalten. Dazu legen sie oft weniger Wert auf gutes Benehmen als die meisten anderen. Sie zeigen keine Dankbarkeit, wenn andere ihnen helfen – aus Sorge, dass diese Menschen dann bald wieder helfen wollen.

Zurückgezogene Menschen und kontaktfreudige Menschen missverstehen sich tendenziell. Zurückgezogene denken, dass Kontaktfreudige oft oberflächliche Schwätzer sind. Kontaktfreudige glauben, dass Zurückgezogene gefühllos, kalt und nicht an anderen Menschen interessiert sind.

Bewerten Sie...

Ihr Bedürfnis nach Sozialkontakt als hoch, wenn Sie den folgenden Aussagen generell zustimmen:

- Sie mögen gerne Menschen.
- Um sich glücklich und zufrieden zu fühlen, brauchen Sie viel Kontakt zu Menschen.
- Sie gelten als jemand, der gerne redet und Spaß hat.
- Sie gehen mit Freude auf Partys/Veranstaltungen, lernen gerne neue Menschen kennen.

Bewerten Sie Ihr Bedürfnis nach Sozialkontakt als niedrig, wenn Sie den folgenden Aussagen generell zustimmen:

- Sie haben wenige, dafür aber intensive Freundschaften.
- Sie sind eher ein zurückgezogener Mensch.
- Sie mögen öffentliche und vor allem anonyme Veranstaltungen und Partys nicht.
- Sie haben keinen großen Drang, neue Menschen kennen zu lernen, die nicht zu Ihrer Familie oder Ihrem engsten Kunden- und Freundeskreis gehören.

Bewerten Sie Ihr Bedürfnis nach Sozialkontakt als durchschnittlich, wenn sie es weder als sehr groß noch als gering bewertet haben oder wenn Sie Aussagen zustimmen, die sowohl auf ein sehr ausgeprägtes als auch auf ein geringes Bedürfnis nach Sozialkontakt hinweisen.

Motiv Familie

… in hoher Ausprägung:

Möchten Sie gerne viel Zeit mit Ihrer Familie verbringen?

Können Sie sich mit folgenden Worten oder Beschreibungen anfreunden? Familienperson, vernarrtes oder hingebungsvolles Elternteil, fürsorglich, schätzt familiäre Werte, genießt das Erziehen von Kindern, häuslich, eventuell pflegend.

Viele Menschen mit einem großen Bedürfnis nach einer eigenen Familie setzen ihre Angehörigen an die erste Stelle, noch vor Karriere und eigenem Vergnügen. Sie arrangieren ihren Terminplan so, dass sie die meiste Zeit zu Hause verbringen und so ihre Kinder erziehen können. Sie sind bereit, für ihre Familien Opfer zu bringen. Sie essen zusammen, besprechen ihren Tag miteinander und verbringen viel Freizeit mit Partner und Kindern.

Viele Familienmenschen vermissen ihre Familie, wenn sie nicht da ist. Sie denken oft an sie. Wenn ein Manager einen hohen Wert im Motiv Familie hat, jedoch die meiste Zeit der Woche unterwegs ist, wird ihn dies viel beschäftigen und Energie kosten. Wenn es dann zu Hause einmal Probleme gibt, macht er sich Vorwürfe. Das schlechte Gewissen, sich nicht genügend um seine Kinder kümmern zu können, kann ihn innerlich zerreißen.

Sie bekommen tendenziell schneller Heimweh als die Menschen mit einer niedrigeren Ausprägung im Motiv Familie. Wenn ihre Kinder erwachsen werden und das Haus verlassen, haben sie vielleicht Schwierigkeiten, sich daran zu gewöhnen.

Viele Menschen mit einem großen Bedürfnis nach Familie erziehen gerne Kinder. Sie wollen ein enges Verhältnis zu ihrem Nachwuchs haben (oder wünschen sich Kinder) und freuen sich vielleicht darauf, ihren Kindern das Leben zu erklären. Es kann sein, dass sie Kinder adoptieren wollen, wenn ihre eigenen Sprösslinge erwachsen und aus dem Haus sind. Sie setzen sich dafür ein, ein Zuhause zu schaffen. Wenn Frauen ein hohes Familien-Motiv haben, werden sie auch innerlich bestrebt sein, einmal eigene Kinder zu haben. Wenn das in verschiedenen Partnerschaften nicht gelingt, wird mit zunehmendem Alter der Druck größer, jetzt endlich Mutter zu werden. Frauen, die neben dem Motiv Familie auch andere stärker ausgeprägte Motive haben, können leicht in einen Zielkonflikt geraten, wenn der Job und das Streben nach eigenen Kindern sich nicht vereinbaren lassen. Wenn eine Frau mit Kinderwunsch keinen Nachwuchs bekommen kann, ist dies ein schwerer Schicksalsschlag, denn dann bleibt ein Motiv ein Leben lang unbefriedigt. Haustiere, die Kinder der Geschwister oder eine Adoption können als guter „Ersatz" betrachtet werden.

Manche Familienmenschen haben das starke Bedürfnis, gebraucht zu werden. Als Mutter machen sie die Wäsche, kochen, räumen auf, nur um es dem Nachwuchs so einfach wie möglich zu machen. Fürsorgliche Eltern mögen es, Menschen zu pflegen oder zu beschützen, weil sie sich dann gebraucht fühlen. Sie genießen es, wenn ihr Partner, ihre Kinder oder ihre Geschwister sie nicht entbehren können. Sie investieren viel Zeit in die Kindererziehung und gehen davon aus, dass die Kinder sie dafür auch immer lieben werden. Wenn die eigenen Kinder sie dann im Streit beschimpfen oder sich von ihnen abwenden, trifft das diese Menschen viel mehr als andere.

... in niedriger Ausprägung:

Haben Sie ein großes Bedürfnis, möglichst ungebunden zu sein?

Können Sie sich mit diesen Beschreibungen anfreunden? Gerne kinderlos, verbringt wenig Zeit mit seiner Familie. Möchte den Kindern mehr ein guter Freund und Kumpel sein. Je älter die Kinder werden, desto mehr kann man mit ihnen anfangen.

Viele Menschen mit einem großen Bedürfnis, ungebunden zu sein, empfinden die Pflichten der Elternschaft als einengend. Am liebsten delegieren sie die Kindererziehung an den Partner oder an die Kindertagesstätte. Viele schicken ihre Sprösslinge auch in Internate. So können sie sich wieder verstärkt um ihre Arbeit und anderes kümmern, denn die Kinder sind ja in guten Händen. Sie lieben ihren Nachwuchs, wenn sie welchen haben, aber sie genießen es nicht, sich ständig darum kümmern zu müssen. Es kann sein, dass Windelwechseln nichts für sie ist und dass sie es überhaupt nicht spannend finden, wenn ein Kind laufen lernt.

Viele Menschen mit einem großen Bedürfnis, ungebunden zu sein, wollen Dinge in ihrem Leben tun, die mit dem Aufbau einer Familie nicht zu vereinen sind. Sie wollen reisen oder Karriere machen. Diesem Ziel widmen sie oft ihren ganzen persönlichen und zeitlichen Einsatz. Manche Menschen mit einem großen Bedürfnis, ungebunden zu sein, empfinden eine Familie als stressig. Sie hegen vielleicht Zweifel, ob sie überhaupt Eltern werden wollen. Eventuell verstehen sie sich nicht mit ihren Kindern oder Geschwistern. Sie binden sich nicht an Kinder. Wenn sie von ihrer Familie getrennt sind, denken sie vielleicht nicht viel an sie. Es kann sein, dass sie Jobs bevorzugen, die sie von ihrer Familie trennen. Oft schieben sie die Arbeit als Grund vor, um nicht bei ihrer Familie zu sein. Sie bevorzugen es eventuell, alleine zu reisen.

In den Studien von Professor Reiss wurde deutlich, dass Männer ein um rund 74 Prozent niedrigeres Streben nach Fürsorglichkeit und eigenen Kindern haben als Frauen. Zwar wollen viele Männer gerne Nachwuchs haben, sich aber nicht um ihn kümmern. Oft sind andere Motive dafür verantwortlich, dass man gerne Vater werden möchte. Wenn sie dann Vater sind, gehen sie jedoch viel arbeiten und sind unterwegs, machen Sport, treffen sich mit Freunden. Demnach ist es für die moderne Frau sehr schwierig, einen Mann zu finden, der ähnliche Ausprägungen im Motiv Familie hat. Denn immer mehr Frauen wollen nicht die klassische Hausfrauenrolle übernehmen. Neben dem Motiv Familie gibt es ja noch andere 15 Lebensmotive. Diese Rolle hat noch nie auf die meisten Frauen gepasst, sie ist aber über viele Jahre so entstanden. Früher, als wir noch in Großfamilien lebten, haben sich immer mehrere Menschen um die Kinder gekümmert.

Hier gilt es heute umso mehr, in einer Beziehung Kompromisse zu machen, sodass beide Partner zufrieden sind. Ansonsten sind Missverständnisse, Streit und Konflikte vorprogrammiert. Die Männer müssen umdenken. Einerseits wollen sie heute eine Frau, die auch erfolgreich im Job ist, aber um die Kinder und den Haushalt soll sie sich möglichst auch noch kümmern.

Nicht-Familienmenschen und Familienmenschen missverstehen sich tendenziell. Nicht-Familienmenschen denken, dass Familienmenschen gebunden und nicht frei sind. Familienmenschen sind davon überzeugt, dass Nicht-Familienmenschen egoistisch sind und ihre Kinder nicht lieben.

Bewerten Sie…

Ihr Bedürfnis nach dem Motiv Familie und eigenen Kindern als hoch, wenn Sie den folgenden Aussagen generell zustimmen:

- Eigene Kinder zu haben ist mit das Größte im Leben.
- Sie verbringen gerne sehr viel Zeit mit Ihren Kindern.
- Ihnen ist es sehr wichtig, einmal eigene Kinder und ein intaktes Familienleben zu haben.
- Sie wollen möglichst am Leben der Kinder aktiv teilnehmen.

Bewerten Sie Ihr Bedürfnis nach dem Motiv Familie und eigenen Kindern als niedrig, wenn Sie den folgenden Aussagen generell zustimmen:

- Sich ständig um Kinder kümmern zu müssen, ist eine Belastung für Sie.
- Sie lieben Ihr Kind oder Ihre Kinder, müssen jedoch nicht besonders viel Zeit mit ihnen verbringen.
- Sie würden lieber weniger Zeit mit Ihren Kindern verbringen, dafür aber sehr intensiv.
- Kinderlos zu sein macht Sie nicht unglücklich.

Bewerten Sie Ihr Bedürfnis nach dem Motiv Familie und eigenen Kindern als durchschnittlich, wenn Sie es weder als sehr groß noch als gering bewertet haben oder wenn Sie Aussagen zustimmen, die sowohl auf ein sehr ausgeprägtes als auch auf ein geringes Familienbedürfnis hinweisen.

Motiv Status

… in hoher Ausprägung:

Haben Sie ein großes Bedürfnis, etwas Besonderes im Leben zu schaffen? Möchten Sie sich von der Masse der Menschen abheben? Halten Sie sich für etwas Besseres?

Sie möchten aufgrund Ihrer sozialen oder beruflichen Stellung respektiert werden. Gerne genießen Sie eine Sonderstellung und mögen die individuelle Vorzugsbehandlung ihrer Person. Das Streben nach Status gibt es in allen Einkommensschichten und ist erst einmal unabhängig vom Reichtum. Wobei Geld und Statussymbole beim Wunsch nach Anerkennung eine sehr wichtige Funktion in unserer Gesellschaft ausüben. In anderen Ländern der Erde wird Status über viele Kinder oder die Anzahl der Ziegen und Rinder gemessen. Auch die Zahl der Ehefrauen eines Mannes oder die junge Frau an der Seite eines alten Mannes können seinen Status anzeigen. Die Ölscheichs schmücken sich mit Falken und teuren Autos, andere versuchen, in TV-Sendungen wie „Dschungelcamp" oder „Big Brother" Prestige zu erzielen.

Meistens spielen hier auch noch andere Motive eine entscheidende Rolle: Hinzu kommen Kombinationen mit Anerkennung, Macht und Rache/Kampf. Grundsätzlich gilt als Ziel und Hauptaspekt die öffentliche Wahrnehmung der Wichtigkeit, der Bedeutung, der Großartigkeit, der Einzigartigkeit oder der Originalität.

Viele Menschen mit einem großen Bedürfnis, sich wichtig zu fühlen, sind von der High Society beeindruckt. Manche übernehmen Eigenheiten der oberen Zehntausend wie Eleganz, manche wirken steif. Viele sind mit Reichtum zu beeindrucken, und sie würden alles tun, um dazuzugehören. Sie sehen Geld als einen Indikator für die Wichtigkeit eines Menschen an. Um andere zu beeindrucken, stellen sie ihr Vermögen durch das Tragen von teurer Kleidung, kostspieligem Schmuck oder durch das Fahren von Luxusautomobilen zur Schau. In allen Bereichen finden sich statusaffine, teure Produkte, die von denen gekauft werden, die sich von der Masse abheben möchten. Und die, die sich Originale nicht leisten können, setzen auf die Wirkung von Plagiaten.

Viele Menschen mit einem großen Bedürfnis, sich wichtig zu fühlen, sind von Beliebtheit beeindruckt. Vielleicht wollen sie ein Mitglied der Schickeria sein. Sie sind stolz darauf, die „richtigen Leute" zu kennen. Es kann sein, dass sie von Prominenten beeindruckt sind. Sie wollen vor allem „den Schein" wahren, sind angetrieben, den Respekt ihrer Nachbarn und Bekannten zu erhalten.

Statusaffine Menschen unterstützen soziale Hierarchien, auch von Organisationen und Bürokratien. Sie zollen Menschen den Respekt, der ihnen aufgrund ihres Status innerhalb einer Hierarchie zusteht. Sie sind darauf bedacht, Personen mit einem sehr hohen Status (Könige, Stars, Staatsoberhäupter, Papst und andere) mehr Ehrerbietung zu zeigen und denen mit einem eher niedrigen Status weniger oder keinen. Einige statusaffine Menschen halten sich gerne für etwas Besseres oder möchten es sein und fühlen sich schnell Menschen von geringem Status überlegen. Durch Äußerlichkeiten und die Marken, mit denen sie sich schmücken, zeigen sie sehr bewusst: Schaut her, ich bin wer.

Viele statusaffine Menschen suchen ihrer Motivation entsprechend bewusst den Arbeitgeber aus. Wenn die Bewerbung erfolgreich ist, sind sie stolz, dazuzugehören. Was aber, wenn sie nachher nicht schnell genug Karriere machen? Viele merken erst später, dass sie im Konzern nur eine untergeordnete Funktion mit geringem Einfluss ausüben. Da solche Firmen oft sehr viele Mitarbeiter/innen haben, ist es unwahrscheinlich, dass gerade nur die

Statusaffinen eine schnellere Karriere machen. Sie weisen ja durch ihr Persönlichkeitsprofil genügend Hinderungsgründe auf.

Eine Minderheit von Menschen mit einem großen Bedürfnis, sich wichtig zu fühlen, entwickelt ein hohes Anspruchsdenken. Sie erwarten eine spezielle Behandlung und holen sich diese auch – ob es der Firmenparkplatz mit Schild ist, die spezielle Büroausstattung, die individuelle Lackierung des Firmenfahrzeugs oder das regelmäßige persönliche Essen und Gespräch mit dem Chef.

Es kann sein, dass statusaffine Menschen sich beleidigt fühlen, wenn andere sie nicht in einer besonders positiven Art und Weise behandeln.

Je stärker das Statusmotiv, desto größer ist die Wahrscheinlichkeit, dass diese Menschen arrogant wirken und für Snobs gehalten werden. Sie fahren teure Autos, obwohl diese kaum größeren Fahrkomfort als andere Modelle bieten. Entscheidend ist allein das höhere Prestige. Es kann wiederum auch sein, dass die statusaffinen Menschen denken, dass sie Anspruch auf mehr Respekt haben.

... in niedriger Ausprägung:

Haben Sie ein großes Bedürfnis danach, nicht aufzufallen?

Worte oder Wendungen, die Sie vielleicht beschreiben: Understatement, sich nicht hervorheben wollen, bodenständig, informell, ungezwungen, lässig.

Menschen mit einem großen Bedürfnis nach gesellschaftlicher Gleichberechtigung identifizieren sich mit normalen Menschen. Sie setzen sich eventuell mit mittelständischen oder unteren Klassen gleich. Vielleicht fühlen sie sich in der Gesellschaft von Menschen wohl, die Hemmungen fallen lassen. Sie können andere in einer bodenständigen Art und Weise behandeln, ohne Allüren zu zeigen. Sie geben wenig darauf, was die Schickeria von ihnen denkt. Sie sind geradezu bescheiden, leben unberührt und oft zurückgezogen von allen Maßstäben, die das Dasein der Reichen und der Schönen bestimmen.

Neid ist im Leben der Statusschwachen nicht im Spiel, denn statusbesessene Menschen lassen sie schlichtweg gleichgültig. Reichtum, Privilegien oder Titel beeindrucken sie ebenso wenig, wie sie sich um ihren eigenen guten Ruf sorgen. In ihrer Bescheidenheit können manche sogar naiv wirken.

Ein Manager mit einem niedrigeren Status-Motiv macht sich nicht viel aus teuren Firmenwagen und Vorzugsbehandlungen. Vielleicht tritt er locker gekleidet ohne Schlips und Anzug auf. Verkleiden möchten sich diese Menschen nicht. Ihnen ist auch der Titel nicht wichtig. Wenn ein Mitarbeiter mit einem höheren Status-Motiv eine besondere Behandlung verlangt, hat diese

Führungskraft meistens kein Verständnis dafür. Der Angestellte ist dann oft frustriert. Er fühlt sich nicht genügend wertgeschätzt.

Menschen mit einem großen Bedürfnis nach gesellschaftlicher Gleichberechtigung sind nicht mit Reichtum und Privilegien, besonders nicht mit ererbtem Vermögen zu beeindrucken. Um zu demonstrieren, dass Reichtum kein Maßstab ist, fahren sie vielleicht ein älteres Auto oder tragen unmodische Kleidung. Sie denken oft, dass reiche Menschen nicht nur ihres Geldes wegen respektiert werden sollten. Sie sind unbeeindruckt von der High Society und glauben vielleicht, dass Menschen für das respektiert werden sollten, was sie tun.

Manche Menschen mit einem hohen Bedürfnis nach gesellschaftlicher Gleichberechtigung achten nicht auf ihr Auftreten. Sie kümmern sich weniger darum, was andere von ihnen denken, besonders bei Leuten, die sie nur oberflächlich kennen. Es kann sein, dass sie sich nicht für Tratsch interessieren. Sie lassen Menschen von hohem Status vielleicht nicht den Vortritt. In der Arbeit kann es sein, dass ihnen der akademische Titel anderer Personen noch nicht einmal auffällt. Es kann auch vorkommen, dass sie sich weigern, sich bei Leuten mit einem hohen Status, die ihnen behilflich bei der Karriere sein könnten, vorzustellen. Als Führungskraft könnten sie sich daher unter Wert verkaufen. Sie treten nicht gerne aktiv in Erscheinung, halten sich dezent zurück. Manche Menschen mit einem hohen Bedürfnis nach gesellschaftlicher Gleichberechtigung machen elitäres Gehabe gerne lächerlich. Sie begrüßen es, wenn Menschen von hohem Status ihre gerechte Strafe bekommen. Sie genießen es, jemanden „abzuwatschen", der als Protzer auftritt.

Statusorientierte und nicht-statusorientierte Menschen missverstehen sich tendenziell. Nicht-Statusorientierte denken, dass Statusorientierte elitär und unreif sind. Statusorientierte Menschen unterstellen, dass nicht-statusorientierte Menschen unwichtig und unscheinbar sind, keinen guten Geschmack und Stil haben und eigentlich ignoriert werden könnten.

Bewerten Sie...

Ihr Statusbedürfnis als hoch, wenn Sie den folgenden Aussagen generell zustimmen:

- Wenn Sie es sich leisten können, bevorzugen Sie ein 5-Sterne- gegenüber einem 3-Sterne-Hotel.
- Sie wollen etwas Besonderes im Leben erreichen.
- Menschen mit einem hohen Status und mit viel Prestige sowie Markenprodukte interessieren Sie.
- Wenn Sie zwischen einem Kleinwagen und einer Limousine wählen dürften, würden Sie immer die Limousine bevorzugen.

Bewerten Sie Ihr Statusbedürfnis als niedrig, wenn Sie den folgenden Aussagen generell zustimmen:

- Sie denken, lieber nach außen nicht zeigen, was man hat.
- Sie lassen sich weniger von Titeln, Ruhm, Geld und Reichtum beeindrucken als die meisten Menschen in Ihrem Bekanntenkreis.
- Sie benötigen keinen hohen Status, umgeben sich nicht mit teuren Markenartikeln, um glücklich im Leben zu sein.
- Sie könnten ohne Probleme auf Statussymbole verzichten.

Bewerten Sie Ihr Statusbedürfnis als durchschnittlich, wenn sie es weder als sehr groß noch als gering eingestuft haben oder wenn Sie Aussagen zustimmen, die sowohl auf ein sehr ausgeprägtes als auch auf ein geringes Statusbedürfnis hinweisen.

Motiv Rache/Kampf

... in hoher Ausprägung:

Haben Sie ein starkes Bedürfnis nach Wettkampf/Gewinnen/Verteidigung?

Wettkampf meint das Streben, gewinnen zu wollen oder zumindest mit anderen keine Rechnung offen zu haben. Diese Menschen diskutieren gerne, suchen aktiv den Vergleich und den Wettbewerb. Für sie kann das ganze Leben eine Konfrontation und ein Messen mit anderen sein. Das Ziel: immer besser sein zu wollen als andere – ob auf den Sport bezogen, auf das Aussehen, das größere Haus, die besseren Umsätze, sich in einer Diskussion als Sieger zu fühlen und vieles mehr. Stark kämpferische Menschen wollen gewinnen, oft auch um jeden Preis. Sie sind meistens keine guten Verlierer, der starke Drang nach Gewinnen kann auch zu Überreaktionen und Verkrampfung oder Aufgabe aus Enttäuschung führen. Wird der Wunsch zu gewinnen befriedigt, fühlt man sich glücklich, stark beziehungsweise rehabilitiert. Bleibt er unerfüllt, fühlt man Ärger und Zorn. Das Rachemotiv ist primär aggressiver Natur. Es fördert jedoch auch den Wettbewerb und die Konkurrenz.

Menschen mit einem großen Bedürfnis nach Rache sind tendenziell gute Kämpfer. Sie sind motiviert, sich mit allen zu messen, die sie herausfordern. Sie lassen sich nicht herumschubsen, können Unverschämtheiten eventuell von niemandem hinnehmen. Oft sieht man das bei Sportlern, die in emotional geladenen Situationen Reaktionen zeigen, die die Zuschauer nicht nachvollziehen können: Ohrfeigen, Treten, Schubsen, Schlagen und andere Grobheiten. Auch Fans beteiligen sich, werfen Flaschen, zünden Raketen und suchen die Konfrontation mit dem Gegner. Schlägereien und Randale sind oft die Folge.

Kämpfende Menschen respektieren Kämpfer und verachten die, die einer Diskussion, einem Wettbewerb oder einem Streit aus dem Weg gehen. Auch der kämpferische Hobbysportler möchte am liebsten auf dem Fußball-, Tennis- oder Badminton-Platz um Punkte spielen und sich messen. Viele Menschen, die gerne kämpfen, geben selten nach oder auf. Sie können unnachgiebig und uneinsichtig sein. Es kann sein, dass sie sogar versuchen, neben Menschen zu bestehen, die sie angreifen. Wenn sie im Spiel weit zurückliegen, sagen sie zu sich selbst: „Es ist nicht vorbei, bevor das Spiel zu Ende ist." Es kann aber auch sein, dass ein Sportler, der die ganze Zeit gekämpft hat, dem Spiel hinterherläuft, irgendwann den Kopf hängen lässt, denn er verliert ja nicht gerne. Wenn er dann aber selber entscheidet, das Spiel laufen zu lassen, hat er eine Begründung für die Niederlage. Dennoch, bei einer Niederlage nimmt er sich vor, das nächste Mal besser zu sein und zu gewinnen. Dafür wird er härter trainieren als vorher.

Manche Menschen mit einem großen Bedürfnis nach Kampf / Rache wollen sich behaupten. Wenn man zu ihnen sagt, dass sie nicht gut genug sind oder etwas nicht schaffen werden, fühlen sie sich angespornt. Manche Menschen mit einem großen Bedürfnis nach Kampf / Rache sind aggressiv. Jedenfalls ist die Hemmschwelle, sich reizen zu lassen und zuzuschlagen, geringer als bei anderen Menschen. Sie geraten möglicherweise schneller als andere in Auseinandersetzungen. Es kann sein, dass sie sich schnell aufregen und über den Streit in die Harmonie finden. Sie konkurrieren eventuell sehr herausfordernd.

Oft sind Menschen mit einem großen Bedürfnis nach Kampf / Rache sehr konkurrenzorientiert. Sie vergleichen sich ständig mit anderen und denken, dass diese intelligenter und fähiger sind oder härter arbeiten. Gewinnen kann für sie alles sein.

... in niedriger Ausprägung:

Haben Sie ein großes Bedürfnis, Konflikte zu vermeiden?

Menschen mit schwachem Wettkampfstreben zeigen ein freundliches, liebenswertes und friedlich-ausgleichendes Verhalten. Wörter, die Sie vielleicht beschreiben könnten, lauten: kooperativ, konfliktscheu, Spaß und Freude am Spiel, Gewaltgegner, Friedensstifter, vergebend, nachgebend, wegschauend, sanft, barmherzig.

Menschen mit einem großen Bedürfnis, Konflikte zu vermeiden, ignorieren oder übersehen oft Streitigkeiten und Provokationen. Sie sind schwer zu verärgern. Sie ignorieren Beleidigungen und persönliche Angriffe. Sie nehmen es zwar wahr, jedoch lassen sie sich nicht reizen und zeigen sich eher unbeeindruckt. Sie glauben, dass der einzige Weg, einen Streit zu gewinnen, seine Vermeidung ist. Tendenziell lassen sie eher andere ungeschoren davonkommen, als sie herauszufordern.

Viele Menschen mit einem großen Bedürfnis, Konflikte zu vermeiden, sind Friedensstifter. Sie können meist hervorragend Lösungen für Streitereien herbeiführen. Sie suchen nach einer guten gemeinsamen Basis und nach Kompromissen. Wenn ein Job eine Auseinandersetzung notwendig macht, sind sie schnell überfordert oder gehen nicht in den Konflikt hinein. Wenn es darum geht, Streit zu schlichten, Reklamationen ruhig entgegenzunehmen, sind sie in ihrem Element. Sie versuchen gerne, Menschen wieder zusammenzuführen, nachdem diese sich gestritten, konkurriert oder gekämpft haben. Nach einem Wettkampf sind sie diejenigen, die die anderen anspornen, Hände zu schütteln, sich zu umarmen, zu teilen und Dinge wieder gut zu machen. Sie können an dem Erhalt der Harmonie in ihren Familien oder Teams arbeiten. Sie vergeben viel schneller den Menschen, die sie verärgert haben. Dies kann natürlich auch zu vielen Enttäuschungen führen, wenn sie auf kämpferische Menschen treffen. Denn der nächste Streit und die nächste Diskussion kommen oft früher, als man denkt. Viele Menschen mit einem großen Bedürfnis, Konflikte zu vermeiden, schätzen Kooperation. Sie vergleichen sich nicht gerne mit anderen.

Viele Menschen mit einem großen Bedürfnis, Konflikte zu vermeiden, sind gegen Gewalt, Hass, Terroraktionen und Kriege. Oft glauben sie, dass Streit, Konflikte und Gewalt keine Probleme lösen können, sondern nur zu noch mehr Problemen und Aggression führen.

Das Lebensmotiv Kampf/Rache wirkt nur in seiner reinen Extremform destruktiv. In der gemäßigten Form ist es ein fairer und guter Konkurrenzkampf. Die Energie, die im Kampf-Motiv steckt, speist auch unser Wettbewerbsverhalten. Jedenfalls sollte diese Kraft regelmäßig gelebt werden können, da dies sonst zu Verkrampfungen und Ähnlichem führen kann. Konkurrenz ist gewissermaßen ein friedlicher Weg, um sich zu behaupten und durchzusetzen. Dabei ist es völlig gleichgültig, ob im Wettkampfsport, im Beruf oder im familiären Leben.

Nach Harmonie strebende Menschen und Kämpfer missverstehen sich tendenziell. Harmonieorientierte Menschen denken, dass Kämpfer nicht über die Konsequenzen ihres Handelns nachdenken. Kämpfer gehen davon aus, dass Harmonie liebende Menschen konfliktscheu und Verlierertypen sind.

Bewerten Sie...

Ihr Bedürfnis nach Kampf/Rache als hoch, wenn Sie den folgenden Aussagen generell zustimmen:

- Sie sind schnell zu reizen.
- Sie sind schnell wütend, ärgern sich sofort und diskutieren gerne.
- Sie lieben den Wettbewerb mit anderen oder gegen sich selbst und wollen am liebsten der Gewinner sein.
- Wenn Sie etwas angehen, dann richtig. Mit dem Ziel, besser zu sein als andere.

Bewerten Sie Ihr Bedürfnis nach Kampf / Rache als niedrig, wenn Sie den folgenden Aussagen generell zustimmen:

- Sie gehen einem Streit lieber aus dem Weg.
- Auf Beleidigungen reagieren Sie oft gar nicht. Sie weichen eher aus, als in den Gegenangriff zu gehen.
- Gewinnen nur um des Gewinnens willen ist nicht unbedingt ihr Fall.
- Sie können sehr geduldig sein und schlichten gerne Streitigkeiten.

Bewerten Sie Ihr Bedürfnis nach Kampf / Rache als durchschnittlich, wenn Sie es weder als sehr groß noch als gering eingestuft haben oder wenn Sie Aussagen zustimmen, die sowohl auf ein sehr ausgeprägtes als auch auf ein geringes Kampfbedürfnis hinweisen.

Motiv Schönheit

... in hoher Ausprägung:

Haben Sie ein großes Bedürfnis nach schönen Dingen, der Natur und nach Romantik?

Diese Worte oder Wendungen beschreiben Sie vielleicht: amourös, romantisch, sinnlich, leidenschaftlich, künstlerisch, fesch gekleidet, modebewusst, sexy.

Viele Menschen mit einem großen Bedürfnis nach schönen Dingen und Eros suchen Gelegenheiten, zu flirten und spontan anzubandeln. Kunst, schöne Dinge, Natur und Erotik können dominierende Aspekte ihres Lebens sein. Sie widmen der Suche nach romantischen Partnern, wechselnden Beziehungen oder Affären viel Zeit und Energie. Sie können sehr aufmerksam gegenüber romantischen Signalen anderer Menschen sein. Vielleicht mögen sie es zu flirten, zu umwerben, zu bezaubern, zu unterhalten und zu verführen.

Diese Menschen schätzen zudem die schönen Dinge der Natur. Für sie ist es wichtig, in der Wohnung, im Haus oder im Büro Pflanzen und Blumen zu haben. Aber auch schöne Bilder und Fotos hängen an den Wänden. Der Blick vom Büro auf einen grauen Innenhof, auf eine Betonwand motiviert sie nicht, dadurch verlieren sie unbewusst Energie. Wenn jedoch der Blick auf den Park, auf Bäume, die Berge oder auf Wasser angelegt ist, tut ihnen das gut. Wenn Unternehmen dies mehr beachteten, würde sich ein Großteil der Mitarbeiter viel wohler fühlen.

Viele Menschen mit dem Streben nach Schönheit und Erotik sind künstlerisch tätig. Diese Individuen sind meistens auch sehr darauf bedacht, sich zu pflegen und gut auszusehen. Bei Kindern erkennt man das höhere Schönheitsmotiv meistens daran, dass sie längst nicht alles anziehen. Sie achten schon sehr früh darauf, dass es farblich zueinander passt, die Kleidung modisch und schön ist. Sie halten sich gerne draußen in der Natur auf und interessieren sich für alles, was aus ihrer Sicht schön ist. Viele malen zudem sehr gerne.

Manche Menschen nehmen für sexuelle Aktivitäten hohe Risiken in Kauf. Viele gefährden damit sogar das Familienglück, indem sie Affären haben. Viele Personen mit einem großen Bedürfnis nach Erotik streben nach einem reichhaltigen und erfüllten langen Sexleben. Wer in jungen Jahren aktiv ist, möchte dies meist auch noch im hohen Alter sein. Die meisten wollen am liebsten jeden Tag Sex haben. Gerne auch mehrmals. Es kann sein, dass sie viele verschiedene Partner haben und sogar stolz darauf sind. Sie haben eventuell reichhaltige Phantasien. Viele Menschen mit einem großen Bedürfnis nach Romantik sind stolz auf ihre leidenschaftliche oder sinnliche Natur. Ferner kann es sein, dass sie andere danach bewerten, wie sexy sie sind. Sie achten sehr auf ihre physische Attraktivität, halten vielleicht ein niedriges Gewicht, kleiden sich verführerisch und sind mit ihrem Aussehen beschäftigt. Manche romantische Personen unterziehen sich kosmetischen Operationen, um ihre Attraktivität für potenzielle Partner zu erhöhen.

In den wissenschaftlichen Untersuchungen von Steven Reiss kam heraus, dass zwischen Männern und Frauen wichtige Unterschiede im Streben nach Erotik bestehen. Männer haben im Durchschnitt ein um 74 Prozent höheres Streben nach Erotik und Sex als Frauen. Demnach ist es nachvollziehbar, dass fast das gesamte Sex-Business und der Sex-Tourismus auf Männer ausgerichtet sind.

... in niedriger Ausprägung:

Haben Sie nur ein schwaches Bedürfnis nach viel und wechselnder Erotik und Romantik?

Menschen mit einem schwachen Bedürfnis nach Romantik suchen selten nach Gelegenheiten zu flirten. Sie tolerieren lange Abstinenzperioden von Sex. Sie lassen sich auch eher etwas Zeit und wollen einen neuen Partner lieber erst gut kennen lernen, als direkt nach dem zweiten oder dritten Date miteinander zu schlafen. Sie phantasieren eventuell nur selten über Sex und bemerken viele romantische Signale anderer Menschen nicht. Sie widmen der Suche nach romantischen Partnern nur wenig Zeit und Energie. Es kann sein, dass sie sich unwohl fühlen, wenn Romantiker mit ihnen flirten. Viele Menschen mit einem schwachen Bedürfnis nach Romantik glauben vielleicht an wahre und lebenslange Liebe.

Sie genießen Beziehungen ohne körperliche Leidenschaft. Sie kuscheln gerne und lehnen sich gerne an den Partner an, Sex muss nicht zwangsläufig der nächste Schritt sein. Viele Menschen mit einem schwachen Bedürfnis nach Romantik achten vielleicht nicht auf ihre physische Attraktivität. Sie können von der Tendenz her eher übergewichtig und schlicht gekleidet sein. Manche Menschen mit einem schwachen Bedürfnis nach Romantik mögen vielleicht bestimmte Aspekte von Sex und verschiedene Sexpraktiken nicht. Es kann sein, dass sie denken, dass Sex etwas Schmutziges ist. Offen gelebter Sex ist nichts für sie. Man redet auch darüber nicht offen, kleidet sich eher verschlossen und bieder, denn das Körperliche geht ja nur einen selber und den Partner etwas an. Können Sie nachvollziehen, weswegen es zwischen Paaren hier immer wieder zu Diskussionen und Streitigkeiten kommt? Der eine schaut aktiv nach links und rechts, will über die schöne Frau, den schönen Mann sprechen, der/die andere fühlt sich herabgesetzt und reagiert beleidigt. Der eine Partner wird als notgeil bezeichnet, der andere als frigide und verklemmt. Der eine Partner zieht sich mit Kopfschmerzen zurück, der andere bricht irgendwann aus und befriedigt anderen Orts das Bedürfnis, das in der Beziehung nicht gelebt werden kann. Der eine Partner ist sexuell sehr aktiv, wenn es um die Nachwuchsplanung und Umsetzung geht, dann aber wieder völlig keusch. Der andere Partner möchte immer gerne und regelmäßig sexuell aktiv sein. Viele Menschen mit einem niedrigen Streben nach Erotik schließen bestimmte Sexualpraktiken und Sexspielzeuge aus, ohne sie kennengelernt zu haben.

Asketisch orientierte und sexuell orientierte Menschen missverstehen sich tendenziell. Asketische Menschen denken, dass erotisch orientierte Menschen oberflächlich sind und nur am schnellen Sex interessiert sind. Erotisch affine Menschen gehen davon aus, dass asketische Menschen verklemmt sind.

Bewerten Sie...

Ihr Bedürfnis nach Schönheit als hoch, wenn Sie den folgenden Aussagen generell zustimmen:

- Sie verbringen möglichst gerne viel Zeit mit dem Thema Erotik und Sex.
- Sie haben beziehungsweise hätten am liebsten in ihrem Leben viele verschiedene Sexualpartner.

- Die Schönheit der Natur und schöne Menschen und Dinge sprechen Sie an.
- Sie haben unterschiedliche sexuelle Phantasien.

Bewerten Sie Ihr Bedürfnis nach Schönheit als niedrig, wenn Sie den folgenden Aussagen generell zustimmen:

- Sie denken selten an Sex und haben wenig sexuelle Bedürfnisse.
- Sie finden Quickies beziehungsweise schnellen Sex nicht gut.
- Sex bemisst sich für Sie eher an Qualität als an Quantität.
- Sie zeigen nicht unbedingt, was Sie haben, oder sprechen nicht offen über Sex und ihre sexuellen Wünsche.

Bewerten Sie Ihr Bedürfnis nach Schönheit als durchschnittlich, wenn sie es weder als sehr groß noch als gering eingestuft haben oder wenn Sie Aussagen zustimmen, die sowohl auf ein sehr ausgeprägtes als auch auf ein geringes Bedürfnis nach Erotik hinweisen.

Motiv Essen

... in hoher Ausprägung:

Essen Sie gerne und haben Sie einen guten Appetit?

Für ein gutes Essen lassen Sie fast alles stehen und liegen. Worte oder Wendungen, die Sie beschreiben, sind: Gourmet, Gourmand, habe guten gesunden Appetit, muss auf mein Gewicht achten, regelmäßiger Esser, auf Essen zu verzichten fällt mir sehr schwer, Essen gehört für mich zum Leben wie die Luft zum Atmen.

Menschen mit einem großen Appetit leben, um zu essen, statt zu essen, um zu leben. Sie tendieren dazu, auch ungesunde Nahrung zu sich zu nehmen. Sie denken ständig ans Essen oder planen ihre nächste Mahlzeit. Es kann sein, dass sie häufig Snacks essen. Wenn ihnen genug Ausgleich durch regelmäßigen Sport nicht wichtig ist, kann es sein, dass sie Probleme haben, ihr Gewicht zu reduzieren. Viele gute Esser neigen zu Übergewicht.

Menschen mit einer hohen Ausprägung im Motiv Essen reden gerne über das Essen. Viele gute Esser genießen eine große Auswahl an Speisen. Wenn sie einen Ausflug planen, achten sie möglichst darauf, dass sie für zwischendurch Proviant dabeihaben. Sie essen viele verschiedene Dinge, vielleicht sogar fast alles. Viele mögen deftige Kost lieber als Salat, den sie oft als Hasenfutter bezeichnen – es sollte eben nicht zu gesund sein. Fett ist ein wichtiger Geschmacksträger, daher sparen sie damit nicht, wenn sie selbst kochen. Viele bevorzugen Hausmannskost und ein gutes Stück Fleisch.

Ob nun jemand ein Gourmet oder ein Gourmand ist, hängt auch von anderen Motiven ab. Hat ein guter Esser ein hohes Statusmotiv und ein niedriges Sammel-/Sparmotiv, wird er für seine Mahlzeiten viel Geld ausgeben. Sich mal ab und an ein Menü bei einem Sternekoch zu gönnen, ist eine wahre Freude. Die anderen guten Esser, die keinen Wert auf Status legen, zudem eine höhere Ausprägung beim Sammel-/Sparmotiv haben, werden mehr die „All You Can Eat"- oder die XXXL-Angebote bevorzugen. Wenn sie die Möglichkeit haben und ein ausgeprägtes Neugier-Motiv mit hinzukommt, probieren sie vielleicht neue Gerichte. Manche Menschen mit einem großen Appetit kultivieren ihren Geschmack an Gerüchen und Geschmacksrichtungen.

Nicht wenige tüchtige Esser interessieren sich für die Speisen und ihre Zubereitung. Sie kochen vielleicht gerne. Wenn ausgeprägte Motive mit den entsprechenden Fähigkeiten verknüpft werden, sind diese Menschen von innen heraus hoch motiviert. So wie der Koch, der ein hohes Essen-Motiv hat und somit sein Hobby zum Beruf macht. Er darf und kann jeden Tag das machen, was er gerne will: sich mit dem Thema Essen beschäftigen.

Viele Menschen mit großem Appetit haben Probleme, ihr Gewicht zu kontrollieren. Andere mit einer hohen Stoffwechselrate (viele haben eine hohe Ausprägung im Motiv Emotionale Ruhe) nehmen nicht zu, auch nicht, wenn sie sehr große Portionen essen. Über das Motiv Essen kompensieren viele Menschen auch andere, nicht erfüllte Lebensmotive.

... in niedriger Ausprägung:

Kann es sein, dass Sie essen, nur um Ihren Hunger zu stillen, und im Normalfall keine großen Hungergefühle haben? Mit anderen Worten: Sind Sie ein wählerischer und zurückhaltender Esser?

Diese Worte oder Wendungen beschreiben Sie vielleicht: gesundheitsorientiert, benötige nicht viel Essen, wie kann man nur ständig ans Essen denken?, dick muss wirklich niemand sein.

Menschen mit geringem Appetit essen tendenziell weniger als die meisten Menschen. Oft essen sie unregelmäßiger, was auch dazu führen kann, dass sie einige Kilo zu viel haben. Oder sie verzehren gerade das, was man ihnen vorsetzt. Das können dann auch Chips, Kuchen, Fritten und andere nicht unproblematische Nahrungsmittel sein. Auf bestimmte Lebensmittel zu verzichten, eine Diät zu machen, ist nicht unbedingt ein Problem. Viele mögen gesundes und frisches Essen. Sie interessieren sich für Trendkost, Bioprodukte und dergleichen. Sie sind auch nicht die typischen Konserven-Esser. Am liebsten haben sie ihre Mahlzeiten frisch und gesund zubereitet, vorzugsweise ohne Fett. Auf Butter oder Sahne können sie viel besser verzichten als die meisten anderen Menschen. Wäre Essen nicht eine biologische Notwendigkeit, würden sie es wahrscheinlich nicht sehr oft tun. Viele sagen auch, dass Essen lästig sei und zu viel Zeit koste. Astronautennahrung wäre hilfreich für sie.

Wenn sie in Arbeit vertieft oder sportlich aktiv sind, tendieren sie dazu, Essen und Trinken zu vergessen. Vor allem bei Kindern, älteren Menschen und Sportlern ist es wichtig, darauf zu achten. Denn sie denken zwischen den Mahlzeiten nur selten an Essen. Sie sind eher schlank und haben vielleicht Schwierigkeiten, Gewicht zuzulegen. Oder sie essen zu unregelmäßig und können dadurch Gewichtsprobleme bekommen.

Viele Menschen mit geringem Appetit sind sehr wählerisch und mäkelig. Es kann sein, dass sie nur wenige verschiedene Gerichte schätzen. Neuen oder gesunden Gerichten gegenüber sind sie oft sehr aufgeschlossen. Dies hängt jedoch auch stark von anderen Motivkombinationen ab. Viele wählerische Esser probieren gerne neue Gerichte aus. Sie sollten aber gesund und frisch zubereitet sein. Ansonsten sind sie nicht unbedingt offen, neue Rezepte auszuprobieren. Viele zurückhaltende Esser haben wenig Interesse an Speisen und deren Zubereitung. Sie kochen nicht gerne. Wenn sie kochen, dann als Mittel zum Zweck, um andere Motive damit zu bedienen (z. B. Motiv Macht, Motiv Beziehungen, Motiv Neugier etc.).

Es kann sein, dass sie sich nicht schnell für ein Gericht im Restaurant entscheiden können. Am liebsten hätten sie kleine Portionen von verschiedenen Angeboten. Niedrig ausgeprägte Esser und tüchtige Esser missverstehen sich tendenziell. Niedrig ausgeprägte Esser denken, dass tüchtigen Essern Selbstbeherrschung fehlt. Starke Esser gehen davon aus, dass zurückhaltende Esser eine der schönsten Freuden im Leben entbehren.

Bewerten Sie ...

Ihr Essbedürfnis als hoch, wenn Sie den folgenden Aussagen generell zustimmen:

- Sie verbringen sehr viel Zeit mit Essen.
- Sie können theoretisch immer etwas essen.
- Satt sein ist schön, aber es passt immer noch etwas Kleines, Feines hinein.
- Essen ist eines meiner liebsten Dinge, die ich im Leben habe.

Bewerten Sie Ihr Essbedürfnis als niedrig, wenn Sie den folgenden Aussagen generell zustimmen:

- Sie vergessen oft, regelmäßig zu essen.
- Sie sind ein wählerischer Esser.
- Sie können gut etwas zwischendurch essen.
- Sie halten sich nicht lange mit Essen auf.
- Auf Essen oder Alkohol zu verzichten, ist nicht wirklich ein Problem.

Bewerten Sie Ihr Essbedürfnis als durchschnittlich, wenn Sie es weder als sehr groß noch als gering eingestuft haben oder wenn Sie Aussagen zustimmen, die sowohl auf ein sehr ausgeprägtes als auch auf ein geringes Essbedürfnis hinweisen.

Motiv Körperliche Aktivität

... in hoher Ausprägung:

Haben Sie ein großes Bedürfnis nach körperlicher Anstrengung und regelmäßiger Bewegung?

Diese Worte oder Wendungen beschreiben Sie vielleicht: aktiv, fit, flott, sportlich, vital, hoher Bewegungsdrang, durchtrainiert. Sie sind auf das Gefühl, körperlich fit und stark/leistungsfähig zu sein, angewiesen.

Menschen mit einem großen Bedürfnis nach körperlicher Betätigung brauchen einen aktiven Lebensstil. Sie geraten gerne ins Schwitzen. Sie können „Trainingskrieger" sein, die es genießen, sich das ganze Jahr in guter Kondition zu halten. Sie suchen sich gerne immer wieder neue sportliche Herausforderungen. Am liebsten würden sie täglich zwei bis drei Stunden Sport machen, kommen jedoch oft gar nicht dazu. Der Job, die Familie und andere Verpflichtungen halten sie davon ab.

Hier sind, wie bei jedem anderen Lebensmotiv auch, die Kombinationen zu anderen Lebensmotiven sehr wichtig. Der Mensch, der ein hohes Motiv in Teamorientierung neben dem hohen Motiv Körperliche Aktivität hat, treibt am liebsten in der Gruppe oder mit einem Freund Sport. Wenn dieses Umfeld nicht da ist, kann es sein, dass er auf Sport verzichtet. Dies ist ungünstig, denn so werden ein oder zwei Motive nicht gelebt. Wer eine niedrige Ausprägung in der Teamorientierung hat, treibt am liebsten alleine für sich Sport.

Menschen mit einem hohen Drang nach Bewegung versuchen, ihr ganzes Leben lang aktiv zu bleiben. Wenn sie nicht aktiv sind, fühlen sie sich schnell rastlos. Verspannungen und Rückenschmerzen sowie andere Signale des Körpers zeigen, dass man zu wenig rege war. Wer sich zu wenig bewegt, obwohl das Motiv eine hohe Ausprägung hat, ist unzufriedener, gereizter und wird schneller und öfter krank. Viele Menschen mit einem großen Bedürfnis nach körperlicher Betätigung sind athletisch. Wenn dies von klein auf gefördert wurde, sind sie stark, schnell und haben ein sehr gutes Körpergefühl mit einer hervorragenden Körperkoordination. Sie sind vielleicht Mitglied in einem Sportverein oder betreiben Leistungssport.

Viele Kinder mit einem hohen Drang nach Bewegung und Sport können dies heute nicht mehr ausleben. Wenn die Lebensumstände nicht passen, weil sie in der Stadt wohnen, das Haus an der Straße liegt, der Sportunterricht wieder einmal ausgefallen ist, bewegen sich diese Kinder von klein auf viel zu wenig. Jedes Kind braucht viel Bewegung, Kinder dieses Typus aber noch viel mehr. Wenn die Kinder dann später vor dem PC sitzen und die Eltern den Bewegungsdrang nicht fördern, sind diese Mädchen und Jungen eben unruhiger, zappeliger, schneller gereizt und vieles mehr. Immer mehr verzweifelte Eltern gehen dann zum Arzt oder Psychologen. Viele Kinder wachsen so in dem Bewusstsein auf, Probleme zu haben.

Als Leistungssportler wird man vielleicht in einer normalen Schulklasse keine richtige Anerkennung bekommen. Ich habe das selbst über viele Jahre erlebt: „Wie, du kannst nicht zu meiner Party kommen, weil du Training hast? Lass das doch ausfallen, wenn ich dir wichtig bin!" „Komm, rauch eine mit!" „Wie, du trinkst kein Bier, keinen Schnaps?" „Bist du uncool!" „Komm, ein Joint bringt dich nicht um!" Durch andere Prioritäten im Leben kann man sehr schnell ausgegrenzt werden.

Dies liegt eben dann auch sehr stark an anderen Lebensmotiven – nämlich ob man sich durchsetzen kann oder nicht. Als ich später auf ein Sportinternat nach Kaiserslautern kam, war für mich die Welt in Ordnung. Überall „Sportverrückte" und man konnte wirklich das leben, was einem wichtig war. Meine Noten steigerten sich, auch die sportlichen Leistungen wurden besser und konstanter. Hinzu kam, dass ich im letzten Schuljahr auf der alten Schule eine Gehirnhautentzündung mit Gesichtslähmung bekam. Erst durch die Erkenntnisse über meine Lebensmotive wurde mir Jahre später bewusst: Das war kein Zufall. Denn jede Krankheit hat einen seelischen Ursprung. Knapp zehn Jahre meines Lebens hatte ich ein Leben geführt, das nicht zu mir passte. Das Umfeld und die Rahmenbedingungen für eines meiner stärksten Motive, die körperliche Aktivität, stimmten eben nicht. Ich wollte schon immer mein Ding machen, war jedoch viel mehr abhängig von anderen und den Lebensumständen, sodass ich zwei Leben parallel führte. Eine lachende und eine verkrampfte, gelähmte Seite gab es in mir, die Jahre später durch die Krankheit auch sichtbar wurde. Die Erkrankung an sich wurde mit Antibiotika und anderen Medikamenten behandelt. Der Ursache wurde jedoch nicht auf den Grund gegangen. Weil sich ja die Rahmenbedingungen durch den Wechsel auf das Internat änderten, war auch die nötige Balance wiederhergestellt. Was wäre aber gewesen, wenn ich im alten Umfeld geblieben wäre? Auch meine beiden Achillessehnenrisse sind sehr gut über meine individuellen Motivausprägungen zu erklären. Diese starken Verletzungen ereigneten sich in Situationen meines Lebens, in denen ich einige mir sehr wichtige Lebensmotive nicht ausleben konnte.

Im ersten Moment denkt man sich nicht viel dabei, man hatte eben Pech. Es sind jedoch viel stärkere Kräfte in uns wirksam, die als Auslöser fungieren, wenn man seine Motive nicht kennt oder nicht nach ihnen lebt.

... in niedriger Ausprägung:

Haben Sie ein nur geringes Bedürfnis nach starker und regelmäßiger körperlicher Betätigung? Könnten Sie eine bequeme Person sein? Sie mögen keine starken körperlichen Anstrengungen?

Inaktive Menschen halten ihren Bewegungsdrang zurück. Anstatt zum Beispiel zum Laden um die Ecke zu laufen, nehmen sie das Auto. Sie bevorzugen den Aufzug oder die Rolltreppe, statt die Treppe zu nehmen. Wenn sie dies änderten, würden sie schon einen guten Beitrag zu mehr Bewegung liefern. Denn jeder Mensch benötigt ein hohes Maß an Bewegung, um seine Muskeln und seinen Körper aktiv und gesund zu halten. Nur ist eben jeder Mensch individuell verschieden ausgeprägt.

Anstrengende Workouts sind für bequeme Menschen ein Problem. Ihnen fehlt physische Ausdauer und körperliches Durchhaltevermögen. Es gibt viele Sportler, die keinen hohen Bewegungsdrang haben. Im Profifußball haben viele Spieler nur einen durchschnittlichen Drang nach Bewegung und Intensität, einige sogar nur einen recht geringen. Nun trainieren diese Menschen, weil es ihr Job ist, jeden Tag zweimal, dazu kommt das Spiel am Wochenende. Ein zu hohes Maß an Trainingsintensität steht dann im Zusammenhang mit einer höheren Verletzungsquote.

Manche Menschen mit einem geringen Bedürfnis nach körperlicher Betätigung sitzen als Kinder und auch als Erwachsene viel auf dem Stuhl oder dem Sofa. Vielleicht arbeiten sie in Büros, sehen viel fern. Im Urlaub faulenzen sie gerne auf der Liege, schlafen und lesen viel. Worte oder Wendungen, die sie beschreiben, sind: inaktiv, langsam, „Couch Potato", und vielleicht sehen sie oft unathletisch und untrainiert aus. Manche Menschen mit einem geringen Bedürfnis nach körperlicher Betätigung sind schneller übergewichtig als aktive Menschen.

Das Fehlen von sportlicher Bewegung ist eine wesentliche Langzeitursache für Fettleibigkeit. Das Problem solcher Menschen ist es, eine Fitnesskur durchzuhalten, da sie Sport überhaupt nicht mögen. Jedoch gibt es auch Personen mit einem niedrigen Bewegungsmotiv, die sehr viel Sport treiben. Hier ist dann die körperliche Aktivität und die Fitness nicht das Ziel, sondern das Mittel, um gemeinsam mit Freunden etwas zu unternehmen. Dies kann die Wanderung, die Fahrradtour, das Tennisdoppel oder auch Golf sein.

Über den Sport können die meisten anderen Lebensmotive sehr gut bedient werden. Ein körperlich inaktiver Freund hat schon mehrmals lange Fahrradtouren gemacht, mehrere Alpenüberquerungen. Jedoch eher aus dem Drang nach schöner Natur (er hat ein hohes Schönheitsmotiv), der Liebe zur Fotografie und der Lust heraus, die Zeit mit Freunden zu verbringen. Für ihn galt jedoch bei keiner Etappe, so schnell wie möglich ans Ziel zu kommen, sondern es musste Spaß machen. Wenn es ihm zu anstrengend wurde, schob er eben sein Rad.

Eher unsportliche und sportliche Menschen missverstehen sich tendenziell. Unsportliche Menschen denken, dass sportliche Menschen nutzlos sind. Sportliche Menschen gehen davon aus, dass unsportliche Menschen faul, schlapp und nicht leistungsfähig sind.

Bewerten Sie...

Ihr Bedürfnis nach körperlicher Betätigung als hoch, wenn Sie den folgenden Aussagen generell zustimmen:

- Sie machen sehr gerne und ausdauernd Sport.
- Sport ist ein wichtiger Ausgleich für Sie.
- Wenn Sie sich nicht genügend bewegen, fehlt Ihnen etwas Wichtiges.
- Bevor Sie Sport im Fernsehen anschauen, treiben Sie lieber selbst Sport.

Bewerten Sie Ihr Bedürfnis nach körperlicher Betätigung als niedrig, wenn Sie den folgenden Aussagen generell zustimmen:

- Sie müssen sich nicht unbedingt körperlich anstrengen, um sich wohl zu fühlen.
- Bewegung ja, nur nicht auf Zeit und Leistung.
- Sie wissen, Sie müssten mehr Bewegung haben, tun nur nicht wirklich viel dafür.
- Sie sitzen und liegen gerne.

Bewerten Sie Ihr Bedürfnis nach körperlicher Aktivität als durchschnittlich, wenn Sie es weder als sehr groß noch als gering eingestuft haben oder wenn Sie Aussagen zustimmen, die sowohl auf ein sehr ausgeprägtes als auch auf ein geringes Bedürfnis nach körperlicher Aktivität hinweisen.

Motiv Emotionale Ruhe

... in hoher Ausprägung:

Haben Sie ein großes Bedürfnis nach Sicherheit im Leben? Sie versuchen möglichst, Ängste und Sorgen zu vermindern und Schmerzen zu vermeiden?

Sie könnten eine stressempfindliche Person sein, die Risiken vermeiden möchte und ein ruhiges, beständiges Umfeld anstrebt.

Menschen mit einem großen Bedürfnis nach Sicherheit und Vertrauen im Leben tun sehr viel, um Ängste und Sorgen zu vermindern und Gefahren zu vermeiden. Sie halten sich selbst für klug, vorausschauend und vorsichtig. Sie beschäftigen sich viel mit ihrer Sicherheit und machen sich Sorgen, verletzt zu werden. Sie sind lärmempfindlicher und schmerzsensibler als die meisten Menschen. Sie benötigen Sicherheit im Leben, gleichgültig, ob dies nun der sichere Job, das nötige gegenseitige Vertrauen in der Beziehung oder die sichere Geldanlage ist.

Wenn sie ein Auto kaufen, kann Sicherheit ein wichtiger Aspekt bei den Kaufüberlegungen sein. Es kann auch sein, dass sie unsichere Gegenden selbst am Tag meiden. Können sie das auch, wenn der Arbeitsplatz in Gefahr ist?

Menschen mit einem großen Bedürfnis nach emotionaler Ruhe haben viele Ängste, wie die Angst vorm Fliegen, vor Spinnen oder Höhenangst. Dies hat auch viel damit zu tun, wie man in jungen Jahren geprägt wurde. Ist die Mutter schon sehr ängstlich und vorsichtig gewesen, kann man ihre Ängste übernommen haben. Man erschrickt sehr schnell und macht sich viele Gedanken. Empfindet Stress, wo andere erst richtig warm werden. Demnach bekommen viele von ihrem Umfeld nicht die nötige Unterstützung. Stresssensible Menschen verfügen über eine gute Empathie. Sie merken schnell, ob es ihnen oder anderen Menschen nicht gut geht. Sie haben öfter Panikattacken als andere. Viele Menschen mit einem großen Bedürfnis nach emotionaler Ruhe setzen sich so wenigen Gefahren wie möglich aus. Und wenn, dann wird der Fallschirm lieber noch dreimal kontrolliert, die Tauchausrüstung viermal überprüft. Dies kann zwar auf andere sehr penibel wirken, rettet jedoch unter Umständen Leben.

Ein ängstlicher und stresssensibler Bergsteiger kennt seine Grenzen und ist oft lieber etwas zu vorsichtig. Er bricht eine Klettertour ab, wo andere weitergehen. Die risikofreudigen Gipfelstürmer überschätzen sich hier und werden schneller vom Wetter und dem Berg besiegt. Wenn sie sich dennoch zum Weitergehen überreden lassen, können sie es später sein, die vor Ängsten und Schmerzen nicht mehr weiterwollen und -können.

Da die Menschen, die Ängste und Sorgen vermeiden wollen, auch viel nervöser vor und in Prüfungen sind, bereiten sie sich akribischer vor, um möglichst alle Unsicherheiten auszuschließen. Entweder sie bestehen dadurch die Prüfungen sehr viel besser als andere oder sie haben einen Black-out: Sie erinnern sich erst wieder an das Gelernte, wenn die Prüfung vorbei ist.

Auch die aktuelle Wirtschaftskrise wäre, wenn man auf diejenigen Finanz- und Bankstrategen gehört hätte, die ein hohes Motiv Emotionale Ruhe haben, so nicht passiert. Denn diese Menschen wollen ja Risiken vermeiden. Sie sind keine Zocker und Pokertypen. Gerade diese Charaktere sorgen sich auch mehr um ihre Gesundheit. Entweder sie laufen ständig mit Kleinigkeiten zum Arzt oder sie vermeiden den Praxisbesuch aus Angst vor einer eventuellen Bestätigung ihrer Vermutungen. Magenprobleme, Magengeschwüre, ein nervöser Darm und Magen sind typische Beschwerden der Menschen, die Angst und Sorgen zu vermeiden suchen.

Heutzutage müssen Millionen von Angestellten in Großraumbüros arbeiten. Der Lärmpegel ist groß, purer Stress für das sensible Motiv Emotionale Ruhe. Gerade bei der Arbeit wäre es wichtig zu schauen, über welche Stresssensibilität die Mitarbeiter/innen und Führungskräfte verfügen und was der Job Tag für Tag von ihnen verlangt. Milliarden Euro könnten so jedes Jahr eingespart werden, wenn die Rahmenbedingungen besser auf die Lebensmotive der einzelnen Menschen abgestimmt wären.

Viele sicherheitsorientierte Menschen bevorzugen es, in der Geborgenheit ihres Zuhauses zu bleiben. Sie vermeiden Herausforderungen wie Achterbahnen und Horrorfilme. Wenn Bäume um ihr Haus stehen, machen sie sich Sorgen, ob diese nicht beim nächsten Sturm auf das Dach fallen könnten.

Sie schließen mehr Versicherungen ab als nötig – gerade noch im hohen Alter. Oft gehen sie nicht auf Reisen, weil sie Angst haben, dass eingebrochen wird, wenn niemand zu Hause ist. Oder das Eigenheim gleicht einem Hochsicherheitstrakt: Alarmanlage, Sicherheitsschlösser in doppelter Ausführung, am liebsten noch ein Hund im Haus.

Viele Menschen mit einem großen Bedürfnis nach emotionaler Ruhe haben eine geringe Schmerztoleranz. Sie beschweren sich schnell über körperliche Leiden, wenn sie krank werden oder verletzt sind. Wenn sie Schmerzen oder Stress haben, machen sie sich sofort Sorgen um ihre Gesundheit oder Sicherheit.

... in niedriger Ausprägung:

Haben Sie nur wenige Sorgen und Ängste?

Sie benötigen sogar einen gewissen Druck, Veränderungen und Abenteuer, um sich wohl und gut zu fühlen. Einem Risiko gehen Sie nicht aus dem Weg, es reizt Sie sogar besonders.

Diese Worte oder Wendungen beschreiben Sie vielleicht: ruhig, kühl, emotionslos, Entdecker, mutig, gerne risikofreudig. Menschen mit wenigen Sorgen und Ängsten zeigen Courage im Angesicht von physischer Gefahr.

Hier sind sie besonders reflektiert und können andere Menschen retten. Der Pilot, der im Januar 2009 einen Jet auf dem Hudson River gelandet hat, hat in dieser Notsituation so reagiert. Mit 250 km/h hat er die Notwasserung perfekt durchgeführt. Andere wären in Panik verfallen. War es etwas Besonderes für ihn? Nein, denn er hat nur die Stärken seines Motivs gelebt. Menschen mit wenigen Sorgen und Ängsten behalten unter Druck einen kühlen Kopf. Sie können gelassen bleiben, wenn es brenzlig wird und die Leute um sie herum in Panik verfallen. Sie bekommen nur selten Angst.

Menschen mit wenigen Sorgen und Ängsten haben eine hohe Schmerztoleranz. Sie können größere Schmerzen als die meisten Menschen aushalten. Sie beschweren sich erst spät über körperliches Leid.

Manche Menschen mit niedrigem Bedürfnis nach emotionaler Ruhe sind abenteuerlustig. Sie erforschen gerne unbekannte Orte. Sie reisen gerne, sind aber dann nicht als Pauschalurlauber unterwegs. Sie wollen etwas erleben, suchen das Abenteuer und Unbekanntes. Manche Menschen mit einem niedrigen Ruhemotiv sind sehr risikofreudig. Sie streben nach Aufregung, indem sie wilde Dinge tun und die physische Gefahr im Nacken spüren. Oft achten sie beim Sex auch nicht auf den nötigen Schutz.

Stark risikofreudige und tendenziell vorsichtige Menschen missverstehen sich meistens. Risikofreudige Menschen denken, dass vorsichtige Menschen viel zu ängstlich und voller unnötiger Sorgen sind. Vorsichtige Menschen gehen davon aus, dass risikofreudige Menschen unklug und waghalsig sind und nicht verstehen, wie gefährlich ihr Verhalten ist.

Bewerten Sie…

Ihr Bedürfnis nach innerer Ruhe als sehr groß, wenn Sie den folgenden Aussagen generell zustimmen:

- Sie machen sich viele Gedanken und Sorgen, schlafen bei Problemen auch schlecht.
- Sie bekommen Angst, wenn sich der Herzschlag beschleunigt.
- Wenn Sie merken, dass der Herzschlag schneller wird, haben Sie Angst, dass Sie eine Herzattacke bekommen.
- Sie sind im Allgemeinen ängstlich und scheu.

Bewerten Sie Ihr Bedürfnis nach innerer Ruhe als gering, wenn Sie den folgenden Aussagen generell zustimmen:

- Sie sind ein mutiger Mensch und suchen das Abenteuer und den Kick.
- Wenn andere Menschen über Stress reden, spüren Sie diesen noch lange nicht.

- Sie schieben Dinge recht lange vor sich her und werden erst unter Druck richtig gut.
- Ängste vor Prüfungen haben Sie generell nicht, Sie können auch vor wichtigen Präsentationen und Herausforderungen gut schlafen.

Bewerten Sie Ihr Bedürfnis nach emotionaler Ruhe als durchschnittlich, wenn Sie es weder als sehr groß noch als gering eingestuft haben oder wenn Sie Aussagen zustimmen, die sowohl auf ein sehr ausgeprägtes als auch auf ein geringes Bedürfnis nach emotionaler Ruhe hinweisen.

Die Kombination von Lebensmotiven

Neben der genaueren Bedeutung der individuellen Ausprägungen der einzelnen Lebensmotive liegt in deren Kombination ein weiterer, sehr wesentlicher Schwerpunkt der Reiss-Profile-Beratung: In fast allen Situationen sind mehrere Lebensmotive aktiviert, wobei die daraus resultierenden Antriebe sich prinzipiell schwächen oder verstärken können. Über die konkreten Zusammenhänge gibt es keinerlei Verallgemeinerungen, sondern sie sind immer abhängig von der individuellen Persönlichkeit.

Eine genauere Analyse dieser Kombinationen ermöglicht aber wichtige Einsichten in die individuelle Lebensgestaltung, beispielsweise Aussagen über:

- grundlegende Kritikfähigkeit
- grundlegende Sozialität
- grundlegende Flexibilität
- grundlegende Bereitschaft für Veränderungen

Die für Sie persönlich wichtigsten Kombinationen werden in der Auswertung mit Ihrem Reiss-Profile-Master analysiert, vertieft und dann auf Ihr aktuelles und zukünftiges Leben bezogen besprochen.

Teil III:

Erste praktische Umsetzungen

Motivorientierte und wirkungsvolle Kommunikation

Kommunikation mit den Erkenntnissen aus den Lebensmotiven verändern

Erich Fromm schreibt in seinem Buch „Die Kraft der Liebe" über das so vielfach beschriebene und doch immer wieder herausfordernde Phänomen der Kommunikation: „Die Menschen tauschen Worte, ohne dabei etwas von der Wirklichkeit mitzuteilen, über die wir sprechen" *(Fromm 2005, 124)*.

„Die Kommunikation mit den Mitarbeitern könnte besser sein" – vermutlich haben Sie das schon einmal im Bekanntenkreis gehört. Lässt sich das nur auf diesen Kontext beschränken? *Luhmann (2005, 88)* sagt, Kommunikation sei auf Missverstehen ausgerichtet. Kommunizieren kommt aus dem Lateinischen: „Communicare" bedeutet gemeinsam gestalten und etwas vereinigen, und dies beinhaltet stets ein Miteinander. Kommunizieren also zwei Menschen miteinander, ereignet sich ein vielschichtiger Prozess, der weit über das hinausgeht, was uns normalerweise bewusst wird.

Vergleichen wir Kommunikation mit einem Kurzfilm. Das Besondere daran ist: Es gibt keine Probe. Die Situation wird sofort ohne Wenn und Aber dokumentiert. Ein „Nochmal von vorn" gibt es ebenso wenig wie eine Generalprobe. Dieser Film ist nicht wiederholbar. Das, was wir erleben, erfolgt nur in dieser Situation, hier und jetzt, zwischen der anderen Person und mir.

Das Drehbuch: Die andere Person sehe ich vor oder neben mir, in der Nähe oder weiter weg, ich höre die Stimme laut oder leise, flüsternd, schreiend, dynamisch oder monoton, ich spüre etwas, auch wenn der andere mich nicht oder nur wenig berührt, ich nehme auch Duft- und Geschmacksnuancen wahr. Gleichzeitig erfolgt ein Abgleich mit meinen bisherigen Erfahrungen und meinen Erwartungen, die beeinflusst werden von meinen basalen Motiven, den motivationalen Selbstbildern, meinen Werten, Glaubenssätzen und Zielen in dieser Situation. Zwischendurch erfolgt auch ein Abgleich mit all den Informationen, die in meinem Unbewussten abgespeichert sind. Je nachdem, wie dieser Prozess erfolgt, fühle ich mich wohl oder unwohl, ist mein Körper entspannt oder angespannt.

Unterdessen geht in der anderen Person ähnlich Komplexes vor. Unglaublich viele Informationen werden miteinander verarbeitet und gleichzeitig wieder zur Wirkung gebracht. Ein permanenter Prozess. So ergeben sich häufig Vermutungen und Vorstellungen von dem, was der andere mir erzählt, einmal sofort, konkret und nachvollziehbar und dann wieder abstrakt und voller Interpretationsmöglichkeiten, Möglichkeiten zum Nachfragen. Ebenso geschieht dies bei der anderen Person. Wenn wir diese Vermutungen und Vorstellungen nicht überprüfen, werden sie zu „Tatsachen" und können zu Fallen werden oder sogar zum Bruch innerhalb einer Beziehung führen.

Kommunikation besteht also keineswegs nur darin, dass ein Mensch eine Botschaft sendet und der andere sie unverfälscht empfängt. „Du hast mir nicht richtig zugehört" wäre eine viel zu einfache Erklärung.

Wir Menschen können nicht *nicht* kommunizieren, formulierte Paul Watzlawick. Vielmehr finden bei uns komplexe Interaktionsprozesse statt, die aufgrund unserer Kraftquellen bestimmte Aspekte der Mitteilung hervorheben, während andere in den Hintergrund treten. Somit unterliegt jede Botschaft einem Gestaltungsprozess, der auf der Basis der Motive, Werte, Glaubenssätze, unserer Ziele und ebenso der Kraftquellen des Adressaten abläuft.

Mangelndes Bewusstsein über die Komplexität kommunikativer Vorgänge und wenig Verständnis für die vielleicht gegenteilige Meinung des Gegenübers sind die Hauptquellen für Missverständnisse und Konflikte zwischen Menschen. Berücksichtigen wir diese Situation nicht oder zu wenig, dann kann es aufgrund von gewohnten Mustern zu fatalen Folgen kommen. Denn hier gehen die Beteiligten meist davon aus, dass sie bereits wissen, was der andere meint.

Gleiche Worte aber lösen ganz unterschiedliche Vorstellungen aus. Kommunikation ist weit mehr als nur Senden und Empfangen. Wir werden unseren Informationsaustausch nicht allein mit durchaus nützlichen Modellen wie den Gesetzmäßigkeiten gelungener Kommunikation (Paul Watzlawick) oder den vier Seiten einer Nachricht (Schulz von Thun) verbessern. Um wirklich gut zu kommunizieren, sollte es uns gelingen, diese Komplexität mehr und mehr bewusst zu leben und stetig dieses Wissen in unsere Persönlichkeit zu integrieren. Was ist schon eine gute oder eine gelungene Kommunikation? Selbst die Antwort auf diese Frage können die Kommunikationspartner nur gemeinsam definieren und dann zusammen gestalten. Es gelingt ihnen umso besser, je mehr sie von sich selbst und vom anderen wissen, was antreibt, was wichtig ist.

Zu diesem Wissen gehört es, uns bewusst zu machen, dass die Art und Weise, wie wir kommunizieren, und weniger, was wir kommunizieren, den Erfolg bestimmt. Kommunikation ist weit mehr als nur die Summe der Wörter, die wir verwenden. Körpersprache (Körperhaltung, Gestik, Mimik) und Tonalität (Stimmlage, Frequenz, Sprechweise) sind viel wichtiger als der Inhalt.

Doch alleine dieses Wissen reicht längst nicht aus, damit die Beteiligten von einer wirklich gelungenen Kommunikation sprechen können. Wir unterstellen hier, dass es das gemeinsame Ziel der beteiligten Personen ist, eine von beiden Seiten nachvollziehbare Kommunikation zu führen. Denn wir können Kommunikation selbstverständlich auch wie ein Messer benutzen: Wir können damit ein Butterbrot schmieren oder wir können es zu verletzenden Aktionen verwenden. Unser Ansatz basiert auf einem wertschätzenden Umgang miteinander und orientiert sich an einem humanistischen Menschenbild, in dem die eigenen Möglichkeiten des Denkens und Handelns eine zentrale Rolle spielen und die Unterschiedlichkeiten der Menschen akzeptiert und respektiert werden.

Bei der Berücksichtigung der Komplexität unserer Kommunikationsprozesse spielt also das Wissen um die eigenen und fremden Kraftquellen eine wesentliche Rolle.

Um diese Komplexität zu leben, sollten wir die nachfolgenden Handlungsimpulse in Kommunikationssituationen zur Wirkung bringen. Die tatsächliche Wirksamkeit besteht in der Anwendung dieser Anstöße. Dabei geht es um die Berücksichtigung möglichst aller Aspekte. Welche Prämisse Sie zuerst anwenden, bleibt Ihnen überlassen – Sie können auswählen.

Die Aufmerksamkeit ist auf das Zusammenwirken der verschiedenen Komponenten in einer bestimmten Situation gerichtet. Im Gegensatz zu der Anwendung der Prämissen nacheinander ist hier der Fokus auf die Wechselwirkungen und die gegenseitige Beeinflussung gerichtet. Ein Maßstab wird jedoch angelegt: Die Beteiligten entscheiden, ob die Art und Weise, wie sie kommunizieren, zieldienlich ist. Dies ist eine wesentliche Grundvoraussetzung. Und dazu sind knappe Feedbackschleifen unterstützend: Je kürzer, desto besser.

Die sieben kommunikationsfördernden und systemischen Impulse

1. Ziel der Kommunikation

Wir sind oft erstaunt, wenn wir im Gespräch nicht das erreichen, was wir uns eigentlich vorgenommen hatten. Aber mal Hand aufs Herz – haben wir das, was wir beabsichtigten, auch tatsächlich konkret als Ziel betrachtet, oder blieb es während des Kommunikationsprozesses vage und abstrakt?

Wie beim Segeln können wir uns entscheiden, einen ganz bestimmten Ort anzusteuern oder Halsen und Wenden als Segelmanöver auszuprobieren. Beides jedoch haben wir „als Ziel" festgelegt, das uns zur Orientierung dient.

Deshalb sind auch innerhalb der Kommunikation die Fragen nach dem Ziel von großer Bedeutung:

- Was ist Ziel dieses Gespräches?
- Was will ich und was wollen wir erreichen?
- Was will ich und was wollen wir bewirken?

2. Formulierung des Kommunikationsziels

Bezogen auf Gesprächssituationen werden sehr häufig Gesprächsziele formuliert, die eine Aussage dessen beinhalten, was wir nicht erreichen wollen.

- „In diesem Gespräch mochte ich auf gar keinem Fall ..."
- „Ich will nicht, dass Sie denken ..."

In der Tat ist es sehr schwierig, konkret zu formulieren, was am Ende eines Gespräches herauskommen soll. Häufig reicht es aus, wenn eine Aussage darüber gemacht werden kann, was mir in dem Gespräch wichtig ist. Wenn diese Aussage positiv sowie für den Gesprächsverlauf förderlich und unterstützend formuliert werden kann, ist der erste Schritt getan. Die weiteren Schritte sind dann „Training". Wie im Sport werde ich den Marathon nicht unter vier Stunden laufen, wenn ich nur einmal in der Woche trainiere. Dazu ist es erforderlich, den Körper hohen Trainingsreizen auszusetzen, so dass er die Herausforderung annehmen kann, zumal er täglich in einer anderen Verfassung ist und mit unterschiedlichen Situationen klarkommen muss.

Genauso ist es erforderlich, das, was ich wirklich möchte, so zu formulieren, dass es auch eintreten kann. Was passiert, wenn Sie zu Ihrem Gesprächspartner sagen: „Ich möchte nach diesem Gespräch nicht nach München fahren"? Vermutlich werden Sie dann wie selbstverständlich gefragt: „Wenn Sie nicht nach München fahren, wo werden Sie denn dann hinfahren?" Noch etwas befremdlicher hört es sich vermutlich an, wenn wir sagen: „Ich will Sie in diesem Gespräch überhaupt nicht angreifen ..." – und dann hören: „Was möchten Sie denn stattdessen?" Wenn Ihnen allerdings bewusst ist, was Sie wirklich antreibt und was Ihnen wirklich wichtig ist im Leben – genau wie in der für Sie damit verbundenen wichtigen Kommunikation –, dann werden Sie das auch formulieren können.

Ein Beispiel: Wenn Sie herausgefunden haben, dass Sie ein hohes Machtmotiv haben und Ihre Neugier ebenfalls stark ausgeprägt ist, diese Motive also für Sie wichtig sind, dann können Sie das im Gespräch auch zum Ausdruck bringen. Das führt dazu, dass das, was Sie denken, nicht nur zieldienlich formuliert und für den Gesprächspartner transparent wird: Vielmehr wirken Sie dadurch authentisch und kongruent.

Eine solche Formulierung könnte sich so anhören: „In unserem Gespräch ist es für mich wichtig, dass wir den Sachverhalt konkret von diesen Punkten her beleuchten, mir ist es auch wichtig, dass ich an jeder Stelle der Betrachtung maßgeblich mitwirken möchte an dem, was wir verändern können." Oder: „Ich möchte, dass wir eine gute Recherche betreiben und uns auf die neuen Ansatzpunkte konzentrieren. Lassen Sie uns von allen Seiten an die Sache herangehen und forschen, bis etwas Neues herauskommt."

Allerdings kommt es weder auf den konkreten Inhalt noch auf die jeweils gesagten Worte an. Vielmehr spielt jetzt Ihre Persönlichkeit eine entscheidende Rolle, und zwar, wie echt und stimmig die Worte in der betreffenden Situation sind. So wirken Sie nicht nur glaubhaft und transparent, Sie bauen so auch eine vertrauensvolle Beziehung zu Ihrem Gesprächspartner auf.

3. Haltung des Kommunikationspartners

Das beste Kommunikationsmodell, die besten Gesprächstechniken haben keine Wirkung, wenn die Haltung der Beteiligten nicht stimmig und echt ist. Eine kongruente und authentische Haltung ist das Herzstück einer zieldienlichen Kommunikation.

Wir kennen den Begriff der Haltung im Zusammenhang mit unserer Körperhaltung. Tatsächlich wirkt unsere mentale Haltung auch auf unsere Körperhaltung. Wenn beides nicht stimmig ist, kommt es zu einer Körpersprache mit Signalen, die unser Gegenüber verunsichern. Wir spüren sofort, dass das, was der andere sagt, nicht zu dem passt, was er denkt.

Sagen Sie doch einmal leise zu sich: „Mir geht es richtig gut" und stehen dabei zusammengekrümmt mit herunterhängendem Kopf und Armen – oder Sie sagen: „Mir geht es richtig schlecht" und stehen dabei mit breiter Brust, erhobenem Kopf und einem Lächeln im Gesicht. Welche Wirkung stellen Sie in welcher Situation fest? Was empfinden Sie?

Also: Woran und wie wir denken, beeinflusst unsere Körperhaltung. Und da wir bereits festgestellt haben, dass die Körpersprache eine maßgebliche Bedeutung für den Kommunikationsprozess hat, ist das, was wir denken, entscheidend für gelingende Kommunikation. Woran wir denken, wird stark beeinflusst durch die inneren Kräfte und Lebensmotivausprägungen aus unserem Unbewussten.

Auch im Gespräch prasseln in jeder Sekunde Millionen von Informationen auf uns ein. Nur das, was wir bewusst wahrnehmen, können wir unmittelbar in der Situation mit verarbeiten. Die anderen Impulse wirken unbewusst. „Es" geschieht.

Unsere Haltung steuert also unsere Denk- und Verhaltensweisen. Sie liegt ihnen zugrunde, ist aber gleichzeitig auch wieder ihr Ergebnis. Das Wort Haltung hat zudem etwas mit Halt haben und Halt geben zu tun. Und auch im Sinne von Halt! Bis hierhin und nicht weiter – stopp! Haltung steht im Zusammenhang mit Orientierung, Positionierung, Einschätzbarkeit und

Grenzziehung. Unsere Haltung sagt etwas über unsere Einstellung, unsere Werte und unsere Motive aus. Und die stehen in enger Verbindung mit der Art und Weise, wie wir die Welt wahrnehmen und mit welchen Wirklichkeitskonstruktionen wir unserer Umgebung begegnen. Und das hat Auswirkungen auf unsere Identität.

Vielleicht überlegen Sie, was das mit Kommunikation zu tun hat. Zwei Beispiele dazu:

1. Sie sitzen im Gespräch mit einer Ihnen bekannten Person. Ihr Blick ist auf das gerichtet, was Sie an dieser Person stört. Zusätzlich denken Sie noch: Von dem, was wir hier besprechen, hat der andere sowieso keine Ahnung. Obendrein versehen Sie Ihre Überlegungen auch noch mit einer nicht so netten Beschreibung dieser Person. Und je mehr Sie darüber nachdenken, umso weniger sympathisch kommt Ihnen diese Person vor. Abschließend nehmen Sie die Haltung ein: „Was soll das hier eigentlich? Meine Zeit könnte ich jetzt anders besser verbringen! Ich könnte tun, was mich wirklich antreibt, was mich wirklich weiterbringt."

2. Sie sitzen im Gespräch mit einer Ihnen bekannten Person. Ihre Aufmerksamkeit ist auf das gerichtet, was Ihnen an diesem Menschen gut gefällt. Sie sehen die Stärken dieser Frau oder dieses Mannes, und mehr und mehr nehmen Sie weitere positive Eindrücke wahr. Sie denken: „Was für eine kompetente Person." Vielleicht finden Sie auch noch eine nette Bezeichnung für Ihren Gesprächspartner. Vielleicht wird Ihnen die Person von Minute zu Minute sympathischer, und Sie hoffen, das Gespräch möge noch sehr lange dauern. Sie sind sich sicher: „Ja, der andere versteht genau, was ich meine und was für mich wichtig ist."

Welche Auswirkungen hat die erste Situation auf Sie? Was bewirkt sie bei Ihnen? Wie geht es Ihnen damit? War das, was Sie gedacht haben, wirklich unterstützend für den Gesprächsverlauf?

Welche Auswirkungen hatte die zweite Gesprächssituation auf Sie?

Eine kleine Frage zwischendurch: Was denken Sie, wie werden Sie wohl von der unsympathischen Person in der ersten Situation wahrgenommen worden sein? Was vermuten Sie, wie diese Person über Sie gedacht hat? Welche Auswirkungen hatte das auf das Ergebnis, und wie sind Sie auseinandergegangen?

Welchen Unterschied gab es wohl in der zweiten Situation? Welche Gedanken hat ihr Gesprächspartner vermutlich in dieser Situation gehabt? Welche Auswirkungen hatte das auf das Ergebnis? Wie sind Sie auseinandergegangen? Welcher Ausschlag gebende Unterschied hat das Gesprächsergebnis letztlich bewirkt?

Und nun eine weitere, sehr entscheidende Frage: Wer ist das, der sich die Gedanken über die jeweilige Person gemacht hat? Wer hat sich die konkreten Gedanken gemacht? Wer hat die jeweilige Haltung eingenommen?

Die Selbsterkenntnis, dass wir mit allen Facetten unserer Persönlichkeit, also mit einer entsprechenden Haltung und einer damit verbundenen Aufmerksamkeitsfokussierung, an einem Gespräch beteiligt sind, könnte uns dazu bewegen, noch mehr über das, was wirklich in uns steckt, herauszufinden und zu leben.

4. Einfluss der individuellen Motive auf meine Haltung

Unsere Lebensmotive und somit unsere individuellen Kraftquellen bewirken maßgeblich unsere innere Haltung. Wenn mir meine persönlichen Antreiber bekannt sind, weiß ich mehr über mich und kann diese Haltung in den Kommunikationsprozess einbeziehen.

Macht

Im Gespräch will ich maßgeblichen Einfluss auf das Gesprächsergebnis nehmen. Anderen Menschen ist das weniger wichtig. Für sie kommt es in erster Linie auf die Gestaltung der Beziehung an. Sind also die Ziele des Gespräches wirklich für beide klar? Der machtorientierte Mensch wird eine Unterhaltung oft unterbrechen, er möchte das Gespräch gerne gestalten, Vorschläge machen und Ratschläge geben. Der niedrig machtorientierte Mensch wird versuchen, anderen zu helfen. Er trifft Entscheidungen am liebsten mit anderen zusammen und wartet erst einmal ab. Es kann auch sein, dass der niedrig machtorientierte Mensch eher ruhig einem Gespräch folgt, anderen keine Ratschläge gibt und somit viel ausgeglichener und harmonischer wirkt. In einem Verkaufsgespräch wird der niedrig machtorientierte Mensch der gute Berater sein wollen, der hoch machtorientierte Mensch ist der, der ein Gespräch gezielt und schnell zum Geschäftsabschluss hinführt.

Teamorientierung

Im Gespräch will ich meine Position darstellen. Dazu benötige ich Zeit und Raum. Vielleicht ist es anderen Menschen wichtiger, auf andere einzugehen und sie einzubeziehen. Teamorientierte Menschen sprechen gerne im „wir", sie unternehmen vorzugsweise etwas in Gruppen und treffen Entscheidungen am liebsten dann, wenn die anderen über die eigene Meinung gut informiert sind. Gleiches gilt auch für die Meinung der anderen. Jeder soll zu seinem Wort kommen.

Der Mensch, der nicht so gerne über seine eigenen Gefühle und persönlichen Meinungen spricht, ist in diesen Situationen eher Zuhörer. Er lässt den anderen reden, ohne oftmals etwas von sich persönlich preiszugeben. Er möchte zum Beispiel Berufliches stark von Privatem trennen. Es wird so sein, dass er die alleinige Entscheidungsfindung der gemeinsamen vorzieht. Der wenig teamorientierte Mensch ist mehr der selbstständig denkende Typ, der Zeit benötigt, um mit seinen Gedanken und Emotionen alleine eine Ordnung aufzustellen. Der hoch teamorientierte Mensch benötigt gerade das Gegenteil. Er will sich über seine Probleme und Gedanken austauschen, fragt um Rat, hört sich die Meinung der anderen an und trifft meist erst dann eine Entscheidung. Das muss nicht die wirklich innerste und eigene sein, sondern sie kann stark die Gruppenmeinung widerspiegeln.

Neugier

Im Gespräch ist es mir wichtig, den Dingen auf den Grund zu gehen. Ich will „die Wahrheit für mich" herausfinden. Häufig sind diese Gespräche sehr tiefgreifend. Die neugierigen Menschen fragen viel nach dem Warum und denken viel. Sie benötigen intellektuelle Gespräche und springen gerne von Thema zu Thema. Sie gehen davon aus, dass sie mehr wissen als andere. Sie lassen sich oftmals nur schwer überzeugen. Und sie haben eine Tendenz zur Besserwisserei und verlieren sich oftmals in der Perfektion und in Details. Sie benötigen viel Input und versuchen sich immer wieder an neuen Dingen. Routine langweilt sie sehr schnell. Den niedrig neugiermotivierten Menschen ist es wichtig, weniger abstrakt über etwas zu sprechen. Sie treibt im Gespräch vielmehr eine unmittelbare Anwendungsorientierung und die direkte praktische Umsetzung an. „Nicht lang schnacken, sondern tun …", so würden es die Norddeutschen formulieren. Sie wirken schnell überfordert und schalten umgehend ab, wenn Gespräche zu sehr ins Detail gehen. Menschen dieses Typus müssen den Bezug zur Umsetzung und zur Praxis verstehen. Der eine ist mehr der Forschertyp, der andere mehr der Anwendertyp.

Anerkennung

Im Gespräch ist es für den Menschen mit einem hohen Streben nach Anerkennung wichtig, nicht kritisch beurteilt zu werden. Die persönliche Anerkennung des anderen und der eigenen Person beeinflusst den Gesprächsverlauf. Man selbst möchte nicht kritisiert werden, ansonsten schiebt man die Schuld gerne auf andere oder weicht aus. Auf Lob reagiert man positiv, jedoch oft auch nicht wirklich empfänglich. Die „Ja, aber"-Taktik steht im Vordergrund. Das ist gefährlich, denn einerseits braucht man Lob, andererseits nimmt man es nicht wirklich dankend und wertschätzend dem anderen

gegenüber an. Man benötigt Menschen um sich herum, die einem viel Anerkennung und Zuspruch geben. Bei neuen Herausforderungen ist man oftmals sehr vorsichtig und möchte Fehler vermeiden. Eine Anleitung in kleinen
Schritten mit viel positivem Feedback wirkt sich sehr vorteilhaft aus. Viel
Kritik führt dagegen zu Demotivation. Man weicht aus und konzentriert sich
auf Dinge, die man besser kann und für die man mehr positive Bestätigung
bekommt. Für Menschen mit einem niedrigen Streben nach Anerkennung
ist es eher ein Ausdruck von Selbstbewusstsein, die „Dinge" offen anzusprechen. Man hat kein wirkliches Problem damit, einen Fehler zu machen. Man
ist davon überzeugt, dass der eigene Weg der oftmals einzig richtige ist. Man
denkt sich oft seinen Teil und reagiert wenig auf positive Sanktionen anderer, zudem lobt man andere Menschen meistens zu wenig. Bei Fehlern von
anderen sprechen sie Negatives viel mehr an, als sich auf das Positive zu
konzentrieren. Sie hoffen, dass die anderen daraus lernen. Das offene Ansprechen bewirkt oft aber das Gegenteil. Die meisten Menschen verunsichert
dieses oftmals arrogant und überheblich wirkende Auftreten, was bewirkt,
dass Menschen sich mehr distanzieren, als die Ratschläge dankend anzunehmen. Sehr von sich überzeugte Menschen wollen oftmals auch kein Feedback
von anderen. Bei eigenen Fehlern kann es sein, dass sie es beim nächsten Mal
wieder in gleicher Weise versuchen, ohne aus den gemachten Inkorrektheiten
zu lernen. Zudem sind die Menschen, die ein niedriges Anerkennungsmotiv
haben, zwar sehr von sich überzeugt, lernen oft aber nicht aus Fehlhand-
lungen, sind beratungsresistent und loben zu wenig.

Ordnung

Im Gespräch ist es für die nach Ordnung Strebenden wichtig, genau zu
wissen, wie lange die Unterhaltung dauert. In einem Meeting benötigen sie die
Tagesordnungspunkte zur Orientierung, klare und strukturierte Gespräche
sowie sauber ausgearbeitete Unterlagen und Präsentationen. Sie gehen am
liebsten gut vorbereitet in Gespräche, verabreden sich schon Tage oder Wochen im Voraus. Sie führen einen gut geplanten und aktuell gehaltenen Terminkalender und mögen es nicht, wenn sich kurzfristig etwas ändert. Sie
kommunizieren zielorientiert und klar, sind jedoch bei Änderungen im Plan
und in der Ordnung oftmals sehr unflexibel und dann schnell überfordert.
Den nicht nach Ordnung Strebenden ist es von Bedeutung, dass es möglichst
nichts Festgelegtes gibt. Sie lieben und leben das Gefühl der Flexibilität. Dieser Menschentypus macht sehr viel aus dem aktuellen Kontext heraus, kann
sich auf veränderte Situationen schnell neu einstellen. Aber er ist ist oft unvorbereitet, und die Unterlagen oder Präsentationen wirken nicht professionell. Man springt gerne gedanklich in Gesprächen, was auf andere so wirkt,
als habe man kein klares Ziel vor Augen oder keinen roten Faden, den man

verfolgt. Da sie sehr flexibel auf Situationen reagieren, halten sich diese Menschen nicht wirklich gerne an klare Regeln und starre Vorgaben. Sie machen häufig mehrere Dinge gleichzeitig und wirken so oftmals konfus und unvorbereitet. Man verfolgt keinen festen Plan – manchmal ergeben sich die Ziele erst aus dem Gespräch heraus.

Sparen / Sammeln

Im Gespräch ist es für den hochmotivierten Sparer / Sammler sehr wichtig, dass der Gesprächsverlauf dokumentiert wird. Diese Menschen notieren sich viel und bewahren so ihre Gedanken, aber auch Notizen, Zeitschriften oder Zeitungen auf. Am liebsten möchten sie später alles noch einmal nachlesen. Dadurch entsteht oft der Eindruck, dass sie unaufgeräumte Menschen sind, zudem chaotisch und ein Problem damit haben, etwas wegzuwerfen. Sie greifen gerne auch auf Protokolle zurück, die sie aufbewahrt haben und im Abweichungsfall immer wieder gerne vorlegen. Die Menschen, die ein niedriges Streben nach Sammeln / Sparen haben, wirken auf andere Menschen so, als ob sie möglichst keine Dokumentation möchten und auch auf das, was bereits protokolliert wurde, weniger zurückgreifen wollen. Viele machen zwar Aufzeichnungen und halten diese auch für wichtig. Dennoch ist das, was in einem Protokoll steht, für sie dann schon wieder veraltet. Sie leben und kommunizieren stark im Hier und Jetzt. Sie passen sich flexibel an, sind großzügig mit ihrer Zeit und lassen sich gerne ablenken. Man kann auch emotional sehr schnell loslassen, notiert sich nicht unbedingt sehr viel, handelt spontan und ist in der Einstellung gegenüber Zeit, Geld und anderem flexibel und großzügig. In Präsentationen und allgemein in der Kommunikation wird man sie nicht häufig von harten Zahlen, Daten und Fakten sprechen hören.

Ziel- / Zweckorientierung

Den Menschen mit einem hohen Streben nach einer Ziel- / Zweckorientierung ist es im Gespräch wichtig, offen und direkt zu kommunizieren. Sie halten nicht viel davon, ein Blatt vor den Mund zu nehmen. Damit ecken sie oft an, denn die meisten Menschen, auf die sie treffen, sagen noch lange nicht, was sie denken und fühlen. Dies ist oftmals irritierend. Für viele dieser Personen ist es eher von Bedeutung, auch mal nach „neuen Regeln" zu kommunizieren, flexibel zu sein und Loyalität weniger als Selbstzweck zu betrachten. Man ist zwar ehrlich und loyal – aber nur, solange andere das auch sind. Man hält sich nicht gerne an Traditionen und Werte, die in der persönlichen Betrachtung veraltet scheinen und nicht mehr der Realität gerecht werden. Viele Führungskräfte in großen Unternehmen haben eine hohe

Ziel-/Zweckorientierung. Dies erleichtert es ihnen, sich auf Veränderungen immer wieder schnell und flexibel einzustellen. Dies aber wirkt auf die meisten Menschen, denen die Hintergrundinformationen fehlen, unzuverlässig. Man unterstellt, dass man auf deren Wort nicht zählen oder vertrauen kann. Für die Individuen, die eine niedrige Ziel-/Zweckorientierung haben, ist es wichtig, sich starr an Regeln und Traditionen zu halten. In der Gesprächssituation ist es für sie nahezu unabdingbar, dass Regeln festgelegt und penibel eingehalten werden. Ein Handschlag zählt für diese Menschen mehr als ein schriftlicher Vertrag. Ein Mann – ein Wort, und: Versprochen ist versprochen, das Wort wird nicht gebrochen.

Idealismus

Im Gespräch ist es für die Menschen mit einem hohen Streben nach Idealismus sehr wichtig, für die Gleichberechtigung aller Argumente zu sorgen. Man unterhält sich gerne über soziale Themen und möchte in seinem Umfeld helfen und etwas für andere tun. Man setzt sich gerne für die ein, die weniger haben als man selbst. Und ist oft erschüttert, weil die meisten Menschen offenbar oberflächlich sind und nur an sich und nicht an die Gemeinschaft denken. Diese Menschen sind sehr sozial eingestellt und kommunizieren so, dass ihre eigenen Belange zurückgestellt werden, um erst einmal den anderen zu helfen. Sie sind jedoch oft enttäuscht, dass man ihnen zu selten hilft, wenn sie Unterstützung benötigen. Für Menschen, die eine niedrige Ausprägung im Motiv Idealismus haben, ist es viel wichtiger, die Situation „realistisch" zu betrachten. Man achtet sehr auf seinen eigenen Vorteil. Wenn es einem persönlich etwas bringt, hilft man auch gerne anderen Menschen, doch mehr als ein Mittel zum Zweck als aus idealistisch geprägten Normen und Werten heraus. Sofern sie ihre persönliche Meinung klar kommunizieren, dass sich jeder erst einmal selbst der Nächste sein sollte, wirkt dies auf die meisten Menschen sehr egoistisch und kalt. Nicht idealistisch orientierte Menschen setzen sich zwar durchaus auch für andere Menschen, Tiere und weitere Belange ein – es sollte ihnen persönlich jedoch auch nutzen. Sonst verlieren sie schnell das Interesse. Daher wäre es falsch zu behaupten, dass diese Menschen nur an sich selbst dächten. Idealistisch orientierte Menschen handeln jedoch anders und verurteilen die Art und Weise, mit weniger Emotionen an die Lösung von sozialen und altruistisch geprägten Herausforderungen heranzugehen.

Beziehungen

Im Gespräch ist Menschen, die ein hohes Streben nach sozialen Kontakten haben, Offenheit und Freundlichkeit wichtig – sie gehen auf andere zu.

Sie reden gerne und viel und lassen oftmals den anderen gar nicht zu Wort kommen. Sie lachen oft aus ganzem Herzen und gehen neuen persönlichen Kontakten nur selten aus dem Weg. Sie erzählen gerne und schnell von sich, über Gefühle, Erfahrungen und Wünsche. Sie unterbrechen die anderen und stellen die eigene Meinung sowie die eigene Persönlichkeit in den Vordergrund. Man lernt gerne neue Menschen oberflächlich kennen und hat einen großen Bekanntenkreis. Man ist positiv gestimmt. Freude und Spaß am Leben mit anderen Menschen zu haben ist sehr wichtig. Diese Art wirkt auf die meisten Menschen sehr oberflächlich, vielleicht rücksichtslos. Sehr tiefgründige, problemorientierte Gespräche zu führen steht nicht im Mittelpunkt des Lebens. Viele Menschen denken zu Recht, dass sie an guten Freundschaften und intensiven Gesprächen gar nicht interessiert sind, und halten sich deshalb mit Persönlichem eher zurück, sofern man ihnen überhaupt den Raum im Gespräch dazu gibt. Für Menschen mit einer niedrig ausgeprägten Orientierung nach sozialen Beziehungen ist es eher von Bedeutung, sich zurückzuhalten und beim Kontakt mit neuen Menschen erst einmal die Beobachterposition einzunehmen. Man redet lieber weniger, dafür aber klar strukturiert und umgehend auf den Punkt kommend. Man steht nicht gerne menschlich wie auch kommunikativ im Mittelpunkt. Man entspannt sich gerne alleine und benötigt nur wenige Kontakte zu anderen Menschen. Zu viele Gespräche und Meetings nerven und stressen diese Zeitgenossen. Sie führen lieber einige wenige, sehr intensive statt viele schnelle und oberflächliche Gespräche. Insgesamt fasst man sich kurz und antwortet auf Fragen knapp und sachlich. Je länger der Tag ist, umso mehr möchte man persönlich seine Ruhe vor Menschen haben. Deshalb wird man die Betreffenden auch nicht unbedingt für Partys und Empfänge begeistern können. Man ist lieber in seinem kleinen Freundeskreis. Man möchte intensive Freundschaften und tiefgründige Gespräche haben. Man meidet den Smalltalk genau wie die Party- und Eventkultur.

Familie

Im Gespräch ist es für Menschen mit einer hohen Ausprägung des Motivs Familie von Bedeutung, das jeweilige soziale und familiäre System in den Vordergrund zu stellen. Familienorientierte sprechen viel über die eigenen Kinder. Der Nachwuchs und die weitere Familie sind der Mittelpunkt des Geschehens. Für viele bisher kinderlose Menschen wird dies erst wirksam, wenn das Motiv Familie durch die eigenen Sprösslinge erfüllt ist. Denn oft kann man sich ohne eigene Kinder nicht vorstellen, wie viel man über Windeln und Babybrei reden kann. Man moniert dies sogar und ist Jahre später dann selbst so. Für Menschen mit einer niedrigen Ausprägung im Motiv Familie sind Gespräche über die Freuden und Sorgen der Elternschaft eher nicht von Bedeutung. Man vermeidet diese sogar ganz bewusst, vielleicht auch, weil sie langweilen. Der Nachwuchs steht nicht im Mittelpunkt des Lebens und der Gespräche. Man kann seine Kinder gut in andere Hände geben und ist auch nicht sehr schnell besorgt, wenn die Kinder einmal nicht anrufen oder länger als vereinbart draußen spielen. Je älter die Kinder werden, umso mehr Zugang hat man zu ihnen. Man will ein guter Kumpel sein, die Kinder nennen Vater oder Mutter vielleicht beim Vornamen, was viele andere Eltern irritiert. Die Menschen, die eine hohe Familienorientierung haben, sind sehr fürsorglich, sorgen sich sehr schnell und fühlen sich oft nicht gut, wenn die Kinder sich nicht so entwickeln wie erhofft. Man macht sich viel schneller Vorwürfe, dass man etwas falsch gemacht hat, oder man reagiert im Streit mit den Kindern viel schneller persönlich betroffen und beleidigt als die meisten anderen Menschen. Wenn die Kleinen älter werden, fällt es ihnen sehr schwer, diese emotional loszulassen und auf ihrem eigenen Lebensweg aktiv zu unterstützen. Man behandelt seinen Nachwuchs viel länger als andere wie kleine Kinder.

Status

Im Gespräch ist es für die Menschen, die eine hohe Orientierung nach Status haben, von großer Bedeutung, dass sie die Aufmerksamkeit bekommen. Sie reden gerne darüber, was sie schon im Leben geleistet haben und wen sie kennen. Sie möchten, dass andere Menschen ihnen besonderes Augenmerk und Beachtung schenken. Deshalb kleiden sie sich oft mit teuren Markenartikeln. Etwas Besonderes aus dem Leben zu machen ist ihnen sehr wichtig. Vielleicht ist es auch wichtig, dass die eigenen „Titel" genannt werden. Sie möchten in der Wahrnehmung der anderen als etwas Besonderes gelten. Viele statusaffine Menschen erzählen, welche Prominenten sie schon gesehen haben, was sie Besonderes unternommen und erreicht haben. Sie deuten auf ihre Statussymbole hin. Reden über Autos, teure Taschen, Uhren, Golf und kennen sich in der High Society „gut" aus. Sie machen gerne von sich reden und mögen es, wenn andere gut über sie schreiben und denken. Dies wirkt auf viele Menschen sehr arrogant, oberflächlich, versnobt und nur auf materielle Dinge ausgerichtet, statt auf die inneren Werte eines Menschen Wert zu legen. Für die Menschen mit einer niedrigen Statusorientierung zählen solche Statussymbole eher nicht. Man möchte sich ganz bewusst nicht von anderen Menschen abheben, will bewusst keine besondere Behandlung. Titel und öffentliche Anerkennung sind ihnen nicht unbedingt wichtig, jedenfalls gehen sie bestimmten offiziellen Anlässen und Ehrungen lieber aus dem Weg. Sie drücken sich sehr über Bescheidenheit aus, lassen lieber die anderen Menschen im Mittelpunkt stehen und verkaufen sich in den Augen der anderen unter Wert oder wirken nachlässig und ignorant gegenüber öffentlichen Personen oder Ereignissen. Ihre Persönlichkeit und ihre Leistungen sollen möglichst im „Hintergrund" wirken.

Rache / Kampf

Im Gespräch ist es für den Menschen mit einer hohen Kampforientierung sehr wichtig, dass viel diskutiert wird und eine Diskussion mit einem Gewinner / Verlierer endet. Man tritt sehr energiegeladen und einsatzfreudig auf, setzt sich stark für die eigenen Meinungen ein. Diese Menschen wirken im Gespräch oft sehr streitlustig und extrem diskussionsfreudig. Sie unterbrechen andere Menschen gerne und bewirken, dass diese sich zurückziehen und ihre persönliche Meinung nicht mehr ehrlich äußern. Jedes Argument muss „punkten". Konflikte nehmen sie gerne in Kauf. Meinungsverschiedenheiten gehören für diese Menschen dazu. Sie möchten am liebsten besser sein als andere, die eigenen Argumente sollen die besten sein, und man geht gerne als Sieger aus dem Gespräch. Verlieren und nachgeben wird man nur sehr ungern. Man ist gerne besser als andere und sucht in Diskussionen den offenen Konflikt. Diese Menschen sind oft ungeduldig und zetteln Streit und Debatten an, sind jedoch schnell aus der Ruhe zu bringen und nicht gut im Streitschlichten. Demgegenüber sind die Menschen mit einer niedrigen Ausprägung im Motiv Rache/Kampf nicht unbedingt wettkampforientiert. Das heißt aber nicht, dass diese Menschen nicht für eine Sache oder eine Meinung kämpfen können und wollen. Dass Gespräche partnerschaftlich und harmonieorientiert laufen, ist vordergründig ihr Ziel. Sie weichen der Harmonie zuliebe Gesprächen und Diskussionen mit Konfliktpotenzial eher aus. Sie sind geduldige Zuhörer, haben sich emotional sehr gut im Griff, was auf andere oft desinteressiert und wenig involviert wirkt. Auch als eine Art persönliche Schwäche wird ihnen dieses Verhalten ausgelegt. Es ist von hoher Bedeutung, Konflikte zu vermeiden. Das Gespräch soll harmonisch verlaufen. Man weicht kämpferisch orientierten Menschen und Gesprächen mit ihnen aus. Lieber ist man ruhig und teilt den anderen nicht seine persönliche Meinung mit. Man ordnet sich lieber unter als zu widersprechen. Denn Streitgespräche und laute Dispute kosten die harmonieorientierten Menschen viel Kraft und Energie.

Schönheit

Im Gesprächsverlauf fällt bei Menschen mit einer hohen Orientierung im Motiv Schönheit auf, dass sie oftmals unbewusst das Wort „schön" benutzen. Sie achten darauf, dass sie gepflegt sind und die Kleidung modisch, farbenfroh und aktuell ist. Sie mögen attraktive Menschen, sind viel modebewusster als die meisten anderen und achten auf eine ästhetische Umgebung. Zum Beispiel wird man bei der Wahl eines neuen Autos darauf achten, dass das Design zum Stil des Fahrers passt, die Farben mutig und nicht nach der Norm ausgewählt werden. Über die Entscheidung wird viel diskutiert. Vielleicht ist es auch wichtig, im Gespräch zu „flirten". Den Menschen mit einer niedrigen Ausprägung im Motiv Schönheit ist dies überhaupt nicht wichtig. Sie verhalten sich eher zurückhaltend. Viele achten nicht auf das, was sie anziehen. Wo sie sich aufhalten und in welcher Umgebung sie sind, ist ihnen egal. Andere Motive stehen im Vordergrund. Man muss die aktuellen Modetrends nicht mitmachen. Auch Lifestyle-Magazine gehören nicht unbedingt zu den bevorzugten Zeitschriften. Viele dieser Menschen sind dem Stand der Mode um Jahre hinterher und fallen dadurch genauso aus der Norm heraus wie die, die zu sehr darauf achten. Direkten und offenen Gesprächen in Bezug auf sexuelle Themen und Neigungen wird man eher aus dem Weg gehen oder diese als befremdlich verurteilen. Dadurch kann man schnell bieder, verklemmt und prüde wirken.

Essen

Im Gespräch ist es für Menschen mit einem starken Streben nach Essen und Genuss wichtig, dass nebenher möglichst eine Tasse Kaffee, ein Tee, Kekse oder Kuchen serviert werden. Denn sie sind der Auffassung, dass es sich bei einem guten Menü mit ausgewählten Getränken leichter reden und flirten lässt. Sofern sie ihr Motiv nach Essen und Genuss bedienen können, sind sie aufgeschlossener, kommunikativer und freundlicher. Viele halten sich für wahre Gourmets und Weinkenner, sie beschäftigen sich ausführlich mit Lebensmitteln, besonders mit Delikatessen. Man gönnt sich gerne etwas und zeigt dies auch, wenn man sich mit anderen wohl fühlt. Für die Menschen, denen das Motiv Essen nicht so viel bedeutet, ist der Genuss eher zweitrangig, vermutlich sogar störend, weil sie „miteinander etwas schnell klären wollen". Diese Menschen ziehen eine kurze Mittagspause vor oder gehen gar nicht essen. Immer an Essen zu denken und darüber zu reden, ist für sie nicht nachzuvollziehen. Wenn Menschen mit einem niedrigen Motiv Essen das Motiv Essen als Mittel zum Zweck nutzen, wirken sie viel lockerer und können interessantere Gesprächspartner sein. Menschen mit niedrigem Motiv Essen sind wählerisch und manchmal auch pingelig bei der Auswahl von Speisen oder schnell genervt, wenn zu viel über Speis und Trank gesprochen wird. Dies wiederum stört die Menschen, die Essen als Genuss ansehen.

Körperliche Aktivität

Im Gespräch ist es für Menschen mit einer hohen Orientierung nach körperlicher Aktivität wichtig, viel über das Thema Sport, die eigene Fitness, den sportlich aktiven Urlaub oder eben auch über den Verlust an eigener Fitness zu sprechen. Man kommuniziert gerne im Gehen – im Sitzen ist man schneller ungeduldig und ungehalten, als wenn man sich bei wichtigen und emotionalen Themen körperlich bewegen darf. Man spürt sich und seinen eigenen Körper gerne, sitzende Tätigkeiten ohne viel Bewegung strengen an und kosten Energie, was schnell auch zu Lasten einer freundlichen Kommunikation gehen kann. Vermutlich ist ständige Bewegung für die Menschen mit einer niedrigen Orientierung im Motiv Körperliche Aktivität dagegen störend, jedenfalls kommt es nicht gut an. Diese Menschen wollen ihre Gespräche lieber im Sitzen führen. Zudem können sie nicht verstehen, wie man so viel Zeit mit Sport und anderer Bewegung verbringen kann. Sie wollen die Entspannung, die nur dann eintritt, wenn man „gemütlich" zusammensitzt. Menschen, die immer wieder aufstehen und somit die schöne Gesprächsatmosphäre stören, haben sie nicht wirklich gerne um sich. Sie sitzen gerne lange und ausdauernd mit anderen zusammen. Langes Stehen und zu viel Bewegung stressen sie. Wenn sich diese Menschen zu viel bewegen müssen, wirken sie unentspannt und sind viel leichter reizbar.

Emotionale Ruhe

Im Gespräch ist es für Menschen, die nach emotionaler Ruhe streben, immens wichtig, möglichst entspannt zu reden. Das äußert sich auch in der Tonalität. Außerdem benötigen sie Sicherheit, sie vertragen keine hektische Atmosphäre, laute Musik, Kindergeschrei oder Ähnliches. Viel schneller als die meisten Menschen suchen sie die Entspannung. Es kann auch sein, dass sie nach einem langen Tag nicht mehr viel reden wollen und lieber zu Hause ihre Ruhe haben möchten, ohne viel Hektik, Lärm und Stress. Sie genießen es, wenn ihre Beziehungen und der Arbeitsplatz sowie die finanziellen Verhältnisse sicher sind. Ist das nicht der Fall, können sie schlecht abschalten, machen sich viele, meist unnötige Sorgen. Sie sind dann schneller gereizt und oftmals sehr ungehalten, sprechen häufig von Bedenken, Ängsten und der Unsicherheit im Leben und in zukünftigen Situationen. In Länder zu reisen, die für sie als nicht sicher gelten, wäre zu viel Stress. Sie machen ihre Umgebung mit ihren Sorgen und Ängsten oftmals nervös und merken nicht, dass diese andere Menschen nicht interessieren. So wirken die anderen auf sie unemotional, unsensibel und viel zu risikofreudig. Sie haben deutlich schneller körperliche Beschwerden, die sie ihren Gesprächspartnern mitteilen wollen. Für die Menschen, denen das Streben nach emotionaler Ruhe nicht wichtig ist, ist es dagegen von Bedeutung, dass gewisse Reize von der Gesprächssituation ausgehen. Man hat meistens kein Verständnis für die, die viel krank sind und das Leben als stressig empfinden. Sie möchten sich über aktuelle Dinge unterhalten. Sie suchen neue Herausforderungen, lieben den Kick und das Abenteuer, sprechen viel über Themen, die die meisten Menschen für nicht durchdacht, oberflächlich und riskant halten. Sie wirken dementsprechend auch in vielen Situationen kühl und nicht emotional, da sie in Gesprächen auf die Ängste, Sorgen und Risiken von Menschen nicht genug eingehen oder sogar solchen Unterhaltungen ausweichen. Sie wirken ruhig und gelassen und sind schwer aus der Ruhe zu bringen. Man merkt derartigen Menschen oft nicht an, wie sehr sie etwas beschäftigt. Sie können gut abschalten und führen gerne Gespräche dort, wo etwas los ist. Ein offener und direkter Gesprächsverlauf hat für diese Menschen einen besonderen Reiz.

Für sie gibt es keine Information, nur Kommunikation. Fazit: Sie haben aus ihrer Sicht immer Recht! Das Problem dabei: Der andere hat auch Recht!

5. Aufmerksamkeitsfokussierung

Unsere Haltung beeinflusst unsere Aufmerksamkeit. Und worauf wir unsere Aufmerksamkeit richten, das gelangt auch unmittelbar in unser Bewusstsein. Gleichzeitig entsteht hier Energie, die für den Prozess der Kommunikation förderlich oder hinderlich sein kann. Die Energie fließt dorthin, wohin die Aufmerksamkeit geht. Worauf wird die Aufmerksamkeit gelenkt? Auf die förderlichen oder auf die eher hinderlichen Impulse innerhalb der Kommunikation?

6. Auswirkungen

Welche Auswirkungen hat die Fokussierung dessen, was wir tun, für unsere Gesprächssituation? Sind sie eher förderlich oder hinderlich? Aus systemischer Sicht hat alles, was wir tun, Auswirkungen.

7. Kurze Feedbackschleifen

Wir gehen von der These aus, dass Kommunikation auch Feedback ist. In dem Moment, in dem wir mit anderen kommunizieren, wirkt unsere gesamte Persönlichkeit, und das vom ersten Moment an. Wir bezeichnen diese Situation auch als ersten Eindruck. Dieser erste Eindruck ist genauso entscheidend wie der letzte Eindruck. Maßgeblich ist, wie wir von der anderen Person wahrgenommen werden, welche Synapsen bei dem anderen aktiviert werden. Und dieser Eindruck entscheidet über Sympathie oder Antipathie. Und je nach Aktivierung feuern die Neuronen andere Verbindungen bei der anderen Person im Gehirn an. Die Haltung des anderen wird dadurch mit beeinflusst. Wir haben jedoch durch kurze Feedbackschleifen jederzeit die Möglichkeit, das, was wir wahrnehmen, zum Ausdruck zu bringen. Wenn wir an der Körpersprache oder der Tonalität unseres Gesprächspartners etwas wahrnehmen, was nicht stimmig ist, dann sollten wir es möglichst bald ansprechen. Die Formulierung ist selbstverständlich stets eine Herausforderung. Das lässt sich jedoch trainieren und führt dazu, dass wir unsere Persönlichkeit fortwährend weiterentwickeln, und zwar authentisch. Vielleicht stellen Sie spätestens hier fest, dass es sich um keine Schablonen handelt, die wir verteilen. Es ist viel komplexer, vielfältiger, ja wirksamer.

Kommunikation wird beeinflusst durch das, was uns antreibt. Mit dem Wissen über unsere Kraftquellen können wir Kommunikation gemeinsam mit dem Gesprächspartner steuern. Die professionelle Arbeit mit den Erkenntnissen aus dem Reiss Profile ermöglicht es uns, den Analysezeitraum zu verkürzen, sodass wir schneller wissen, was den anderen motiviert. Wir erkennen, was ihm am wichtigsten ist, und setzen dieses Wissen wirkungsvoll, aber auch partnerschaftlich um.

- Wie wichtig sind verbale und nonverbale Informationen und wie sehen die Reaktionen darauf aus?
- Welcher Weg, etwas zu sagen, ist der richtige? Gibt es den nach dem, was Sie bisher gelesen haben, überhaupt? Wenn ja, wie kann ich dafür sorgen, dass meine Informationen die richtige Wirkung hinterlassen und vom anderen verstanden werden?
- Wie sage ich es meinem Gegenüber nur?

Damit ein Gespräch für alle Beteiligten ein Erfolg wird, sollte man sich verdeutlichen, dass wir uns nur dann von Worten beeindrucken und überzeugen lassen, wenn das gesamte nonverbale Umfeld stimmt. Dazu gehören:

- die gemeinsamen Erfahrungen und das Maß an gegenseitiger Wertschätzung
- das gegenseitige Verständnis und das Wissen über die persönlichen Werte und Motive
- die eigenen Meinungen und Vorteile, die ich von dem anderen habe
- die Ausstrahlung, Autorität und Authentizität des Gesprächspartners
- und ganz besonders die Position, in der mein Gesprächspartner mir gegenübersteht

Es sind nicht einfach zwei oder mehr Menschen, die aufeinandertreffen. Jeder steht in einer besonderen Konstellation zum anderen. So sind es zum Beispiel in Unternehmen die Hierarchien, die bestimmte Kommunikationsraster vorgeben. Zudem gibt es die unterschiedlichsten Aufgabenstellungen und Positionen in Betrieben. Was jedoch am wichtigsten ist: Jeder Mensch hat seine eigene Persönlichkeit, seine eigenen Stärken und Werte, und möchte diese am liebsten Tag für Tag zum Ausdruck bringen. Was ist jedoch, wenn die Position und die Stelle nicht zur Person passen beziehungsweise die Menschen im Team nicht zu einem selbst?

Probleme gibt es, wenn der Chef oder die eigenen Eltern ganz andere Ansichten haben, eine andere Wertschätzung der Dinge und viel von einem fordern, was man so gar nicht zu leisten im Stande ist, oder wenn dann nur mit einem hohen Aufwand an Kraft und Energie. Sucht Ihr Chef ständig einen Grund, Sie zu loben, oder verhält er sich mehr so in Richtung: „Ich zeige dir die Fehler auf, die du machst"? Wie sieht es aus bei Ihren eigenen Kindern? Suchen Sie bewusst nach lobenswerten Handlungen, oder schauen Sie mehr auf das, was nicht klappt oder aus ihrer Sicht nicht erwünscht ist?

Es spielt somit eine wesentliche Rolle, ob der Mitarbeiter mit dem Chef oder der Chef mit dem Mitarbeiter spricht, ob der Verkäufer mit dem Kunden oder der Kunde mit dem Verkäufer spricht, ob der Vater mit dem Sohn oder der Sohn mit dem Vater spricht.

Bedenken und beachten Sie dies und andere Faktoren wie Alter, Herkunft, Erziehung, Vorerfahrungen, Bildung und persönliche Lebensmotive immer, auch wenn Sie zu wissen glauben, was der andere will.

Die gegenseitige Position und das Vertrauen der Gesprächspartner zueinander bestimmt in starkem Maße, wer wem wie etwas am besten sagt.

Und: Hören Sie richtig hin und finden Sie heraus, was der Gesprächspartner Ihnen wirklich sagen will oder durch sein Auftreten ausdrücken möchte. Weshalb benutzen bestimmte Menschen einen Mont-Blanc-Stift, wo wiederum andere mit dem 10-Cent-Kugelschreiber schreiben?

Dies liegt an den unterschiedlichen Ausprägungen der Motive: Streben nach Status, Streben nach Werten und Traditionen, Streben nach Anerkennung, Streben nach schönen Dingen und aus noch anderen Motiven. Schon der falsche Stift, unangebrachte Schuhe, vielleicht die nicht der Situation angemessene Kleidung oder ein Satz mit unpassender Betonung kann Schritt für Schritt beim Gegenüber die Basis für eine gute Kommunikation, für gegenseitiges Vertrauen und Verständnis zerstören.

Ein Gespräch wird bei aller Technik erfolglos bleiben, wenn das nonverbale Umfeld nicht berücksichtigt und bewusst mit einbezogen wird. Ist das einfach? Nein. Jedoch lohnt es sich, andere und sich selbst besser kennen und verstehen zu lernen.

Denn man kann so miteinander reden, dass man sich nach kürzester Zeit in die Haare gerät oder sich freundschaftlich in den Armen liegt. Es liegt an einem selbst und dem Gesprächspartner, wie es nach einem ersten Kontakt weitergeht und was aus einer Unterhaltung gemacht wird.

Doch bei aller Gesprächstaktik und -technik sollten wir uns immer auch diese Fragen stellen:

- Was will ich in diesem Gespräch? Was ist mein Ziel? Was hat der andere wohl für Ziele?
- Will ich mit meinem Gegenüber sprechen oder will ich ihm meine Meinung diktieren?
- Soll er mir zuhören und das machen, was ich sage?
- Oder ist ein Gespräch für mich ein gegenseitiges Ergänzen, Erweitern und ein Meinungsaustausch mit einem gemeinsamen Ziel?

Die Antwort scheint eindeutig. Doch wie steht es wirklich um Ihre inneren Motive, Werte und Ziele bei einem Gespräch?

- Spielt nicht doch Konfrontation oder Kampf eine wesentliche Rolle?
- Mit welcher Einstellung gehen Menschen in ein Gespräch?
- Ist es nicht nur normal, dass ich den Gesprächspartner von mir und meinen Meinungen überzeugen möchte?
- Was ist, wenn der andere das genauso beabsichtigt?

Es gibt zwei interessante Ansätze in der Kommunikation und der Gesprächsführung. Wenn man sich alle Meinungen, Gründe, Strategien und Motive einmal genau ansieht und stark vereinfacht, verbleiben zwei grundsätzliche Einstellungen:

- Ich stelle *meine* Interessen in den Vordergrund! Dies ist die Einstellung der Konfrontation, der Macht, des Kampfes. Es muss Sieger und Besiegte geben. Meine Position ist starr, denn ich will mich durchsetzen.
- Ich gehe von *gemeinsamen* Interessen aus! Dies ist die Einstellung der Kooperation, des Gemeinschaftsgefühls. Ich verfolge gemeinsame Ziele. Probleme und Lösungen bringen beiden Vorteile. Deshalb ist meine Position flexibel.

Zu einer dieser beiden Einstellungen tendiert jeder Mensch.

Dies ist stark von der individuellen Persönlichkeit, der individuellen Ausprägung der einzelnen Lebensmotive und den gemachten Lebenserfahrungen abhängig.

Auf der Basis einer dieser beiden Einstellungen wählt jeder Mensch seine Taktik, seine Mittel, seinen ganz eigenen Gesprächsstil. Beeinflusst wird dieser Gesprächsstil zusätzlich durch die eigene Position oder die des anderen, durch Zeitdruck, Laune, Dringlichkeit des Themas oder zum Teil durch ganz „banale" Faktoren wie das Wetter.

Welche dieser beiden Grundeinstellungen im Einzelfall mehr Erfolg verspricht, ist weniger eine Frage der Mentalität jedes Einzelnen, sondern eine Frage der Bereitschaft, wie weit man im Gespräch gehen will. Somit sind wir wieder bei den inneren Motiven und Grundeinstellungen. Die inneren Werte und Antriebe bestimmen das Wollen jedes einzelnen Menschen.

Für die sofortige Anwendung empfehlen wir:

1. Formulieren Sie die Ziele des Gesprächs positiv und für den Gesprächsverlauf unterstützend und förderlich.
2. Welche Haltung nehme ich meinem Gesprächspartner gegenüber ein?
3. Welche Motive beeinflussen mein Kommunikationsverhalten? Kenne ich die Ausprägung meiner Motive?
4. Welche Auswirkungen hat meine Haltung auf die Gesprächssituation? Sind diese Auswirkungen förderlich oder hinderlich für den Gesprächsverlauf?
5. Worauf ist meine Aufmerksamkeit gerichtet? Ist sie auf das gerichtet, was das Gespräch fördert, oder eher auf das, was es stört, behindert oder Energie abzieht? Welche Wahrnehmungskanäle habe ich bewusst eingesetzt?
6. Spreche ich das, was ich bei meinem Gesprächspartner wahrnehme, an? Gebe ich unmittelbar ein Feedback?

Beginnen Sie mit der Umsetzung des Punktes, der Sie am meisten anspricht! Wählen Sie aus!

Wir fingen mit Erich Fromm an und wollen dieses Kapitel auch mit seinen Überlegungen aus dem Buch „Die Kraft der Liebe" beenden: „Worte bekommen erst durch den Zusammenhang, in dem sie gebraucht werden, durch die Absicht, mit der sie gebraucht werden, und durch die Persönlichkeit dessen, der sie braucht, eine Bedeutung" *(Fromm 2005, 123)*.

Jeder hat Recht – oder?
Gründe für Schwierigkeiten in der Kommunikation

Im Reiss Profile wird bewusst nicht von Selbstbild und Fremdbild gesprochen, sondern es geht vielmehr um die wissenschaftlich untersuchte Dimension der aus den einzelnen Motivausprägungen und Gegensätzen entstehenden Eigen- und Fremdwahrnehmungstendenzen.

Jeder Mensch hat eine natürliche Tendenz, andere Menschen durch die Brille seiner eigenen Interessen, Wünsche und Motive wahrzunehmen. Daraus folgt nahezu zwangsläufig, dass deren eigentliche Bedürfnisse missverstanden werden.

Diese Neigung wird *Self-Hugging* oder „motivationale Selbstbezogenheit" genannt. Sie ist für viele zwischenmenschliche Missverständnisse und Konflikte verantwortlich: Self-Hugging erzeugt die meisten blinden Flecke in unserem Verständnis der anderen – wie wir unsere Partner, Arbeitskollegen oder Mitmenschen beurteilen und ihre Handlungen einschätzen.

Wir verstehen im Alltag oft nicht, dass andere Menschen auch andere Motive, Interessen und Wünsche haben. Wir wissen zwar, dass sie unterschiedliche Werte haben und unterschiedliche Ziele verfolgen, anders aussehen, etwas anderes gelernt haben und andere Schwerpunkte im Leben setzen. Aber im Grunde genommen begreifen wir nicht, wie es sein kann, dass sie nicht genauso wie wir denken, fühlen und handeln.

Gegenseitiges Unverständnis tritt auf, wenn Menschen unterschiedliche Ansichten, Erfahrungen oder Bedürfnisse zum gleichen Thema haben. Gegenseitiges Unverständnis beinhaltet drei Elemente: Missverstehen, Self-Hugging (Selbstbezogenheit) und Alltagstyrannei.

Missverstehen:

Konfusion entsteht, weil man nicht glauben kann, dass sich andere wirklich anders verhalten. Zum Beispiel können ehrgeizige und erfolgsorientierte Menschen nicht verstehen, warum die aus deren Sicht ambitionslosen Zeitgenossen nicht weitaus mehr Stunden am Tag arbeiten.

Eher dienstleistungsorientierte Menschen wiederum können nicht verstehen, warum erfolgsorientierte Menschen so viel Zeit für ihre Karriere opfern, wenn sie doch genauso gut innehalten, sich an der Sonne und dem Grün der Wiesen erfreuen und das Leben genießen könnten.

Zum Missverstehen und dem Nicht-Verstehen kommt es sehr häufig auch zwischen Menschen mit klaren Regeln und Prinzipien und solchen Menschen, die sich in ihrem Handeln eher von Kriterien wie Spontaneität, Zielorientierung und Nützlichkeit leiten lassen: Menschen mit traditionellen Prinzipien und ausgeprägtem Ehre-Motiv verstehen nicht, wie wenig „Charakter" zielorientiert handelnde Menschen haben – während diese kaum nachvollziehen können, wie Menschen mit Normen und traditionellen Werten so selbstgerecht auftreten können, ohne dazu aufgefordert worden zu sein. Millionen Menschen können es auch nicht wirklich aus ihrer Sicht der

Dinge nachvollziehen, empfinden es sogar durchaus als idiotisch oder krank, wie ein Sportler so viel Zeit seines Lebens mit seiner Passion verbringen kann. Der Sportler wiederum denkt oft: Wie kann man nur so viel Zeit im Leben mit Faulenzen verbringen?

Je mehr zwei sehr unterschiedlich veranlagte Menschen miteinander kommunizieren, desto deutlicher wird, wie wenig sie mit dem anderen, seinen Handlungen und seiner Gedankenwelt anfangen können und wollen.

Ein besseres Verständnis füreinander geht nur über Offenheit durch Offenheit – Vertrauen durch Vertrauen. Das Akzeptieren des Gesprächspartners als Mitdenker, der genauso wie wir selbst an einem gemeinsamen Ziel interessiert ist, ist sicherlich einfacher gesagt als getan. Um die richtigen Mittel für ein Gespräch zu wählen, müssen wir uns vor Augen führen, was die Offenheit und das Vertrauen gefährden oder steigern könnte. Da jeder Mensch andere Werte, Erfahrungen und Motive hat, gilt es abzugleichen, was der einzelne unter Offenheit und Vertrauen versteht. Ansonsten sind Missverständnisse und Enttäuschung vorprogrammiert.

Selbstbezogenheit:

Man geht wie selbstverständlich davon aus, dass man selbst die besten, vernünftigsten, edelsten Werte und Motive hat und diese auch für die anderen gelten. Ein gutes Beispiel sind neugierige Eltern, die ihren praxisorientierten Sohn immer wieder dazu ermuntern, Bücher zu lesen und sich mehr für intellektuelle Dinge zu interessieren. Man sagt ihm, dass Mickey-Mouse- und Asterix-und-Obelix-Hefte etwas für dümmere Kinder sind. Man schenkt ihm einen Chemiebaukasten, Fischer-Technik-Module, aber der Sohn spielt mit Schlümpfen und Playmobil, liest bei Freunden oder abends unter der Bettdecke seine Comic-Hefte. Er blüht auf, wenn er im Garten spielen kann, auf Bäume klettert und den Garten umgraben kann. Die intellektuell geprägten Eltern finden das langweilig und monoton. Bei schlechteren schulischen Leistungen denken sie schnell, etwas sei mit dem Kind nicht in Ordnung. Wenn dieses aber gelegentlich mit Fischer-Technik spielt, wird es dafür gelobt, bekommt Anerkennung, Aufmerksamkeit und auch sein Lieblingseis. Wird hier nicht viel zu oft schon in jungen Jahren eine falsche Wahrnehmung gefördert? Welche Erlebnisse hatten Sie selbst als Kind und Jugendlicher, wo Erwachsene etwas von Ihnen verlangt haben, das Sie nicht wollten? Passiert Ihnen das auch heute noch, zum Beispiel im Berufsleben? Will der Chef oder das Unternehmen nicht etwas von Ihnen, das die Führung interessiert und ihr wichtig ist, Ihnen selbst aber unnötig erscheint, zumal Sie es nicht gerne machen?

„Werte-Tyrannei":

Dies meint den unguten (Dauer-)Versuch, die anderen mehr oder minder nachdrücklich überreden, überzeugen oder sonst wie „hinbiegen" zu wollen, endlich mal ihre „falschen" Lebensprämissen aufzugeben. Dabei ist es gleichgültig, ob Eltern den Berufswunsch ihres Kindes, Partner die Hobbys ihres Gefährten oder die Teammitglieder den Arbeitsstil des Kollegen nicht akzeptieren. In solchen und vielen anderen Fällen wird die Werte-Tyrannei früher oder später jede Beziehung vergiften. Kinder wie Erwachsene wehren sich mittels unterschiedlichster Taktiken dagegen. Leider wird das dann gezeigte Verhalten wiederum von anderen als nicht normal bewertet. Der eine bekommt Beruhigungstabletten, der andere wird zu weniger oder mehr Bewegung genötigt und vieles mehr. Ein weiteres Beispiel sind Eltern, die sich weigern, den Partner ihres Kindes zu akzeptieren, da sie sich jemand anderen für „IHR" Kind vorgestellt hatten. Alles wird an dem aktuellen Partner negativ gesehen. Viele Eltern merken nicht, dass sie damit ihre Kinder emotional verlieren.

„Kommunikative Missverständnisse" sind also nie einseitig, sondern immer eine Sache von zwei Menschen, sozusagen eine Medaille mit zwei Seiten. Wenn wirklich ehrgeizige Menschen und weniger Ambitionierte – oder Neugierige mit weniger Wissensdurstigen, Statusbewusste mit Statusgleichgültigen – zusammentreffen, werden sie vermutlich immer Schwierigkeiten haben, weil sich die Ambitionierten als erfolgsorientiert oder „tough" verstehen, die anderen dagegen sie für herrisch, kontrollierend und „einfach gestrickt" halten. Umgekehrt sehen sich weniger Ambitionierte als sozial verträglich, kommunikativ und partnerorientiert, während sie von den Ehrgeizigen als faul und schwach abgestempelt werden. Das motivbegründete Self-Hugging vergiftet das zwischenmenschliche Miteinander daher allzu oft: Die Individualität trennt die Menschen wie eine Mauer – jeder sieht nur, was auf seiner Seite passiert. Mit dem Buch „Kraftquellen des Erfolgs" möchten wir dazu beitragen, dass diese Mauern eingerissen werden. Im ersten Schritt schauen wir mit einer Leiter auf die andere Seite, dann spüren wir, wie die anderen das machen und warum. Dies ist kein einfacher Weg. Er wird für jeden von Ihnen ein lebenslanger Prozess sein, weil jeder Mensch eben anders ist.

Denn: Je mehr man in solchen Eigenperspektiven verfangen ist und hartnäckig an seinem Standpunkt festhält, desto größer wird die Gefahr, eigene Motive – „Was für mich gut ist, ist es auch für die anderen" – auf Partner, Freunde oder Kollegen unreflektiert zu übertragen und viele unnötige Missverständnisse und Konflikte zu schaffen.

Missverständnisse reduzieren

Die Grafik, die Sie schon bei der Beschreibung der 16 Lebensmotive gesehen haben, soll Ihnen nochmals deren bipolare Ausprägung verdeutlichen. Dies soll Ihnen ein besseres Verständnis von den entstehenden Missverständnissen vermitteln. Denn je weiter eine persönliche Motivausprägung vom Mittelwert entfernt ist, desto schwächer wird der andere Teil der Skala und spielt deshalb nur eine untergeordnete Rolle.

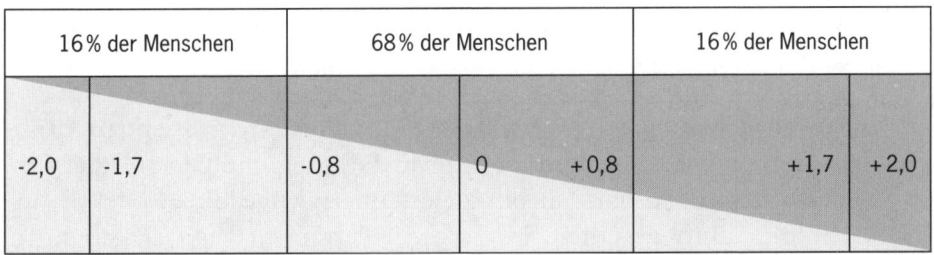

16% der Menschen	68% der Menschen	16% der Menschen
-2,0 -1,7	-0,8 0 +0,8	+1,7 +2,0

Welche unterschiedliche Selbst- und Fremdwahrnehmung sich daraus ergibt, wurde Ihnen bereits vorgestellt. Und dazu zeigten wir auch die sich ergebenden unterschiedlichen Emotionen und Glaubenssätze auf. Nur durch eine erhöhte Selbsterkenntnis, Selbstreflexion und Fremdwahrnehmung können wir diesen Problemen begegnen: nicht einfach, aber lohnenswert.

Die Auswirkungen unserer individuellen Ausprägungen, die im Reiss Profile abgebildet werden, haben einen großen Einfluss auf unsere menschliche Persönlichkeit. Sie spielen eine entscheidende Rolle in der Eigenwahrnehmung und in der Fremdwahrnehmung. Bestimmt haben Sie schon einmal vom „blinden Fleck" der eigenen Persönlichkeit gehört. Nach Reiss' Forschungen sind dies die Lebensmotivausprägungen, die weit von unserer eigenen Motiv-Ausprägung entfernt sind. Man selbst kann sich oft nicht vorstellen, wie der andere denkt, fühlt und warum er sich so konträr zu einem selbst in ähnlichen Situationen verhält. So geht es auch anderen, wenn sie mit uns zu tun haben.

Erfahren Sie nun, wie Sie auf andere Menschen wirken können, wenn diese nicht Ihrer persönlichen Motivausprägung entsprechen. Lesen Sie, was Sie möglicherweise bisher über andere Menschen gedacht haben, wenn diese weit von Ihren eigenen Motivausprägungen entfernt sind. Ziel dieses vertiefenden Einblicks in die eigene und die fremde Persönlichkeit ist es, die Selbsterkenntnis zu steigern und eine höhere Selbstakzeptanz zu erhalten. Im zweiten Schritt wäre es von Vorteil, wenn Sie durch die neue Sichtweise mehr Verständnis und Akzeptanz für andere entwickeln.

Unterhalten Sie sich auf der Grundlage dieser Übersicht mit Ihrem Partner, Ihren Kindern und den Menschen, die Ihnen am Herzen liegen. Gleichen

Sie einmal die unterschiedlichen Einstellungen und Erwartungshaltungen miteinander ab. Finden Sie einen Weg, sodass JEDER in seinem engsten Umfeld mehr seine eigenen Motive leben darf.

Welche Missverständnisse können aus den unterschiedlichen Motivkonstellationen entstehen?

Motiv Macht

… in hoher Ausprägung:

Eigenwahrnehmung: Ich arbeite hart / viel, ich bin erfolgsorientiert, kraftvoll, leistungsmotiviert, erfolgreich. Je mehr Leistung und persönlicher Einsatz – desto besser bin ich. Ich bin zielorientiert, ungeduldig, effektiv. Ich möchte führen, aktiv gestalten, werde gerne gefragt und mit eingebunden, ich möchte viel Verantwortung haben und Einfluss nehmen.

Wahrnehmung des anderen: Der andere ist langsam, hält mich auf, ist entscheidungsschwach, erfolglos, antriebsschwach. Hat keine eigene Meinung, benötigt ständig Anleitung und hat keine Ausdauer. Verschwendet meine Zeit, hat keine Eigeninitiative, ist unschlüssig, versteckt sich hinter anderen. Schiebt Entscheidungen vor sich her oder überlässt sie anderen.

… in niedriger Ausprägung:

Eigenwahrnehmung: Ich bin an Menschen orientiert, zurückhaltend, freundlich, lasse mich gerne anleiten, bin vorsichtig und sorgsam mit Entscheidungen. Ich sehe mich als ein Dienstleister, lehne ein hohes Maß an Eigenverantwortung ab. Mir gefällt es, wenn andere meine Entscheidungen mittragen. Mir gefällt es, wenn ich anderen etwas abnehmen kann, etwas Gutes für sie tun kann. Wenn ich gut berate, dann treffen die anderen schon ihre Entscheidung selbst. Ich mische mich nicht gerne in die Angelegenheiten anderer Menschen ein. Wichtige Entscheidungen benötigen eben Zeit und sollten mit anderen als Hilfe zur Entscheidungsfindung besprochen werden.

Wahrnehmung des anderen: Der andere ist mir zu dominant. Er mischt sich in alles ein und gibt ständig ungefragt Ratschläge. Er wirkt lästig, kontrollierend, einseitig, wichtigtuerisch und getrieben – ein Workaholic und Besserwisser. Er wirkt auf mich ungeduldig, kann nicht zuhören. Er scheint gehetzt, kann nicht abschalten, faulenzen und das Leben genießen. Er ist nicht am Menschen orientiert, kann nicht lockerlassen, ist verbissen. Der Begriff Work-Life-Balance ist ihm ein Fremdwort. Er stellt seinen Erfolg über alles.

Motiv Teamorientierung

... in hoher Ausprägung:

Eigenwahrnehmung: Ich bin ein liebevoller Mensch, mag die Nähe und bin liebesbedürftig. Und dazu ein vertrauensvoller und hingebungsvoller Charakter. Ich mag den engen Kontakt und den Austausch mit Menschen. Ich bin anhänglich und immer hilfsbereit. Ich suche und schätze die Stärke der Gemeinsamkeit. Ich bin ein emotionaler und bindungsfähiger Mensch. Ich mag das Wir-Gefühl. Ich suche den Kontakt zu anderen Menschen. Ich bin nicht gerne alleine. Ich pflege Freundschaften, bin konsensorientiert. Ich nehme Rücksicht auf die Gefühle und Meinungen anderer Menschen. Mir sind der Rat und die Meinung anderer Menschen wichtig. Ich tausche mich gerne über meine Gefühle mit anderen Menschen aus.

Wahrnehmung des anderen: Der andere ist ein kompromissloser Mensch. Er ist stur und unnötig stolz. Er denkt erst einmal nur an sich, spricht immer von sich und erweist anderen nicht gerne einen Gefallen. Er ist eigensinnig und scheint ein sehr einsamer Mensch zu sein. Wenn es um Gefühle und emotionale Verbindungen geht, weicht er aus, zieht sich zurück. Er ist egoistisch, kann sich nicht in Gruppen einfügen. Er ist ein Eigenbrötler, lässt nicht wirklich mit sich reden. Er möchte möglichst quitt mit anderen sein, will selbstbestimmt und unabhängig sein. Er redet auch auf Nachfrage nicht über seine Gefühle, wirkt verschlossen und gefühllos, selbstbestimmt und eigensinnig.

... in niedriger Ausprägung:

Eigenwahrnehmung: Ich bin ein freier Mensch. Ich mag es, autonom und unabhängig zu sein. Abhängigkeiten blockieren mich und führen zu nichts. Entscheidungen gilt es möglichst alleine zu treffen. Emotionale Dinge und Themen mache ich erst einmal mit mir aus. Viele Köche verderben den Brei. Ich bin voller Selbstvertrauen und mag es, mein Leben eigenverantwortlich zu leben. Ich bezahle meine Rechnungen selbst, verdiene mein eigenes Geld, bin nicht gerne einem anderen Menschen etwas schuldig. Ich bin ohne Verpflichtungen. Ich möchte möglichst eigenständig handeln und denken. Großraumbüros und lange Meetings mag ich nicht. Ich habe gern mein eigenes Büro, mein eigenes Reich. „Alleine geht's noch immer besser." Ich bin nicht gerne abhängig von anderen Menschen. Wenn mir andere Menschen einen Gefallen tun, fühle ich mich verpflichtet, möglichst schnell auch etwas zu tun. Das schränkt mich in meiner Selbstbestimmtheit ein.

Wahrnehmung des anderen: Die meisten anderen Menschen um mich herum sind wirklich wenig selbstbewusst. Wie kann man nur so hilflos und konsensorientiert sein? Sie können einfach nicht die Privatsphäre von beruflichen Dingen trennen. Sie wirken auf mich abhängig und unreif. Wie kann man nur denken, es gehe nicht ohne die anderen? Sie verstecken sich gerne in der Gruppe, können nichts alleine entscheiden und unternehmen. Sie können nicht alleine sein und sich einfach mit sich beschäftigen. Zusätzlich benötigen sie unnötig viel Zeit für Entscheidungen. Kompromisse führen doch zu nichts. Diese Menschen sind belästigend, anmaßend, und das ganze Wir-Getue ist eh nur oberflächlich und nicht echt. Sie haben einen esoterischen Touch, folgen der Masse und sind einfach nur unselbstständig.

Motiv Neugier

… in hoher Ausprägung:

Eigenwahrnehmung: Ich bin smart, interessiert, geistvoll, ein guter Lehrer und Entdecker, habe Spaß am Denken, will viel Neues erfahren. Das Denken ist ein Lebenselixier. Ich mag intellektuelle und geistreiche sowie abwechslungsreiche Gespräche. Ich gehe Dingen gerne auf den Grund und hinterfrage viel. Stichworte: Hintergründe vertiefen, modifizieren von Alltäglichem, Wunsch nach Selbsterkenntnis, jedes Wissen aufbauen, egal ob man es braucht oder nicht.

Wahrnehmung des anderen: Der andere ist langweilig, geistlos, wenig intelligent, dumm, ignorant, oberflächlich, emotional, provinziell, unreflektiert, versteht nichts, gelangt an keinen geistigen Horizont, schaut nicht über den Tellerrand.

… in niedriger Ausprägung:

Eigenwahrnehmung: *Ich bin praktisch, realistisch, habe gesunden Menschenverstand und Spaß am Machen. Ich bin ein guter Wissensverwerter, Anwender, bin handlungsorientiert, Umsetzer. Routine macht Spaß. Ich mag die Spezialisierung und sehe gerne, wenn etwas Sichtbares und Messbares geleistet wurde.*

Wahrnehmung des anderen: Der andere ist langweilig, arrogant, hochgestochen, kalt, unpraktisch, durchgeistigt, hat einen Mangel an gesundem Menschenverstand, ist ein Spinner, zu kompliziert, oberlehrerhaft, Zeitverschwender, Theoretiker, Dummschwätzer, überheblich, arrogant, abgehoben.

Motiv Anerkennung

... in hoher Ausprägung:

Eigenwahrnehmung: Ich bin perfektionistisch, sehr sensibel für Kritik, selbstkritisch, einfühlsam und anpassungsfähig. Ich bin verletzlich, möchte mich immer rechtfertigen können, ich hasse eigene Fehler. Lob und Bestätigung sind ganz wichtig. Ich bin immer auf der Suche nach Anerkennung, sehr sensibel für Menschen, habe feine Antennen für die menschliche Umgebung, lobe andere, kann wertschätzen und respektieren, habe einen zurückhaltenden Umgang mit Kritik gegenüber anderen.

Wahrnehmung des anderen: Der andere ist eingebildet, arrogant, wenig sensibel für Fehler, grob, kalt, rücksichtslos, glatt, überheblich, unreflektiert, nachlässig und unüberlegt in seinen Aussagen, ungerecht, verletzend, sieht nur das Negative, kann nicht loben, ist egoistisch, selbstherrlich, rechthaberisch, unsensibel, überschätzt sich völlig.

... in niedriger Ausprägung:

Eigenwahrnehmung: Ich bin selbstbewusst, selbstsicher, habe ein positives Selbstbild und hohe Fehlertoleranz, bin robust gegenüber Kritik. Ich stehe zu meinen Fehlern. Ich brauche Kritik, aber nur von Menschen, denen ich vertraue.

Wahrnehmung des anderen: Der andere ist unbestimmt, unsicher, schwach, mimosenhaft und hat einen Mangel an Selbstvertrauen, ist nie an etwas schuld, ist egoistisch, ist ein Schleimer und Taschenträger, redet immer von sich. Er ist devot, steht nicht zu seinen Fehlern. Weicht aus, ist ein Künstler darin, Schuld auf andere zu schieben, er redet viel und handelt wenig. Ist launenhaft und bemitleidet sich selber. Kann Lob nicht gut annehmen. Ist oft ein Künstler im „Ja, aber ..."

Motiv Ordnung

... in hoher Ausprägung:

Eigenwahrnehmung: Ich bin ordentlich, organisiert, sauber, strukturiert, sensibel für Hygiene, sozialisiert, detailorientiert, stark kontrolliert, voll konzentriert auf eine Sache. Dinge „abhaken" ist gut. Alles muss seine Ordnung haben. Ordnung kommt von innen nach außen. Ich habe eine klare Linie in der Ordnungsstruktur, ich liebe Rituale, mache Pläne und halte sie ein.

Wahrnehmung des anderen: Der andere ist nachlässig, chaotisch, unorganisiert, unstrukturiert, schlampig ungepflegt, schmutzig, ungesund, unpünktlich, ungenau, unberechenbar, unzuverlässig. Solche Menschen wissen oft nicht, was sie wollen. Sollen sich besser pflegen, sind unordentlich und unhygienisch.

… in niedriger Ausprägung:

Eigenwahrnehmung: Ich bin flexibel, spontan, offen, abwartend, pragmatisch, kreativ. Es muss nicht genau sein. 80 Prozent Erledigungsgrad reichen. Stichworte: multifunktional, Multi-Tasking, allzeit bereit für Planänderungen.

Wahrnehmung des anderen: Der andere ist streng, pingelig, detailverliebt, übertrieben reinlich, zu perfekt, kontrolliert, „Erbsenzähler", kümmert sich um triviale Dinge, ist langweilig, spießig, fanatisch, zwanghaft, nicht leistungsfähig, wenn es anders kommt als geplant. Er engt sich durch Strukturiertheit und die Liebe zum Detail, Hygiene und Ordnung selbst ein und kommt nicht im täglichen flexiblen Leben zurecht.

Motiv Sparen/Sammeln

… in hoher Ausprägung:

Eigenwahrnehmung: Ich bin sparsam, vorausplanend, stolz und emotional gegenüber Besitz. Ich kann nichts wegwerfen. Ich will bewahren, erhalten, Dinge pflegen, behalten, festhalten, Vorrat schaffen. „Das kann man noch mal gebrauchen."

Wahrnehmung des anderen: Der andere ist unverantwortlich, unklug, gegenwartsfixiert, verschwenderisch, hat respektlosen Umgang mit Besitz. „Der kann nicht rechnen." Er kann nicht planen und vorausschauen.

… in niedriger Ausprägung:

Eigenwahrnehmung: Ich bin lebensfroh, großzügig, spontan. Ich werfe weg, kann mich von Dingen trennen, ich genieße den Augenblick. Stichworte: frei sein von der Verpflichtung aus emotionalen Gewohnheiten, kann gut loslassen, mich trennen von Besitz und Geld.

Wahrnehmung des anderen: Der andere ist geldgierig, billig, sich selbst verweigernd, ein Geizhals und borniter Sammler, hat keine Lebensfreude. Er muss sich immer alles notieren, weil er unsicher ist und keinen Spaß am Geldausgeben hat. Stichworte: unnützes Zurückhalten von Ressourcen, Ballast anhäufen durch Verpflichtungen aus Besitz.

Motiv Ziel-/Zweckorientierung

... in hoher Ausprägung:

Eigenwahrnehmung: Ich bin praktisch, „wie jeder andere auch", spontan, zielorientiert, situativ handlungsfähig, zweckorientiert. Ich bin flexibel, anpassungsfähig. Meine interkulturelle Kompetenz ist hoch, orientiert am Ziel/Zweck/Sinn/Nutzen.

Wahrnehmung des anderen: Der andere ist selbstgerecht, ein „Moralapostel", „Korinthenkacker" und Heuchler, streng, pingelig, unflexibel, nachtragend, dogmatisch, belehrend. „Ehre muss man sich leisten können." Er ist moralisch überheblich und arrogant, anmaßend. Altbacken, konservativ, selbstgerecht und moralisierend. In wichtigen Situationen sind sie stark blockierend und wollen an der Vergangenheit festhalten, statt sich der Realität flexibel zu stellen.

... in niedriger Ausprägung:

Eigenwahrnehmung: Ich bin verantwortlich, moralisch, loyal, prinzipientreu, charaktervoll, pflichtbewusst, ehrlich, treu. Ich erfülle die mir übertragene Rolle. Man kann sich absolut auf mich verlassen. Mir ist das Einhalten von Vereinbarungen wichtig. Ich bin familienorientiert (Herkunftsfamilie).

Wahrnehmung des anderen: Der andere ist illoyal, unehrenhaft, opportunistisch, untreu, charakterlos, selbstsüchtig, unachtsam, rücksichtslos, prinzipienlos. „Wenn man sich auf den verlässt, ist man verlassen." Er hat keinen Charakter, ist unehrlich, betrügerisch und in seiner Meinung sehr schwankend.

Motiv Idealismus

... in hoher Ausprägung:

Eigenwahrnehmung: Ich bin liebevoll zu Benachteiligten, mitfühlend, visionär, gerecht, human, altruistisch, fähig zum Mitleid, verständig, realistisch bezüglich Gerechtigkeit und Chancengleichheit.

Wahrnehmung des anderen: Der andere ist herzlos, unsensibel, gefühllos, selbstsüchtig, zynisch, egoistisch, egozentrisch, ungerecht, unrealistisch, sozial desinteressiert, nicht informiert. Er hat eine eingegrenzte Sichtweise, ist ignorant und bequem.

… in niedriger Ausprägung:

Eigenwahrnehmung: Ich bin (sozial, politisch) realistisch, pragmatisch, liberal, unpolitisch, habe Eigeninitiative, bin keine Last für die Gesellschaft, kann für mich und meine Lieben selbst sorgen. Erst denke ich einmal an mich. Wenn es mir gut geht, dann kann ich auch etwas für andere tun.

Wahrnehmung des anderen: Der andere ist ein Träumer, unrealistisch, Sozialromantiker, gibt sich selbst auf, will die Welt retten, ein Schmarotzer, Lügner. Er ist unglaubwürdig, will auf Kosten anderer helfen, ist weich, hat keine Ahnung vom Leben.

Motiv Beziehungen

… in hoher Ausprägung:

Eigenwahrnehmung: Ich bin freundlich, humorvoll, aufgeschlossen, lebendig, im Leben stehend, lebenslustig, habe Spaß an der Freude. Ich liebe Menschen, habe viele Freunde, ziehe Kraft aus dem Umgang mit anderen, bin unterhaltsam und unterhalte mich gerne.

Wahrnehmung des anderen: Der andere ist steif, ernst, ungesellig, zurückgezogen, einsam, humorlos, ein Langweiler, unfreundlich, eine Spaßbremse. Er ist arrogant, unnahbar, einsam, verlassen, hat keine Freunde.

… in niedriger Ausprägung:

Eigenwahrnehmung: Ich bin privat, ernsthaft, zurückhaltend, ausgewogen, tanke Kraft aus dem Alleinsein. Ich brauche Rückzug als Pause, brauche Muße für mich selbst. Ich hasse Smalltalk. Ich mag Gespräche mit Tiefgang und nicht dieses oberflächliche Gerede.

Wahrnehmung des anderen: Der andere ist oberflächlich, hohl, ausgelassen, anbiedernd, kindlich, immer unterwegs, unstet, ein Dummschwätzer, Sprücheklopfer, substanzlos, distanzlos, ist sich selbst nicht genug, kennt nur Smalltalk. Lieber handeln als reden. Aufgesetzt, zu jedem freundlich, aber total unverbindlich.

Motiv Familie

… in hoher Ausprägung:

Eigenwahrnehmung: Ich bin fürsorglich, verantwortlich, häuslich, kümmernd, kinderlieb, immer da für Kinder, liebevoll, beschützend, gefühlvoll gegenüber Kindern. Ich suche stark den Kontakt zu Kindern.

Wahrnehmung des anderen: Der andere ist selbstsüchtig, unverantwortlich, wird alleine alt werden müssen, ist emotionsleer ohne Kinder, hat kein sinn-erfülltes Leben. Wie kann man sein Leben gestalten, ohne Kinder zu haben? Der andere ist egoistisch, verantwortungslos.

... in niedriger Ausprägung:

Eigenwahrnehmung: Ich bin unabhängig, frei, unbelastet von Kindern. Ich will meine Zeit nicht ständig mit Kindern verbringen. Kinder sind eine Belastung. Ich bin partnerschaftlich zu Kindern, ich bin frei von Verpflichtungen im Umgang mit Kindern. Ich möchte meinen Kindern ein guter Freund/Kumpel sein.

Wahrnehmung des anderen: Der andere ist belastet, närrisch, häuslich, angebunden, unflexibel, fixiert auf Kinder, Glucke, langweilig. Er hat eine eingeschränkte Lebensqualität, ist ans Haus gebunden, aufopfernd.

Motiv Status

... in hoher Ausprägung:

Eigenwahrnehmung: Ich bin wichtig, prominent, bekannt, herausragend, prestigeliebend, privilegiert, ich will zeigen, was ich habe. Ich bin etwas Besonderes. Ich verdiene .../es steht mir zu ..., ich bin anders (elitär), auffallend, ich verdiene Respekt, ich bin stolz. Ich kenne prominente Menschen, prominente Menschen kennen mich.

Wahrnehmung des anderen: Der andere ist unwichtig, ein unbedeutender „Typ", proletenhaft, geschmacklos, stillos, gewöhnlich, mittelmäßig, durchschnittlich, eine graue Maus, „hat es nicht verdient", ist respektlos, unhöflich, ungebildet, unauffällig.

... in niedriger Ausprägung:

Eigenwahrnehmung: Ich bin unaufgeregt, bescheiden, demokratisch gesinnt, gerecht, freizügig. „Symbole" haben keine Bedeutung, Personenkult ist unwichtig. Ich brauche keine Privilegien, will so sein wie andere auch, bloß nicht auffallen.

Wahrnehmung des anderen: Der andere ist unnahbar, angeberisch, snobistisch, eingebildet, arrogant, überheblich, wichtigtuerisch, aufschneiderisch, oberflächlich, anstrengend, besteht aus heißer Luft.

Motiv Rache / Kampf

... in hoher Ausprägung:

Eigenwahrnehmung: Ich bin ein Gewinner, wettbewerbsfähig, aggressiv, herausfordernd, standhaft, durchsetzungsstark, ein kritischer Nachfrager, ungeduldig. Ich bekämpfe alle Ungerechtigkeiten und habe dafür eine feine Antenne, bin standhaft und durchsetzungsfähig. Man muss sich im Leben behaupten, sich einsetzen für sich und andere Dinge. Es ist wichtig im Leben, zu den Gewinnern zu zählen. Ein zufriedener Zweiter ist immer ein Verlierer.

Wahrnehmung des anderen: Der andere ist unbestimmt, passiv, ein Verlierer, „Weichei", „Loser", nachgiebig, hilflos, schwach. Er erreicht seine Ziele nicht, lässt sich unterkriegen, steht nicht zu seiner Meinung, ist harmoniesüchtig, nachtragend.

... in niedriger Ausprägung:

Eigenwahrnehmung: Ich bin nett, verzeihend, kooperativ, friedliebend, konfliktvermeidend, harmonisierend. „Der Klügere gibt nach." Ich bin freundlich, ausgleichend. Gewinnen kann auch peinlich sein. Ich bin ein guter Moderator, Friedensstifter, Friedensengel. Spaß beim Spiel und im Leben haben.

Wahrnehmung des anderen: Der andere ist aggressiv, zornig, ungeduldig, unfair, regt sich über alles und nichts auf, ist nicht gelassen, hat keine Freude am Leben, will immer gewinnen, kann nicht verlieren, ist nachtragend, unsachlich, laut, polternd, penetrant, wirkt lächerlich, sich selbst überschätzend, durchschaubar, rachsüchtig.

Motiv Schönheit

... in hoher Ausprägung:

Eigenwahrnehmung: Romantiker, guter Liebhaber, Ästhet, sinnlich, lustvoll, „männlich" / „weiblich", Natur liebend, modisch, geschmackvoll, kreativ, künstlerisch, auf sich achtend.

Wahrnehmung des anderen: Prüde, voller Komplexe, impotent / frigide, krank, ausweichend, kann nicht genießen, farblos, stillos, geschmacklos, asketisch, puristisch.

... in niedriger Ausprägung:

Eigenwahrnehmung: Tugendhaft, selbstkontrolliert, Liebe hat mit Sex nicht unbedingt etwas zu tun, ist mit sich im Reinen, frei von Lastern, nicht sexuell abhängig, kann auch ohne Sex gut leben.

Wahrnehmung des anderen: Oberflächlich, wollen eh nur Sex, keine echte Leidenschaft, nicht romantisch, tierisch, unkontrolliert, hedonistisch, oberflächlich, triebgesteuert.

Unterschied Reiss-Profile-Originalversion vs. Businessversion: Das Motiv Erotik wird in der Originalversion des Reiss Profile für den privaten Kontext im Bereich Partnerschaft, Gesundheit, Diäten und so weiter stark genutzt. Für den beruflichen Kontext wurde es durch das Motiv Schönheit mit acht anderen Fragen ersetzt. Das Motiv Erotik ist wissenschaftlich valide, das Motiv Schönheit nicht, da der Bereich Erotik in der Grundlagenforschung untersucht wurde. Das Motiv Erotik ist ein Grundbedürfnismotiv zur Arterhaltung. Es ist nicht bipolarer Natur, sondern ein Maß für Quantität.

Motiv Essen

... in hoher Ausprägung:

Eigenwahrnehmung: Essen ist eines der schönsten Dinge im Leben. Sich Zeit für gutes Essen zu nehmen, ist wichtig. Ich bin gerne satt, hedonistisch, ein Gourmet, guter Koch, genussorientiert, fokussiert auf Essen, kann alleine kochen und essen. Ich bin lebensbejahend, habe alle Antennen für Essen.

Wahrnehmung des anderen: Der andere ist selbstverleugnend, ungesund, ein „Essbanause", schneller Esser, missachtet Essen, kann Essen nicht genießen, ist wählerisch, penibel.

... in niedriger Ausprägung:

Eigenwahrnehmung: Ich bin schlank, gesund, willensstark, sensibel. Ich kann gut auf Essen verzichten. Essen, um Hunger zu stillen. Ich esse noch längst nicht alles. Ich ernähre mich möglichst gesund. Ich bin ein wählerischer Esser. Frisches Obst, Gemüse und gute Qualität ist wichtiger für mich als gute alte Hausmannskost.

Wahrnehmung des anderen: Der andere ist willensschwach, ohne Selbstkontrolle, ungesund, vergnügungssüchtig, ein Vielfraß, genusssüchtig, abhängig, verschwendet seine Zeit mit Essen und Kochen.

Das Motiv Essen bildet auch ein Grundbedürfnis des Menschen zum Überleben ab. Es ist nicht bipolarer Natur und trifft eine Aussage darüber, wie wichtig einem Menschen das Motiv Essen in Form der Quantität ist.

Motiv Körperliche Aktivität

... in hoher Ausprägung:

Eigenwahrnehmung: Ich bin energiegeladen, kraftvoll, fit, muskulös, hoch leistungsfähig, athletisch, gesund, stark, finde Erfüllung in der körperlichen Belastung, gewinne Kraft und Energie durch „hartes Training". Ich möchte mich fit und gesund fühlen, Bewegung und hohe körperliche Belastung ist etwas Großartiges. Wenn ich mich viel bewege, geht es mir gut. Sport benötige ich zum Wohlfühlen wie die Luft zum Atmen.

Wahrnehmung des anderen: Der andere ist faul, träge, müde, lustlos, langsam, schwach, ein Herumsitzer. Wie kann man nur so träge und faul sein? Antriebslos, disziplinlos, willensschwach und bequem, selbst schuld an körperlichen Gebrechen.

... in niedriger Ausprägung:

Eigenwahrnehmung: Ich bin zurückhaltend, will „keinen anstrengenden Sport", bin körperlich bequem, schweißtreibende Bewegung ist nur Stress, ich habe Körpergefühl auch ohne Bewegung, bin gemütlich. Ohne Bewegung lebe ich länger, ich kann meine Zeit besser nutzen, ich brauche vor nichts wegzulaufen, ruhe in mir.

Wahrnehmung des anderen: Der andere ist ruhelos, getrieben, anstrengend, selbst schuld an körperlichen Gebrechen, hat Hummeln im Hintern, ist immer in Bewegung, gehetzt, kann nicht stillsitzen und die Ruhe genießen.

Motiv Emotionale Ruhe

... in hoher Ausprägung:

Eigenwahrnehmung: Ich bin vorsichtig, klug, die Zukunft beachtend, vorausschauend, vorausdenkend, ich beachte Risiken, bin beständig, handele strategisch. Vorsorge und Versorgung gehören zur Leistung. „Man weiß ja nie ..." Ich bin orientiert am Verstand.

Wahrnehmung des anderen: Der andere ist leichtsinnig, tollkühn, gedankenlos, unbesonnen, dumm, verrückt, missachtet Risiken, ist wirklichkeitsfern, „selbst schuld", riskiert zu viel.

... in niedriger Ausprägung:

Eigenwahrnehmung: Ich bin mutig, wagemutig, tapfer, kühn, robust, unerschütterlich, selbstsicher, kontrolliert. Ich habe keine Zukunftsängste. Ich bin schmerzresistent, beachte die Chancen. In der Ruhe liegt die Kraft. Ich bin Optimist.

Wahrnehmung des anderen: Der andere ist furchtsam, feige, neurotisch, überängstlich, Bedenkenträger, hypochondrisch, übervorsichtig, langweilig, schadet sich selbst durch selbsterfüllende Prophezeiung, ist Pessimist, vertraut sich und anderen nicht, Angsthase, sorgt sich zu viel, nervös.

	niedrig	Durchschnitt	hoch	
Macht		1,75		Macht
Teamorientierung		0,27		Teamorientierung
Neugier		0,31		Neugier
Anerkennung	-0,12			Anerkennung
Ordnung		0,99		Ordnung
Sparen/Sammeln	-0,53			Sparen/Sammeln
Ziel- und Zweckorientierung	-1,06			Ziel- und Zweckorientierung
Idealismus	-0,89			Idealismus
Beziehungen		1,16		Beziehungen
Familie		0,47		Familie
Status		1,68		Status
Rache/Kampf		2,00		Rache/Kampf
Schönheit		1,59		Schönheit
Essen	-0,64			Essen
Körperliche Aktivität		0,20		Körperliche Aktivität
Emotionale Ruhe		0,63		Emotionale Ruhe

Beispielhaftes Reiss Profile einer Personalberaterin, in dem durch die stark abweichenden Lebensmotivausprägungen Missverständnisse und Konflikte im Umgang mit anderen Menschen vorprogrammiert sind.

Emotionen, die aus den Motiven entstehen

Interessant ist es auch, die aus den Lebensmotiven entstehenden vielfältigen Emotionen zu betrachten. Ob nun bei Erfüllung eines Motivs in positiver oder bei Nichterfüllung in negativer Form.

Wenn mehrere Motive befriedigt werden können, potenziert sich dieses Motiv- oder Werteglück. Wenn mehrere dieser Antriebe nicht befriedigt werden können, potenzieren sich die negativen Emotionen. Je unzufriedener und frustrierter ein Mensch ist, umso mehr geht man davon aus, dass mehrere Motive nicht gelebt werden können.

Einige Beispiele hierzu:

Wir Menschen können nicht *nicht* kommunizieren. Weshalb schaffen es Menschen oft dennoch nicht, sich gegenseitig zu verstehen? Schließlich gibt es hinreichend Bücher und Trainingsprogramme über Kommunikation, die Unterschiede von Männern und Frauen, über Motivation und Führung.

Die Forschungsergebnisse von Steven Reiss haben in der zwischenmenschlichen Betrachtung zwei Arten von Fehlkommunikation neu ausgemacht, die unterschiedlich wirken und unterschiedliche Vorgehensweisen verlangen: „ineffektive Kommunikation" und „gegenseitiges Unverständnis".

„Ineffektive Kommunikation"

Eine ineffektive Kommunikation tritt auf, wenn ein Mensch die Sichtweise eines anderen nicht kennt; zum Beispiel, wenn der Bruder, der einen schlechten Tag hatte, wütend wird, weil die Schwester sich einmal wieder ungefragt sein Auto ausgeliehen hat und zudem den Wagen mit leerem Tank zurückgestellt hat. Sein plötzlicher Wutausbruch verwirrt die Schwester, die nicht weiß, dass vorher eine Reihe von unangenehmen Situationen über den Tag hinweg zu dieser schlechten Laune geführt hat. Ihr Verhalten war sozusagen nur der letzte Funke, der die Überreaktion auslöste. Denn beim letzten Mal hatte sie sich ebenfalls das Auto ungefragt genommen und auch vergessen zu tanken – da war es kein Problem gewesen. Ein kurzes klärendes Gespräch, 20 Euro für den verfahrenen Sprit an den Bruder und alles war in Ordnung. Wenn der Bruder später seine Verhaltensweisen und Gefühle ruhig erklärt, kann die Schwester nun seine Reaktion viel besser nachvollziehen. Akzeptieren sollte sie solch ein Verhalten jedoch nicht, das sollte auch dem Bruder klargemacht werden. Auch er kann Verständnis für die Schwester aufbringen, akzeptieren muss er ihr Verhalten für das ungefragte Benutzen des Autos aber ebenfalls nicht.

Wenn beide nun über diese Situation sprechen und schauen, was jeder tun kann, damit solch eine Situation mit unnötiger Reaktion nicht wieder vorkommt, könnten sie folgenden Kompromiss schließen: Wenn der Bruder einen schlechten Tag hatte, geht er erst einmal zum Sport, um sich abzureagieren. Die Schwester achtet darauf, den Bruder frühzeitig zum Beispiel per SMS zu informieren, und denkt daran, dass sie nach dem Leihen des Autos den Tank wieder auffüllt.

„Gegenseitiges Unverständnis"

Im Gegensatz dazu ist „gegenseitiges Unverständnis" das Ergebnis der Einzigartigkeit der individuellen 16 Motivprofile. Sie führt dazu, dass wir einander nicht immer verstehen können, da das individuelle Verhalten und die persönlichen Sichtweisen, ausgelöst durch die individuell ausgeformten persönlichen Unterschiede der Motivausprägungen, zu unterschiedlich und nicht bekannt sind. Man spricht auch von blinden Flecken. Ein sachlicher Austausch von Informationen trägt hier nicht zur Klärung bei, vielmehr verhärtet sich oft noch der Konflikt.

Ein Beispiel für „gegenseitiges Unverständnis" tritt zwischen zwei Menschen mit unterschiedlicher Teamorientierung auf. Der hoch teamorientierte und am liebsten emotional verbundene Mensch betrachtet den nicht teamorientierten Menschen und fragt sich durch seine Motivbrille, wie diese Person so autark, freiheitsliebend und emotional selbstbestimmt überhaupt Spaß am Leben und am Umgang mit Menschen haben kann. Der nicht teamorientierte Mensch stellt sich die Frage, wie es sein kann, dass dieser immer so unselbstständig, entscheidungsschwach und gefühlsbetont auftritt.

Kein noch so guter Austausch über die unterschiedlichen Erwartungen, Einstellungen und Ziele kann ohne Vergleich der Motivprofile dazu beitragen, dass die beiden einander verstehen und miteinander klarkommen. Es gibt nur ein Unverständnis für die gegenteilige Sichtweise und Betrachtung sowie die Erwartungen an das Leben im Umgang mit Gefühlen, Emotionen und Menschen.

Der „Urmensch"

In einer bestimmten Situation kommt der so genannte „Urmensch" in uns besonders zum Tragen: nämlich beim ersten Kontakt.

Was passiert da? Zwei Menschen „begegnen" sich, versuchen, Stärken und Schwächen des anderen auszuloten. Zuerst über die visuelle Begegnung, dann oftmals auch über den direkten Kontakt – das persönliche Gespräch.

Wir schließen meistens schon aus den ersten visuellen Eindrücken auf bestimmte persönliche Eigenschaften des Gegenübers. Dies geschieht innerhalb weniger Sekunden. Ihr Unterbewusstsein mit seinen individuellen Werten und Motiven vollzieht dieses „Abchecken" des neuen Gegenübers automatisch. Die Anlage dafür wurde – wieder einmal – zu Urzeiten gelegt, als man sich stets vergewissern musste, dass der andere keine Lebensgefahr darstellte. Die erste Begegnung ist also eine Art Lebensversicherung und persönliches Kräftemessen auf der Grundlage von Äußerlichkeiten, Kleidung, Auftreten, Stimme, Wortwahl und Gerüchen.

Es ist immer wieder interessant zu sehen und zu erleben, wie jeder Mensch durch seine Motivbrille schaut und wie kommunikative Missverständnisse Tag für Tag entstehen und oftmals auch eskalieren. Eine Art Urkraft kommt bei Kritik, im Konflikt und im Streit mit hinzu. Bei jedem Menschen kommt einmal mehr, einmal weniger der Urmensch zum Vorschein. Dieser Vorfahre mit der schlagkräftigen Keule steckt in jedem von uns!

Bei dem einen Menschen selten, bei anderen Tag für Tag macht sich der „Urmensch" in uns bemerkbar. Dieser meint, gegen fremde Wesen und ungewohnte Situationen müsse man sich grundsätzlich zur Wehr setzen, persönliche Stärke beweisen, um so das eigene Überleben zu sichern. Dabei sollte dieses zweite Ich, dieser „Urmensch" oder unser limbisches System in uns, doch mittlerweile gemerkt haben, dass das moderne technisierte Leben anders aussieht – vor allem weniger lebensgefährlich ist als vor 1.800.000 Jahren. Aber nein, leider hat es das nicht. Die Anlagen zum täglichen Kampf gegeneinander, zur ständigen Abwehr aller eventuellen Gefahren sind zu lange in uns verankert, als dass wir sie einfach abstreifen könnten. Aktuelle Erfahrungen aus der Verhaltensforschung modifizieren diese Verhaltensstrukturen zwar etwas – aber unser Unterbewusstsein ist grundsätzlich träge und lernt sehr langsam. Und so kommt trotzdem immer wieder der „Urmensch" mit der Keule in uns zum Vorschein – obgleich er in unserem modernen Leben fast immer fehl am Platz ist.

Welche Eigenschaften hat dieser „Urmensch" in jedem von uns?

Er ist zum Beispiel eingebildet („wehe, jemand kratzt an meiner Stärke!"), empfindlich und verletzlich („niemand darf mir zu nahe kommen!"), unsicher („was will der andere bloß von mir?"), misstrauisch („der andere führt bestimmt nichts Gutes im Schilde!"), unersättlich („Vorrat schaffen für schlechte Zeiten!"), ein Herdentier („bloß nicht von der Herde abweichen!") und eitel („sehe ich nicht besser aus als die anderen?").

Sie müssen sicher nicht lange überlegen und es fallen Ihnen Dutzende Situationen ein, in denen Menschen diese Eigenschaften und unzählige andere an den Tag legen – obwohl es unter vernünftigen Gesichtspunkten gar nicht notwendig wäre. Können Sie nachvollziehen, dass sich Menschen wegen einer nicht geschlossenen Zahnpastatube streiten?

Woher kommt es, dass sexuell sehr aktive Menschen über die nicht so aktiven herziehen, diese als frigide und verklemmt bezeichnen, während sie selbst in den Vorstellungen von vielen Menschen als gestört, notgeil, krank und anderes mehr gelten?

Es liegt an der unterschiedlichen individuellen Ausprägung der einzelnen 16 Lebensmotive.

Was bedeuten diese Erkenntnisse für das langfristige Verständnis Ihres Lebens?

Den „Urmenschen" und die 16 Lebensmotive einzukalkulieren heißt: sich selbst und andere Menschen einfach besser verstehen zu lernen. Wir meinen, es wird Zeit, dass wir Menschen allesamt wertschätzender und vertrauensvoller miteinander umgehen. Nur so können und werden wir die zukünftigen Herausforderungen meistern. Das Wissen, dass jeder Mensch immer auch seinen „Urmenschen" wie einen unsichtbaren Kompagnon bei sich hat, kommt Ihnen in vielerlei Hinsicht zugute: zum einen für sich selbst. Sie wissen zwar um Ihr zweites Ich und kennen bald auch Ihre 16 individuellen Lebensmotive, Sie werden mehr und mehr verstehen, warum Sie sich in manchen Situationen gegen Ihre Vernunft und Ihr Wissen, Können und Dürfen verhalten. Aber: Sie sind diesem zweiten Ich nicht hilflos ausgeliefert! Sie können sich Ihren Urmenschen zum Freund und Verbündeten machen, denn je mehr Sie ihn unterdrücken, umso mehr kommt er unkontrolliert zum Vorschein. Dies wird Ihnen in neuen Lebenssituationen zu mehr Verständnis und Einsicht verhelfen und Ihr Urmensch wird sich reflektierter den neuen Gegebenheiten entsprechend verhalten.

Wie gehen Sie aber zunächst einmal vor?

Indem Sie die Anwesenheit des „Urmenschen" bewusst zur Kenntnis nehmen, sind Sie schon einen ganzen Schritt weiter – viel weiter jedenfalls als jene, die sich die Existenz ihres zweiten Ichs gar nicht klarmachen und es nicht beachten. Zum anderen hilft Ihnen dieses Wissen im Umgang mit Ihrer Umwelt: Solange Ihnen stets bewusst ist, dass auch der andere sich mit dieser inneren Macht auseinandersetzen muss, fällt es Ihnen leichter, Akzeptanz und Toleranz zu üben. Jeder Mensch ist einzigartig und hat somit auch seinen eigenen persönlichen „Urmenschen" in sich. Unser „Urmensch" ist die persönliche Kombination aus unseren genetischen Werten, Zielen und Motiven. Sie wissen schon heute, dass nicht jede Äußerung oder Handlung so gemeint ist, wie sie im ersten Augenblick scheint – bald werden Sie es aber auch wirklich verstehen. So können Sie sich viel großzügiger und gelassener im Umgang mit anderen – mit der Familie, den Kindern, Freunden, Mitarbeitern, Kunden oder auch Vorgesetzten – geben. Durch diese Akzeptanz können Sie Ihr Verhalten flexibilisieren, Sie können einen besseren Selbstreflexionsgrad und eine bessere Erkenntnis von sich selbst und anderen Menschen bekommen. Nur sich wirklich ändern, das ist Ihnen persönlich nicht möglich. Und auch bei anderen Menschen erreichen Sie dies nicht. Zumindest nicht in unserem gewünschten positiven und motivierenden Sinne. Denn Druck erzeugt immer Gegendruck und macht letztlich unglücklich und krank.

Welche unterschiedlichen positiven und negativen Emotionen entstehen aus den einzelnen Kraftquellen des Erfolgs beziehungsweise 16 Lebensmotiven?

Lebensmotive und deren ausgelöste Gefühle bei Befriedigung und Frustration

Lebensmotiv	Prägung	Gefühl bei Befriedigung	Gefühl bei Frustration
Macht	hoch	Macht, Triumph, Kontrolle, „Glory", Leistungsfähigkeit	Hilflosigkeit, Ohnmacht
	niedrig	Freude, für andere da zu sein	Frust über erzwungene Verantwortung
Team-orientierung	hoch	Eins sein mit anderen, Natur und Kosmos, Wir-Gefühl	Emotionale Verlassenheit, allein sein
	niedrig	Freiheit, Autonomie, Ich-Gefühl	Gefangen sein, in der Falle sitzen
Neugier	hoch	Wunder der Entdeckung	Verwirrung, Frust über gedankliche Leere
	niedrig	Freude daran, zu machen und zu erschaffen	Unlust zu denken, Überforderung
Anerkennung	hoch	Selbstsicherheit, hoher Selbstwert, Euphorie	Unsicherheit, Selbstzweifel
	niedrig	Freude an der Demonstration von Selbstsicherheit	Irritation, wenn Selbsteinschätzung fehlerhaft ist
Ordnung	hoch	Aufgehoben sein, Stabilität, Sicherheit	Orientierungslosigkeit
	niedrig	Spontaneität, Freiheit von Festlegung	Gefangen im Detail

Lebensmotiv	Prägung	Gefühl bei Befriedigung	Gefühl bei Frustration
Sparen/ Sammeln	hoch	Besitzer und Bewahrer sein	Angst vor Knappheit und Verschwendung
	niedrig	Freiheit von finanziellen und besitzmäßigen Verpflichtungen	Gefangen von Geld, Verpflichtung aus Besitz
Ziel- und Zweckorientierung	hoch	Spontaneität, Flexibilität in Regeln, Inhalten und Absprachen	Unfreiheit, gefangen sein in Prinzipien und Regeln
	niedrig	Loyalität, Integrität, moralische Überlegenheit	Schuld, Verantwortungslosigkeit, Schwäche
Idealismus	hoch	Mitleid mit den Benachteiligten	Frust über die Ungerechtigkeit, die anderen widerfährt
	niedrig	Freude über eigenen Vorteil	Frust über Ansprüche, die die eigenen einschränken
Beziehungen	hoch	Zugehörigkeitsgefühl, Spaß, „gebraucht werden"	Einsamkeit
	niedrig	Ruhe vor anderen Menschen, Genuss der Zeit für sich selbst	Frust über Smalltalk und „erzwungene" Kontakte
Familie	hoch	Erfüllung durch die Liebe von den Kindern	Unerfülltheit, Leere
	niedrig	Freude über Freiheit von Fürsorgeverpflichtung	Zwang, sich um Kinder kümmern zu müssen
Status	hoch	Überlegenheit, Genuss, privilegiert und elitär zu sein	Unterlegenheit, Ungerechtigkeit
	niedrig	Gleichbehandlung (Egalität)	Frust über ungewollte Herausgehobenheit
Rache/ Kampf	hoch	Triumph im Sieg, Bestätigung im Vergleich, Gewinner sein	Ärger, Aggression, Verlierer sein
	niedrig	Harmonie, Ausgleich	Frust über erzwungene Konflikte
Schönheit	hoch	Hochgefühl, Zufriedenheit bei Befriedigung der Lust, Schönheit, Erotik	Leere, Frust über zu wenig Sex und schöne Menschen, Dinge und Umgebung
	niedrig	Weniger ist mehr	Unter Druck gesetzt, ausgenutzt

Lebensmotiv	Prägung	Gefühl bei Befriedigung	Gefühl bei Frustration
Essen	hoch	Satt sein	Hungrig sein
	niedrig	Hunger stillen	Essen müssen
Körperliche Aktivität	hoch	Vitalität, Stärke, Fitness	Rastlosigkeit, Unruhe, Schwäche
	niedrig	Körperliche Entspannung, Faulheit	Körperliche Anstrengung
Emotionale Ruhe	hoch	Ruhe, Gelassenheit, Souveränität	Angst, Sorge, Unsicherheit, Panik
	niedrig	„Spannung", Abenteuerlust	Langeweile, träge

Schauen Sie sich anhand der verschiedenen Emotionen dieses Reiss Profile an und denken Sie sich in diesen Menschen hinein, in welchen Momenten positive oder negative Emotionen erlebt werden: Was fällt Ihnen spontan ein? Machen Sie sich gerne ein paar Notizen.

	niedrig	Durchschnitt	hoch	
Macht			1,88	Macht
Teamorientierung		0,27		Teamorientierung
Neugier			1,88	Neugier
Anerkennung		0,94		Anerkennung
Ordnung		0,11		Ordnung
Sparen / Sammeln			1,82	Sparen / Sammeln
Ziel- und Zweckorientierung	-0,15			Ziel- und Zweckorientierung
Idealismus		0,75		Idealismus
Beziehungen			1,43	Beziehungen
Familie			1,55	Familie
Status			1,97	Status
Rache / Kampf			1,52	Rache / Kampf
Schönheit			2,00	Schönheit
Essen		0,64		Essen
Körperliche Aktivität			2,00	Körperliche Aktivität
Emotionale Ruhe	-0,11			Emotionale Ruhe

Erfolgreicher Unternehmer und Berater im Projektmanagement-Umfeld.

Die Arbeit mit Glaubenssätzen und die 16 Lebensmotive

Die aus den 16 Lebensmotiven abgeleiteten Glaubenssätze können für das Ressourcencoaching und das wingwave-Coaching, die NLP-Arbeit und die vertiefende Arbeit mit sich selbst und anderen gut genutzt werden. Die aufgeführten Glaubenssätze zeigen in vielen Fällen Prioritäten, die ein Mensch innerhalb stark ausgeprägter Lebensmotive haben kann. Gerade die inneren Einstellungen und damit verbundenen persönlichen Glaubenssätze äußern sich öfter, als wir auf den ersten Blick vermuten.

Man kann praxisnah, nachvollziehbar und unmittelbar umsetzbar die Motive, die möglicherweise untereinander einen Ziel- oder Ressourcenkonflikt haben, herausarbeiten und mit diesen Erkenntnissen erfolgreich Potenziale wecken und Blockaden sowie Traumata lösen.

Glaubenssätze, welche sich aus den unterschiedlichen Motivausprägungen ergeben:

Macht	hoch	Ich will führen / entscheiden / leisten.
	niedrig	Ich will mich an anderen Menschen orientieren. Ich will für andere da sein.
Teamorientierung	hoch	Ich will emotional verbunden sein / Konsens haben.
	niedrig	Ich will frei / unabhängig sein / niemandem etwas schuldig sein.
Neugier	hoch	Ich will alles wissen / alles lernen.
	niedrig	Ich will praktisch / konkret handeln / umsetzen.
Anerkennung	hoch	Ich will Fehler vermeiden / perfekt sein.
	niedrig	Ich kann alles schaffen.
Ordnung	hoch	Ich will Organisation, Struktur und Sauberkeit.
	niedrig	Ich will Flexibilität in Prozessen / frei sein von Strukturen.

Sparen/Sammeln	hoch	Ich will bewahren/aufheben.
	niedrig	Ich will frei sein von Besitz.
Ziel-/Zweckorientierung	hoch	Ich will frei sein von Prinzipen.
	niedrig	Ich will Prinzipien/Werte einhalten.
Idealismus	hoch	Ich will Gerechtigkeit für alle.
	niedrig	Ich will Gerechtigkeit für mich.
Beziehungen	hoch	Ich will mit Menschen zusammen sein/Spaß haben.
	niedrig	Ich will alleine sein/Ruhe haben.
Familie	hoch	Ich will geliebt werden von meinen Kindern/da sein für Kinder.
	niedrig	Ich will unabhängig sein von Kindern.
Status	hoch	Ich will wichtig/bedeutsam/unverzichtbar in der Wahrnehmung der anderen sein.
	niedrig	Ich will gleich sein/nicht herausgehoben sein.
Rache/Kampf	hoch	Ich will gewinnen/über andere siegen/Vergeltung üben.
	niedrig	Ich will Harmonie und Ausgleich.
Schönheit	hoch	Ich will schöne Dinge, Kunst, Ästhetik, Hang zur Natur
	niedrig	Ich mag puristische Dinge, weniger ist mehr.
Essen	hoch	Ich will Essen genießen.
	niedrig	Ich will nur Hunger stillen.
Körperliche Aktivität	hoch	Ich will stark/fit/gesund sein.
	niedrig	Ich will faul sein.

Emotionale Ruhe	hoch	Ich will vorsichtig sein / vorausschauend sein.
	niedrig	Ich will Spannung und Herausforderung.

Anwendungsbeispiel

Schauen Sie sich bitte einmal das folgende Reiss Profile an und prüfen Sie, welche Glaubenssätze diese Person am liebsten leben möchte, um zufrieden, glücklich und gesund zu sein:

	niedrig	Durchschnitt	hoch	
Macht			2,00	Macht
Teamorientierung		-1,23		Teamorientierung
Neugier		0,31		Neugier
Anerkennung		-1,06		Anerkennung
Ordnung		0		Ordnung
Sparen/Sammeln		-1,35		Sparen/Sammeln
Ziel- und Zweckorientierung		1,52		Ziel- und Zweckorientierung
Idealismus		-1,85		Idealismus
Beziehungen		-2,00		Beziehungen
Familie		-0,07		Familie
Status		0,82		Status
Rache/Kampf		-0,05		Rache/Kampf
Schönheit		0,78		Schönheit
Essen		-0,87		Essen
Körperliche Aktivität		1,60		Körperliche Aktivität
Emotionale Ruhe		0,32		Emotionale Ruhe

Unternehmer, Buchautor, präsentiert vor vielen Menschen.

Teil IV:

Anwendungsgebiete

Lebensmotive und Persönlichkeitsentwicklung

Was ist das Wichtigste an unserer Persönlichkeit? Was ist für Sie das Bedeutendste am Menschen?

- Das, was der Mensch besitzt?
- Das, was der Mensch darstellt?
- Das, was der Mensch erreichen möchte?
- Das, was der Mensch leisten kann?
- Sind es die Emotionen oder die Intelligenz eines Menschen?

Könnte es nicht das Wichtigste für unsere Persönlichkeit sein, dass wir uns darum bemühen, uns weiterzuentwickeln – also immer mehr der Mensch werden zu wollen, der wir wirklich sind?

Persönlichkeit verstehen wir als ein Zusammenspiel aus Körper, Geist und Seele. Unser Denken, Handeln und Empfinden ist ein gemeinsames Agieren geistiger, psychischer und körperlicher Gegebenheiten, die sich in diesem Zusammenspiel mit und in der Welt gegenseitig bedingen und weiterentwickeln. Veränderungen in einem Bereich bewirken auch Veränderungen auf anderen Feldern.

Kommt es zu Veränderungen bei den Arbeitsbedingungen, so hat dies eine unmittelbare Auswirkung auf unser Denken und Verhalten sowie unsere emotionale Befindlichkeit. Umgekehrt bewirken körperliches Empfinden und emotionale Stimmung die Wahrnehmung unseres beruflichen und privaten Umfelds. Eine ganzheitliche Betrachtung berücksichtigt diese Wechselwirkungen und die Beziehungen untereinander. Ziel dieser gegenseitig wirkenden Beziehungen ist die Balance zwischen Körper, Psyche und Geist. Und wir Menschen leben heute mehr denn je in einer Zeit, wo sich die Arbeits-, Lebens- und Umweltbedingungen stärker verändern als je zuvor. Daher ist ein Gleichgewicht des Außen und Innen eine ständige Aufgabe und eine spannende Herausforderung.

Das Herstellen dieser individuellen Balance gelingt durch eine aktive Auseinandersetzung im Spannungsfeld zwischen dem Ich und unserer Umwelt. Ein lebenslanges Aushandeln zwischen eigenen und fremden Ansprüchen führt zu einer Persönlichkeit, die sich selbstbestimmt mit den unvermeidbaren Belastungen des Lebens auseinandersetzt.

Das Wissen um physische Reaktionen und die individuellen Antriebskräfte ermöglicht den bewussten Umgang mit der eigenen Persönlichkeit und den ökonomischen Einsatz unserer Kraftquellen.

Wenn uns die eigenen Orientierungsmuster, unsere Motive, Normen und Wertvorstellungen, die eigenen Bedürfnisse, Gefühle, Wünsche, Träume, aber auch Befürchtungen und Ängste bekannt sind und wir sie den Erwartungen und Anforderungen gegenüberstellen, werden wir eine größere Gelassenheit entwickeln. Mittel- und langfristig erreichen wir dadurch ein aktives, selbstbestimmtes und bejahendes Leben: Wir bekommen eine höhere Lebenszufriedenheit. Die persönlichen Erkenntnisse, die jeder über die eigenen 16 Lebensmotive aus dem Reiss Profile gewinnt, sind eine hilfreiche und objektive Unterstützung für jeden Menschen – wenn man offen ist, sich mit sich selbst intensiv zu beschäftigen.

Durch die permanente persönliche Weiterentwicklung entsteht bei uns ein ganzes Bündel an umsetzbaren Kompetenzen, beginnend bei der analytischen Betrachtung unserer Motivstruktur und der uns bewegenden Antriebskräfte bis hin zu einer hohen Selbstreflexions- und Veränderungskompetenz. Wir werden toleranter im Umgang mit uns selbst und unserem Umfeld, können unser eigenes Verhalten besser deuten und auch das Verhalten anderer Menschen verstehen und nachvollziehen.

Dadurch sind wir in der Lage,
- unsere persönlichen Antriebskräfte in den unterschiedlichen Lebensbereichen zielorientiert auszuschöpfen,
- Möglichkeiten und Wege zu finden, wie wir unsere Ressourcen nutzen und weiter ausbauen können,
- unsere individuelle Identität weiterzuentwickeln; dadurch erkennen wir uns als eigenständige Persönlichkeit an und akzeptieren uns und andere in ihrer Persönlichkeit und in ihrem Handeln;
- die Selbstkontrolle über die eigene Existenz zurückzugewinnen und selbstbestimmte Verhaltensmuster zu leben,
- eine Balance in unseren wichtigsten Lebensbereichen aufzubauen,
- zu verstehen, was uns gesund, zufrieden und glücklich macht,
- zu vermeiden, was uns krank und unglücklich werden lässt.

Persönliche Weiterentwicklung – Lebensmotive und NLP im wirkungsvollen Zusammenspiel

- Was ist mir wirklich wichtig in meinem Leben?
- Was möchte ich in meinem Leben noch erreichen?
- Was will ich in meinem Leben bewirken und hinterlassen?

Im Leben stehen wir häufig vor bewegenden Fragen, vergleichbar mit einem hohen Berg, der uns bislang unbekannt ist und den wir besteigen wollen, oder einer Nebelwand, bei der wir nicht wissen, wie es weitergeht. Wir können die Folgen unseres nächsten Schritts nicht abschätzen.

Beim Bergsteigen im Herbst erleben wir den Tag gleich nach dem Aufwachen beim Blick aus dem Fenster als nebelig, dunstig und trüb. Wir könnten uns wieder herumdrehen und weiterhin das warme Bett genießen. Wir haben die Wahl. Etwas ist in uns, das uns bewegt, dennoch den Rucksack zu packen, die warme Jacke anzuziehen und mit festen Schuhen ausgestattet loszugehen. Wir starten – und das ist vermutlich ein entscheidender Punkt im Leben für Veränderungsprozesse überhaupt: loszugehen – es zu tun. „Auch eine lange Reise beginnt mit dem ersten, kleinen Schritt", sagt ein chinesisches Sprichwort. Und Erich Kästner formulierte: „Es gibt nichts Gutes, außer: Man tut es." Wir sind den ersten Schritt gegangen – und das ins Bewusstsein zu rufen, ist der entscheidende Punkt für die persönliche Veränderung und Weiterentwicklung.

Eine Kleinigkeit, denken wir. Nein, keineswegs. Es sind nicht die großen Dinge, die unsere persönliche Fortentwicklung bewirken. Es sind die eher kleinen Dinge. Das grobe Ziel für die Veränderung sollten wir wie bei dieser Bergtour festgelegt haben. Wenn wir den Gipfel erreichen, wird es ebenso gute Gründe dafür geben wie dafür, dass wir aus welchen Umständen auch immer umgekehrt sind oder die Tour verändert haben. Denn dann haben wir etwas erlebt und gelernt, dass „Umwege die Ortskenntnisse erhöhen".

Für die persönliche Weiterentwicklung ist von entscheidender Bedeutung, dass die von uns formulierten Ziele mit unseren Motiven, Werten und Glaubenssätzen kongruent sind. Um diese Komplexität zu durchdringen, scheint das in den 70er Jahren zur alltagstauglichen Bewältigung von Lebenssituationen konzipierte NLP-Modell sehr nützlich, weil es ziel- und ressourcenorientiertes Denken und Verhalten in den Vordergrund stellt.

Neuro-Linguistische Programme (NLP) erklären und nutzen die Wirkungszusammenhänge unserer Wahrnehmungen (Neuro), die Bedeutung und Wirkung unserer Sprache (Linguistik) sowie die inneren Verarbeitungsprozesse (Programme).

Lassen wir diese Impulse auf dem weiteren Weg bei unserer „Bergtour" noch ein wenig wirken, um den Alltagsbezug herzustellen. Nach 30 Minuten Aufstieg im Nebel steht plötzlich hinter der nächsten Kehre die Sonne mit ihren wärmenden und aufmunternden Strahlen. Wir haben auch hier wieder die Wahl. Wir können weiterlaufen, ohne anzuhalten, wie häufig im Leben. Wir könnten aber auch stehen bleiben und ganz bewusst wahrnehmen. Wie häufig haben Sie das in Ihrem Leben getan? Es ist vergleichbar mit dem Einstellen des Navigationsgerätes. Wir navigieren uns durch das Leben. Trotz der Möglichkeit, weiterfahren zu können, mag es durchaus nützlich sein, auch einmal anzuhalten.

Wahrnehmung mit allen Sinnen

Stehen bleiben und bewusst wahrnehmen. Wahrnehmen mit allen Sinnen. Stellen Sie sich vor, dass genau das eintritt. Sie stehen auf dem Weg zum Gipfel, gerade aus dem Nebel herausgetreten, plötzlich in der warmen Sonne.

- Was gibt es jetzt für mich zu sehen?
- Was gibt es jetzt für mich zu hören?
- Was gibt es jetzt für mich zu fühlen?
- Was gibt es jetzt für mich zu riechen?
- Was gibt es jetzt für mich zu schmecken?

Ich nehme die Dinge um mich herum wahr, die für mich bedeutsam sind. Diese Wahrnehmung steht am Eingang der Neuro-Linguistischen Programme.

N steht für „Neuro" und bezieht sich auf Ergebnisse der Hirnforschung – wie Menschen wahrnehmen, denken, fühlen und wie das Gehirn innere und äußere Reize verarbeitet. Ein ganz besonders wichtiges Werkzeug für Veränderungsprozesse ist unsere Wahrnehmung. Die aufgenommenen Reize gelangen über unsere Wahrnehmungsorgane und rund 100 Millionen Neuronen zu den synaptischen Verschaltungen. Wir sehen, hören, fühlen, riechen oder schmecken.

Wie aus Neuronen breite Autobahnen werden

Nervenzellen, die gleichzeitig feuern, verdrahten sich – das besagt das Modell der Hebb'schen Plastizität. Je häufiger Nervenzellen benutzt werden, desto mehr verstärken sie sich. Eine Synapse ist der Zusammenschluss, bei dem zwei Nervenzellen durch chemische Botenstoffe, die Transmitter, in Verbindung treten und Signale austauschen. Durch jeden neuen wahrgenommenen Reiz wird die synaptische Verbindung der Nervenzellen verstärkt und für die Informationsverarbeitung intensiviert. Dadurch ist sie leichter zu aktivieren. Vergleichbar sind diese Vorgänge im Gehirn mit den Abläufen in unserer Muskulatur. Wie bei der Bergtour: Wenn Muskeln oft beansprucht werden, erhöhen sie ihre Leistungsfähigkeit.

Vermutlich wird es für uns zunächst etwas befremdlich sein, wenn wir uns ganz bewusst die angeführten Sätze als einen inneren Dialog vorsprechen. Klar, alles, was neu ist, wirkt zunächst ungewohnt und fremd. Erst wenn ich das, was mir unbekannt war, permanent wiederhole, wird es in meine Persönlichkeit integriert. So wie das Erlernen des Autofahrens. Was war da nicht alles fremd und schwierig. Und heute? Wie leicht ist das Autofahren jetzt für uns, und was tun wir noch zusätzlich, wenn wir am Steuer sitzen?

Wenn die synaptische Verbindung zwischen den Neuronen durch vielfache Benutzung verstärkt wird, sprechen die Neurobiologen von „Bahnung" *(Hüther 2005)*.

Der Weg wird breiter, je häufiger er benutzt wird. Vergleichbar mit den Pfaden auf unserer Bergtour. Nach vielen Jahren der Benutzung entstehen eine breite, gut begehbare Straße oder sogar richtige „Autobahnen" *(Hüther 2005)*. Wege, die selten oder gar nicht mehr benutzt werden, verschwinden. Sie verwildern und wachsen zu. So ist es auch mit unseren Wahrnehmungskanälen. Wenn wir sie nicht regelmäßig nutzen, werden sie träge und verstauben.

Neuronale Netzwerke und Anker

Durch die Verbindung der Nervenzellen entstehen riesige Netze. In diesen Geflechten befinden sich neuronale Erregungsmuster, das sind die Bausteine unseres Gedächtnisses. Ohne diese Netze wären wir nicht in der Lage, diese ungeheure Menge an Informationen, nämlich in jeder Sekunde rund 11 Millionen Bits, sinnvoll zu ordnen und abzurufen. Als Reaktion auf einen Reiz werden in den neuronalen Netzen bestimmte Muster gleichzeitig ausgelöst. Sie sind miteinander „verankert".

Wenn wir im Urlaub den aktuellen Sommerhit in einer für uns angenehmen, entspannten Atmosphäre mehrfach hören, dann ist er in unserem neuronalen Netzwerk fest verankert. Dieses Ankern basiert auf den Überlegungen des klassischen Konditionierens (Pawlow). Die Begründer des NLP, *Bandler und Grinder (1998, 34)*, beobachteten bei der Familientherapeutin Virginia Satir, dass sie bei ihren Klienten zu bestimmten Zeitpunkten ihre Hand an bestimmte Stellen des Körpers legte. Zu späteren Anlässen wurden dadurch verankerte Prozesse wieder aktiviert und bewusst ausgelöst.

Emotionen und Aufmerksamkeitsfokussierung

Damasio (2001, 85) weist darauf hin, dass zu den Erinnerungen an ein Objekt, das einmal real wahrgenommen wurde, nicht nur Aufzeichnungen der sensorischen Aspekte wie Farbe, Form oder Klang, sondern auch die damit verbundenen emotionalen Reaktionen auf das Objekt gehören. In unseren Netzwerken sind neben den sensorischen und kognitiven Informationen eben auch die begleitenden emotionalen Daten abgespeichert.

Unsere Wahrnehmung wird also aufgrund des in dem Moment bestehenden Gedächtnisinhalts und des vorliegenden Erregungsmusters gelenkt und fokussiert. Dies geschieht zusammen mit den Umgebungsbedingungen und den vorgebahnten Erregungsmustern.

Wir richten unsere Aufmerksamkeit aufgrund bestehender neuronaler Netzwerke in eine bestimmte Richtung und fokussieren – wie der Bühnenbeleuchter auf den Hauptdarsteller – auf das, was für uns förderlich oder hinderlich ist.

Die uns zunächst unbewussten Motive sind als Dispositionen in den neuronalen Netzwerken vorhanden. Wenn sie nun mit dem Reiss Profile auf die Ebene des Bewusstseins gehoben werden, dienen sie als Anleitung wissentlicher Aufmerksamkeitsfokussierung auf der Grundlage der individuellen Ausprägung der Lebensmotive. Sie sind maßgeblich an dem Ausbau unserer unterstützenden Autobahnen für die Gestaltung eines bejahenden Lebens beteiligt.

Wir haben die Möglichkeit, die Wahrnehmung bewusst auf das zu lenken, was uns gefällt und was für uns positiv und förderlich für ein sinnvolles und bejahendes Leben ist. In dem Moment, in dem wir die Aufmerksamkeit genau auf das lenken, was für uns zieldienlich ist, nehmen wir die erste Weichenstellung für eine Veränderung vor.

Je häufiger unsere Synapsen „angesprochen und bedient" werden, umso mehr verfestigen sie sich. Und das geschieht nachhaltig dann, wenn zu der bewussten Aufmerksamkeitsfokussierung auch noch unterstützende Emotionen hinzukommen und verankert werden. Wir lernen dann besonders nachhaltig und überdauernd, wenn „es unter die Haut geht", sagt *Hüther (2005, 12)*.

Von fast jedem Ort unseres Körpers ausgehend werden Emotionen auf zwei Wegen übertragen: Der eine ist die Blutbahn, wo die Übertragung durch chemische Moleküle erfolgt, die auf die Rezeptoren von Zellen in Körpergeweben einwirken. Den anderen Weg bilden Nervenzellenbahnen. Die Befehle auf dieser Route nehmen die Gestalt elektrochemischer Signale an, die auf andere Neuronen, Muskelfasern oder Organe, etwa die Nebenniere, einwirken, die ihrerseits chemische Stoffe in die Blutbahn abgeben können. Das Ergebnis dieses konzentrierten chemischen und neuronalen Kommandos ist eine globale Veränderung im Zustand des Körpers *(Damasio 2001, 87)*. In seinem Ansatz der „somatischen Marker" geht Damasio davon aus, dass aufgrund von Konditionierungsprozessen praktisch jedes Objekt und jede Situation unserer Erfahrung mit Emotionen und den begleitenden Körperzuständen verknüpft werden. Wenn unser Organismus einem Objekt oder einer Situation ausgesetzt ist, werden nicht nur die entsprechenden Informationen über das Objekt oder die Situation in einem neuronalen Netz gespeichert, sondern auch die Emotionen und die Körperempfindungen, die sich aus der Begegnung ergeben haben.

Emotionen greifen also in die Verhaltensplanung und -steuerung ein, indem sie bei der Handlungsauswahl mitwirken und bestimmte Verhaltensweisen auslösen und fördern.

Wahrnehmungspositionen und mentales Zustandsmanagement

Unsere Emotionen „bremsen" uns allerdings auch manchmal aus und bringen uns in einen weniger guten Zustand. Das Geheimnis eines guten Selbstmanagements liegt im Einnehmen eines bestimmten mentalen Zustandes, der in der jeweiligen Situation förderlich ist. Wenn wir in einer Situation sehr involviert, direkt betroffen und mit allen Sinnen beteiligt sind, handelt es sich um einen assoziierten Zustand. Situationen, in denen wir Abstand zum Geschehen haben und eher als Zuschauer beteiligt sind, nennen wir einen dissoziierten Zustand. In einer weiteren Wahrnehmungsposition betrachten wir das gesamte Geschehen aus der Vogelperspektive und können durch diese Sichtweise je nach Situation bedeutsame Informationen für ein wirksames Verhalten gewinnen.

Durch die Einnahme verschiedener Wahrnehmungspositionen können wir Unterschiede noch bewusster realisieren und diese Informationen für unsere Veränderungsprozesse nutzen. In der bewussten Wahrnehmung feinster Unterschiede finden wir vielfach erst die Ressourcen, die uns dann wirkungsvolle und nachhaltige Veränderungen ermöglichen.

Wir Menschen unterscheiden uns in der Art und Weise, wie wir bestimmte Situationen, uns selbst, andere Menschen, unsere Beziehungen, die beruflichen Tätigkeiten und unsere Existenz allgemein erleben. Je nachdem, wie wir zu einem bestimmten Zeitpunkt uns selbst und unsere Umwelt wahrnehmen, wie wir denken, welche Überzeugungen wir haben, wie wir fühlen und wie wir diese Gefühle bewerten, kann ein und dieselbe Situation angenehm und wohltuend oder schwierig und belastend erlebt werden.

Das Denken beeinflusst auch unsere Sprache. Zum einen werden die wahrgenommenen Informationen über unsere Sprache repräsentiert. Zum anderen hat unsere Sprache entscheidenden Einfluss auf die Verarbeitung von Erlebnissen, und sie bewirkt sogar unseren emotionalen Zustand. So wie unser Denken und Sprechen über die Bergtour: Die einen sehen die herbstlich bunte Berglandschaft, hören die Stille, empfinden den Auf- und Abstieg als eine wohltuende Bewegung und somit die gesamte Tour als ein gelungenes und sinnvolles Erlebnis in der Natur. Die anderen sehen den vor ihnen liegenden Weg mit all den Strapazen und finden die Stille unerträglich. Das bringen sie in ihren verbalen Äußerungen auch deutlich zum Ausdruck.

„Das konnte ich noch nie." Wenn ich an diesen Satz glaube, wird auch genau das eintreten. Und je häufiger ich genau dieses denke, wird sich das in meinen neuronalen Netzwerken verfestigen. Erinnern wir uns: Ein Glaubenssatz ist der sprachliche Ausdruck der Dinge, an die ein Mensch glaubt, die er für wahr hält. Es ist die Realität, die wir selbst herstellen und die sich dann mehr und mehr verfestigt und unser Leben beeinflusst – in die unterstützende oder in die eher hinderliche Richtung.

Vergleichbar mit einem inneren Tonband, das im Gehirn ständig abgespielt wird, werden die einschränkenden Glaubenssätze fortwährend wiederholt und beeinflussen die Gedanken und Gefühle, die wiederum die Lebensentscheidungen bestimmen. Wenn wir es wollen, können wir mit viel Feingefühl die „alten Aufnahmen überspielen". Sie werden nicht ganz gelöscht sein, sind aber weniger wirksam. Und wenn wir sie „nicht mehr abspielen", werden sie im „Schrank verstauben" – immer mehr.

„Manchmal reicht es für die Bewältigung von Aufgaben oder das Finden von Lösungen bereits aus, wenn es uns gelingt, eine andere Perspektive einzunehmen", so *Paul Watzlawick (1992, 25)*. Und das ist auch dann der Fall, wenn wir es durch unsere Sprache tun.

Die Kraft unserer Sprache

Hier meldet sich das „L" des NLP zu Wort. „L" steht für Linguistik und bezieht sich auf die Sprachforschung. Menschen speichern mit Hilfe der Sprache inneres Erleben und teilen es nach außen mit. Mit Hilfe der Wahrnehmung erstellen sie die „Landkarte ihrer Realität" und präsentieren sie anderen über die Sprache. Die Bedeutung eines jeden Ereignisses hängt stets von dem Rahmen ab, den wir dieser Situation geben und wie wir darüber sprechen.

Wir können mit dem individuellen Ergebnis aus dem Reiss Profile unterschiedlich umgehen:

Beispiel: Hohe Ausprägung des Neugier-Motivs

1. „Du bist aber neugierig. Ja, du musst alles immer ganz genau wissen."
2. „Du hast großen Wissensdurst. Es ist interessant, dass du die Inhalte fachlich durchdringen möchtest und sie mit allen Vor- und Nachteilen betrachtest."

Mit unserer Sprache entscheiden wir, in welcher Richtung wir das, was uns antreibt, wahrnehmen. Davon ausgehend, dass es weder richtig noch falsch gibt, sondern eher hinderlich oder förderlich, können wir einem Inhalt sprachlich die eine oder die andere Bedeutung geben. Entscheidend sind die Auswirkungen auf die Person und das beteiligte System.

Reframing

Durch die Technik des Reframing können wir einem Inhalt eine andere Bedeutung geben. Dann sprechen wir vom Inhalts- oder Bedeutungsreframing. Wenn wir Neugier in einen anderen Kontext stellen, kann sie kein unangenehmes Verhalten, sondern eine besonders nützliche Fähigkeit sein. Durch das Kontextreframing erreichen wir, dass Eigenschaften und Verhaltensweisen in anderen Situationen durchaus sehr nützlich und angebracht erscheinen.

„Ich würde mich gerne viel häufiger bewegen und die Berge besteigen, aber ich bin immer viel zu müde", hören wir auf der Bergtour. Dies ist eine Verallgemeinerung oder Generalisierung in unserer Sprache, die unbewusst benutzt wird und eine hohe Aussagekraft besitzt. Eine NLP-Intervention würde vermutlich Folgendes bewirken.

Frage: „Immer?"

Mögliche Antwort: „Ja, immer."

Konsequente Nachfrage: „Wirklich immer?"

Antwort: „Na ja, nicht immer, aber häufig."

Frage: „Ah, es könnte also Ausnahmen geben. Wann ist es denn anders? Wann und unter welchen Bedingungen bist du nicht müde?"

Die Aufmerksamkeitsfokussierung erstreckt sich nun auf die Situationen, in denen sich die Person bewegt und das tut, was für sie wichtig ist.

Wohlgeformte Zielformulierungen

Eine besondere Bedeutung hat unsere Sprache bei der Formulierung unserer Ziele.

Wir sind manchmal verwundert, warum wir ein Ziel nicht erreichen, obwohl wir es uns doch ganz fest vorgenommen haben. „Ich möchte nicht mehr rauchen" ist ein beliebter Vorsatz. Erreicht wird das Ziel allein durch diese Formulierung wohl kaum. Deutlicher wird es bei der Aussage: „Ich will nicht nach Berlin fahren." Zur Zielerreichung ist es wichtig, einen Endpunkt zu haben, der dann auch gehirngerecht, auf die neuronalen Netzwerke abgestimmt, formuliert wird. Ein weiterer wichtiger Aspekt zur Erreichung eines

Zieles ist die Kongruenz zwischen den Motiven und den wohlgeformten Zielen. „Ich will nicht mehr rauchen" können wir deshalb nicht umsetzen, weil die Formulierung eine Negation beinhaltet. Heraus kommt: „Ich will ... mehr rauchen."

„Bei der nächsten Präsentation möchte ich nicht so schnell reden." Eine Intervention würde die Frage so formulieren: „Was möchtest du denn stattdessen?" oder einfach nur: „... sondern ...?"

Wohlgeformte Zielformulierung: „Bei der nächsten Präsentation werde ich ruhig und langsam sprechen" – Kleinigkeiten, werden Sie sagen. Ja, in der Tat. Das sind die Kleinigkeiten, die vielfach entscheidend für nachhaltige Veränderungsprozesse sind. Wohlgeformte Ziele können wir deshalb viel wahrscheinlicher erreichen. Zu den Kriterien gehören:

1. Eine positive und attraktive Formulierung. Warum sollten wir starten, wenn uns das Ziel wenig anspricht?
2. Keine Negationen, sondern konkrete und präzise Formulierungen dessen, was wirklich erreicht werden soll. Dies ist eine besonders große Herausforderung, weil es viel einfacher ist, zu sagen, was wir nicht wollen. Achten Sie mal darauf, wie Menschen aus ihrem Umfeld ihre Ziele formulieren.
3. Ziele sollten meinen inneren Vorstellungen entsprechen. Das sind zum einen die mir bewussten motivationalen Selbstbilder und meine Motive in der individuellen Ausprägung. Im Verständnis des Konstruktivismus gibt es nicht die Realität, sondern nur die Realität, die wir uns persönlich herstellen.

Wir können so tun, als ob wir unser Ziel bereits erreicht haben. Dabei unterstützen uns die fünf Wahrnehmungskanäle. Wir benutzen sie zur Konstruktion von zukünftigen attraktiven Zielen, zusammen mit den Kenntnissen über die Ausprägung unserer Motive. Damit ist eine sinnesspezifische Repräsentation unserer Kraftquellen gewährleistet. Bei diesem Vorgang können die „somatischen Marker" wichtige Impulse auch für konstruierte Vorstellungen auslösen. *Damasio* nennt diesen Vorgang die „Als-ob-Schleife": „In bestimmten Situationen ist es möglich, sich vorzustellen, wie eine körperliche Rückmeldung sich anfühlen würde, wenn sie eintreten würde" *(Damasio 2001, 318)*. Dies ist natürlich nur möglich, wenn das Gehirn schon vielfältige Rückmeldungen erlebt hat. So kann die Art und Weise, wie ein Feedback sich anfühlt, imaginiert werden, weil das Gehirn auf entsprechendes Wissen zurückgreifen kann.

Kongruenz zwischen wohlgeformter
Zielformulierung und inneren Motiven

Für die Umsetzung von Zielen ist es wichtig, dass eine Kongruenz zwischen den formulierten Zielen und den inneren Kraftquellen (Motiven, Werten und Glaubenssätzen) vorhanden ist. Unser Körper gibt uns bei Unstimmigkeiten feine Signale, die es wahrzunehmen gilt. Wenn wir über diese Impulse hinweggehen und die inneren Kraftquellen nicht berücksichtigen, werden wir diese Diskrepanz auf dem weiteren Weg mitschleppen. Deshalb ist es sehr unterstützend, wenn diese Einwände berücksichtigt werden. Und genau hier liegt eine weitere Herausforderung. Die Kraftquellen in unserem Unbewussten, dem „Es", überprüfen jede ankommende Information auf ihre Nützlichkeit für unser System.

Neurobiologisch lässt sich das einfach erklären. Die unbewusst arbeitenden, emotionalen Erfahrungssysteme (die Amygdala und das limbische System) haben bei den Handlungsentscheidungen das erste und das letzte Wort. Das erste beim Entstehen von Wünschen, Absichten und Zielsetzungen, das letzte bei der Entscheidung, ob das, was geplant ist, wirklich jetzt und so und nicht anders ausgeführt werden soll.

Mit den Werkzeugen des NLP haben wir die Möglichkeit, in uns wirkende Antriebskräfte miteinander verhandeln zu lassen – wie in einem inneren Parlament. Dazu kann es sehr hilfreich sein, die Persönlichkeit vom Verhalten zu trennen. Das ist nicht immer ganz leicht, weil sich Muster in der Form eingeschlichen haben, dass wir sagen: „Er ist so …", statt zu formulieren: „In der gestrigen Situation habe ich ihn so erlebt." Dadurch können wir das Verhalten und die Absicht trennen. Auf der Suche nach der „positiven Absicht" hinter dem gezeigten Verhalten kommen plötzlich erstaunliche Aspekte hervor.

Allerdings erfordert das eine sehr wertschätzende Haltung. Es geht dabei um die Möglichkeit, einmal zu überlegen, welche positive Absicht hinter manchem Verhalten liegen könnte. Und damit sind wir bei weiteren Werkzeugen des NLP, der Milton-Sprache und dem Meta-Modell der Sprache. Wie genau äußert sich das gezeigte Verhalten und welche positive Absicht könnte dahinter stecken?

In unserer Persönlichkeit kommt es in jeder Sekunde zu komplexen Prozessen, die von unseren inneren Antriebsquellen und der äußeren Umgebung beeinflusst werden. Dabei laufen Programme ab, die bei jedem Menschen individuell organisiert und strukturiert sind. Wir erleben ganz persönlich und verhalten uns in unterschiedlichen Situationen verschieden. Wir sind einzigartig.

Diese Einzigartigkeit der Antriebskräfte wird durch das Reiss Profile abgebildet. NLP berücksichtigt die Individualität und ermöglicht ziel- und ressourcenorientiert persönliche Veränderungsprozesse. Von daher ergänzen sich neben anderen komplementären Überlegungen besonders diese beiden Ansätze. Neuro-Linguistische Programme erklären und nutzen die Wirkungszusammenhänge dieser inneren Prozesse.

„P" steht auch für Programmieren und bezieht sich auf die Fähigkeit, Wahrnehmung, Gedanken und Gefühle und auch Verhaltensweisen so zu verändern, dass sie für unsere individuellen Persönlichkeitsprozesse nützlich sind. NLP – wir bezeichnen es auch als Natürliche Lebens-Prozesse oder als Neue Lebens-Perspektiven – ermöglicht uns, das eigene Verständnis für zwischenmenschliche Kommunikation zu verfeinern und sich noch leichter auf die individuelle „Realität" des Gegenübers einzustellen. Es ermöglicht uns darüber hinaus, die eigene Anpassungsfähigkeit im Umgang mit Menschen zu erweitern und sich flexibel den Herausforderungen einer sich ständig wandelnden Welt zu stellen.

Wir können diese Zusammenhänge in ihrer Komplexität mehr und mehr verstehen und für die Weiterentwicklung nutzen. Dadurch bauen wir persönliche Stärken und Kompetenzen weiter aus und integrieren sie in unsere Persönlichkeit. Durch ein stimmiges Kommunikationsverhalten können wir leichter Kontakt und Zugang zu anderen Menschen aufnehmen und uns in die Lebenswelt der anderen hineinversetzen. Damit bereichern wir privates Leben und berufliche Tätigkeit.

Lebensmotive und NLP –
ein komplementäres Zusammenspiel

Aus den Erkenntnissen des Reiss Profile und der systemisch-konstruktivistischen, ziel- und ressourcenorientierten Philosophie des NLP ergibt sich ein komplementäres, wirkungsvolles Zusammenspiel mit vielfältigen Nutzungsmöglichkeiten für die individuelle Weiterentwicklung unserer Persönlichkeit im Sinne eines sinnvollen und bejahenden Lebens.

Wir sind dadurch in der Lage,
• herauszufinden, was für uns wirklich wichtig ist,
• Ziele zu erkennen, zu klären und zu erreichen,
• uns selbst und andere besser zu verstehen,
• Veränderungsprozesse zieldienlich zu gestalten,
• Probleme zu lösen und mit Herausforderungen leichter umzugehen.

Lebensmotive und Gesundheit

Ich muss endlich etwas für meine Gesundheit tun, bewusster essen, mich bewegen – nur, im Moment habe ich keine Zeit dazu. Vermutlich kennen Sie Menschen, die solche Sätze äußern. Keine Zeit für das körperliche Wohlergehen. Keine Zeit für sich selbst. Wenn nicht jetzt, wann dann?

„Wer sich nicht ausreichend Zeit für seine Gesundheit nimmt, wird sich irgendwann viel Zeit für seine Krankheit nehmen – müssen" *(Lindemann 1974, 19)*.

Gesundheit bekommt als ökonomischer Faktor in unserer Gesellschaft eine immer größere Bedeutung. In den Industrienationen beträgt der Anteil des Gesundheitssektors am Sozialprodukt bereits zwischen einem Fünftel und einem Sechstel – Tendenz steigend! In Deutschland werden jährlich 240 Milliarden Euro für die Instandhaltung von Körper, Geist und Psyche ausgegeben. Die Gesundheitsbranchen bilden inzwischen den größten Wirtschaftszweig in Deutschland.

Kant hat in seiner Anthropologie-Vorlesung (1798) bereits darauf hingewiesen, dass wir Gesundheit häufig deshalb missachten, weil wir sie als etwas Selbstverständliches ansehen, das wir erst dann wahrnehmen, wenn es uns abhanden gekommen ist. Menschen fühlen sich heute krank, wenn bestimmte Lebensqualitäten nicht mehr vorhanden sind. Das Burn-out-Syndrom, gesundheitsschädigende Verhaltensweisen wie schlechte Ernährung, zu wenig Bewegung, der Verlust der Kontrolle über Zeit und Geld erzeugen ein hohes Maß an Energie- und Leistungsverlust. Mehr und mehr entwickelt sich eine sinnvolle Verbindung schulmedizinischer und alternativer Methoden zu einer ganzheitlichen Medizin, die sich an der Gesundheit statt an der Krankheit orientiert.

Kraftquelle Gesundheit

In unserem schulmedizinisch orientierten Gesundheitssystem herrscht nach wie vor eine eher pathogene Betrachtungsweise des Gesundheitsbegriffes vor, die auf Beschwerden, Symptomen, Schmerzen und deren bestmögliche Beseitigung ausgerichtet ist. Antonowsky prägte Ende der 70er Jahre den Begriff der „Salutogenese", der eine wesentliche Neuorientierung der Gesundheitsforschung einleitete. Im Zentrum seines Ansatzes steht die Frage, welche Faktoren und welche Ressourcen Menschen gesund erhalten, und nicht, welche sie krank machen.

In fast jeder Publikation zum Thema Gesundheitsförderung treffen wir auf die Gesundheitsdefinition der World Health Organisation (WHO) aus dem Jahre 1948: „Health is a state of complete physical, mental and social well-being and not merely the absence of disease or infirmity." Für die WHO ist Gesundheit also nicht die Abwesenheit von Krankheit, sondern ein „Zustand vollkommenen körperlichen, geistigen und sozialen Wohlbefindens". Der Dreiklang des physischen, psychischen und sozialen Wohlbefindens stellt deutlich heraus, dass die Lebenskunst einer aktiven, selbstbestimmten und bejahenden Lebensführung immer ganzheitlich angelegt ist.

Eine der genannten Kraftquellen ist die körperliche Widerstandsfähigkeit. Menschen, die sich nach ihrer individuellen Motivstruktur bewegen, sich bewusst ernähren und gezielt entspannen, verfügen über starke Gesundheitsressourcen und sind auch in Zeiten starker Beanspruchung in der Lage, ihr Lebenskonzept zu leben.

Ressourcen für die Psyche

Immer mehr verschiebt sich die Aufmerksamkeit von der Pathogenese zur Salutogenese. Seit der Einführung des Ressourcenbegriffs 1981 durch Badura kommt es mehr und mehr zu einer Abkehr von der Belastungsforschung, bei der die klassische Problemperspektive eingenommen wird. Das Reiss Profile fragt auch nicht, warum Sie nicht motiviert sind. Vielmehr gehen wir davon aus, dass in uns Ressourcen vorhanden sind, die motivierend und für unsere Lebensgestaltung förderlich sind.

Ressourcenorientierung geht davon aus, dass der Mensch die meisten Potenziale zur Lösung seiner Probleme selbst in sich trägt. Auch das Reiss Profile unterstützt Sie, diese Ressourcen zu entdecken und weiterzuentwickeln. Die Aktivierung dieser Reservoirs setzt allerdings die Einnahme einer Ressourcenperspektive voraus.

Für die Herbeiführung von Veränderungen kann das Einnehmen der Problemperspektive wie ein Bleiklotz am Bein wirken. Woher sollen Kraft, Mut und Gelassenheit für Veränderungen kommen, wenn nicht aus uns selbst? Wenn wir Veränderungen aus einer Problemperspektive heraus betreiben wollen, gehen wir von dem grundlegenden Irrtum aus, dass der Außenstehende, vielleicht der Arzt oder der Therapeut, den Menschen ändert. Was er jedoch lediglich tun kann, ist zu fördern und zu unterstützen.

Soziale Motive, die unsere Gesundheit unterstützen

Wenn die sozial prägenden Motive wie Anerkennung, Beziehungen, Macht, Idealismus, Teamorientierung, Schönheit und Rache/Kampf nicht in der individuellen Ausprägung gelebt werden, wird es immer wieder zu Reibungen in Beziehungen kommen, die Menschen nicht in Frieden zusammenleben lassen werden. Allein das Wissen um die persönliche Ausprägung der Motivstruktur führt zu einem selbstbewussten Umgang mit der eigenen Person. Sind mir die Motive der mir nahestehenden Menschen bekannt, ist es für mich eher möglich, ihre Verhaltensweisen zu akzeptieren, und ich kann eher Verständnis für situative und persönliche Handlungsweisen aufbringen. Ein Mensch kann so seine Motive auch flexibler nutzen, er kann auf den anderen Menschen positiv zugehen und sich auf ihn einstellen, ohne sich selbst verstellen zu müssen.

Work-Life-Balance und unsere Lebensmotive

Je höher die Wellen schlagen, desto wichtiger ist das Gleichgewicht. Und das scheint nicht nur auf einem Surfbrett oder einem Schiff Gültigkeit zu haben. Je vielfältiger die Aufgaben im Privaten, je höher die Anforderungen und je komplexer, hektischer und unsicherer unser beruflicher Alltag, umso wichtiger wird es auch für uns, unser Gleichgewicht herzustellen, um nicht unterzugehen. Work-Life-Balance steht für ein ausgewogenes Verhältnis von Berufs- und Privatleben. Das Ziel dieser Gedanken ist es, persönliche Interessen mit der Arbeitswelt in Einklang zu bringen.

Die Fahrt durch die Wellen des privaten und beruflichen Alltags mit dem eigenen Segelboot wird eine immer größere Kunst. Die Ziele, die wir auf unserer „Karte" anvisieren, können wir frei wählen. Das eine Ziel ist der Untergang. Er wäre vergleichbar mit Krankheit und all ihren Folgen. Das andere Ziel: Gesundheit – im Sinne des Dreiklanges – vergleichbar mit der Kraft und der Stabilität eines Dreimasters, auch bei stürmischer See. Häufig ist uns die Bedeutung des eigenen Gleichgewichtes gar nicht recht bewusst, und wir erkennen sie erst dann, wenn wir es verloren haben.

Lebensbalance

Wir wollen hier bewusst von einer Lebensbalance sprechen. Die Einteilung in Beruf und Privatleben reicht nicht aus, um zu erfassen, worum es wirklich geht.

Zu den privaten Lebensbereichen gehören unser Körper, also die physische Dimension, die Beziehungen, also die soziale Kategorie, und der Sinn in unserem Leben, also der psychische Aspekt. Dazu kommt als viertes Element der Beruf. Stehen diese vier Elemente in einem harmonischen Verhältnis zueinander, können wir von einem ausgeglichenen, vielleicht sogar von einem bejahenden Leben sprechen.

Der erste Bereich, unser Körper, beinhaltet alles, was mit Gesundheit, Erholung und Fitness zu tun hat. In einem gesunden Körper steckt auch ein gesunder und flexibler Geist.

Der zweite Bereich: Das sind unsere sozialen Beziehungen. Freunde, Partner, Familie. Soziale Kontakte benötigen Zeit und sind durch ein ständiges Geben und Nehmen gekennzeichnet. Jede Beziehung, die Menschen miteinander pflegen und die einen starken Zusammenhang zwischen ihnen herstellt, erfüllt das Handeln der Beteiligten mit Sinn.

Der dritte Bereich ist der Sinn. Für uns ist dann etwas sinnvoll, wenn Zusammenhänge erkennbar werden. Wenn also einzelne Dinge, Menschen, Begebenheiten und Erfahrungen nicht isoliert für sich stehen, sondern aufeinander bezogen sind. Sinn ist somit Zusammenhang – Sinnlosigkeit ist Zusammenhanglosigkeit.

Der vierte Bereich ist unsere Arbeit. Der Beruf ist ein Lebensbereich, der entscheidend zur Identitätsbildung beitragen und unterstützend oder hinderlich zur Lebensbalance beitragen kann.

Ein Schiff erhält sein Gleichgewicht in den hohen Wellen durch die Ausgestaltung seiner Bauart, insbesondere durch seinen Kiel und selbstverständlich auch durch die Art und Weise der Beladung. Denken wir an die riesigen, mit Containern beladenen Ozeanriesen. Je tiefer der Kiel ins Wasser eintauchen kann, desto geringer ist die Möglichkeit, auf hoher See zu kentern. Und je ausgeglichener und kompetenter die Gewichte verteilt sind, umso weniger besteht die Möglichkeit, dass selbst bei rauer See die Ladung verrutscht. Vergleichbar ist das mit unserer Persönlichkeit. Je tiefer wir in das eintauchen, was uns wirklich wichtig ist, umso besser können wir das Gleichgewicht dieser vier Bereiche herstellen, für Körper und Geist, für die tägliche Widerstandskraft, für die emotionalen und psychischen Konflikte.

Gehen wir doch gemeinsam unsere Lebensmotive durch und stellen Fragen. Fragen, um zu reflektieren, Fragen, um die Life-Balance herzustellen – selbstverantwortlich und individuell.

Macht

- Welche Leistungen waren in meinem Leben bislang wirklich wichtig und was habe ich durch sie gelernt?
- Auf welche Bereiche meiner Life-Balance nehme ich wirklich Einfluss?

- Wie zufrieden bin ich mit der Balance meiner vier Bereiche (Körper, Beziehungen, Sinn, Beruf)?

Teamorientierung

- Welche Auswirkungen hätte es, wenn Menschen mit einer positiven Grundeinstellung meine Aktivitäten begleiten würden?
- Was macht es mit mir, wenn ich mit anderen kooperiere?
- In welchen Bereichen meines Lebens könnte ich mehr Zusammenarbeit zulassen?
- Habe ich genügend Zeit für mich alleine?
- Was könnte ich tun, um mehr Zeit für mich alleine zu haben?

Neugier

- Welches Wissen müsste ich haben, um die vier Säulen der Lebensbalance in Einklang zu bringen?
- Welche Seiten an mir würde ich gerne verändern?
- Was wäre der erste mögliche, sehr pragmatische Schritt?
- Wann geht es los?

Anerkennung

- Was sind meine wichtigsten Stärken?
- Lebe ich das, was mir wirklich wichtig ist?
- Bekomme ich wichtiges positives Feedback für meine Persönlichkeit, mein Leben und meinen Beruf?
- Lobe ich selber genug, oder kritisiere ich andere Menschen gerne?

Ordnung

- Welche Erfahrungen habe ich damit gemacht, wenn ich um mich herum etwas ordne, aufräume, reinige oder schön gestalte?
- Welche Auswirkungen hat das auf meine Lebensbalance?
- Wie flexibel ist mein Leben, wo kann ich manche Regeln und Normen individueller gestalten?
- Bin ich mir meiner Ziele für mein Leben bewusst?

Sparen / Sammeln

- Welche Dinge schleppe ich mit mir herum? Benötige ich die Dinge um mich herum wirklich?

- Welche Gewohnheiten, welche Umgebung und welche Gegenstände geben mir Halt im Leben?
- Wie gut kann ich mich von liebgewonnenen Gewohnheiten trennen?
- Wie sehr gönne ich mir das, was mir wirklich Freude macht?

Ziel-/Zweckorientierung

- Was würde ich gerne in meinem Leben noch tun? Was noch?
- Könnte ich das „später" nachholen? Wann?
- Welche Ziele habe ich für jeden Bereich meiner Lebensbalance formuliert?
- Sind diese Ziele wirklich konkret und attraktiv formuliert? In welchem Verhältnis stehen die formulierten Ziele zueinander?
- Was hält mich im Moment davon ab, das eine oder andere davon jetzt schon zu (er-)leben?
- Welche Situationen erfordern von mir Disziplin und Verzicht als sinnvolle Instrumente zur Zielerreichung?
- Welche Dinge in meinem Leben möchte ich am liebsten loslassen?
- Welche Auswirkungen hätte das für meine Lebensbalance?
- Woran möchte ich besonders festhalten?
- Welche Traditionen und Werte geben mir Kraft und Sicherheit?

Idealismus

- Welche Erfahrungen habe ich damit gemacht, anderen zu helfen, auch wenn ich es selbst gar nicht erwartet habe?
- Welche Erfahrungen habe ich damit gemacht, dass es mir gut tut, etwas für andere Menschen zu tun?
- Was würde passieren, wenn ich etwas mehr an mich denken würde, bevor ich anderen helfe?
- Wer oder was kann mir in meinem Leben am meisten helfen?

Beziehungen

- Wie sind in meinem Leben Nähe und Freiraum verteilt, sind diese in Balance?
- Welche Auswirkungen hat es für mich, wenn es mir zu eng wird und ich nicht genügend Raum für mich habe?
- Was macht es mit mir, wenn ich zu viel alleine bin?
- Was könnte ich in meinem Leben verändern, um einerseits mehr Freiraum für mich, andererseits aber auch ausreichend Nähe, Wärme und Geborgenheit zu haben?

- Welche Möglichkeiten gibt es für mich, mehr unter Menschen zu sein?

Familie

- Sorge ich ausreichend dafür, dass es mir und meiner Familie gut geht?
- Was kann ich tun, um mehr Zeit mit meinen Kindern zu verbringen?
- Was könnte ich noch für meine Familie tun?
- Welche Freiräume schaffe ich mir jenseits der Familie?
- Wie kann ich mein Leben gestalten, ohne dass meine Familie und meine Kinder alles dominieren?

Status

- Welche Dinge bereichern mein Leben wirklich?
- Welchen persönlichen Status möchte ich im Leben erreichen?
- Welche Dinge benötige ich zum Leben?
- Wie sehr reibe ich mich für einen nicht wirklich erfüllenden Luxus auf?
- Wie kann ich mich vom Luxus und Status entfernen?

Rache / Kampf

- Welche Auswirkungen hat es auf mich, wenn ich gewinnen kann?
- Welche Dinge habe ich in meinem Leben gegen Widerstände durchgesetzt?
- Welche Fähigkeiten und Potenziale möchte ich in meinem Leben noch zur Entfaltung bringen?
- Was bewirkt bei mir der Gedanke an einen harmonischen Gleichklang, an harmonische Bilder, an harmonische Klänge und harmonische Gefühle?
- Was könnte ich jetzt unmittelbar tun, um eine Auswahl an Harmonie für mich zu leben?

Schönheit

- Wann habe ich mir Zeit genommen, gemeinsam mit dem Partner ein Picknick zu genießen – mit Blick auf die Berge und das Wasser, mit den vielfältigen Geräuschen der Natur, bei frischem Landbrot, Käse und Oliven und einem Glas Landwein in liebevoller, sinnlicher Atmosphäre, vom geliebten Partner zärtlich umarmt?
- Was macht es mit mir, wenn ich mir Zeit für eine erotisch-sinnliche Begegnung nehme?

- Wie geht es mir, wenn ich tief und intensiv mit ungeteilter Aufmerksamkeit einen Spaziergang in der schönen Natur genieße?
- Wann nehme ich mir mit aller Aufmerksamkeit Zeit für das Genussvolle im Leben, Essen, erotische Liebe, das Betrachten von Bildern, das Hören eines Konzertes, den Aufenthalt in einem Wellness-Hotel oder das Eintauchen in eine Naturlandschaft – oder …?
- Wie sehr lebe ich meine erotischen Wünsche und Träume aus?
- Weiß mein Partner von meinen Wünschen, spreche ich über meine sexuellen Neigungen und Bedürfnisse?

Essen

- Was bevorzuge ich, wenn ich mit allen Sinnen ein Essen mit Freunden genieße?
- Welchen Bezug habe ich zu einer regelmäßigen und gesunden Ernährung?
- Wie viel Zeit nehme ich mir, um mein Streben nach Genuss zu stillen?

Körperliche Aktivität

- Welche Erfahrungen habe ich damit gemacht, dass körperliche Aktivität auch die seelische Gemütslage verändert?
- Wie wichtig ist es mir, auch noch im hohen Alter fit und gesund zu sein?
- Was tue ich Tag für Tag zur Erhaltung der Fitness und der Gesundheit?
- Welche Art der regelmäßigen Bewegung macht mir am meisten Spaß?

Emotionale Ruhe

- Welche Erfahrungen habe ich damit gemacht, dass meine Ängste unbegründet waren? Und damit, dass die Angst nachließ und vielleicht sogar verschwand, nachdem ich den ersten Schritt getan hatte?
- Welche Dinge könnten eine Balance in mein privates und berufliches Leben bringen und mehr Inseln der emotionalen Sicherheit und Ruhe zu schaffen?
- Habe ich ausreichend Zeit, um in Ruhe wichtigen Dingen nachzugehen?
- Welche kleinen Dinge könnte ich verändern, um wieder mehr Zeit und Muße zu haben?
- Welche Auswirkungen hat zu viel Ruhe für mich?
- Wie kann ich meinem Leben mehr Abenteuer und aufregende Erlebnisse geben?

Betriebliches Gesundheitsmanagement und die individuelle Motivstruktur

Es herrscht Kleinkrieg im Großraumbüro. Die Kollegen sind gereizt, stehen unter Termindruck, die Arbeit wächst, der Lärmpegel nervt und die Angst vor Entlassungen nimmt täglich zu. Mobbing ist an der Tagesordnung.

Als die zentralen Herausforderungen werden in der Luxemburger Deklaration des Europäischen Netzwerks für betriebliche Gesundheitsförderung genannt: Globalisierung, Arbeitslosigkeit, die wachsende Verbreitung neuer Informationstechnologien, die Veränderung der Beschäftigungsverhältnisse, älter werdende Belegschaften und Personalabbau. Aus diesen Entwicklungen ergeben sich veränderte Belastungen für Menschen in Unternehmen. Das sich wandelnde Krankheitsspektrum, das durch eine markante Zunahme chronisch-degenerativer und psychischer Erkrankungen gekennzeichnet ist, weist auf die Notwendigkeit von präventiven und gesundheitsfördernden Maßnahmen im Berufsleben hin.

Was ist betriebliches Gesundheitsmanagement? Nach der Definition der Luxemburger Deklaration versteht man darunter alle gemeinsamen Maßnahmen von Arbeitgebern, Arbeitnehmern und der Gesellschaft zur Verbesserung von Gesundheit und Wohlbefinden am Arbeitsplatz. Betriebliches Gesundheitsmanagement basiert auf einem Gesamtkonzept und ist abgestimmt auf die Struktur des Unternehmens. Allein mit Frischobst und ergonomischen Stühlen am Arbeitsplatz kann das nicht gelingen. Der Schlüssel zum Erfolg liegt in der wertschätzenden Unternehmenskultur, die den Mitarbeiter nicht als Kostenfaktor betrachtet, sondern nach seinem Potenzial einsetzt, motiviert und langfristig bindet.

Aus dem aktuellen Gesundheitsreport 2008 der DAK (Deutsche Angestellten-Krankenkasse) und der Barmer Ersatzkasse geht hervor, dass sich immer mehr Berufstätige gestresst fühlen. Über die Hälfte der Arbeitnehmer sind von Symptomen betroffen, die zu einer psychischen Störung führen können: 53 Prozent leiden unter Schlafstörungen, 37 Prozent unter depressiven Verstimmungen, 36 Prozent unter Nervosität und 32 Prozent unter Konzentrationsstörungen.

Mit dem Reiss Profile lassen sich die Motive, Vorstellungen und Einstellungen der Mitarbeiter in ihren individuellen Ausprägungen ermitteln. Dadurch wird dem Unternehmen und dem Mitarbeiter deutlich, welche Antriebskräfte für ihn persönlich von Bedeutung sind. Belohnungen von außen treten in den Hintergrund beziehungsweise verlieren an Bedeutung. Wir haben festgestellt, dass Mitarbeiter in den Reiss-Profile-Auswertungsgesprächen von sich aus erzählen, was für sie wichtig ist und was sie motiviert. In gemeinsamen Gesprächen wird dadurch eine auf individuellen Motiven aufbauende Unternehmenskultur von den Mitarbeitern geschaffen. Unter

Berücksichtigung der Unternehmensziele ist dieser Prozess eine nachhaltige Investition in das betriebliche Gesundheitsmanagement und bringt auch wirtschaftliche Vorteile.

Konkret wird das an der Reduzierung des Krankenstandes deutlich. Der Verlust durch kranke Mitarbeiter wird immer kostspieliger. Ein Fehltag kostet ein Unternehmen heute durchschnittlich 400 Euro. Besonders in Zeiten eines tiefgreifenden Strukturwandels unserer Gesellschaft ist Selbstverantwortung sowie Unterstützung und Begleitung durch betriebliches Gesundheitsmanagement wichtig.

Die Motive in differenzierter Ausprägung – Gesundheit im privaten Leben und in der Arbeit

Macht und Gesundheit

… in hoher Ausprägung:

Gesundheit wird in einem erweiterten Gesundheitsverständnis als Prozess betrachtet, bei dem ich als Person Einfluss ausüben kann. Sie wird damit weniger als Zustand wahrgenommen, sondern als ein dynamisches Gleichgewicht zwischen mir und der Umwelt, als ein Potenzial und eine Fähigkeit, mit deren Hilfe Ungleichgewichte durch selbsttätiges Handeln bewältigt und reguliert werden können *(Udris 1996, Greiner 1998)*. Gesundheit kann also durch mein Denken und Handeln beeinflusst werden.

… in niedriger Ausprägung:

Die Gesundheit des Menschen im Arbeitsleben wird durch das Zusammenwirken dreier Systeme beeinflusst: die soziale Umwelt, die Lebens- und Arbeitswelt und den Menschen selbst. Zwischen den Systemen wirken nicht lineare Einflüsse, sondern komplexe wechselseitige Steuerungs- und Feedbackprozesse. Dieses Zusammenwirken wird von Menschen mit einer niedrigen Ausprägung bejaht. Sie sind eher der Ansicht, dass sie weniger Einfluss auf das Ergebnis dieses Zusammenspiels ausüben können. Als Einflussgrößen auf die Erhaltung und Entstehung von Gesundheit werden andere Faktoren als die eigenen berücksichtigt.

Teamorientierung und Gesundheit

... in hoher Ausprägung:

Im sozialen Bezugssystem der Lebens- und Arbeitswelt wird Gesundheit vor allem dann als subjektives Wohlbefinden wahrgenommen, wenn Aktivitäten gemeinsam in der Gruppe oder im Team ausgeübt werden. Die erfolgreiche Teilnahme am sozialen und kulturellen Leben trägt maßgeblich zum Wohlbefinden bei und stellt einen wesentlichen Aspekt der Gesundheit dar. Organisations- und Kommunikationsstrukturen, die das Wir-Gefühl stärken, werden besonders bevorzugt und unterstützen die positive Verfassung im Arbeitsprozess.

... in niedriger Ausprägung:

Soziale Netze sind bedeutsam, werden aber eher zurückhaltend einbezogen, da ein großes Bedürfnis nach persönlicher Freiheit besteht. Der Kooperation und dem Kontakt wird hier weniger Bedeutung zugemessen. Man möchte möglichst nicht abhängig von anderen Menschen sein. Deshalb trifft es diese autarkieliebenden Menschen umso härter, wenn sie krank und abhängig von der Hilfe anderer Menschen sind.

Neugier und Gesundheit

... in hoher Ausprägung:

Bei der Bewältigung von Arbeitsaufgaben erwerben wir neben den Fähigkeiten und Kenntnissen auch gleichzeitig das Wissen um diese Kompetenzen. In Anlehnung an die Arbeiten von *Kohn und Mitarbeitern (1990)* weist *Badura (2008)* auf die Bedeutung intellektuell anspruchsvoller und abwechslungsreicher Arbeiten im Zusammenhang mit einem persönlichkeitsfördernden Einfluss hin und stellt das Nachdenken, die eigene Urteilskraft und die eigene Initiative zur Wissensaneignung als einen gesundheitsfördernden Antrieb dar.

... in niedriger Ausprägung:

Anwendungsorientierung, Praktikabilität und unmittelbare Umsetzung stehen für andere Menschen hier im Vordergrund und wirken gesundheitsunterstützend.

Anerkennung und Gesundheit

... in hoher Ausprägung:

Das Selbstwertgefühl und das soziale Ansehen spielen für das subjektive Wohlbefinden und somit für unsere Gesundheit eine bedeutsame Rolle. *Siegrist & Mölle-Leimkühler (1998)* sehen in diesem Zusammenhang Leistungsanforderungen mit der Möglichkeit von Selbstwirksamkeitserleben und der Belohnung durch beruflichen Aufstieg sowie die Mitgliedschaft in tragenden gesellschaftlichen Einrichtungen, die ein Gefühl der Zugehörigkeit zum Beispiel im Unternehmen ermöglichen. Durch die Anerkennung der selbst erbrachten Leitung erfahren wir soziale Achtung, die uns das Gefühl gibt, einen nützlichen Beitrag zur Gesellschaft zu leisten.

... in niedriger Ausprägung:

Die berufliche Rolle und die konkrete Arbeitsaufgabe sowie die Erfahrung, die notwendigen Kenntnisse und Fähigkeiten zur Beherrschung der Tätigkeit zu besitzen, bilden eine wesentliche Grundlage für die Entwicklung von Identität und Selbstwertgefühl und sind damit gesundheitsförderlich.

Ordnung und Gesundheit

... in hoher Ausprägung:

Die Arbeit leistet als Strukturgeber einen wesentlichen Beitrag zur Gesundheit. Sie ordnet unseren Tages-, Wochen- und Jahresablauf, ja die gesamte Lebensplanung. Das wird daran deutlich, dass viele zeitbezogene Begriffe wie Freizeit, Urlaub, Rente nur in Bezug zur Arbeit definierbar sind und auch nur dadurch ihre Bedeutung erhalten.

Das Aufräumen und das Beseitigen von Dingen, die man nicht benötigt, machen uns frei dafür, dass wir „wir selber sein können" – und das ist das größte Geschenk, das man sich selbst bereiten kann. Mit Ordnung herstellen ist einerseits ganz praktisch das Aufräumen um uns herum gemeint. Wer kennt das nicht? Wenn wir etwas ordnen oder aufräumen, hat das auch eine strukturierende und reinigende Wirkung auf das Wohlbefinden von Körper und Seele:

1. Die Dinge sind aufgeräumt und sauber.
2. Sie haben sich „vom seelischen Ballast befreit".
3. Die Aktivität des Ordnens hat bereits eine innerliche wohltuende Wirkung.

4. Sie können ein persönliches Erfolgserlebnis verbuchen, weil Sie Ihr Ziel erreicht haben.

Andererseits ist damit auch das etwas abstraktere Ordnen in uns selbst zu verstehen: zum Beispiel das Vergeben oder das Bemühen um die Beendigung eines Streits.

... in niedriger Ausprägung:

Für Außenstehende sehen Situationen manchmal unaufgeräumt, durcheinander oder chaotisch aus. Stellen sie sich die Strömung eines Wasserfalls in den Bergen vor: Die scheinbare Unordnung verdeckt hier ein Muster. Wenn wir den Wasserfall bewusst wahrnehmen, merken wir, dass die Strömung stabil ist und sich dabei gleichzeitig ständig verändert. Durch das permanente Herabfallen des Wassers werden komplexe Formen geschaffen, die sich fortlaufend erneuern. Der Wasserfall – eine schöne Metapher für unsere Persönlichkeit. Wie der Gebirgsbach wird auch der menschliche Körper ständig erneuert und durch die Zell-Regeneration verändert. Wir sind dieselbe Person, die wir bereits vor zehn Jahren waren, und dabei gleichzeitig aber ein völlig neuer Mensch.

Sehr kreative Menschen wissen, dass ihre Schaffenskraft erblüht, wenn sie auch an unaufgeräumten Situationen oder chaotischen Zuständen teilhaben. Für Schriftsteller ist es ein Hochgefühl, wenn sie die Kontrolle über ihre Figuren verlieren. Zu einem kreativen Leben gehört die Aufmerksamkeit für die Nuancen und Unterschiede, die unsere Welt zu bieten hat. Wenn etwas durcheinander gerät, haben wir wieder die Chance, es neu zusammenzusetzen. Es bedarf dafür eines ästhetischen Sinns, eines Gespürs, um festzustellen, was zusammenpasst, was in Harmonie ist, was entsteht und wächst, was gedeiht und was vergeht.

Sparen / Sammeln und Gesundheit

... in hoher Ausprägung:

Wir versuchen uns das Leben so angenehm wie möglich zu gestalten. Wir kaufen Accessoires für unser Haus, richten uns gemütlich ein und haben ein wohliges Gefühl dabei. Die Dinge, die nach Jahren weniger interessant für uns werden, stellen wir in Kisten auf den Dachboden oder in den Keller. Wir könnten sie ja noch einmal benötigen. Ein zufriedenstellendes Gefühl, das die Gesundheit fördert.

... in niedriger Ausprägung:

Eine gute Bekannte erzählte folgende Begebenheit, die sie vor einigen Wochen erlebt hatte: Ein guter Freund habe ihr seine Wohnung gezeigt. Das einzige Mobiliar waren ein Bett, ein Tisch und zwei Stühle sowie unzählige Bücher. „Wo sind deine Möbel?", fragte sie. Der Freund antwortete mit einer Gegenfrage: „Wo sind deine Möbel?" Sie antwortete etwas verdutzt: „Ich bin zu Besuch. Ich bin auf der Durchreise." „Genau wie ich", antwortete der Freund. Eine besondere Situation – oder eine Metapher für das, was uns Menschen bewegt. Vielleicht sind wir auch auf der „Durchreise". Wir versuchen, uns dabei den Aufenthalt so angenehm wie möglich zu gestalten, zum Beispiel mit Möbeln, die für den Bereich unseres materiellen Besitzes stehen. Manchen Menschen reicht es aus, das Leben mit wenigen „Möbeln" zu gestalten. Mehr Dinge würden sie belasten, was nicht gut für ihre Gesundheit wäre.

Ziel-/Zweckorientierung und Gesundheit

... in hoher Ausprägung:

Die meisten Erwachsenen verbringen den größten Teil ihrer bewussten Lebenszeit am Arbeitsplatz. Dort entstehen die am längsten andauernden Erfolgs- und Misserfolgserfahrungen. Allein schon aufgrund der zeitlichen Dimension sind die Einflussgrößen der sozialen, psychischen und körperlichen Impulse bedeutsam und können gesundheitsfördernd genutzt werden. Während die Arbeitswelt einerseits zahlreiche gesundheitliche Risiken in sich birgt, bietet sie auch Möglichkeiten der Selbstentfaltung sowie der Persönlichkeitsentwicklung und kann als Kraftquelle des gesundheitlichen Wohlbefindens dienen. Dazu gehört das generelle Gefühl der Durchschaubarkeit von Situationen und Ereignissen, die Beeinflussbarkeit und Sinnhaftigkeit der Arbeit. Große Bedeutung haben auch situative und soziale Ressourcen, Kooperations- und Kommunikationsmöglichkeiten, die betrieblichen und überbetrieblichen Potenziale, Anerkennung und Erfolg, Entwicklungsmöglichkeiten sowie selbstständiges Arbeiten und Sicherheit.

... in niedriger Ausprägung:

Das niedrig ausgeprägte Motiv Ziel-/Zweckorientierung erzeugt den grundsätzlichen Wunsch, Regeln zu befolgen und sehr loyal mit dem Arbeitgeber und den vorhandenen Traditionen verbunden zu sein. Vorhandene Regeln einzuhalten wirkt sehr gesundheitsfördernd auf diese Menschen.

Idealismus und Gesundheit

... in hoher Ausprägung:

Gesundheitsförderung zielt auf einen Prozess, allen Menschen ein höheres Maß an Selbstbestimmung über ihre Gesundheit zu ermöglichen und sie damit zur Stärkung ihrer Verfassung zu befähigen. Um ein umfassendes Wohlbefinden zu erlangen, ist es notwendig, dass sowohl Einzelne als auch Gruppen ihre Bedürfnisse befriedigen, ihre Wünsche und Hoffnungen wahrnehmen und verwirklichen sowie ihre Umwelt meistern oder verändern können. Damit wird die Bedeutung der grundlegenden Lebensbedingungen und Ressourcen als Voraussetzung für die Gesundheit betont *(Grossmann & Scala 1996)*. Wie *Bengel et al. (1999)* feststellen, ist Gesundheitsförderung nicht alleine eine Frage des persönlichen Lebensstils, sondern eben auch eine politische, gesellschaftsverändernde Aufgabe, was die praktische Umsetzung ihrer Ziele nicht gerade vereinfacht.

Aus den Maßnahmen zur Gesundheitsförderung ergeben sich folgende Leitsätze:

- Ziel jeder Gesundheitsförderung ist die Schaffung von Lebens-, Arbeits- und Freizeitbedingungen, die das Wohlbefinden positiv unterstützen.
- Gesundheitsförderung bedeutet stets, Interessen zu vertreten und Partei zu ergreifen.
- Gesundheitsförderung befähigt und ermöglicht es den Menschen, ihr individuelles Gesundheitspotenzial auszuschöpfen. Damit zielt sie darauf ab, persönliche Kompetenzen zu fördern.
- Gesundheitsförderung verlangt ein koordiniertes Zusammenwirken aller Verantwortlichen und Betroffenen. Damit ist sie eine „Querschnittsdisziplin", die nur interdisziplinär effektiv wirken kann.
- Gesundheitsförderung ist ein langfristiger Prozess, der sich nicht nur auf Risikogruppen konzentriert, sondern grundsätzlich allen Menschen offen steht. Daher sollten gesundheitsförderliche Einzelmaßnahmen in einem Gesamtprogramm aufeinander abgestimmt und langfristig angelegt sein.

... in niedriger Ausprägung:

Menschen mit einem großen Bedürfnis nach Realismus unterstützen seltener humanorientierte und sozialpolitische Aktivitäten. Viele dieser Menschen gehen nüchtern an soziale Probleme heran. Oft glauben sie, dass Ungerechtigkeit zum Leben dazugehört. Vielleicht denken sie auch, dass sich die Welt sowieso nicht ändern wird. Vermutlich sind sie der Ansicht, dass sie es nicht riskieren können, das Wohlergehen ihrer eigenen Familie für Menschen, die sie nicht einmal kennen, aufs Spiel zu setzen.

Beziehungen und Gesundheit

... in hoher Ausprägung:

In jeder Beziehung zu anderen Menschen geht es um einen Balanceakt zwischen genügend Nähe und Gemeinsamkeiten auf der einen Seite sowie hinreichend Abstand und Freiraum für sich selbst auf der anderen Seite. Es gibt extrovertierte Kontaktmenschen, die viele Gespräche, Nähe und Zweisamkeit benötigen, um sich wohl zu fühlen. Jede Partnerschaft sollte da ihre eigene Form der Beziehungsgestaltung finden. Erst dann fühlen sich beide Partner wohl.

... in niedriger Ausprägung:

Andere Menschen fühlen sich eher wohl, wenn sie ausreichend Freiraum für sich in Anspruch nehmen können. In einer Welt, in der man fast ständig von Menschen umgeben ist, können solche Personen krank werden. Menschen mit Drang nach Freiheit und wenigen sozialen Kontakten sollte man ausreichend Autonomie einräumen.

Familie und Gesundheit

... in hoher Ausprägung:

Das familiäre und weitere soziale System, in das ich eingebunden bin, hat eine besondere Bedeutung für mein Wohlbefinden. Das „Familiensystem" lässt sich auch auf das Arbeitsleben ausweiten. Diese Gratwanderung ist die größte Herausforderung. Viele Menschen mit einem großen Bedürfnis nach der eigenen Familie setzen ihre Angehörigen an die erste Stelle, noch vor den beruflichen Erfolg oder ihr eigenes Vergnügen. Sie arrangieren ihren Terminplan so, dass sie sehr viel Zeit mit ihrer Familie verbringen können. Klappt das nicht, fühlen sie sich unwohl und werden schneller krank.

... in niedriger Ausprägung:

Die Menschen mit einem großen Bedürfnis, ungebunden zu sein, wollen Dinge in ihrem Leben tun, die mit dem Aufbau einer Familie nicht zu vereinen sind. Sie investieren einen großen Teil ihrer Zeit in die berufliche

Karriere, sodass wenig Gelegenheit bleibt, um zu Hause bei den Angehörigen zu sein. Manche dieser Menschen empfinden eine Familie eher als hinderlich. Sofern sie Kinder haben und sehr viel Zeit für die Erziehung des Nachwuchses aufbringen müssen, obwohl sie das eigentlich nicht wollen, fühlen sie sich sehr schnell gestresst. Erziehungsaufgaben und eine hohe Fürsorglichkeit belasten diese Menschen. Die nötige Erholung in der Freizeit ist dann nicht gegeben. Man möchte eben frei sein von den Belastungen, sich ständig um Kinder kümmern zu müssen. Wenn diese krank sind oder volle Aufmerksamkeit benötigen, tut man dies zwar, aber nicht intrinsisch geprägt, sondern eher aus der äußeren Notwendigkeit, einem Zwang heraus. Hier können auch die gesellschaftlichen Normen Negatives bewirken: Wer gibt schon gerne zu, dass er vorzugsweise autark in Bezug auf Verpflichtungen im Umgang mit Kindern sein möchte? Denn eine solche Meinung ist nicht gesellschaftlich akzeptiert. Daher leben diese Menschen oft nicht nach ihren Wünschen, was ihrer Psyche nicht gut tut.

Status und Gesundheit

... in hoher Ausprägung:

Als Einflussgrößen für die Entstehung und Erhaltung von Gesundheit werden Wohlstand und sozialer Status als wesentliche Elemente neben anderen wichtigen Faktoren betrachtet. In zahlreichen Untersuchungen konnte belegt werden, dass die Sterblichkeit im Erwerbsalter in allen Industriegesellschaften schichtenspezifisch variiert: Je ungünstiger der sozioökonomische Status, desto höher die Sterblichkeit. Als verursachende Faktoren spielen Verfügbarkeit, Inanspruchnahme und die Qualität medizinischer Leistungen lediglich eine untergeordnete Rolle. Der Hauptgrund liegt vielmehr in den Lebens- und Arbeitsbedingungen. Hier werden insbesondere gesundheitsbezogene Lebensstile und physische sowie sozio-emotionale Belastungen für die gravierenden Unterschiede verantwortlich gemacht.

... in niedriger Ausprägung:

Menschen mit einem großen Bedürfnis nach gesellschaftlicher Gleichberechtigung sind tendenziell nicht mit Statussymbolen und Privilegien zu beeindrucken. Um zu demonstrieren, dass Reichtum kein Maß für die Bewertung von Personen ist, fahren sie eher ein weniger ansehnliches Fahrzeug und tragen keine markenorientierte Bekleidung, soweit das heute noch möglich ist. Sie achten oft weniger auf ihre Gesundheit oder meiden private Krankenkassen, obwohl der Zugang durchaus möglich wäre. Sie gehen möglicherweise erst später zum Arzt als andere Menschen. „Es wird schon wieder", denken sie oft. Sie möchten keine besondere Behandlung.

Rache / Kampf und Gesundheit

... in hoher Ausprägung:

Kampf meint hier das Streben, gewinnen zu wollen. Diese Menschen diskutieren gerne, suchen aktiv den Vergleich und den Wettbewerb. Für sie kann das ganze Leben ein Vergleichen und Messen mit anderen darstellen. Ihr Ziel ist es, stets besser zu sein als andere. Stark kämpferische Menschen wollen gewinnen, oft auch um jeden Preis. Insofern benötigen kämpferische Menschen eine Kanalisierung für ihre konkurrenz- und gewinnorientierte Art. Ist das nicht der Fall, können sie schnell verkrampfen. Sofern sie ihren Frust und ihre Wut nicht abbauen, sondern herunterschlucken, droht früher oder später eine ernsthafte Erkrankung. Sport und Jobs, die kämpferischen und sich messenden Charakter haben, sind wichtig für diese Menschen. Auch bis ins hohe Alter, sonst wirkt sich ein Mangel an Auseinandersetzung sehr frustrierend aus. Auch eine Krankheit kann als persönliche Niederlage gesehen werden: Deshalb sollten Kämpfertypen besonders auf ihre Gesundheit achten, damit sie ihr Mehr an Energie auch positiv umsetzen können.

... in niedriger Ausprägung:

Viele Menschen mit einem großen Bedürfnis, Konflikte zu vermeiden, sind eher an harmonischen Situationen orientiert. Sie können meistens hervorragend Lösungen bei Streitereien herbeiführen. Sie suchen nach einer guten, gemeinsamen Basis und nach Kompromissen. Wenn es darum geht, Streit zu schlichten und Menschen zusammenzubringen, fühlen sie sich wohl. Sie werden schneller krank und verlieren Energie, wenn sie sich häufig aufregen und mehr kämpfen müssen, als ihnen lieb ist. Zudem ist es nicht gut, wenn sie in einem konfliktgeladenen und unsicheren Umfeld leben müssen.

Schönheit und Gesundheit

... in hoher Ausprägung:

Wir sind von Natur aus darauf eingestellt, dass wir Genussvolles erleben wollen. Augenblicke des Glücks, des Wohlbefindens, der Vollkommenheit und Situationen, in denen alles andere zur Nebensache wird, geben uns die Kraft für die Zeiten, in denen Alltäglichkeiten überwiegen, rät uns Friedrich Hebbel. Für die Hedonisten ist sogar unser gesamtes menschliches Denken und Handeln vom Streben nach dem Schönen und Lustvollen bestimmt. Diese Menschen benötigen, um gesund zu sein und zu bleiben, ein ausgeprägtes Sexual-Leben. Dieses baut Stress ab – man fühlt sich stark und frisch. Zu lange Perioden der Abstinenz können krank machen und Druck aufbauen, der im Körper zu negativen Symptomen führen kann. Unsere Seele lacht, wenn wir mit allen Sinnen und von ganzem Herzen etwas genießen. Dadurch tanken wir auf. Der Genuss des Schönen ist für den „Dreiklang der Gesundheit" grundlegend und förderlich.

… in niedriger Ausprägung:

Dann gibt es wiederum Menschen, für die ist „weniger mehr". Hier liegt der Antrieb eher im Verzicht, in der Disziplin und in dem bewussten „Weniger". Wer also mehr Sexualität im Leben hat, als ihm wirklich wichtig und angenehm ist, wird hier auch körperlich reagieren. Dies kann sich in Migräne, Verkrampfungen aller Art und anderen körperlichen und seelischen Folgen zeigen. Diese Menschen sollten sich zu nichts zwingen oder hinreißen lassen, nur weil vielleicht der Partner ein höheres Bedürfnis hat. Es sei denn, es gelingt, die Sexualität als Mittel zum Zweck zu nutzen, um damit anderen wichtigeren Motiven wie zum Beispiel der Anerkennung mehr Raum und Erfüllung zu geben.

Essen und Gesundheit

… in hoher Ausprägung:

Essen ist weit mehr als nur die Aufnahme von Nährstoffen. Das besagt schon das Sprichwort „Essen und Trinken hält Leib und Seele zusammen." Insbesondere unsere Psyche will vom Genuss des Essens profitieren, und nicht selten dient die Speisenaufnahme als Balsam für die Seele. Das sollten Menschen mit hoher Ausprägung in diesem Motiv nicht unterschätzen. Gerade deshalb funktionieren Diäten für diesen Personenkreis so gut wie nie. Im Vordergrund stehen hier nicht alleine die Essensaufnahme und die physiologische Verwertung, sondern der Genuss. Denn Essen und Trinken regt auch die Sinne an: Das Essen wird zu etwas Erfreulichem.

Die Schaltzentrale für das Hunger- und Sättigungsgefühl befindet sich in unserem Zwischenhirn. Hier werden die Signale von außen und die inneren Faktoren wie der Füllungsgrad des Magens und die vorhandenen Energiereserven im Körper ausgewertet. Sättigung führt zur Beendigung einer Mahlzeit und schützt uns davor, zu viel zu essen. Gleichzeitig wird dadurch auch das Gefühl der Befriedigung des Genusses gesteuert. Wenn für uns Genuss eine besondere Bedeutung hat, ist es nicht immer leicht, mit dem Essen aufzuhören. Denn obwohl der Hunger bereits gestillt ist, ruft das Genuss-Motiv nach mehr. Wenn wir dieses Signal ernst nehmen und bedienen, werden wir in Zukunft bewusster, sinnlicher essen. Denn Genuss bereitet uns Wohlbefinden. Ein Menü zu planen, einzukaufen, es vorzubereiten und anzurichten und dann in angenehmer Gesellschaft zu sich zu nehmen, löst bei den genussorientierten Menschen Hochgefühle aus. Lassen Sie es zu. Nehmen Sie sich Zeit zur Vorbereitung, decken Sie den Tisch besonders, zünden Sie Kerzen an und gönnen Sie sich dazu ein Glas Wein. Spätestens dann werden Sie das Geheimnis genussvollen Essens erleben.

... in niedriger Ausprägung:

Es gibt Menschen, für die steht allein die Nahrungsaufnahme im Vordergrund, ohne mit dem Motiv des Genießens verbunden zu sein. Sofern sie es nicht schaffen, regelmäßig zu essen, kann der Körper auch nicht wirklich zu jeder Zeit Energie zur Verfügung stellen. Man isst oftmals stundenlang gar nichts, um dann entweder kein hochwertiges Essen zu sich zu nehmen (man nimmt, was gerade vor einem steht), oder die Mengen am Ende des Tages sind einfach zu hoch und belasten den ganzen Körper und Organismus. Er bildet Fettreserven, um für die Notzeiten vorbereitet zu sein. Daher ist jeweils für den hoch und den niedrig Motivierten im Falle von Übergewicht eine ganz andere und individuelle Vorgehensweise zur Gewichtsreduktion und Bewusstseinsveränderung nötig. Auch die anderen 15 Lebensmotive sollten beachtet werden.

Körperliche Aktivität und Gesundheit

... in hoher Ausprägung:

Die Aktivität, die mit der Arbeit verbunden ist, wird als eine wichtige Vorbedingung für die Entwicklung von Kompetenzen betrachtet. Durch die Bewältigung von Arbeitsaufgaben wird dem Motiv Körperliche Aktivität entsprochen. Bei der Erledigung von Arbeitsaufgaben erwerben wir gleichzeitig Fähigkeiten und Kenntnisse, die das Gefühl der Aktivitäts- und Handlungskompetenz verstärken. Die Tätigkeit an sich führt zu einem subjektiven Wohlbefinden. Sofern Menschen ein hohes Streben nach körperlicher Aktivität haben, muss dieses auch bedient werden, um gesund und fit zu sein. Dieses Streben sollte über das gesamte Leben hinweg dem zunehmenden Alter angepasst werden, um sich nicht zu überfordern. Viele Verletzungen sind vermeidbar: Der übergewichtige Manager, der früher einmal topfit war, sollte nun nicht ähnliche Leistungen und Bewegungen von sich verlangen und sich damit überbelasten. Auch während leichter Krankheiten ist es wichtig, dass sehr aktive Menschen ihrem Bewegungsdrang nachgeben.

... in niedriger Ausprägung:

Menschen mit dieser Motivausprägung akzeptieren nur geringe körperliche Belastungen. Wobei körperliche Aktivität bei ihnen sicher kein Fehler ist: Jeder Mensch benötigt regelmäßige Bewegung. Personen mit einer geringen Affinität zu hohen und langen Belastungen sollten dann lieber ausgiebig spazieren gehen, walken, Rad fahren, anstatt Leistungssport zu betreiben. Falls das Pensum zu hoch ist, besteht die Gefahr von Verletzungen durch Überlastung. Dies kann schon in jungen Jahren passieren, wenn ein Sportler aufgrund seines Talents mehr trainiert, als er eigentlich möchte und für ihn sinnvoll ist. Verletzungen sind die nahezu logische Konsequenz. Der Körper will sich erholen von den starken Strapazen. Beides – zu viel Training und daraus resultierende Verletzungen – ist nicht wirklich gut für den Körper.

Emotionale Ruhe und Gesundheit

... in hoher Ausprägung:

Menschen mit einem hohen Streben nach emotionaler Ruhe reagieren viel schneller und stärker auf Stress und emotional belastende Situationen im Leben als die meisten anderen Menschen. Wenn es nicht möglich ist, Sorgen und Ängsten aus dem Weg zu gehen, und das Leben als zu hektisch, stressig und unsicher empfunden wird, sind diese Menschen schneller und öfter krank als die meisten anderen. Auch die Tendenz zur Hypochondrie ist gegeben, sofern andere Motive nicht ausgleichend wirken können. Diesen Menschen ist es zu empfehlen, sichere Berufe zu wählen und Risiken aus dem Weg zu gehen. Beim Zahnarzt oder anderen Behandlungen sollten sie bewusst auf die hohe Schmerzsensibilität hinweisen. Zudem sollten sie an sich arbeiten, um sich nicht immer und überall Sorgen zu machen. Wenn der Körper keine wirklichen Symptome zeigt und organisch gesund ist, liegt die Ursache für den empfundenen Stress im aktuellen Seelenzustand. Gegen diese Störungen ist meist externe Hilfe unabdingbar. Ängste und Blockaden, Traumata und andere Einschränkungen können zum Beispiel mit dem Reiss Profile aufgedeckt und mit wingwave-Coaching dauerhaft gelöst werden. Die kombinierte Methode ist die erfolgreichste, denn auch bestimmte, nicht passende Lebensumstände müssen im Resultat in eine sichere Bahn geleitet werden. Dies wird durch den Ist-Soll-Abgleich zwischen bewussten und unbewussten sowie gelebten und nicht gelebten Motiven in der Coaching-

Arbeit vorgenommen. Auch ein hoher Blutdruck sollte bei einem nicht adipösen Menschen auf das Ruhe-Motiv hin betrachtet werden.

... in niedriger Ausprägung:

Menschen mit einem niedrigen Streben nach emotionaler Ruhe benötigen einen viel höheren Stresslevel und Druck im Leben, um gesund zu sein und sich wohl zu fühlen. Bringt dies der Job nicht mit sich, muss man sich den „Kick" und das Abenteuer im privaten Bereich suchen. Adrenalinkitzel und Situationen, die von vielen Menschen als sehr stressbehaftet empfunden werden, sind gut für ihr Wohlbefinden. Wenn diese Menschen älter werden und ihr ganzes Leben lang zum Beispiel einen fordernden Job als Manager oder im Verkauf hatten und nun nur untätig zu Hause sitzen, können sie aufgrund dieser neuen, viel zu ruhigen Lebensumstände krank werden. Die Konsequenz: Man muss sich und seinen Körper immer wieder vor neue Aufgaben und Herausforderungen stellen.

Lebensmotive und Partnerschaft

Weshalb scheitern so viele Ehen und Beziehungen?

Mehr als die Hälfte der in Deutschland geschlossenen Ehen scheitern. Das war nicht immer so. Laut den statistischen Angaben des Bundesministeriums für Familie, Senioren, Frauen und Jugend betrug um 1900 die Scheidungsrate 1,9 Prozent. Fünfzig Jahre später war sie schon auf 14,6 Prozent gestiegen. 1970 betrug sie bereits rund 17 Prozent. Zehn Jahre später schon 26,6 Prozent und im Jahr 2000 sogar 46 Prozent. Nach traditionellem Rollenverständnis und der gelebten Realität ist zu vermuten, dass Frauen die ökonomischen Folgen einer Scheidung stärker spüren als Männer, wobei auch Männer finanzielle Einbußen hinzunehmen haben. Die Hälfte der Frauen muss ein Jahr nach der Trennung einen Einkommensverlust von 27 Prozent und mehr hinnehmen, Männer nur 4 Prozent. Aufgrund der gängigen Praxis, nach der Frauen zu einem wesentlich höheren Anteil das Sorgerecht für die Kinder zugesprochen bekommen oder bei gemeinsamem Sorgerecht der mütterliche Haushalt Hauptwohnsitz der Kinder ist, bestehen für die Väter die schwerwiegenderen Folgen einer Scheidung darin, ihre Kinder seltener zu sehen und sogar zu riskieren, den Kontakt zu ihnen zu verlieren.

Faktoren, die die Scheidungsrate beeinflussen, sind unter anderem:
* die bestehende Gesetzeslage
* die Lebenserwartung
* das Ausmaß an Mobilität und Anonymität in der Gesellschaft
* gesellschaftliche und individuelle Normen
* wirtschaftliche Faktoren, die den Lebensunterhalt nach einer Scheidung gewährleisten oder verhindern

Dabei nimmt in Krisenzeiten nicht nur die Scheidungsrate ab, sondern es wird im Durchschnitt auch ein erhöhtes Maß an Zufriedenheit in den bestehenden Partnerschaften angegeben.

Wie gut ein Liebespaar zusammenpasst, wurde in den letzten 100 Jahren immer anhand der Kriterien Intelligenz, Persönlichkeit, Fähigkeiten, Bildung, gemeinsame Interessen und Herkunft definiert. Steven Reiss hat hierzu ein neues System entwickelt. Zuerst wollen wir jedoch ein paar interessante Unterschiede zwischen Männern und Frauen darstellen, die Professor Reiss in seinen Forschungen ermittelt hat.

Reiss Profile einer glücklichen und langjährigen Partnerschaft

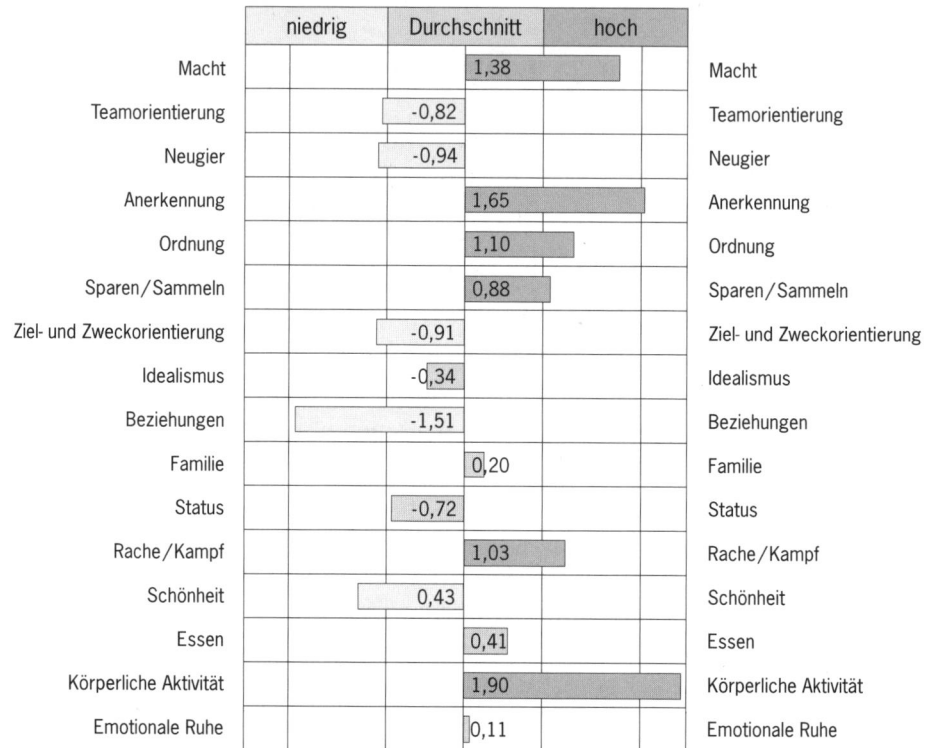

	niedrig	Durchschnitt	hoch	
Macht		1,38		Macht
Teamorientierung		-0,82		Teamorientierung
Neugier		-0,94		Neugier
Anerkennung		1,65		Anerkennung
Ordnung		1,10		Ordnung
Sparen/Sammeln		0,88		Sparen/Sammeln
Ziel- und Zweckorientierung		-0,91		Ziel- und Zweckorientierung
Idealismus		-0,34		Idealismus
Beziehungen	-1,51			Beziehungen
Familie		0,20		Familie
Status		-0,72		Status
Rache/Kampf		1,03		Rache/Kampf
Schönheit		0,43		Schönheit
Essen		0,41		Essen
Körperliche Aktivität		1,90		Körperliche Aktivität
Emotionale Ruhe		0,11		Emotionale Ruhe

Unternehmer im Modebereich.

Bei welchen der 16 Lebensmotive unterscheiden sich Frauen von Männern?

Suchen Männer und Frauen in einer Beziehung unterschiedliche Dinge? Reiss hat festgestellt, dass die Geschlechter bei einigen der 16 Lebensmotive eine unterschiedliche Betrachtungsweise haben. Wir dürfen jedoch nicht vergessen, dass es um durchschnittliche Tendenzen geht und es individuelle Abweichungen geben kann. Auf der Basis der Geschlechtszugehörigkeit sollen hier keine Verallgemeinerungen getroffen werden.

Statistisch und wissenschaftlich gut belegt ist, dass Rache und Wettbewerbsorientierung bei Männern stärker ausgeprägt sind als bei Frauen. Männer legen einen größeren Wert auf konkurrierendes Verhalten und sind stär-

	niedrig	Durchschnitt	hoch	
Macht	-1,25			Macht
Teamorientierung		0,68		Teamorientierung
Neugier	-0,78			Neugier
Anerkennung	-1,18			Anerkennung
Ordnung		1,76		Ordnung
Sparen/Sammeln	-0,18			Sparen/Sammeln
Ziel- und Zweckorientierung	-0,91			Ziel- und Zweckorientierung
Idealismus	-1,58			Idealismus
Beziehungen	-0,71			Beziehungen
Familie		1,69		Familie
Status	-1,01			Status
Rache/Kampf		0,64		Rache/Kampf
Schönheit		0,78		Schönheit
Essen	-0,41			Essen
Körperliche Aktivität		1,60		Körperliche Aktivität
Emotionale Ruhe	-1,68			Emotionale Ruhe

Partnerin des Unternehmers, Mutter zweier Kinder.

ker geneigt, den Konflikt und die persönliche Auseinandersetzung zu suchen. Daher werden sich Männer gegenüber ihren Partnerinnen wahrscheinlich wettbewerbsorientiert verhalten. Es spricht viel dafür, dass sie ein größeres Bedürfnis haben, sich bei einem Streit durchzusetzen. Frauen zeigen häufiger das Verhalten, Konflikte zu vermeiden.

Laut der von Steven Reiss untersuchten individuellen Motivprofile sind Männer stärker an den sexuellen Aspekten einer Beziehung interessiert als Frauen. Die befragten Männer gaben ausgeprägter und häufiger sexuelle Phantasien und Wünsche an als Frauen.

Männer zeigen eine größere Unabhängigkeit als Frauen, die lieber in einem Beziehungsnetz leben und viel Wert auf Gemeinsamkeiten und Wir-Gefühl legen. Für Männer ist es wichtiger, eigenverantwortlich zu sein, als für Frauen. Sie machen zudem Gefühle und Probleme eher mit sich selbst aus, statt die Partnerin einzubinden. Viele Frauen sagten, Männer könnten nicht so gut über ihre Gefühle reden; sie haben eine geringere Teamorientierung als Frauen.

Frauen zeigen im Schnitt eine größere Neigung, sich auf andere zu verlassen. Für die Kindererziehung wird dies wichtig sein, denn als Mutter muss man sein Kind auch mal abgeben können. Zudem tauschen sich Frauen aktiver über ihr Gefühlsleben und ihre Wünsche, Gedanken und Emotionen aus als Männer. Reden Frauen mehr als Männer? Nicht unbedingt, aber eben über oft grundverschiedene Themen. Einige Theorien über romantische und intensive Liebe legen nahe, dass Frauen unter Umständen eine tiefere Liebesfähigkeit besitzen als Männer, was durch die höhere Teamorientierung von Frauen und das niedrigere Erotikstreben zu erklären wäre. Wenn sie in einer Beziehung wirklich glücklich sind, sind die meisten Frauen treu.

Reiss stellte zudem fest, dass das Bedürfnis nach Familie und eigenen Kindern sowie einer hohen Fürsorge für den Nachwuchs bei Frauen um einiges höher ist als bei Männern. Männer genießen ihre Vaterschaft genauso wie Frauen ihre Mutterschaft. Dennoch möchten sie mehr auch anderen Interessen nachgehen und sehen ihr Ziel nicht darin, möglichst viel Zeit mit der Kindererziehung zu verbringen. Der mütterliche Instinkt kann sehr stark sein, aber dasselbe gilt auch für den väterlichen Instinkt.

Weiterhin sind Frauen eher geneigt, Stress zu vermeiden als Männer. Demnach sind Letztere in vielen Fällen ruhiger und stressresistenter als das weibliche Pendant.

Männer zeigen auf drei Lebensmotiv-Ausprägungen höhere Werte als Frauen – Erotik, Kampf/Rache und Körperliche Aktivität:

- Beim Lebensmotiv Erotik ist der durchschnittliche Erotik-Wert für Männer 0.74 Standardabweichungen höher als bei Frauen. Dies bedeutet, dass Männer im Durchschnitt stärker und häufiger Lust auf Sex haben als Frauen. Ausnahmen gibt es natürlich bei beiden Geschlechtern.
- Beim Lebensmotiv Kampf/Rache ist der durchschnittliche Wettkampf-Wert für Männer 0.48 Standardabweichungen höher als bei Frauen. Dies bedeutet, dass Männer kämpferischer sind als Frauen, die Konflikten lieber aus dem Weg gehen. Ausnahmen gibt es natürlich auch hier bei beiden Geschlechtern, weshalb Männer mit einem sehr niedrigen Motiv Rache/Kampf als zu harmonisierend und weich wirken könnten.
- Beim Lebensmotiv Körperliche Aktivität liegt der durchschnittliche Wert für Männer 0.39 Standardabweichungen höher als bei Frauen. Dies bedeutet, dass Männer im Durchschnitt stärker nach Fitness und Sport streben, was Frauen oft nicht nachvollziehen können, wenn die Väter den

Sport der Zeit mit den Kindern und der Familie vorziehen. Ausnahmen gibt es auch hier bei beiden Geschlechtern.

Wenn Sie sich die Unterschiede bei den Geschlechtern in Bezug auf die Motive anschauen, kann man aus unserer Sicht sehr viele Probleme zwischen Männern und Frauen deutlich leichter nachvollziehen und klärend eingreifen.

Schwächere, aber statistisch noch zu belegende geschlechterspezifische Unterschiede zeigten sich bei fünf weiteren Lebensmotivskalen – bei Macht, Status und Neugier mit höheren Werten für Männer, bei höherer Teamorientierung und höherer emotionaler Ruhe für Frauen.

Was bedeutet dies nun für eine Partnerschaft, Ehe, Beziehung, Freundschaft?

Mit dem Reiss Profile gewinnt man neue Erkenntnisse über Beziehungen zwischen Eltern und Kind, aber auch zwischen Beziehungspartnern und Freunden. Das Reiss Profile öffnet neue Vorgehensweisen bei der Frage, wie gut die Partner in (Liebes-) Beziehungen zueinander passen.

Das Reiss Profile bildet gegenüber der traditionellen Betrachtungsweise erst einmal die grundlegenden Motive, Wünsche, Bedürfnisse und Wertvorstellungen eines Menschen und dann eines Paares ab. Mit der Motivanalyse kann man die „Kompatibilität" zweier Personen zwar rasch ermitteln. Dennoch betont sie die langfristige Entwicklung, da in vielen Beziehungen auch Sachzwänge oder äußere Faktoren grundlegende Widersprüche überdecken können. Nehmen wir hier nur ein Paar mit unterschiedlicher ethnischer und religiöser Herkunft.

Ein Beispiel für eine dauerhaft nicht kompatible Partnerschaft ist das Paar, das aufgrund gegenseitiger sexueller Anziehungskraft heiratet. Für eine gewisse Zeit mag sie zwar die sexuelle Leidenschaft noch vereinen. Aber sobald das erotische Leben aufgrund der unterschiedlichen Prioritäten Streit und Missverständnisse bringt und dann schwächer wird, müssen die Partner aufmerksam sein. Im Alltag kann sie dann schon eine sehr unterschiedliche Ausprägung im Ordnungsmotiv oder Machtmotiv voneinander entfremden. Der eine Partner achtet sehr auf Sauberkeit, Pünktlichkeit und gewohnte Prozesse, der andere ist sehr flexibel, lässt gerne was liegen und ist oft unpünktlich.

Beim Macht-Motiv kann sich das auswirken, indem der eine Partner sehr viel und gerne arbeitet, der andere die Freizeit mit dem Partner genießen möchte. Wenn der eine Freizeit hat, arbeitet der andere. Auf längere Sicht werden beide unzufrieden sein. Der eine moniert, dass der Partner unordentlich und schlampig sei, dieser wiederum beschwert sich über mangelnde Flexibilität und Pedanterie. Der eine wird als Workaholic beschimpft, der andere als faul, antriebslos und entscheidungsschwach.

Um genau und objektiv zu ermitteln, wie gut zwei Menschen zueinander passen, muss man nicht alle 16 Lebensmotive beachten. Es genügt, sich auf die „wichtigen" zu konzentrieren – das heißt alle Motive, die mindestens 1,1 Standardabweichungen nach oben oder unten vom Partner differieren. Man hat also nur die am stärksten abweichenden Motive zu betrachten, die für das Paar in Frage kommen.

Ein Beispiel wäre hier eine Ehe, in der der Mann eine Lebensmotivausprägung bei Familie von -0,5 hat, was noch im Normbereich liegt, jedoch schon etwas schwächer ausgeprägt ist. Dieser Mann wird vermutlich einer Familiengründung nicht abgeneigt sein, er wird auch seine Kinder immer lieben und möchte mit ihnen Zeit verbringen – aber nicht allzu viel. Wenn dieser Vater andere Motive hat, die stärker von der Norm abweichen, wird er dafür mehr Zeit aufbringen – dies kann der Job oder der Sport sein.

Wenn die Frau eine Lebensmotivausprägung von 1,0 hat, wird sie ein um 1,5 Standardabweichungen höheres Streben nach Fürsorglichkeit und Kindererziehung haben als ihr Partner. Wenn sie jedoch auch beruflich tätig ist, wird sie möglicherweise einen stärkeren Motivkonflikt erleben als ihr Mann. Oder sie bittet den Partner, er möge sich mehr um die Kinder kümmern und sie entlasten, worauf der Mann jedoch nicht eingehen will, da ihm andere Motive wichtiger sind. Er hat großes Verständnis dafür, dass die Frau arbeiten gehen möchte, jedoch wird er sie tendenziell nicht entlasten, wenn es um die Kindererziehung geht.

Nach Steven Reiss sollte man folgende fünf Punkte beachten, um bestimmen zu können, wie gut jeweilige Partner zueinander passen – ob Elternteil und Kind, Liebespartner, Vorgesetzter und Mitarbeiter:

1. Bestimmen Sie, nachdem Sie das gesamte Reiss Profile in der Auswertung vor sich liegen haben, die sehr wichtigen und von der Norm abweichenden Lebensmotive von Partner A. Dies sind alle Bedürfnisse, die im Reiss Profile um 1,1 oder mehr Standardabweichungen oberhalb oder unterhalb der Norm liegen. Bei Beziehungsbewertungen benutzen wir im Gegensatz zu Teambewertungen höhere Standardabweichungswerte, um die Wahrscheinlichkeit eines Fehlers möglichst gering zu halten, und konzentrieren uns ausschließlich auf die größten Werteunterschiede der Partner. Wenn eine Einzelperson keine solchen Extremwerte zeigt, ist es vermutlich relativ leicht, mit ihr auszukommen.

2. Bestimmen Sie die sehr wichtigen Lebensmotive von Partner B. Hier gelten die gleichen Kriterien wie bei Partner A in Punkt 1.

3. Die Stärke der Beziehung resultiert aus der Anzahl und Art der Übereinstimmungen. Von einer Übereinstimmung sprechen wir, wenn ein Lebensmotiv sowohl für A wie auch für B sehr wichtig ist oder beide das gleiche Grundbedürfnis als sehr unwichtig bewerten.

   Das Prinzip der Bindung: Paare binden sich, wenn ihre Motiv-, Werte- und Bedürfnisprofile ähnlich sind. Wenn ein Paar in einem bestimmten Lebensmotiv zusammenpasst, kann es dieses in der Beziehung befriedigen: Das gemeinsame Erleben bindet das Paar und vertieft ihre Partnerschaft.

4. Die Schwäche der Beziehung resultiert aus der Anzahl und Art der Diskrepanzen. Von einer starken Diskrepanz sprechen wir, wenn A und B dasselbe Lebensmotiv als sehr hoch und sehr niedrig bewerten – oder umgekehrt.

   Je mehr abweichende Lebensmotive ein Paar hat, umso stärker können Missverständnisse und Konflikte im Alltag auftreten. Bei gleichen Lebensumständen und Lebenssituationen hat jeder eine völlig andere Sicht auf die Realität und nimmt diese auch sehr unterschiedlich wahr. Enttäuschungen, Diskussionen und Konflikte sind so kaum vermeidbar.

   Für Beziehungen ist es von Vorteil, wenn man weiß, wie der andere denkt und fühlt. Welche Motive stehen hinter welchem Verhalten? Es wäre gut, diese zu erkennen.

5. Das Prinzip der Missverständnisse und der Trennung: Paare leben sich auseinander oder entfernen sich, wenn ihre Motivprofile stark voneinander abweichen, die Partner zudem keine Kompromisse schließen und kein Verständnis füreinander aufbringen können. Zum Beispiel will man den anderen zu „mehr Ordnung" oder „weniger Sport" erziehen. Wenn Partner in einer Liebesbeziehung bei mindestens einem bestimmten Lebensmotiv nicht übereinstimmen, ist es wahrscheinlich, dass sie die Beziehung verlassen müssen, um dieses Bedürfnis befriedigen zu können. Das heißt nicht, dass man sich trennen muss, jedoch benötigt hier jeder seine individuellen Freiräume.

Während Sylvia auf dem Lebensmotiv Körperliche Aktivität eine sehr hohe Ausprägung zeigte, war diese für Milos sehr niedrig. Als sie sich kennen lernten, betrieben beide Leistungssport. Sylvia hatte Spaß an der Bewegung und dem regelmäßigen Training, bei Milos war der Leistungssport viel mehr ziel-/zweckorientiert. In der Freizeit wollte Sylvia immer etwas Aktives unternehmen, gerne auch etwas Sportliches. Milos bevorzugte das Sofa, um sich vom harten Training zu erholen. Zudem schlief er viel. Wenn Sylvia mit Milos längere Zeit auf dem Sofa saß, wurde sie unzufrieden, denn ihr

Bewegungsdrang wurde nicht befriedigt, obwohl sie am gleichen Tag schon trainiert hatte. Milos blieb hartnäckig auf seinem Sofa, sodass die beiden in der Freizeitgestaltung immer mehr eigene Wege gingen. Milos schaute Fernsehen und DVDs, Sylvia ging in die Stadt, war mit dem Rad und den Hunden unterwegs und trainierte noch im Fitnessstudio. Sie verbrachten so immer weniger Freizeit miteinander, was auch der Beziehung nicht gut bekam und einer der Gründe für das Scheitern der Partnerschaft war.

Tina glaubte, sie könne ihren Freund Hans dazu bringen, weniger zu arbeiten. Sie waren beide gut ausgebildet und arbeiteten jeder auf seine Art und Weise gerne. Tina als Beamtin, Hans in der eigenen Firma. Obwohl Tina Spaß an ihrem Job hatte, freute sie sich darauf, viel Zeit mit ihrem Partner zu verbringen – am besten weit im Voraus geplant. Bei Hans kam jedoch immer wieder etwas dazwischen: Mal informierte er sie nicht rechtzeitig, dass es später werden würde, mal hatte er am Wochenende keine Zeit oder saß abends noch lange vor dem PC. Tinas Teamorientierung und das Wir-Gefühl wurden dadurch nicht bedient.

Tina fühlte sich zunehmend vernachlässigt, nicht genügend anerkannt, und ihr fehlte die gemeinsame Zeit mit Hans. Sie wurde immer missgestimmter. Sie bat ihn mehrfach, sich mehr Zeit für sie und die Beziehung zu nehmen, ihr häufiger SMS zu schicken und ihr öfter einfach einmal nette Dinge zu sagen. Weil ihre Wünsche von Hans nicht erfüllt wurden, kam es mehr und mehr zum Streit und zu Diskussionen. Hans stellte seine Arbeit als oberste Priorität dar und sagte, dass Tina ihm wichtig sei, sie sich jedoch auch mit Freunden beschäftigen sollte, sodass er in Ruhe arbeiten könne.

Dies waren jedoch nicht Tinas Vorstellungen von einer Beziehung. Sie war unzufrieden und suchte die Auseinandersetzung, die Hans als unnötig empfand, da er ja alle Dinge gesagt hatte. Letztendlich trennten sich die beiden, weil ihre Vorstellungen, Wünsche und Ziele zu unterschiedlich waren.

Die motivorientierte Partnerprofil-Analyse

Zu 1: Das Reiss Profile zeigt für Tina hohe Werte bei Macht, Erotik, Kampf/Rache, Ordnung, Teamorientierung, emotionale Ruhe und Anerkennung (so deutete sie die Tatsache, dass er nicht nach Hause kam, als Zurückweisung ihrer Person).

Zu 2: Das Reiss Profile zeigt für Hans hohe Werte bei Macht, Kampf/Rache, Status und Erotik. Niedrige Werte in Anerkennung und Emotionale Ruhe.

Zu 3: Da sie bei Macht, Kampf/Rache und Erotik übereinstimmen, sind ein ehrgeiziger und wettbewerbsorientierter Lebensstil und Sex die wichtigsten Kräfte, die ihre Partnerschaft zusammenhalten. Ein Problem war jedoch, dass Tina im Motiv Macht und Rache tagsüber in ihrem Job nicht so gefordert wurde, wie es für sie wichtig gewesen wäre. Sie musste sich stark an Regeln halten und unterordnen, durfte ihren Ärger in der Behörde nicht zeigen. Hier staute sich bei ihr über den Tag einiges auf.

Zu 4: Bei den Motiven Anerkennung, Ordnung und Emotionale Ruhe passen sie dagegen nicht ohne gemeinsame Regeln zusammen: Weit auseinanderklaffende Bedürfnisse nach Lob, Sicherheit, Vertrauen und Risikobereitschaft vs. Risikominimierung trieben die Beziehung auseinander – vor allem auch die unterschiedlichen Lebensumstände und Prägungen.

Passt mein Partner zu mir oder nicht?

Jede Beziehung hat ihre Stärken und Potenziale – keine ist perfekt. Wie viele Diskrepanzen kann ein Paar haben, bevor es Zeit ist, ernsthaft über eine Trennung nachzudenken? Die Erkenntnisse aus den Lebensmotiven werden diese Frage nie vollständig beantworten können: Die Ergebnisse aus dem Reiss Profile sind lediglich eine wissenschaftlich abgesicherte Hilfe. Hiermit werden Menschen die motivorientierten und verhaltensgeprägten Aspekte ihrer Beziehungen besser verstehen. In der abschließenden Analyse muss jeder für sich entscheiden, ob er oder sie eine Beziehung aufrechterhalten oder beenden will.

Was macht eine gute Beziehung aus?

Die allgemeine Kompatibilitätsformel von zwei Lebensmotivprofilen eines Paares lautet, dass ähnliche Werte, Vorstellungen und Motive eine Anziehungskraft schaffen. Gegensätzliche Bedürfnisse und Beweggründe dagegen erzeugen eine Ablehnung. Diese Formel spiegelt sich in den folgenden zwei Erfahrungen wider, die in diesem Kapitel vorgestellt werden:

- Die Erfahrung der Bindung: Paare mit ähnlichen Motivprofilen entwickeln eine Bindung zueinander.
- Die Erfahrung der Trennung: Paare mit gegensätzlichen Motivprofilen entfremden sich voneinander.

Wenn diese Erfahrungen als langfristige Indikatoren verwendet werden, können sie dazu beitragen, Paare zu bestimmen, die mit großer Wahrscheinlichkeit im Verlauf der Jahre zusammenwachsen, aber auch Paare, die sich höchstwahrscheinlich trennen werden. Singlebörsen versuchen dies über bestimmte Fragen zu ermitteln, die nach Gemeinsamkeiten suchen. Dennoch scheitern viele dieser Beziehungen, denn die Fragestellungen lassen einen sehr großen Spielraum. Zudem sind Fragebögen eher von allgemeiner als von wissenschaftlicher Natur, und viele Menschen wissen nicht, was ihnen wirklich wichtig ist und was sie wirklich wollen. Dafür sind die Lebensmotive zu komplex, als dass man dies ohne den Test und eine anschließende Reflexion klar definieren könnte.

Viele Aussagen sind zu allgemein und unbestimmt formuliert. Jeder Mensch verbindet zum Beispiel mit Zuverlässigkeit, Treue, Offenheit oder Fürsorglichkeit etwas anderes. Fragen Sie einmal Ihren Partner. Gleichen Sie dies mit ihren Vorstellungen und Erfahrungen ab. Schauen Sie dann gemeinsam auf ihre Lebensmotivausprägungen.

Zwei Menschen mit unterschiedlichen Lebensmotivausprägungen können sich körperlich zueinander hingezogen fühlen, aber in dem Moment, in dem das sexuelle Interesse nachlässt, entfremden sich die beiden. Das Konzept der Monogamie und der lebenslangen Partnerschaft ist für die Erhaltung der Art nicht vorgesehen: Die Natur möchte vorzugsweise viele individuelle, genetisch unterschiedliche Individuen hervorbringen. Demnach ziehen sich Gegensätze an. Ein Zusammenleben scheitert jedoch meistens, da für eine partnerschaftliche Beziehung möglichst viele Gemeinsamkeiten von Vorteil sind. Da es 16 Lebensmotive gibt, die wiederum zueinander in Querverbindungen stehen, ist es wahrscheinlich, dass Beziehungspartner bei einigen Bedürfnissen gut zusammenpassen und bei anderen eher inkompatibel sind.

Wie ähnlich müssen sich die Profile von zwei Partnern sein, damit beide Menschen als kompatibel gelten können? Es gibt eigentlich keine wirklich objektive Methode, mit der sich das bestimmen ließe, weil jedes Paar für sich selbst entscheiden muss, ob die positiven Faktoren der Beziehung die negativen Faktoren aufwiegen oder umgekehrt. Hier hat sich in den letzten Jahren sehr viel getan. Heute hat die Frau in der Gesellschaft eine deutlich bessere Stellung; Millionen von Frauen studieren, wählen einen Beruf, bringen Kinder und Beruf unter einen Hut und können sogar in höchste Regierungsämter gelangen. Dies wäre noch zu Adenauers Zeiten undenkbar gewesen. Somit kann auch die Frau heute viel mehr ihre Motive leben. So wie die Männer, die auch als „Hausmann" inzwischen gesellschaftlich akzeptiert sind.

Eine mögliche Betrachtungsweise ist, dass man Schwerpunkte auf die fünf oder sechs Lebensmotive legt, die jedem Partner am wichtigsten sind. Man sollte auch untersuchen, ob und in welcher Form diese Motivausprägungen heute schon gelebt werden oder ob sie erst nach der Reflexion realisiert werden sollen. Wahrscheinlich werden Sie erhebliche Kompatibilitätsprobleme mit einem Partner haben, der sich in Bezug auf zwei oder mehr dieser wichtigsten Bedürfnisse und Motive erheblich von Ihrem Motivprofil unterscheidet.

Dieser Überblick über die 16 Lebensmotive soll zeigen, wie bestimmte Motivausprägungen zueinander passen oder nicht.

Motiv Macht

Viele Menschen glauben, zwei machtorientierte Menschen seien inkompatibel, in der Annahme, sie würden ständig darüber streiten, wer das Sagen hat. Sie sind aber durchaus kompatibel, denn ähnliche Motivausprägungen ziehen sich an und schätzen sich mehr als stark gegensätzliche. Um das zu verstehen, müssen wir uns vergegenwärtigen, dass das Bedürfnis nach Macht in diesem Buch und allen Erklärungen von Steven Reiss in Relation zum durchschnittlich machtorientierten Menschen definiert ist. Zwei Menschen können, gemessen am Durchschnitt, machtorientiert sein, aber im Verhältnis zueinander eine unterschiedlich starke Ausprägung dieses Bedürfnisses aufweisen. In einer Ehe zwischen zwei Machtmenschen wird der stärker machtorientierte Partner dominieren und der im Verhältnis weniger machtorientierte Partner sich unterordnen. Außerdem können beide ihr Machtbedürfnis befriedigen, indem sie die Verantwortung für verschiedene Bereiche im Haushalt übernehmen. Zum Beispiel kann sich der eine um den Garten kümmern und der andere kocht und putzt.

In einer Partnerschaft zwischen zwei Machtmenschen sind beide ehrgeizig. Gut wäre es jedoch, wenn beide Partner auch ihr Streben nach Erfolg, Leistung und Kontrolle lebten. Denn nicht jeder ist beruflich in einer verantwortungsvollen und leistungsorientierten Position. Dies kann bei dem Partner, der sein Macht-Motiv ausleben will, es aber nicht kann, zu Frust führen. Wenn beide Partner ihr Macht-Motiv leben, können sie ihre Vorstellungen und Wünsche gemeinsam verfolgen und sich gegenseitig bei der Erreichung ihrer Ziele unterstützen. Beide sind bereit, Opfer für ihre Karriere zu bringen, einschließlich langer Arbeitstage.

Menschen in Partnerschaften entwickeln eine enge Beziehung zueinander, wenn beide wenig leistungs- und machtorientiert sind („Gleiches zieht sich an"). Zum Beispiel genießen Wilhelm und Iris einen entspannten Lebensstil ohne Druck. Sie wohnen in Köln und sind zufrieden mit ihren „normalen" Jobs ohne Führungsverantwortung und lange Arbeitszeiten. Sie können gemeinsam ihren Hobbys und Interessen nachgehen und viel Zeit miteinander verbringen. Beide züchten schon seit Jahren Hunde. Die Tatsache, dass keiner der beiden Partner den anderen zu größerem Karriereerfolg drängt, ist einer der zentralen Faktoren, der ihre Beziehung fördert und es ihnen ermöglicht, gemeinsam einen einfachen Lebensstil zu genießen. Wenn ein erfolgs- und leistungsorientierter Mensch einen erheblich weniger in diese Richtung orientierten Partner heiratet, ist die Wahrscheinlichkeit größer, dass sie darüber streiten, wie viel Zeit der erfolgsorientiertere Partner mit der Arbeit verbringen kann oder darf. Der erfolgsorientierte Partner fühlt sich missverstanden und der nicht so stark erfolgsorientierte Partner fühlt sich vernachlässigt.

Motiv Teamorientierung

Eine Ehe zwischen zwei teamorientierten Partnern wird gut funktionieren, wenn beide ihrem Bedürfnis nach einem Miteinander nachgehen können und sie sich über ihre Wünsche und Gefühle austauschen. Christian und Anne sind Zahnärzte, die mittlerweile eine Gemeinschaftspraxis haben. Als sie sich kennen lernten, arbeiteten beide in verschiedenen Praxen. Sie merkten, dass es ihnen gut tut, viel Zeit miteinander zu verbringen. Da es ja auch beruflich passte, war der Entschluss schnell gefasst, zusammenzuarbeiten. Sie schauten sich zwei Jahre um und als sie eine passende größere Praxis übernehmen konnten, unterschrieben sie beide den Vertrag. Zwei Menschen, die jemanden um sich brauchen, sind kompatibel, weil sich beide so nah wie möglich sein wollen.

Ebenso ist es bei Menschen, die beide eine niedrige Teamorientierung haben. Sie streben nach einer hohen Autarkie und wollen ein selbstbestimmtes Leben führen. Jeder verdient gern sein eigenes Geld und ist nicht von dem anderen finanziell abhängig. Viele Paare leben unter der Woche in ihren Wohnungen an verschiedenen Wohnorten. Die Wochenenden verbringen sie dann zusammen. Wenn jeder unter der Woche seine Freiheit hat, passt die gemeinsame Zeit am Wochenende sehr gut zu ihrem Lebenskonzept. Wenn ein Partner hier eine höhere Teamorientierung hat, ist diese Art von Fernbeziehung für ihn unbefriedigend.

Im Gegensatz dazu sind ein unabhängiger Mensch und ein Mensch, der ständig die Nähe seines Partners braucht, nicht unbedingt passend. Der unabhängige Partner, der mehr Freiheit will, als der auf Nähe orientierte Partner bieten kann, muss aus der Beziehung ausbrechen, um sich frei zu fühlen.

Motiv Neugier

Sofern in einer Partnerschaft beide Seiten eine ähnliche Ausprägung im Motiv Neugier aufweisen, werden sie vermutlich viele gemeinsame Interessen haben und sich in Bezug auf die intellektuelle oder praxisbezogene Neugier und deren Umsetzung im Alltag gut verstehen.

Partner, deren Neugier-Motiv bei beiden hoch ausgeprägt ist, werden in die gleiche Richtung streben, sind wissbegierig und benötigen Abwechslung – ob im Job oder im Privatleben. Es kann sein, dass beide gerne reisen und Neues erleben möchten. Sie fragen viel und gehen den Dingen auf den

Grund, schätzen intellektuelle Gespräche, gehen vielleicht auch gerne auf kulturelle Veranstaltungen, sind technischen Neuerungen gegenüber aufgeschlossen. Menschen mit starkem Neugier-Motiv haben ihre eigene Sicht der Dinge und sind oftmals überzeugt, mehr zu wissen als andere. Sie lesen viel und schauen im Fernsehen anspruchsvolle Programme, bei denen man Neues lernen kann. Sie müssen jedoch aufpassen, sich bei Diskussionen nicht zu sehr im Detail zu verlieren, und unnötige Diskussionen zu vermeiden. Sofern das Neugier-Motiv der Frau stark ausgeprägt ist, kann es zum Beispiel sein, dass sie von ihrem Partner in Fußball-Fragen vieles wissen möchte.Der Mann erachtet aber ihr geringeres Hintergrundwissen als negativ und geht auf die Fragen nicht richtig ein, da er die Partnerin nicht als „intellektuell" gleich- oder höhergestellten Gesprächspartner einschätzt.

Sofern in einer Beziehung beide Partner eine niedrige Ausprägung im Motiv Neugier haben, sind sie oft eher Umsetzer und Praktiker. Sie wollen zwar verstehen, wie etwas funktioniert, aber nicht unbedingt warum. Sie schätzen Routine-Aufgaben und diskutieren weniger über Neues und das Für und Wider, dafür mehr über Erfahrungen aus der Praxis. Sie kommen schnell auf den Punkt und mögen es, in der Freizeit Dinge zu tun, die nicht viel mit aktivem Nachdenken zu tun haben. Sie verlieren bei allzu langen Gesprächen und Diskussionen schnell das Interesse und fühlen sich in Bezug auf die Aufnahme von neuen Informationen und Wissen schneller überfordert als der Durchschnitt.

Paare mit gegensätzlicher Ausprägung im Neugier-Motiv missverstehen sich schnell. Der eine Partner ist stark an Neuem, an Abwechslung, an Technik und allgemeinen Informationen interessiert, fragt zudem viel und geht Dingen auf den Grund. Der andere dagegen geht nicht gerne ins Detail, setzt Dinge ohne ausführliche Diskussion um, mag Routine und möchte in der Freizeit einfach mal abschalten. Probleme in der Freizeitgestaltung, der Kommunikation und im Umgang mit Konflikten sind vorprogrammiert.

Motiv Anerkennung

Viele Menschen haben den Wunsch, Beziehungen zur Befriedigung ihres Bedürfnisses nach Lob, Wertschätzung und Akzeptanz zu nutzen. Gerade am Anfang einer Beziehung überschütten sich Menschen mit Lob und Anerkennung in Form von Worten, Geschenken und viel Zeit, die man miteinander verbringt. Man möchte in einer Beziehung so akzeptiert und sich wertgeschätzt fühlen, wie man wirklich ist. Man möchte keine Rolle spielen und kritisiert werden. Wenn gegenseitige Akzeptanz, Lob und Wertschätzung zueinander vorhanden sind, funktioniert eine Partnerschaft gut. Man erwartet, dass der andere die persönlichen Interessen, Freunde, beruflichen Aufgabenstellungen und Pläne für die Zukunft gutheißt. Auch wünscht man, dass möglichst gleiche Vorstellungen in der Familienplanung, der Kindererziehung und der Art und Häufigkeit der erotischen Erlebnisse bestehen.

Dass jeder Mensch ein eigenes Lebensmotivprofil hat, macht es nicht gerade einfach in Bezug auf das Motiv Anerkennung. Wenn zwei Menschen, die stark nach Anerkennung streben, zusammen sind, kann dies zu Problemen führen. Jeder möchte möglichst viel Lob und Wertschätzung vom anderen bekommen. In den ersten Monaten wird dies wohl noch eintreten. Beide könnten jedoch die Tendenz zum „Klammern" haben. Zudem macht man sich häufig Gedanken, dass man keine Fehler in der Beziehung begeht. Schon eine nicht direkt beantwortete SMS kann Zweifel hervorrufen. Ein befreundetes Pärchen, beide mit hohem Bedürfnis nach Anerkennung, heirateten bereits nach einem halben Jahr ihres Zusammenseins. Die Ehe hielt keine zwei Jahre. So sehr das gegenseitige Schenken von Anerkennung am Anfang der Beziehung sie zusammengebracht hatte, so schnell war auch die Trennung, da beide nicht konfliktfähig waren. Außerdem war immer einer unzufrieden und launisch, wenn nicht genügend Lob und Aufmerksamkeit vom anderen gezeigt wurden.

Nach Anerkennung strebende Menschen reagieren sensibel auf Kritik und Zurückweisung. Sie können selbstkritisch und ungerecht gegenüber anderen sein. Sie kritisieren häufig ihre Partner, und zwar zum Teil deshalb, um diese davon abzuhalten, sie ihrerseits zu kritisieren.

Viele sind einfach mit sich und ihrem Leben nicht zufrieden. Sie beschweren sich häufig und übertragen so ihre eigenen Probleme auf den anderen – ein gut funktionierender Selbstschutz. Viele machen sich Sorgen, ihr Partner könne sie verlassen, und suchen nach der ständigen Bestätigung, dass das nicht passieren wird. Ihr Bedürfnis nach Anerkennung kann zu einer derartigen Belastung für ihre Partner werden, dass dies sogar zu einem Respektsverlust führen kann.

Demnach darf der Partner selbst nicht auch noch unsicher sein, da sich beides dann verstärkt. Andererseits sollte er auch nicht zu selbstsicher sein, denn diese Menschen loben oft zu wenig. Viele möchten dem Partner nur einen Hinweis geben, was beim anderen dann als Kritik und Missachtung ankommt. Dieser fühlt sich angegriffen und wird unsicher. Ausgewogenheit kann in einer Beziehung herrschen, in der ein Partner den anderen unterstützt. Besonders wichtig beim Verständnis des Motivs Anerkennung ist, dass sich beide Partner darüber klar werden, wie viel und welche Art von Bestätigung jeder braucht.

Motiv Ordnung

Stark ordnungsliebende und organisierte Menschen sind kompatibel, weil sie ihre Partnerschaft zur Befriedigung ihres Bedürfnisses nach Ordnung, Gewohnheiten und Hygiene nutzen können. Zum Beispiel werden beide Partner die Tatsache begrüßen, dass der andere sauber und ordentlich ist. Außerdem können sie die früh und gut organisierte Urlaubszeit genießen und feste Termine für Sport, Abendessen und andere Unternehmungen entwickeln.

Flexible Partner wie Claudia und Oliver sind ebenfalls kompatibel, weil sie beide ein geringes Bedürfnis nach Ordnung haben. Sie freuen sich über spontane Besuche. Sie reagieren auf Veränderungen flexibel und locker. Obwohl sie zum Beispiel den gemeinsamen Fernsehabend geplant hatten, kann man beide spontan auch animieren, noch mit in die Stammkneipe zu kommen. Ihre Wohnung ist kein Archiv, hier und da liegt etwas herum. Ob nun Kleidungsstücke auf dem Stuhl, gelesene Zeitungen der letzten Woche auf verschiedenen Stapeln oder ein paar leere Flaschen. Auch die Wäsche wird nicht fein sortiert und ordentlich aufgehängt. Wenn Claudia eine Weiterbildung macht, dann verfolgt sie kein direktes Ziel damit. Einfach nur mal so, weil es Spaß macht oder weil es etwas für sie ganz persönlich ist. Da beide nicht pingelig sind und nicht auf extreme Ordnung achten, sind sie kompatibel und führen seit mehr als sechs Jahren eine glückliche Beziehung.

Wenn ein Mensch mit einer niedrigen Ausprägung im Motiv Ordnung alleine lebt, gibt es kein Problem. Schwierigkeiten treten allerdings dann auf, wenn er mit einem viel ordentlicheren Partner zusammenkommt, und vor allem dann, wenn man zusammenzieht. Dass der ordnungsliebende Partner das Durcheinander hasst, das der weniger ordentliche Partner verursacht hat, fällt diesem meist gar nicht auf. Er wird sich zwar um mehr Ordnung und Sauberkeit bemühen, dies wird dem anderen aber meist nicht ausreichen.

Ich kenne viele Menschen mit einem hohen Ordnungsmotiv, die gerne putzen. Paare, Teams und andere Gruppen mit einem unterschiedlichen Ordnungsbedürfnis sollten lernen, Kompromisse zu schließen, um zu verhindern, dass ihre unterschiedlichen Vorstellungen und Sichtweisen zu Missverständnissen führen und später dann in Konflikten eskalieren.

Motiv Sparen / Sammeln

Wenn sich zwei Menschen in einer Partnerschaft mit einem hohen Streben nach Sammeln/Sparen gefunden haben, wird dies gut funktionieren. Beide achten auf die Kosten, versuchen Schnäppchen zu machen und sehen zu, dass sie das Geld gut anlegen und nicht aus dem Fenster werfen. Sie heben Erinnerungen aus der Jugend oder der Zeit der Eltern und Großeltern auf. Viele von ihnen gehen gerne gemeinsam auf Trödelmärkte und bewahren alte Schränke, Bilder und andere Gegenstände vor dem Verfall. Wenn man etwas kauft, ist es wohlüberlegt. Es soll sich lohnen und darf nicht unnötig sein. Ein guter Kontostand löst positive Gefühle aus.

Man trennt sich nicht gerne von liebgewonnenen Traditionen, Gegenständen und anderem. Die Küche im Haus kann schon 30 Jahre alt sein. Aber warum etwas Neues kaufen, wenn sie es noch tut? Das Auto wird länger gefahren, als dies die meisten anderen tun. Zum Ausflug nimmt man eine eigene Thermos-Kanne Kaffee mit, auch für andere Getränke und Essen ist gesorgt. Warum teuer essen gehen, wenn es auch billiger geht?

In einer Beziehung von zwei Menschen, die eine niedrige Ausprägung im Motiv Sammeln/Sparen haben, ist oft das Gegenteil der Fall: Man kauft sich gerne neue Dinge, genießt das Leben und achtet nicht darauf, ob der Kaffee 2,80 oder 3,20 Euro kostet. Man ist großzügig, der eine bereitet dem anderen gerne eine Überraschung. Man lädt sich gegenseitig ein und mag keine getrennten Rechnungen. Man passt sich den wechselnden Gegebenheiten schnell an und folgt im Kleidungsstil oder bei der Inneneinrichtung der herrschenden Mode – natürlich immer abhängig vom Einkommen. Wenn man Geld hat, gibt man es auch gerne aus, statt es auf die Bank zu bringen. Man spart zwar auch, aber nur, um sich später etwas Besonderes kaufen zu können.

Wenn in einer Beziehung zwei stark gegensätzlich Motivierte zusammen sind, kann dies schwierig sein. Ist der jeweilige Hauptverdiener gleichzeitig sehr großzügig, wird es in der Regel hier keine Konflikte geben. Wenn aber der Hauptverdiener sehr sparsam ist, wird das Haushaltsgeld abgezählt. Zudem wird der sparsame den großzügigeren Partner als verschwenderisch bezeichnen. Umgekehrt wird der großzügige Mensch den anderen vielleicht als geizig beschimpfen.

Wie bei allen anderen Motiven auch sollte man sich in einer Beziehung darüber im Klaren sein, welche Einstellung jeder zum Sammeln/Sparen hat und vom anderen benötigt, um sich wohl zu fühlen. Auch hier werden wieder Kompromisse helfen.

Motiv Ziel-/Zweckorientierung

Menschen mit einer hohen Ziel-/Zweckorientierung passen gut zueinander, da beide Partner keine starren Regeln und traditionellen Normen in der Beziehung haben. Es kann sein, dass sie nichts von der Eheschließung halten und glücklich ohne Trauschein zusammenleben. Sie passen sich tendenziell der Realität und den täglichen Veränderungen eher an als Paare, die eine hohe Verbundenheit zu Traditionen und Werten haben. Wenn Probleme in der Beziehung auftreten, ist die Partnerschaft nicht durch Regeln zementiert. Hierdurch könnten sich diese Paare dann auch schneller trennen als zwei Menschen mit einer hohen oder unterschiedlichen Ausprägung im Motiv Ziel-/Zweckorientierung. Auch die Wahrscheinlichkeit, dass ein Mensch mit einer hohen Ziel-/Zweckorientierung fremdgeht oder eine offene Beziehung führen möchte, ist viel größer als bei den stark prinzipientreuen und traditionell eingestellten oder religiösen Menschen.

Paare mit einer niedrigen Ziel-/Zweckorientierung sind sehr loyal und möchten Traditionen und Regeln wahren. Man kann sich meist sehr gut aufeinander verlassen. Man wird auch nicht so schnell in Problemphasen der Beziehung vom anderen verlassen. In der Partnerschaft sind Regeln wie Verlobung, Heirat oder keine Kinder ohne Trauschein feste Bestandteile für das gegenseitige Verständnis und eine feste Bindung. Man gibt sich ein lebenslanges Versprechen. Man pflegt die traditionellen Feste, manche gehen zusammen regelmäßig in die Kirche. Man versucht, die Eltern bei sich aufzunehmen und nicht ins Altersheim umzusiedeln. In der Kindererziehung sprechen diese Paare oft dieselbe Sprache. Viele leben noch die alte Rollenverteilung: Er geht arbeiten, sie übernimmt die Pflichten als Mutter und Hausfrau. Die Kinder wachsen mit klaren Regeln und Werten auf. Verletzt einer der Partner die Regeln, wird dies als Vertrauensbruch gewertet.

Beziehungen und Partnerschaften, die unterschiedliche Ausprägungen im Motiv Ziel-/Zweckorientierung haben, werden im Alltag nicht leicht bestehen. Der eine Partner ist flexibel im Einhalten von Regeln, Traditionen und Normen, der andere hält stärker daran fest. Letzterer wird als zu streng, unflexibel, konservativ, störrisch und pedantisch bewertet, während dieser wiederum den Partner für zu locker, nicht loyal, unehrenhaft, unzuverlässig und untreu hält.

Motiv Idealismus

Menschen in Beziehungen, die einen ausgeprägten Idealismus teilen, können dieses Bedürfnis durch Aktivitäten wie die Diskussion über gesellschaftliche Entwicklungen, ein gemeinsames Engagement für karitative Zwecke oder den vereinten Einsatz in einer lokalen Hilfsorganisation befriedigen.

Missverständnisse und Probleme können entstehen, wenn ein Partner idealistisch gesinnt ist und der andere nicht. Der idealistische Partner ist an den gesellschaftlichen Zuständen interessiert, der nicht idealistische Partner hingegen empfindet diese Aktivitäten als langweilig oder als Zeitverschwendung. Der eine Partner denkt erst einmal daran, dass es ihm gut geht, und hilft möglicherweise erst dann anderen Menschen. Der andere empfindet dies als völlig egoistisch. Erst die Nächstenliebe und die Hilfe für andere Menschen – dann kommt man mit seiner eigenen Person. Der eine wirft dem anderen vor, er mache nur sein eigenes Ding, der andere sagt, er ließe sich sowieso nur ausnutzen.

Menschen mit niedrigem Idealismus-Motiv passen wieder gut zusammen. Man hat ähnliche Wertvorstellungen von der Welt und fühlt sich nicht herausgefordert, etwas für die Gesellschaft zu tun. Man spendet eher kein

Geld und engagiert sich auch nicht in Hilfsorganisationen und in sozialen Projekten. Man fühlt sich dem Sozialstaat und sozialen Aspekten des Lebens nicht verpflichtet, was nicht heißt, dass diese Menschen unsozial sind. Sie stellen jedoch zunächst einmal ihre eigenen Belange in den Vordergrund.

Motiv Beziehungen

Paare können ihr persönliches Streben nach Interaktion und persönlichen Beziehungen zu vielen neuen Menschen aktiv nachgehen, indem sie zusammen ausgehen, Freunde einladen und gemeinsam berufliche und private Einladungen wahrnehmen. Überall gibt es Kneipen, Restaurants, Sportveranstaltungen, Museen, Veranstaltungen, Konzerte, Lesungen und vieles mehr, wo man zusammen Spaß haben kann. Wenn beide Partner ein starkes Bedürfnis nach neuen Kontakten haben, sucht man auch in der Beziehung die Nähe anderer Menschen und taucht vielleicht im Nachtleben gemeinsam ab. Man macht gerne Urlaub, um nette Menschen kennen zu lernen. Auch das Vereinsleben wird offen angenommen und gelebt.

Paare mit einem niedrigen Streben nach neuen sozialen Kontakten haben auch ihren Spaß in der Beziehung. Sie passen gut zusammen, da sie ähnliche Interessen im Umgang mit Menschen haben. Sie sind lieber für sich, bleiben gerne zu Hause und pflegen den Kontakt zu wenigen, aber intensiven Freundschaften. Man schätzt Aktivitäten im engen Familien- und Freundeskreis und verzichtet auf öffentliche Feste.

Ein Partner mit einem starken Bedürfnis nach vielen neuen Kontakten ist inkompatibel mit einem Partner, der nur ein geringes Bedürfnis nach neuen Kontakten hat. Anke als Kontaktfreudige und im Vertrieb Tätige möchte gerne in Gesellschaft anderer Menschen sein. Markus, der lieber im Kreis der Kinder und der Familie ist, mag Restaurants und öffentliche Veranstaltungen mit vielen fremden Menschen nicht. Anke geht daher seit einiger Zeit mit Freundinnen aus, und Markus bleibt zu Hause. Jedoch ist Markus das ständige Ausgehen von Anke nicht angenehm, und er vermutet die schlimmsten Dinge. Wenn Markus gelegentlich einmal mitkommt, ist er schnell gelangweilt, er hätte lieber zu Hause seine Ruhe oder würde gerne mit Anke einen Film anschauen. Das ist aber nichts für sie, denn es ist ihr nicht spaßig und kommunikativ genug. Diese beiden sehr unterschiedlichen Vorstellungen von der Freizeitgestaltung sind immer wieder Anlass für Misstrauen, Irritationen, Missverständnisse und Streit. Anke kann nicht nachvollziehen, dass Markus gerne zu Hause ist, und Markus kann nicht verstehen, dass Anke nicht die Zweisamkeit mit ihm zu Hause genießen will.

Motiv Familie

Zwei Menschen, die eine hohe Ausprägung im Motiv Familie haben, wollen gerne gemeinsam Kinder haben. Wenn es finanziell möglich ist, auch gerne mehrere. Beide Partner finden es wichtig, sich aktiv und fürsorglich mit maximalem Zeiteinsatz um die Kindererziehung zu kümmern. Wenn einer der beiden einen Job hat, wo dieses Bedürfnis nicht erfüllt werden kann, hat er oft ein Problem. Dies ist bei vielen Männern so, die im Job sehr fleißig und strebsam sind, lange Arbeitszeiten haben und erst spät nach Hause kommen. Wenn die Partnerin ihnen hier Vorwürfe macht oder die Kinder in der Schule Probleme haben, sich nicht so entwickeln wie erwartet, fühlt man sich schnell hin- und hergerissen. Soll man nun, wie eigentlich angestrebt, mehr Zeit mit den Kindern verbringen? Das hat jedoch oft finanzielle Einbußen zur Folge. Zudem kann es der Karriere schaden.

In der heutigen Zeit kann auch ein Mann seine Fürsorge über die Elternzeit und flexiblere Arbeitszeiten besser leben als früher. Es gibt schon jetzt genügend Männer, die die Zeit mit der Familie der Karriere vorziehen. Und es werden immer mehr Menschen, die Familie und Beruf in Einklang bringen möchten.

Im Gegensatz dazu haben Paare Probleme, bei denen der Kinderwunsch unterschiedlich stark ausgeprägt ist. Denn die meisten gehen davon aus, dass der Kinderwunsch doch normal sein muss. Zudem sagen viele nicht klipp und klar am Anfang einer Beziehung, dass sie nur unter bestimmten Bedingungen Kinder möchten oder einfach keinen Nachwuchs wollen. Gesellschaftlich ist eine derartige, klare Meinung in den meisten Fällen nicht positiv belegt. Es würde aber viele Enttäuschungen ersparen, denn man ändert einen Menschen in solchen Fragen kaum. Wie viele Männer verlassen die Partnerin, wenn diese schwanger wird, weil sie sich übergangen fühlen oder nicht hinter einer Vaterschaft stehen und die Verantwortung nicht tragen möchten? Meistens liegt dies daran, dass die Menschen im Familie-Motiv stärker auseinanderliegen als zunächst vermutet. Denn darüber zu reden, dass Kinder etwas Großartiges sind, und die Realität, dann auch selbst Nachwuchs haben zu wollen, sind zwei verschiedene Dinge. Viele Menschen möchten den Partner nicht mit einem Kind teilen, andere wollen ihr bisheriges Leben nicht aufgeben und vieles mehr. Die Tragweite dieses Problems ist den meisten Paaren nicht klar. Viele reden auch nicht offen und ehrlich über ihre Erwartungen und Vorstellungen. Wenn die Realität sie dann einholt, ist die Auseinandersetzung vorprogrammiert.

Paare, die kein hohes Streben nach eigenen Sprösslingen haben, bleiben oft glücklich kinderlos, oder sie haben Kinder aus anderen Motiven heraus bekommen. Ein Kind kann sehr gut die emotionale Verbundenheit über die Teamorientierung bei einem Paar bedienen. Wenn sie Nachwuchs haben, dann läuft dieser einfach mit, man stellt sein Leben nicht völlig um, arbeitet weiter und bringt die Kinder meistens in eine Ganztagesbetreuung. Man erzieht die Kinder selbstständiger und mehr als guter Freund, statt überfürsorglich zu sein. Man möchte eben nicht viel Zeit mit ihnen verbringen. In anderen Ländern haben sich die Gesellschaft und der Staat schon sehr auf diese Bedürfnisse eingestellt, dort ist es viel einfacher, einmal spontan sein Kind für ein paar Stunden in eine gute Betreuung zu geben. Hier in Deutschland ist dies mit erheblicher Organisation, Zeit und oft auch viel Geld verbunden. Die Bundesregierung versucht, die Bevölkerung durch höhere Kindergeldzahlungen und steuerliche Freibeträge zu mehr Nachwuchs zu motivieren. Paare ohne Kinderwunsch wird man über diese Programme jedoch nicht in ihren Einstellungen ändern. Da das Motiv Familie für eine Partnerschaft sehr wichtig ist, zudem Kinder eine hohe zeitliche und finanzielle Anforderung darstellen, kann man hier für Partnerschaften und glückliche Beziehungen die Rahmenbedingungen noch stark verbessern.

Paare, die unterschiedliche Ausprägungen im Motiv Familie haben, werden hiervon am meisten profitieren. Über die Reflexion des Lebensmotivs Familie erfahren Paare, wie man sich in den Vorstellungen im Bezug auf Kinder und Kindererziehung ergänzt oder unterscheidet. Wenn man Kompromisse macht und den nötigen Rahmen schafft, können beide glücklich sein.

Motiv Status

Paare können ihr Streben nach Status auf die unterschiedlichste Art und Weise ausleben. Kommen zwei Menschen zusammen, die beide eine hohe Affinität für das Außergewöhnliche, Besondere, für Luxus und teure Dinge haben und sich das auch leisten können, werden sie hier eine hohe Bindung spüren. Man hat den gleichen Geschmack bei Markenuhren, -schuhen und -textilien. Vielleicht gehen beide gerne Golf spielen. Auch in der Hotelwahl wird man sich eher für das 4- oder 5-Sterne-Hotel entscheiden, da man ähnlich fühlt und denkt. Man freut sich über kleine Geschenke und Aufmerksamkeiten, da jeder dem anderen etwas Besonderes schenken wird. Wenn einer der Partner zwar statusaffin ist, jedoch den Status bisher nicht hat oder ihn verloren hat, gilt es hier in der Beziehung, Unzufriedenheit gemeinsam zu klären. Ein Paar mit einem hohen Streben nach Status möchte sich von den anderen Menschen unterscheiden und wird immer versuchen, sich von der Masse der Bevölkerung abzuheben.

Auch Paare mit einem niedrigen Streben nach Status werden sich gut in diesem Punkt verstehen, denn beide Partner benötigen diesen Zustand nicht, um zufrieden und glücklich zu sein. Sie lieben Understatement und versuchen, nicht aufzufallen. Auch wenn sie sich mehr leisten könnten, ist es ihnen das meistens nicht wert. Zudem definieren sie sich nicht über Teures und Besonderes. Sie halten es nicht für sinnvoll, aufzufallen.

Motiv Rache/Kampf

Paare können ihr Streben nach Rache/Kampf, Ehrgeiz und Diskussion oder Harmonie auf die unterschiedlichsten Weisen umsetzen. Wenn zwei Partner eine hohe Ausprägung im Motiv Rache/Kampf haben, wird dies zum Beispiel über den Ehrgeiz im Beruf oder im Sport gut auszuleben sein. Jeder möchte gerne etwas Besonderes leisten und besser sein als andere. Im Beruf könnte dies gut über Diskussionen oder den Erfolg im Verkauf befriedigt werden. Im Sport wäre es die Teilnahme an Wettkämpfen. Bei einem Paar sollte nach unserer Erfahrung jeder für sich dieses Motiv ausleben, denn ein unbefriedigtes Rache/Kampf-Motiv kann auch schnell zu einem Konflikt führen. Wenn andere Motive stabil sind, wie zum Beispiel das Anerkennungsmotiv und das Ruhe-Motiv, kann und wird das beiderseitige Rache/Kampf-Motiv positiv sein. Es sind zwei ehrgeizige und kämpferische Menschen zusammen, die Diskussionen und Gesprächen nicht um der Harmonie willen ausweichen, sondern eine Klärung der Sach- und Beziehungslage anstreben.

Wenn jedoch ein Partner in der Beziehung sein Motiv Rache/Kampf nicht ausleben kann oder bisher keinen Weg zur Kanalisierung gefunden hat, wird dies zu Problemen führen. Dann schluckt man seinen Frust und Ärger herunter und fühlt sich nicht gut. Andererseits kann ein unreflektiertes Ausleben des „frustrierten" Rache/Kampf-Motivs zu unnötigen Diskussionen bis hin zu Streit führen. Manche Paare mit einer hohen Ausprägung im Motiv Rache/Kampf kommen über Diskussion zur Harmonie. Es herrscht eine gesunde „Streitkultur".

Paare, wo einer der beiden Partner in der Beziehung eine hohe Ausprägung im Motiv Rache/Kampf hat, der andere eine durchschnittliche, können sich missverstehen. Einerseits ist der andere auch ehrgeizig, aber in anderen Themen wiederum nicht so schnell reizbar und konfliktbereit, was bei beiderseitigem Verständnis viele Vorteile haben kann. Der eine Partner geht einer Diskussion nicht aus dem Weg, wenn dies nötig ist, andererseits kann der andere Partner auch Streit und Konflikte vermeiden, da er sich nicht so schnell reizen lässt und ein besserer Konfliktlöser ist.

Paare, wo ein Partner eine hohe, der andere eine niedrige Ausprägung im Motiv Rache/Kampf hat, werden schnell Konflikte bekommen. Beide müssen ein Leben führen, in dem sie ihre Motivausprägungen ausleben können. Jemand, der Harmonie sucht, benötigt kein Leben mit Diskussion und Streit. Der Alltag muss hier entsprechend ausgelegt sein, sonst kostet dies viel Kraft, die dann mit dem Partner nicht mehr zur Verfügung steht. Der andere

Partner braucht Ausgleichsmöglichkeiten für den Kampf und die Diskussion. Jemand, der dies über den Tag im Job und durch Sport nicht bedienen kann, wird im Privatleben viel schneller reizbar, streitlustig oder genervt sein. Dies bekommen dann die Kinder, der Partner, Eltern oder Freunde zu spüren.

Paare, bei denen beide Partner eine niedrige Ausprägung im Rache / Kampf-Motiv haben, zeichnen sich durch eine gute Beziehungsgrundlage aus, wenn sie beide in einem Umfeld leben, das auf Harmonie, Spaß und Ausgleich ausgerichtet ist. Wenn Kommunikationsprobleme und Konflikte auftauchen, kann die niedrige Motivausprägung einerseits positiv sein, da man nicht sofort in die Diskussion oder in den Konflikt hineingeht. Auf der anderen Seite kann das nicht zeitnahe Ansprechen von Problemen oder das bewusste Ausweichen vor Schwierigkeiten jedoch letztendlich zum Problem werden.

In allen Fällen der Motivausprägungen bedarf es einer guten Reflexion über die eigene Motivausprägung und die des Partners. Aber auch der Abgleich mit den Lebensumständen, zudem ein Austausch über die unterschiedlichen Erwartungen und Vorstellungen, ist hier von Bedeutung.

Motiv Erotik / Schönheit

Für eine Beziehung ist das Motiv Erotik eine der entscheidenden Grundlagen. Wenn keine beiderseitige erotische und sexuelle Anziehungskraft zwischen zwei Menschen besteht, wird es eine gute Freundschaft oder eine berufliche Beziehung sein. Man mag sich, schätzt sich, mehr jedoch nicht. Sex aber ist ein Urtrieb, und jeder Mensch mag gerne Sex, nur eben jeder auf seine Art und Weise. Das Motiv Erotik ist mit dem Motiv Schönheit (Originalversion Reiss Profile mit Motiv Erotik; Businessversion Reiss Profile mit dem Motiv Schönheit) nicht valide vergleichbar. Dennoch haben Erotik und Sex auch viel mit Ästhetik und Schönheit zu tun. Wie bereits erwähnt, fand Professor Reiss heraus, dass gerade im Motiv Erotik sich Männer und Frauen stark unterscheiden: Männer haben ein höheres Streben nach Sex und erotischen Momenten als Frauen. Wobei es auch viele Frauen gibt, die hohe Ausprägungen im Motiv Erotik haben.

In einer Partnerschaft, in der beide Partner eine hohe Ausprägung im Motiv Erotik haben, wird das Paar glücklich und zufrieden sein, wenn die Qualität und Quantität an Sex stimmt.

Wenn jedoch die Beziehung einmal nicht so funktioniert und die Sexualität nachlässt, kann dies zum Problem werden. Entweder sind beide frustriert oder brechen aus der Beziehung aus. Da das hohe Streben nach Sex für beide ein wichtiger Eckpfeiler für die Beziehung ist, sollte dies auch entsprechend bedient werden.

In einer Beziehung, in der einer der Partner eine hohe Ausprägung im Motiv Erotik hat, der andere eine durchschnittliche, wird dies am Anfang der Beziehung meist nicht zu Problemen führen, denn dann ist die gegenseitige sexuelle Anziehung immer hoch. Bei dem einen Partner spielt die Sexualität eine größere Rolle, bei dem anderen nur eine kleine, der eine verzichtet nicht gerne, der andere schon. Der mit der höheren Ausprägung empfindet Sex als Befriedigung und Stressabbau, auf dem gleichen Level würde der andere dies als stressig und zu häufig empfinden. Meistens zieht sich dieser Partner früher oder später zurück. Hier sollte ein Paar miteinander über die unterschiedlichsten Bedürfnisse sprechen. In einer Beziehung, wo ein Partner eine hohe Ausprägung im Motiv Erotik hat, der andere eine niedrige, werden diese Probleme um ein Vielfaches verstärkt. Der eine Partner fühlt sich unter Druck gesetzt, empfindet das Verhalten des anderen als übertrieben. Dieser ist frustriert und möchte mehr Sex, auch mal kurz zwischendurch, bekommt dies jedoch nicht.

Der eine hat Schwierigkeiten, über seine Wünsche und Bedürfnisse zu sprechen, der andere drückt sich sehr klar über seine Vorstellungen von Erotik und Sex aus. Der mit dem höheren Erotik-Motiv wird entweder immer unzufriedener oder er bricht aus der Partnerschaft aus. Auf diesem Weg sucht er sich neue Möglichkeiten, um sein Streben nach Erotik und Sexualität auszuleben.

Wenn Sex für den einen Partner ein Mittel zum Zweck ist, für den anderen ein wichtiges Grundbedürfnis, werden über kurz oder lang Probleme auftauchen. Oft hört man bei jungen Familien, dass vor der Geburt der Kinder das Sexualleben toll war und klappte, danach nicht mehr oder zu selten. Männer klagen darüber häufiger als Frauen. Dass Frauen im Durchschnitt ein höheres Streben nach dem Motiv Familie haben als Männer und Männer dagegen ein höheres Streben nach Sexualität, können Gründe dafür sein.

Wenn das Motiv Erotik nicht extrem stark ausgeprägt ist, ist es kein wichtiges Grundbedürfnis, das Entspannung bringt, sondern man kann auch gut darauf verzichten. Weil Männer eine höhere Ausprägung im Motiv Erotik haben, ist auch nach einem langen Tag das Grundbedürfnis nach Sex höher als beim Durchschnitt der Frauen. Oder auch anders herum: Viele Frauen beklagen, dass der Mann nicht zärtlich genug ist, sich nicht genug Zeit nimmt, sofort zur Sache kommen möchte. Hier gibt es bei Männern und Frauen schon seit jeher unterschiedliche Vorstellungen und Bedürfnisse.

Ein Paar mit einer beiderseitig niedrigen Ausprägung im Motiv Erotik sieht das Thema Sex oft als „Liebesbeweis". Sex ist wichtig, jedoch ist es mehr eine Form, sich seine Zuneigung zu zeigen, als „wild und spontan" übereinander herzufallen. Beide können auch gut auf Sex verzichten. Andere Motive stehen stärker im Fokus.

Motiv Essen

Wenn ein Paar eine gleiche Ausprägung im Motiv Essen hat, wird es sich grundsätzlich gut verstehen. Zwei Partner mit einer hohen Ausprägung im Motiv Essen werden gerne zusammen kochen und essen. Jedenfalls werden sie immer gerne viel Zeit für den Genuss von Speisen aufwenden. Ob man ein Gourmand oder ein Gourmet ist, entscheiden andere Motive wie Sammeln / Sparen oder Status. Man kann dem anderen aber mit einem schönen Menü immer eine Freude machen. Man redet vielleicht über das Zubereiten von Essen und liebt gute Weine.

Dass dies zu einer Zunahme des Gewichts führen kann, wenn nicht genug Ausgleichsmöglichkeiten über Bewegung und Sport vorhanden sind, ist natürlich. Wenn einer der Partner auf sein Gewicht achten muss, tut sich der andere schwer, sich auch auf eine fettärmere Ernährung umzustellen. Über eine höhere Selbsterkenntnis und Selbstreflexion geht dies jedoch sehr gut.

Wenn in einer Partnerschaft einer der beiden eine hohe Ausprägung im Motiv Essen hat, der andere eine durchschnittliche, kann dies zu Missverständnissen führen. Der eine hat Essen als ein Grundbedürfnis und verzichtet nicht gerne drauf. Das wäre für ihn ein Verlust an Lebensfreude und Genuss. Der andere kann dem nicht immer folgen, da das Motiv Essen für ihn einmal wichtig ist, einmal nicht – also eher ein Mittel zum Zweck.

Hat ein Partner in einer Beziehung eine hohe Ausprägung im Motiv Essen, der andere eine niedrige, kann dies zu Problemen führen. Der eine möchte zum Beispiel gerne eine warme Mahlzeit, der mit dem niedrigen Motiv Essen hat einen Obstteller oder einen Salat zubereitet. Oft verzichtet der mit dem niedrigen Motiv Essen sogar ohne Probleme auf eine Mahlzeit. Das Abnehmen wird für den Menschen mit einem hohen Motiv Essen immer schwieriger sein als für den mit einer niedrigen Ausprägung.

Es wäre jedoch falsch zu behaupten, dass Menschen mit einer hohen Ausprägung im Motiv Essen nicht schlank sein können. Hier sind andere Motive wichtig, zudem die Prägung, Gewohnheiten und die Lebensumstände. Jedenfalls kann der Partner mit der niedrigen Ausprägung im Motiv Essen dem Partner, der Gewicht verlieren möchte, eine gute Unterstützung sein. Und umgekehrt funktioniert dies ebenso, wenn niedrig Motivierte dazu neigen, das Essen zu vernachlässigen.

Paare mit einer niedrigen Ausprägung im Motiv Essen sehen gemeinsam die Nahrungsaufnahme als eine notwendige Sache an, jedoch sollte sie nicht zu zeitaufwändig sein. Man achtet auf gesunde und fettarme Ernährung. Dennoch kann man auch über das Motiv Essen sehr gut andere, nicht gelebte Motive wie zum Beispiel Anerkennung oder Erotik kompensieren.

Motiv Körperliche Aktivität

Sofern eine Paar ähnliche Ausprägungen im Motiv Körperliche Aktivität hat, wird es sich in Bezug auf die Themen Bewegung, Fitness und Sport im Regelfall gut verstehen.

Haben beide Partner eine hohe Ausprägung in diesem Motiv und leben diese auch bewusst aus, so wird die Freizeitgestaltung viel Aktives und Sportliches beinhalten. Zwar kann es sein, dass jeder seinem eigenen Sport und seinem aktiven Freizeitprogramm nachgeht; doch es herrscht gegenseitiges Verständnis vor. Gemeinsame Aktivitäten wie Radfahren, Wandern, Schwimmen, Golfen oder Tennis kommen häufig vor. Beide Partner benötigen, um sich gut und fit zu fühlen, ein hohes Maß an Bewegung als Ausgleich und Abbau von Stress. Sofern nur ein Partner sein hohes Motiv auslebt, kann dies zu Spannungen in der Beziehung führen, da der andere eventuell unzufrieden und unausgeglichener ist, weniger gut abschalten und schlafen kann. Gegenseitige Unterstützung kann hier Abhilfe schaffen.

Haben beide Partner eine niedrige Ausprägung im Motiv Körperliche Aktivität, werden sie sich zwar auch gerne bewegen (z. B. walken oder spazieren gehen), entspannen aber ebenso genauso gern im Sitzen, streben weniger nach körperlichen Anstrengungen und benötigen sie auch nicht unbedingt, um sich zufrieden und glücklich zu fühlen. Zu viel Sport und anstrengende Bewegungen können als stressig und belastend empfunden werden. Sport und Fitnesstraining werden nur durch die Aktivierung von anderen Motiven dauerhaft gelingen.

Partner mit sehr unterschiedlichen Ausprägungen im Motiv Körperliche Aktivität streben nach unterschiedlichen Polen. Der eine will fit und sportlich aktiv sein, der andere kann gut darauf verzichten. Hier ist es wichtig, dass ein Partner jeweils das Motiv des anderen akzeptiert und toleriert. Sofern man sich hier keine Vorwürfe macht und auf eine gewisse gemeinsame Zeit der Freizeitgestaltung verzichten kann, wird auch diese Beziehung gut funktionieren.

Motiv Emotionale Ruhe

Wenn in einer Beziehung zwei Menschen zusammen sind, die beide eine hohe Ausprägung im Streben nach Sicherheit, Vertrauen und wenig Stress haben, kann jeder den anderen im Empfinden von Stress zwar gut verstehen, dennoch wird diese Konstellation eine Partnerschaft eher belasten als ausgleichen. Es fehlt hier der ruhende Pol. Beide Partner sind tendenziell ängstlicher und vorsichtiger als die meisten Menschen. In einer Zeit von Hektik, Lärm und Stress kann das Zuviel an Stress eine Beziehung stark belasten.

Bei Problemen können vielleicht beide nicht schlafen, auch wenn nur einer davon betroffen ist. Der eine wird schnell mit dem anderen mitfühlen, da er sehr empathisch ist. Wenn beide sich genügend Raum für Entspannung und Ruhe lassen, wird dies der Beziehung gut tun. Was jedoch, wenn beide nach Ruhe streben und kleine Kinder im Haus sind und vielleicht ein Baby schreit? Hier sind beide schnell gereizt, was für eine harmonische Beziehung nicht gut ist.

Beide Partner achten tendenziell stark auf das Vermeiden von Risiken, zum Beispiel über die gemeinsame Beschäftigung mit den Themen Verhütung, Gesundheit oder Versicherungen.

Wenn ein Partner über eine durchschnittliche Ausprägung im Motiv Emotionale Ruhe verfügt, wird dies oft vorteilhaft sein, da ein ausgleichender und dennoch sensibler Partner dem nach Ruhe Strebenden zur Seite steht. Er kann Sicherheit vermitteln, wenn Ängste auftauchen. Gerade eine gute Beziehung vermittelt ja Geborgenheit und Sicherheit. Hier gilt es jedoch, dass der emotional Instabilere auch an sich arbeitet, denn er sollte sein Streben nach emotionaler Sicherheit nicht zu 100 Prozent an den Partner abgeben.

Wenn in einer Partnerschaft zwei sehr gegensätzlich ausgeprägte Motivpole der emotionalen Ruhe aufeinandertreffen, kann dies schnell zu Problemen führen. Der emotional niedrig ausgeprägte Partner strahlt zwar viel Ruhe, Sicherheit und Zuversicht aus, dies aber verunsichert den emotional hoch ausgeprägten noch mehr. Er empfindet dies als kühl, emotionslos und abweisend. Der emotional in sich Ruhende kann den Stress, den sich der andere macht, meistens nicht nachvollziehen. Es strengt ihn auch sichtlich an, sich damit zu beschäftigen. Hier gilt es, in einer Partnerschaft den anderen verstehen zu lernen: Der eine hat vielleicht sein risikoreiches Hobby oder den Job, der andere arbeitet in einem sicheren Umfeld, geht gerne zur Massage, Meditation oder in die Sauna.

In einer Zeit, in der es im Berufsleben und in der Ehe nur noch wenig Sicherheit gibt, haben immer mehr Menschen psychosomatische Probleme. Scheitert zum Beispiel eine Beziehung, eine Ehe, verliert jemand seinen Job, werden diese Erlebnisse schnell zu Blockaden führen können. Zudem werden die meisten Menschen dann noch vorsichtiger oder ängstlicher. Aus dem erlebten Stress und aus einer Disharmonie in den eigenen Motiven heraus haben mittlerweile Millionen von Menschen in Deutschland mit gesundheitlichen Problemen zu kämpfen.

Eine Entschleunigung des Lebens und der Partnerschaft würde den meisten Menschen und Beziehungen sehr gut tun.

Lebensmotive und Schule/Bildung

Das Reiss Profile gibt es auch in einer Version für Kinder und Jugendliche ab einem Alter von zehn Jahren. Bei jüngeren Kindern beobachtet man die Motivausprägungen anhand von typischen Verhaltensaussagen, Glaubenssätzen und Emotionen.

Reiss Profile für Schüler

- Standardisierter und validierter Test über 13 Lebensmotive
- Bildet objektive Aussagen über die angestrebte Persönlichkeit eines Kindes ab dem Alter von zehn Jahren auf der Grundlage der 16 Lebensmotive und deren Werten und Zielen
- Ermittelt Ursachen und zeigt Lösungen für mangelnde (Schul-) Leistung
- Ermittelt charakterliche Aspekte und deren individuelle „Bedienung"
- Ermittelt die Neigung zu Gewalt und deren positive Kanalisierung
- Zeigt, wie ein Schüler individuell anzusprechen und zu motivieren ist
- Ermittelt den persönlichen Lerntyp des Schülers
- Zeigt, in welchem Umfeld sich ein Schüler am besten entwickelt, was er benötigt, um glücklich zu sein

Der Mensch ist vielseitig und individuell, und natürlich ebenso die Persönlichkeit eines Kindes. Man kann sich als Erwachsener oft nicht vorstellen, wie schon kleine Kinder ganz genau wissen, was sie wollen. In manchen Bereichen wird Kindern dieses Grundbedürfnis regelrecht als etwas Negatives vermittelt. Wir möchten einen kurzen Überblick geben, wie Sie die Erkenntnisse aus den Lebensmotiven für sich und die Erziehung und Förderung von Kindern nutzen können. Denn jedes Kind ist einzigartig und auf seine Art und Weise clever, lustig und intelligent. Jedes Kind ist ein kleines Genie. Wir verstehen oft nur nicht, was Kinder uns sagen oder ausdrücken wollen: Es sind meistens die Lebensmotive des Kindes, die sich entfalten möchten. Wenn dies ermöglicht wird, ist ein Kind glücklich und zufrieden und wird in der Schule gut vorankommen. Wenn nicht, drückt das Kind seine negativen Emotionen auf die verschiedensten Arten aus. Wir sprechen hier nicht von der „antiautoritären Erziehung", sondern plädieren dafür, Kindern mehr Raum für die persönliche Entwicklung zu geben. Gerade hier sind natürlich auch Regeln und Normen für Kinder wichtig – aber auch Verantwortung und Mitbestimmung. Altersgerecht, versteht sich.

Wie fühlt sich ein Kind, das etwas will und es kann, aber nicht darf? Und das unter Umständen für das Wollen sogar Negatives anhören muss? Das Kind möchte seine Persönlichkeit und seine Motive leben und Erfahrungen aus der eigenen Motivwelt machen. Jedoch sagen die Erwachsenen dem Nachwuchs dabei immer, was gut oder schlecht ist. Die meisten Kinder kommen damit gut zurecht, da sie flexible Motivausprägungen haben oder sich selbst etwas suchen, womit sie ihre Extreme ausleben können. Viele Eltern fördern dies sehr gut, zum Beispiel im sportlichen oder musischen Bereich.

Wenn man seine Eltern einmal fragt, ob man als Kind schon bestimmte noch heute typische Verhaltensweisen hatte, wird dies fast immer bejaht. Das Kind, das nicht gerne an der Hand über die Ampel ging, wird auch als Erwachsener nicht gerne den Partner ständig an der Hand halten wollen. Das Kind, das sich früher nicht gerne bewegte, wird vermutlich nicht zum Leistungssportler werden.

Die meisten Kinder heute bewegen sich zu wenig, da die wenigsten Bewegung als wichtiges Grundbedürfnis haben. Zudem sind die Lebensumstände heute anders: Früher konnte man noch auf der Straße spielen. Kinder wachsen mehr und mehr in einem normierten Umfeld auf. Außerdem gilt fast überall noch ein Erziehungssystem, das auf Belohnung und Bestrafung baut. Hat das Kind aus der Sicht der Eltern oder Lehrer etwas Gutes gemacht, wird es dafür belohnt. Bis zum fünften Lebensjahr überwiegt meistens das Lob. Oder haben Sie schon mal gesehen, dass ein kleines Kind, das gerade laufen lernt, für die ersten Schritte immer nur kritisiert wird: „Mann, bist du wackelig auf den Beinen!", „Geh mal schneller!", „Warum fällst du immer wieder!"? Nein, das Positive überwiegt. Je älter ein Kind wird, desto mehr bekommt es vorgeschrieben, was gut ist, was es zu tun und was gefälligst zu lassen hat.

Steven Reiss hat über viele Studien mit Kindern und Jugendlichen herausgefunden, welche Ursachen bei Kindern für schlechte Leistungen in der Schule oder auffälliges Verhalten verantwortlich sein können. Bestimmte Motivausprägungen, die vom Kind nicht bedient und von der Erwachsenenwelt nicht beachtet werden, sind hier mitverantwortlich. Dazu kommen die kulturellen und gesellschaftlichen Umstände und Prägungen. Wenn man den Kindern jedoch die von der Norm abweichenden Motive erfüllen kann, werden sie wieder ausgeglichener und glücklich.

Wie geht es zum Beispiel einem Kind, das eine hohe Ausprägung im Motiv Körperliche Aktivität hat und demnach gerne viel rennen und spielen will – das aber in der Stadt groß wird, in der Schule nur zweimal in der Woche Sport hat, wo körperliche Betätigung von den Eltern nicht gefördert und die meiste Zeit vor dem PC oder Fernseher verbracht wird? Wie fühlen Sie sich als jemand, der gerne mehrmals in der Woche Sport treibt, wenn Sie diesem Bedürfnis manchmal wochenlang nicht nachgehen können? Zudem ist sich ein Kind ja nicht bewusst, welches Motiv verantwortlich ist für bestimmte Wünsche, Vorstellungen und Verhaltensweisen. Jedoch bekommt es schon genau mit und weiß, was ihm gut tut und was frustrierend ist. Je mehr ein von Geburt an gesundes Kind negatives Verhalten zeigt, umso mehr Lebensmotive werden nicht erfüllt. Die Ursache des Problems liegt oft bei uns Erwachsenen und der Welt, die wir für die Kinder bereit halten. Denn viele Eltern erwarten von ihren Kindern, dass sie so sind wie sie selbst. Das Thema Self-Hugging und die aus den verschiedenen Lebensmotiven entstehenden Missverständnisse aus Selbst- und Fremdwahrnehmung haben wir bereits erläutert. Dies gilt genauso für Kinder.

Lehrer wünschen sich, dass Kinder und Jugendliche ihrem Unterricht so interessiert folgen, wie sie selbst ihr Fach lieben; Geschäftsleute erwarten, dass ihre Kinder auch zu Unternehmern werden, und Sportler wünschen sich, dass ihre Kinder noch sportlicher und erfolgreicher werden als sie selbst. Da Kinder einen großen Teil der Motive von den Eltern und Großeltern erhalten, zudem eine bestimmte Förderung von den Eltern, funktioniert das auch oft. Es gibt genügend Studien, die belegen, dass Kinder von sportlichen Eltern oft auch sportlich sind. Wie oft verfolgen die Kinder aber andere Lebenswege. Wenn ein Kind eine Richtung einschlägt, die den Vorstellungen und Wünschen der Eltern nicht entspricht, hoffen diese zunächst, es könne ja noch dazu kommen. Eltern sollten möglichst früh erkennen und einsehen, dass Kinder keine Kopie ihrer selbst sind, auch wenn man sich natürlich in seinen Kindern in vielen Bereichen wiedererkennt. Oft haben sie eigene Wünsche. Über Druck, Verbote und Bestrafung wird man sie aber über die Jahre mehr und mehr von sich abstoßen.

Wenn Eltern und Kinder stark unterschiedliche Motivprofile haben, kann es sein, dass die Kinder einen Lebensstil verfolgen, der von den Eltern nicht gutgeheißen wird. Das kann zu Missverständnissen, Auseinandersetzungen und sogar Alltagstyrannei führen. Ehrgeizige und unternehmerisch tätige Eltern denken zum Beispiel womöglich, ihr Sprössling sollte auch ein eigenes Geschäft aufbauen. Viele junge Erwachsene jedoch, die eine nicht so starke Ausprägung im Motiv Macht, Status, Rache/Kampf haben und nicht so ehrgeizig sind, möchten lieber viel Zeit mit den Freunden und der zukünftigen Familie verbringen.

Aus den unterschiedlichen Lebensmotivausprägungen heraus kann man verstehen, dass nicht aus jeder erfolgreichen Unternehmerfamilie ein erfolgreicher Nachwuchs hervorgeht. Auch nicht jeder starke und einflussreiche König hat einen starken Nachfolger. Viele Kinder könnten viel stärker sein und als Erwachsene auf ihre Weise glücklich, wenn man ihre eigenen Motive wertschätzte, lobte und förderte.

Familienorientierte und fürsorgliche Eltern denken oft, ihr Kind solle sich mehr darum bemühen, frühzeitig den richtigen Partner zu finden, zu heiraten und Kinder zu bekommen. Ein junger Erwachsener mit einer hohen Ausprägung im Motiv Erotik möchte aber möglicherweise viel lieber so lange wie möglich ungebunden bleiben und viele wechselnde Sexualpartner haben.

Idealismusorientierte Eltern begrüßen es, wenn ihre Kinder in helfende und soziale Berufe streben und sich sozial engagieren. Es irritiert sie vielleicht, wenn die Kinder stark an sich und ihren persönlichen Erfolg denken und mit sozialen Themen nichts anfangen können.

Statusorientierte Eltern schaffen oft dem Kind über die Ausbildung besondere Startvoraussetzungen, die auch in eine erfolgreiche Karriere führen: über das Internat, die private Uni, die Anmeldung im Golfclub bis zur teuren Eigentumswohnung in einem guten Stadtviertel – damit man sich mit „seinesgleichen" umgibt. Wohingegen das Kind, das nicht das gleich hohe Statusstreben hat, mit einem normalen Job, mit Fußball als Sport, einer Studentenwohnung im Wohnheim und dem Fahrrad an Stelle eines BMW völlig zufrieden wäre.

Um glücklich zu sein, empfehlen wir, dass ein Kind lernen sollte, seine eigenen 16 Lebensmotive individuell zu leben und nicht die seiner Eltern. Die Herausforderung für die Eltern ist, das Kind zu unterstützen, die Person zu werden, die es ist oder die es einmal sein will. Ohne eine Reflexion über das individuelle Reiss Profile ist dies fast unmöglich. Alle verantwortungsvollen Eltern wollen das Beste für ihr Kind. Das Reiss Profile bildet auf eine nicht wertende und individuelle Art ab, so dass Gleichbehandlung eben nicht gleiche Behandlung bedeutet. Individualität ist das, worauf es ankommt. Eltern sollten nie ihre Kinder drängen, sich so zu verhalten oder so zu werden wie sie selbst. Selbstverständlich meinen wir es gut, die Frage ist aber: Tut es uns gut oder dem Kind?

Die meisten Kinder können nicht so sein wie ihre Eltern, weil sie sich nicht gegen ihre innere Natur verändern können. Wenn Eltern ihr Kind dazu zwingen, ein Leben entgegen seinen Bedürfnissen zu führen, entsteht daraus nichts Gutes. Zwar können Motive unterdrückt werden, dies führt jedoch immer auch zu Gegendruck. Welche Botschaft möchte ein Kind mit auffallend negativem Verhalten, schlechten Schulnoten, anderer Kleidung, Drogen, Alkohol und anderen Auffälligkeiten seinen Eltern und der restlichen Erwachsenenwelt wohl vermitteln?

Eltern sollten nicht darauf bestehen, Kinder von Geburt an in ihrer Entwicklung der eigenen 16 Lebensmotive zu behindern oder zu unterdrücken. Viel besser wären eine individuelle Reflexion und eine Flexibilisierung. Denn Lebensmotive können unterschiedlich gelebt und ausgedrückt werden. Eltern können versuchen, viele Dinge an ihren Kindern zu verändern. Man kann über lange Zeit mit Lob und Kritik ein Kind verwirren, in der Entwicklung stören oder in eine andere Richtung lenken. Was nicht dauerhaft gelingen wird, ist die grundlegende Änderung der Persönlichkeit.

Dieser Versuch ist zum Scheitern verurteilt und kann eine Menge Schaden anrichten. Weshalb haben Psychologen, Gesprächstherapeuten, Ärzte und Krankenhäuser in einer Welt im Frieden mehr zu tun als in extremen Kriegszeiten? Haben Ihre Eltern versucht, bestimmte Dinge in Ihnen zu fördern, wozu Sie nicht wirklich Lust hatten? Hat man Ihnen bei schlechten Leistungen Dinge verboten, die Ihnen viel Spaß und Freude bereitet haben? Ich kenne genug Eltern, die ihren Kindern den Sport verbieten, wenn die Schulnoten nicht gut sind oder die Hausaufgaben nicht gemacht werden. Eltern, denen selbst Sport sehr wichtig ist, würden das aus meiner Erfahrung nie machen.

Haben Ihre Eltern es geschafft, Sie dauerhaft zu verändern? Tun Sie heute Dinge, die man Ihnen früher verboten hatte? Wir sprechen hier von Motiven und nicht davon, dass Sie Ihren Kindern mit zehn Jahren erlauben sollen, Dinge zu tun, die erst ein 18-Jähriger darf. Dennoch, was spricht dagegen, Kindern, die verrückt sind nach Motorrädern und Autos, in jungen Jahren die Möglichkeit zu geben, dies als Hobby auszuleben?

Also bedenken Sie immer: Wenn Ihre Eltern Sie nicht verändern konnten, es Ihnen schon damals nicht gut getan hat, glauben Sie dann wirklich, dass Sie Ihr Kind verändern können?

Bei Problemen zwischen Eltern und dem Nachwuchs können Eltern herausfinden, ob sich ein Problem, das sie mit ihrem Kind haben, auf unterschiedliche Motivprofile zurückführen lässt. Bei wiederkehrenden Kommunikationsproblemen, bei Streitereien und unterschiedlichen Vorstellungen zwischen Kind und Eltern ist die Wahrscheinlichkeit hoch, dass die Wurzel dieser Auseinandersetzungen eine mangelnde Übereinstimmung eines oder mehrerer Lebensmotive ist.

Wie oft haben die Partner in der Erziehung der Kinder unterschiedliche Vorstellungen? Dementsprechend wird sich das Kind immer an den Elternteil wenden, bei dem die Chancen höher sind, dass es seine individuellen Motive ausdrücken kann und Verständnis für sie bekommt. Es geht zu dem Elternteil, der eine ähnliche Lebensmotivausprägung hat wie es selber. Das Kind wird also zum Beispiel immer zu dem Elternteil gehen, der nicht so traditionell und regelkonform ist, wenn es darum geht, ob man bei der Freundin schlafen darf, länger ausgehen kann und Ähnliches.

Die wirklich scharfen Auseinandersetzungen treten immer dann auf, wenn die Eltern das Kind dazu drängen, sich entgegen seiner natürlichen Veranlagung zu verändern. Voraussetzung ist natürlich auch eine stärkere Persönlichkeit des Kindes, ansonsten geht es in den emotionalen Rückzug, was meistens zwar weniger Streit im Alltag bedeutet, dennoch viel schlimmere Folgen haben kann. Verfolgen Sie einmal Geschichten von Kindern, die ihr Zuhause verlassen, Drogen nehmen, Amok laufen und so weiter. Versuchen Sie dann aus den Verhaltensweisen auf die einzelnen Motive zu schließen. Viele dieser Geschichten und Schicksale gehen uns richtig nahe, denn diese Kinder haben oft über Jahre und Jahrzehnte um ihre eigene persönliche Entwicklung und Identität gekämpft.

Das Kind kann die Veränderungen, auf denen seine Eltern beharren, nicht vollziehen, ohne unglücklich, unzufrieden und unsicher zu werden. Sie und unsere Gesellschaft entscheiden, wie sich unsere Kinder entwickeln. Wenn Sie also Ihren Kindern und sich selbst etwas von unschätzbarem Wert geben wollen, dann finden Sie für sich und Ihre Kinder heraus, was diese wirklich wollen und was sie motiviert. Dann fördern Sie die individuellen Motive Ihres Kindes.

Denn viele Kinder bleiben in ihren Entwicklungsmöglichkeiten stark zurück, da ihre individuellen Lebensmotive im Schul-/Gesellschaftssystem nicht erkannt und gefördert werden. Viele Menschen sprechen heute vorschnell von einem abnormalen Verhalten und von Krankheit. Wir beziehen uns hier auf normale und gesunde Kinder, nicht auf von Geburt an oder später erkrankte Kinder, die sich aus diesen Gründen nicht mehr angemessen entwickeln können.

Oft kann ein Grund sein, weshalb Kinder sich nicht so gut und positiv entwickeln, dass sie eine niedrige Ausprägung im Motiv Teamorientierung haben. Diese Kinder und Jugendlichen möchten gerne schon von klein an unabhängig und autark sein. Vielleicht kuscheln sie weniger als andere Kinder, möchten alleine spielen und sich mit sich selbst beschäftigen. Sie sind vielleicht auch ruhiger als andere Kinder. Sie sind ganz normal, dürfen aber meistens nicht so sein. Denn, so die Erwartung, man soll doch möglichst mit den Freunden spielen. Diese Kinder ziehen sich mehr und mehr emotional zurück, je mehr man sie drängt, von sich etwas zu erzählen, und wenn sie immer unter vielen Kindern und Jugendlichen sein müssen. In der Schule werden sie schnell zum Außenseiter, wenn sie sich körperlich und emotional zurückziehen. Die Noten können im mündlichen Bereich schlecht sein, weil sie sehr ruhig sind und der Lehrer den stillen Schüler nicht aktiv mit einbindet. Dies ist schwer für einen Lehrer, der eine Schulklasse von 20 bis 30 Kindern unterrichten soll. Der Schüler gibt sein Bestes, fällt aber oft durch das normierte Bildungssystem durch. Und in einer Welt, in der auch Kinder schnell merken und lernen, dass es vorrangig um Leistung geht, sind viele schon von klein auf überfordert. Wie mögen sich wohl nicht so leistungsorientierte Menschen fühlen, wenn es von Beginn an um Fleißstempel, Noten und Auszeichnungen geht?

Ein anderer Grund für eine fehlerhafte Entwicklung bei Kindern und Jugendlichen ist, wenn sich ein Kind nicht entsprechend seines Alters entwickelt. Viele Kinder bleiben in der Schule zurück, weil sie anders lernen oder auf den Lernstoff keine Lust haben. Lernschwächen werden heute viel zu schnell in die Schublade des ADH-Syndroms gesteckt. Diese Kinder sind nicht krank, sondern oft sehr intelligent. Die meisten haben in bestimmten Bereichen ein sehr hohes und ausdauerndes Interesse. Nur eben nicht für das, was man von ihnen in der Schule oder zu Hause verlangt. Machen Sie heute auch noch Tag für Tag das, woran Sie keinen wirklichen Spaß haben? Wenn ja, wie geht es Ihnen und Ihrer Gesundheit dabei?

Man geht zudem fälschlicherweise davon aus, dass jedes Kind auf die gleiche Art und Weise neugierig ist. Ein guter Lehrplan schreibt vor, was ein Kind bis zu einem bestimmten Alter gelernt haben und wissen muss. Erinnern Sie sich einmal an Ihre Schulzeit und Ausbildungs- oder Uni-Zeit. Was hat Sie interessiert? Wie waren Ihre Noten? Was hat Sie überhaupt nicht interessiert? Wie waren hier Ihre Noten? Kann es sein, dass Sie vieles lernen mussten, das Sie nicht interessiert hat und Sie nie mehr gebraucht haben beziehungsweise dessen Sinn und Zweck Sie erst viel später begriffen haben? Haben Sie auch bei bestimmten Fächern eine 45-Minuten-Stunde als nie endend empfunden? Wohingegen eine 90-Minuten-Doppelstunde in Ihrem Lieblingsfach noch länger hätte dauern dürfen?

Wie freuen sich die meisten Kinder, endlich in die Schule gehen zu dürfen. Die Realität lässt sie jedoch schnell begreifen, dass es nicht so ist, wie man es ihnen versprochen hat. Also keine Süßigkeiten, weder Anerkennung noch Lob im Überfluss. Wie wäre wohl ein Schulsystem, in dem man nur auf Positives angesprochen würde, das Negative umgelenkt und nicht beachtet würde? Macht Lernen und Denken über sechs Stunden und mehr wirklich Spaß? Seilspringen, Fußballspielen – Dinge, die man sich selbst wählen und aussuchen darf, machen Spaß, oder? Machen wir heute unsere Hobbys aus Spaß oder etwa, um uns zu beweisen, dass wir uns gegen unsere eigene Persönlichkeit auflehnen können?

Manche Kinder können stundenlang zuhören und nachdenken, anderen gelingt dies nur für Minuten. Manche klettern am liebsten ständig auf Bäumen herum, schleppen Stöcke auf einen Haufen, wohingegen andere stundenlang in „Was ist was"-Büchern lesen. An einem langen Schultag, der oft sehr theoretisch ist, langweilen sich viele Kinder. Zudem müssen die, die sich gerne bewegen, auch noch ständig ruhig auf dem Stuhl sitzen. Für manche Kinder ist Schule eine Art Folter der Persönlichkeit. Unser Bildungssystem ist auf falschen Annahmen aufgebaut, indem man allen Kindern unterstellt, über fünf bis acht Stunden am Tag wissbegierig und neugierig zu sein. Dazu kommen oft noch die Aktivitäten in der Freizeit oder die Nachhilfe. Viele Kinder haben heute schon in frühen Jahren einen ähnlich vollen Terminkalender wie ein Manager.

Steven Reiss hat sechs Gründe für schulisch schlechte Leistungen herausgearbeitet. Einmal geht es um eine niedrigere Ausprägung im Motiv Neugier. In diesem Fall können schlechte Noten dadurch bedingt sein, dass der Schulstoff nicht praxisnah genug ist oder dem Kind nicht vermittelt wird, welche

Relevanz das Thema für die Praxis hat. Die Kinder sind durch den vielen praxisfernen Stoff schnell überfordert und schalten ab oder stören. Wenn die Ausprägung im Motiv Neugier hingegen sehr hoch ist, lernt das Kind gerne, es kann jedoch sein, dass diese Schüler unterfordert sind oder praxisnahe Fächer ihnen nicht intellektuell genug sind. Oft geht ihnen der Unterricht nicht genügend in die Tiefe. Der Stoff wird zu oberflächlich behandelt.

Neugier hat nichts mit Intelligenz zu tun. Das Neugier-Motiv hat etwas mit der Motivation zum Denken oder praktischen Umsetzen zu tun. Und Intelligenz damit, wie ein Mensch Probleme löst. Im Erwachsenenalter arbeiten Personen mit niedrigem Neugier-Motiv oft in praxisnahen und überschaubaren Jobs wie im Handwerk, Vertrieb oder Einzelhandel. In der Schule kommen sie oft in naturwissenschaftlichen Fächern nicht mit.

Wenn man ihnen den Unterrichtsstoff anders vermitteln dürfte, wären viele von ihnen sofort begeistert. Jedes einzelne Kind ist ein Lerngenie, nur eben auf seine spezielle Art und Weise. Das eine Kind kann sich alle Fußballbundesliga-Ergebnisse der Saison 2008/2009 merken, hat aber Probleme in Mathematik. Andere schrauben schon früh am Fahrrad, Mofa und später an Autos herum. Sie können alles irgendwie reparieren, dennoch haben sie nie irgendwelche technischen Handbücher gelesen.

Wenn ein Kind eine niedrige Ausprägung im Motiv Neugier hat, darf dies nie als Ausrede oder Begründung für schlechte Noten missbraucht werden. Dennoch kann es mit hoher Wahrscheinlichkeit sein, dass bestimmte Schulformen, Berufsausbildungen und Studiengänge nicht zu den Motiven des Kindes passen.

Eltern sollten bei den nicht so neugiermotivierten Kindern unbedingt dafür sorgen, dass sie ihre Hausaufgaben machen, oder eine gute Betreuung finden. Bestimmte Ganztagsschulen übernehmen dies, was zum Beispiel besser wäre für ein niedrig neugiermotiviertes Kind, als zu Hause viele Dinge um sich zu haben, die mehr Spaß und Freude machen. So schiebt man schnell die Hausaufgaben vor sich her.

Ein weiterer Grund für schlechtere schulische Leistungen kann eine niedrige Ausprägung im Motiv Macht sein. Diese Kinder haben keine natürliche Power für eigenständig hohe Leistung, Erfolg und Führung. Sie benötigen eher eine Führung und eine Kontrolle, die zu ihnen passt. Sie brauchen oft längere Pausen und sollten auch bei Hausaufgaben betreut werden. Ein langer Tag in der Schule kostet sie viel Energie und Kraft. Am besten gibt man diesen Kindern erst einmal die Freiheit, etwas abzuschalten und „abzuhängen". In der Sprache der Jugendlichen würde dies „Chillen" heißen. Diese Kinder engagieren sich weniger aktiv als andere. Vielleicht zeigen sie weniger auf, helfen aber anderen gerne. Sie möchten für gute Leistungen und Noten nicht hart arbeiten müssen. Dementsprechend sind sie oft in den Fächern gut, die einen durchschnittlichen Aufwand im Lernen fordern. Wo es um Formeln- und Vokabelnlernen geht, sind sie womöglich eher fauler als andere Kinder. Sie sind zwar motiviert, aber versuchen einfach nur zu vermeiden, zu viel zu tun. Bei diesen Kindern erreicht man mit Leistungs- und Notendruck eher das Gegenteil.

Die Suche nach der Konfrontation und eine gewisse Affinität in Richtung Streit zeichnen sich durch eine höhere Ausprägung im Motiv Rache/Kampf aus. Wenn diese Kinder ihren Wunsch nach „Kräftemessen", Kampf und Sieg nicht im Spiel oder Sport leben können, werden sie mit hoher Wahrscheinlichkeit nach Möglichkeiten suchen, dies im Schulalltag auszuleben. Dies können normale Streiche sein, jedoch können sie auch ein Stören des Unterrichts oder Schlägereien zur Folge haben. Sie sind zudem sehr ehrgeizig und diskussionsfreudig. Sie möchten gerne besser sein als andere. Schlechte Schulnoten und Tadel fördern ein besseres Verhalten nicht. Diese Kinder brauchen Ausgleich und Erfolgserlebnisse in der Schule und in der Freizeit. Sie sollten lernen und in jungen Jahren unterstützt werden, ihr Potenzial für den Konflikt und den Ehrgeiz in die richtigen Bahnen zu lenken. Klar, dass hier auch die entsprechenden Lebensumstände da sein sollten. Ein Kind, das lernt, sich mit Schlägen Respekt zu verschaffen oder Anerkennung und Lob dafür bekommt, wird sich in der Schule weniger leicht unterordnen können und eher Streit suchen, als wenn das Umfeld Schlägereien missbilligt, man das Kind aber zum Judo oder zu anderen Kampfsportarten schickt. Kinder mit einer hohen Motivation nach Rache/Kampf ecken einfach schneller an und streiten sich oft mit ihren Mitschülern, wenn Streit und Ärger gar nicht nötig wären. Viele von ihnen sind sogar direkt auf Streit aus.

Ein weiterer Grund für schlechtere Leistungen in der Schule kann eine höhere Ausprägung im Motiv Anerkennung sein. Man möchte möglichst keine Fehler machen. Benotungen und Prüfungen sowie Tests sind stressig für diese Kinder. Wenn eine starke Leistungsmotivation zum Beispiel über ein starkes Macht-Motiv vorhanden ist, bereiten sie sich oft sehr gut auf Prüfungen vor: „Bloß nicht versagen" ist ihr Antrieb.

Aber auch die Kinder, die eine niedrige Ausprägung im Motiv Anerkennung haben, können schlechte Schulleistungen haben, da sie einfach zu faul sind: Irgendwie wird man sich schon durchwursteln. Diese Kinder benötigen eine direkte und offene Kritik, die Kinder mit einem hohen Streben nach Anerkennung so nie bekommen sollten.

Kindern mit einem hohen Streben nach Anerkennung fehlt oft das nötige Selbstbewusstsein und das Selbstvertrauen in ihr Können und ihre Stärken. Sie reagieren auf Kritik von Eltern und Lehrern eher abweisend und ausweichend, als dass sie verstehen, was man ihnen mitteilen möchte. Sie sollten nicht angesprochen werden, indem man sie vorrangig auf ihre Fehler hinweist, sondern zuerst darauf, was gelungen ist. So können sie besser lernen, dass Fehler zur persönlichen Entwicklung im Leben dazugehören und wichtig sind, nie aber schlimm. Zu viel Kritik lässt sie abblocken, sich weiter mit dem Fach zu beschäftigen, das ihnen nicht gefällt. Diese Kinder sind selbst so programmiert, dass sie nur das Negative sehen und betonen. Sie benötigen eine enge und vor allem positive Führung und Unterstützung, mit der sie lernen, Lob und Kritik konstruktiv anzunehmen, es nicht persönlich zu nehmen. Noch so kleine Erfolge gilt es positiv zu beachten. Aufmunternde Worte bei schlechten Leistungen sind wichtig. Diese Kinder dürfen nie das Gefühl bekommen, dass sie nur etwas zählen und wichtig sind, wenn sie Erfolg haben.

Da Kinder erst mal ihre eigenen Erfahrungen machen müssen, sollten alle Erwachsenen darauf achten, dass nicht allzu stark nach dem Prinzip Belohnung und Bestrafung erzogen wird, sondern nach dem Prinzip der Wertschätzung und Förderung.

Bei Prüfungen und Tests ist der Frust noch größer, wenn es nicht gelingt, die eigenen Erwartungen oder die der Eltern und Lehrer zu erfüllen. Es kann auch sein, dass sie über schlechte Noten oder bevorstehende Tests nichts erzählen. Sie konzentrieren sich dann sehr oft auf Bereiche in ihrem Leben, in denen sie Lob und Anerkennung bekommen. Das können PC-Spiele sein, Sport, Musik, die Clique, der Freundeskreis und anderes. Kinder mit einem hohen Streben nach Anerkennung sind im Erfolgsfall hoch motiviert und fordern regelrecht Lob ein. Bei Misserfolg sind sie dagegen umso frustrierter. Wenn diese Schüler wissen, dass Lehrer und Eltern sie unterstützen, an sie glauben und ihre Leistungen anerkennen, entwickeln sie sich sehr positiv.

In den USA nutzen viele moderne und gut ausgebildete Schulpsychologen den Reiss-Profile-Test für Schüler/innen, um schneller und objektiv herauszufinden, was die Ursache für eine abweichende Entwicklung und ein auffälliges Verhalten sein könnte. So können sie schneller und individueller dem Kind und den Eltern Lösungen anbieten, ohne in die Richtung einer Störung oder gar einer Krankheit zu diagnostizieren. Eine weitere interessante und gut nachvollziehbare Erkenntnis aus den Studien mit Schülern mit Hilfe des Reiss Profile zeigte, dass Kinder mit einer hohen Ziel-/Zweckorientierung deutlich schlechtere schulische Leistungen zeigen als die Schüler, die hier im normalen oder niedrigen Bereich liegen. Diese Schüler zeichnen sich oft durch ein eigennütziges Denken und Handeln aus. Wo es geht, drücken sie sich vor Pflichten wie zum Beispiel den Hausaufgaben. Sie sind oft Spezialisten im Spickzettelschreiben oder darin, Hausaufgaben im Bus oder vor und während der Unterrichtsstunden zu machen.

Auch melden sie sich oft nicht, wenn der Lehrer fragt, ob jemand seine Hausaufgaben nicht gemacht habe. Man lässt es eben darauf ankommen. Diese Schüler sollten vermittelt bekommen, dass sie bestimmte Regeln und Pflichten zu erfüllen haben, da ansonsten Konsequenzen drohen. Sie verhalten sich situativ und reagieren auf das, was ihnen am liebsten und ehesten nahe kommt. Tendenziell sind sie so lange loyal zu anderen Schülern, Eltern oder Lehrern, wie diese sich auch loyal verhalten. Kinder mit einem hohen Maß an Eigennutz benötigen Erklärungen, warum bestimmte ethische Grundsätze im Leben und in der Schule wichtig sind. Sie sollten positive Erfahrungen machen, wenn sie sich an diese Normen und Grundsätze halten. Hier gilt es, dem Verhalten dieser Kinder gezielte positive Aufmerksamkeit zu schenken. Wenn Kinder ein hohes Rache/Kampf-Motiv haben, zudem hohe Werte in der Ziel-/Zweckorientierung und sich aggressiv oder anders auffällig verhalten, kann das daran liegen, dass ihnen bestimmte Werte für den konfliktfreien Umgang unter Menschen fehlen. Hier sind Hobbys wie der Sport eine gute Möglichkeit, diese Eigenschaften positiv auszuleben.

Der letzte Grund für ein abweichendes Verhalten in den schulischen Leistungen kann eine niedrige Ausprägung im Motiv Ordnung sein. Diese Kinder zeichnen sich durch eine extrem hohe Spontaneität aus. Sie lieben es, Dinge willkürlich zu tun, ohne sich festzulegen. Sie sind oft nicht organisiert, vergessen immer etwas, lassen Dinge liegen oder schreiben wenig mit. Die Unterlagen sind nicht gut gepflegt, wofür sie in der Schule und von den Eltern getadelt werden – für ein Motiv, das ihre Persönlichkeit ausmacht. Diese Kinder brauchen gewisse Freiheiten und dürfen nicht in ein zu strenges Korsett von Regeln und Normen gesteckt werden. Gerade in der Freizeit und zu Hause sollte man sie nicht ständig zum Aufräumen auffordern. Es hat sich bewährt, dass man das Spielzeug und andere Gegenstände im Zimmer auf ein Minimum reduziert und immer wieder einmal austauscht. Diese Kinder mit einem niedrigen Ordnungsstreben lassen sich sehr schnell ablenken oder machen oft zu viele Dinge gleichzeitig. Sie benötigen Unterstützung darin zu erkennen, dass ein gewisses Maß an Ordnung, Struktur, Planung und Sauberkeit insgesamt zu mehr freier Zeit und Spontaneität verhilft. Erst die Arbeit, dann das Vergnügen. Sie sind sehr oft nicht an Details und einer zielorientierten Vorgehensweise interessiert. Zu viel Struktur, Ordnung und Hygiene stören sie, hier fühlen sie sich nicht wohl.

Niedrig ordnungsorientierte Kinder sind flexibel und oft auch sehr kreativ. Lehrer dagegen sind oft sehr ordnungsliebend und wenig flexibel, wenn diese Kinder ihre neuen Ideen und „kreativen" Herangehensweisen vorstellen wollen. Die Lehrer achten darauf, dass die Hefte sauber geführt werden. Selbst in der Grundschule gibt es Noten für eine gute Schrift. Dagegen wird bei Ärzten später die unleserliche Schrift als berufstypisch akzeptiert. Kinder können hier gut begleitet werden, indem man ihnen immer wieder vor Augen hält, dass mindestens durchschnittliche Schulnoten notwendig sind, um mehr Zeit für Freizeitaktivitäten zu haben. Wenn dem nicht so ist, müssen sie eben mehr lernen.

Wenn Kinder auch eine hohe Ausprägung im Motiv Emotionale Ruhe haben, kann dies darauf hinweisen, dass sie schneller und auch mehr Ängste haben als andere. Sie benötigen zur guten Entwicklung ihrer Leistungen ein sicheres Umfeld und einen nicht zu hohen emotionalen Druck durch schulische und elterliche Erwartungen. Wenn man diese Kinder enttäuscht, werden sie noch weniger Vertrauen haben als zuvor. Sie verhalten sich erst einmal abwartend und zurückhaltend, vor Prüfungen versuchen sie, sich sehr gut vorzubereiten, um sich sicher zu fühlen. Spontane Diktate und andere schulische „Überraschungen" sind ein Schrecken für sie. Sie sind eher geneigt, Risiken zu vermeiden. Sie können mitunter, obwohl sie ausgezeichnet vorbereitet waren und alles wussten, in der Prüfung einen Black-out haben. Wenn sie wissen, dass sie im Falle eines Total-Ausfalls noch eine weitere Chance erhalten, kann ihnen das schon sehr viel Sicherheit geben. Lehrer sollten einmal ausprobieren, was dies bei ihren sehr nervösen und ängstlichen Kindern bewirkt.

Die Kinder, die eine niedrige Ausprägung im Motiv Emotionale Ruhe haben, können Spielertypen sein. Sie lernen oft zu wenig und versuchen, sich mit allen kreativen Methoden bis hin zum Mogeln irgendwie durchzuwursteln. Was sich die meisten Kinder nie trauen würden, versuchen sie umzusetzen. Fast immer haben sie damit Erfolg, sie kalkulieren das Risiko, erwischt zu werden, immer mit ein. „Ohne Mogeln würde ich eh durchfallen, also kann es nur besser werden!", so drückte sich einmal ein Jugendlicher mir gegenüber aus.

Auch Kinder, die nicht gern in der Gruppe sind und viel Zeit allein verbringen, können zu Außenseitern und in der Schule auffällig werden. In stark mündlich geprägten Fächern benötigen sie die Möglichkeit, sich dann zu melden, wenn sie es wollen. Hier darf man sie nicht zu mehr Teamorientierung drängen, als ihnen lieb ist. Sie wollen möglichst frei und autark sein. Wenn sie lernen, dass sie für alles, was sie tun oder nicht tun, selbst verantwortlich sind, wird es ihnen helfen. Sie sollten positive Erfahrungen machen, um sich mental zu öffnen und Unterstützung von außen als hilfreich anzuerkennen.

LIFE'S'COOL –
ein praxisnahes Angebot für alle Eltern und Kinder

Wir möchten Sie einladen, mit den neuen Erkenntnissen ein weiterführendes Projekt für bestmögliche Förderung und Entwicklung Ihrer Kinder kennen zu lernen. LIFE'S'COOL bietet eine wirkungsvolle Coaching-Ausbildung für Lernspaß und -erfolg Ihrer Kinder.

Erschreckend, aber wahr: Ein Drittel aller Schüler erhält inzwischen Nachhilfe, oft über Jahre hinweg. Unzählige Eltern können sich diese Investition gar nicht leisten. Jedes Jahr müssen Tausende von Kindern eine Klasse wiederholen – was ihr Selbstwertgefühl und ihre Selbstsicherheit negativ beeinflusst. Kein Kind bleibt gerne sitzen. Und kein Erwachsener fällt gerne durch eine Prüfung, oder?

Eltern sind die Baumeister einer guten Zukunft unserer Kinder. Höchste Zeit also, dass auch Eltern gezielt Unterstützung finden in der Bewältigung ihrer Aufgaben. Aus diesem Grund entschlossen sich Managementtrainer Alexander Christiani und Unternehmensberater Jürgen Hoffmann 2008 zur Entwicklung des Schulungsprogramms LIFE'S'COOL. Beide kennen und schätzen sich seit langem und sind selbst Familienväter. Alexander Christiani ist Jurist, Psychologe und Unternehmer. Seit mehr als zwanzig Jahren berät er Spitzenkräfte aus verschiedenen Wirtschaftsbranchen auf ihrem Weg zum beruflichen Erfolg mit nachhaltigen und messbaren Ergebnissen. In dieser Zeit lernten sie auch durch Step4Ward und Alexander Reyss das Reiss Profile kennen. Hoffmann hatte anfangs nachvollziehbare Vorbehalte und äußerte seine Skepsis. Nach seinem Reiss-Profile-Auswertungsgespräch war er mehr als überzeugt.

Die Grundlage von LIFE'S'COOL bilden speziell entwickelte Trainingsbausteine, die erfolgreich in der Erwachsenenbildung und dem Managementcoaching angewendet werden und die für die Bedürfnisse von Eltern und Schulkindern angepasst wurden. Sie haben in diesem Buch viel darüber erfahren, was jedes Kind antreiben und motivieren kann. Welche Motive schlechte Schulnoten auslösen können, jedoch bei entsprechender Erkenntnis und Umgang mit den individuellen Motiven Ihrer Kinder gar nicht auftreten sollten. Nur wie vermitteln Sie Ihren Kindern wichtige Themen, sodass diese nicht unnötig unter Druck gesetzt werden müssen?

Wenn Sie die Lebensmotive und Motivatoren Ihrer Kinder kennen lernen wollen und sie dementsprechend ansprechen, werden Sätze wie „Räum endlich dein Zimmer auf!", „Mach jetzt bitte deine Hausaufgaben!", „Kannst du nicht zuhören?", „Wann übst du Klavier?" oder „Stell dich nicht so blöd an!" in dieser Form nicht mehr vorkommen. Druck erzeugt Gegendruck. Auf Kritik folgt oft dann der Konflikt. Millionen von Eltern haben aufgrund der unterschiedlichen Motivausprägungen zwischen Eltern und Kindern und ihren Lebenserfahrungen mitunter Schwierigkeiten, ihre Kinder für den Schulerfolg und die Persönlichkeitsentwicklung anzuleiten. Wenn Sie interessiert sind, wie Sie Ihre Kinder individuell motivieren können, werden Sie professioneller „Kids-Coach". Lernen Sie Techniken und Methoden, mit denen Sie Ihre Kinder fit machen für die täglichen Herausforderungen. Vermitteln Sie dem Nachwuchs Freude am Lernen und Spaß an der Schule. Motivation setzt Identifikation voraus.

Wenn Ihre Kinder verstehen, warum sie dies oder jenes tun sollen, welchen persönlichen Nutzen sie davon haben und wenn mit ihnen wertschätzend umgegangen wird, sind Mädchen und Jungen von sich aus viel motivierter. Dies ist wirksamer als Nachhilfe!

LIFE'S'COOL bündelt weltweit anerkannte Techniken des Erfolgs-Coachings zu einem einmaligen Angebot. Alle vermittelten Techniken, Methoden und Kenntnisse sind seit Jahren Bestandteil einer erfolgserprobten Weiterbildung für Führungskräfte in Wirtschaft, Sport und Wissenschaft. Aus zahlreichen lernfördernden und motivationssteigernden Komponenten hat LIFE'S'COOL ein wirkungsvolles und kindgerechtes Gesamtkonzept entwickelt. Um Ihre Kinder als Coach richtig trainieren und motivieren zu können, sollten Sie die entsprechenden Techniken selbst beherrschen. LIFE'S'COOL bringt Ihnen die fünf wichtigsten Lerntechniken bei und zeigt ihre richtige Anwendung:

- LIFE'S'COOL macht Sie zum Experten für gehirnkonforme Notiztechniken. Eine wesentliche Voraussetzung für erfolgreiche Referate und Präsentationen.
- LIFE'S'COOL ermöglicht Ihnen, erworbenes Wissen mit nur vier Wiederholungen dauerhaft in Ihrem Gedächtnis zu verankern.
- LIFE'S'COOL lässt Sie erkennen, was Ihre Kinder wirklich bewegt und antreibt.
- LIFE'S'COOL lässt Sie lernen, Ihre Kinder so anzusprechen, dass eine vernünftige Kommunikation zustande kommt.
- LIFE'S'COOL macht Sie zum Coach, der seinen Kindern eine dauerhafte Selbstmotivation vermitteln kann. Aus „müssen" wird „wollen".

Die Lernolympiade als Erfolgsgarant

Es ist wichtig, Eltern und Kindern ein konkretes, freiwilliges und messbares Ziel vorzugeben. Nur so ist eine Erfolgskontrolle überhaupt möglich. Die Lernolympiade bietet den überschaubaren Rahmen, um mit Ihren Kindern die Lerntechniken, die wir erarbeitet haben, zu trainieren und umzusetzen. Diese Methode gibt Ihren Kindern die Gelegenheit, Lerntechniken zu einem eigenen Lieblingsthema einzuüben – und macht Ihre Kinder zu „Lerngenies". Die Auszeichnung mit der „Lerngenie-Medaille" wird Ihre Kinder in den kommenden Jahren immer wieder an das eigene Lerntalent erinnern. Diese Lernolympiade ist auf die Bedürfnisse und Talente möglichst vieler Kindern (und Eltern) zugeschnitten. Alle Übungen und Aufgaben sind deshalb so angelegt, dass man sie leicht und „nebenbei" erledigen kann. Selbstverständlich ist es hilfreich, wenn Eltern gemeinsam mit ihren Kindern die Lerntechniken trainieren. Denn für die meisten Kinder macht Lernen noch mehr Spaß, wenn Papa und Mama mitmachen.

Detaillierte Infos unter: www.kraftquellen-des-erfolgs.de

Lebensmotive und Beruf

Das Reiss Profile für Unternehmen

Unternehmen brauchen kompetente und leistungsorientierte Mitarbeiter. Welches Ergebnis erzielt wird und ob die gesetzten Ziele in einem Unternehmen erreicht werden, ist abhängig von den Kompetenzen und der Motivation der Mitarbeiter. Führungskräfte und Mitarbeiter können mit dem Reiss Profile herausfinden, was sie wirklich zum Handeln in beruflichen Situationen antreibt und somit motiviert.

Unternehmen betrachten Kompetenzentwicklung zunehmend als wichtige Aufgabe der Personalentwicklung. Kompetenzen statt bloße Qualifikationen bei dem Mitarbeiter zu verankern, ist die zukünftige Aufgabe für Unternehmen, aber auch für den einzelnen Mitarbeiter selbst. Aufgrund der Komplexität und Dynamik unserer gesellschaftlichen Entwicklung spielen Kompetenzen in allen Unternehmen eine zunehmend dominante Rolle. Erst wirkliche Einsatzbereitschaft, schöpferische Fähigkeit und ausgeprägte Zuverlässigkeit (personale Kompetenzen), erst Entscheidungsfähigkeit, Mobilität und Initiative (aktivitätsbezogene Kompetenzen), erst Teamfähigkeit, Kommunikationsfähigkeit und Pflichtgefühl (sozial-kommunikative Kompetenzen) befähigen Mitarbeiter und Führungskräfte dazu, einmalige Leistungen zu erbringen, die sich in echte, überdauernde Wettbewerbsvorteile ummünzen lassen. Mitarbeiterkompetenzen sichern letztlich Flexibilität und Innovationsfähigkeit und damit das Überleben des Unternehmens.

Viele Führungskräfte kümmern sich zu wenig um ihre Mitarbeiter. Sie fordern und fördern sie nicht, sondern kritisieren und missachten sie. In einer Zeit, in der es Unternehmen gut geht, fällt das nicht so auf beziehungsweise wird kein Handlungsbedarf gesehen, wenn der Profit stimmt. Heute aber brauchen die Unternehmen Führungskräfte, die Entscheidungen auch unter Druck und Stress treffen, sich für ihre Mitarbeiter einsetzen und sie fördern, loben und individuell richtig fordern. Dies geht jedoch nur, wenn eine Führungskraft in ihrer Aufgabe aufgeht, motiviert ist und entsprechend der eigenen Fähigkeiten und Kompetenzen passend eingesetzt ist. Ein Manager benötigt Energie und freie Ressourcen, um sich um die eigenen Mitarbeiter positiv zu kümmern. Wie heißt es so schön: Die meisten Mitarbeiter verlassen nicht das Unternehmen, sie fühlen sich von ihren Führungskräften verlassen und kündigen, weil sie keine Führung erhalten und keine Perspektiven aufgezeigt bekommen. Mit den Erkenntnissen aus dem Reiss Profile kann man noch viel individueller Menschen für Jobs einstellen, die zu ihren Motiven und Kompetenzen exakt passen. Auch bei Umstrukturierungen werden diese Erkenntnisse zur Organisations- und Personalentwicklungsunterstützung eingesetzt.

Warum sind motivorientierte Kompetenzen für das Überleben des Unternehmens so wichtig?

Der Marktwert eines Unternehmens wird kaum noch durch den Wert des materiellen und finanziellen Anlagevermögens und seines Eigenkapitals bestimmt. Es wird vielmehr durch einen „unsichtbaren Wert" repräsentiert. Dieser unsichtbare Wert wird auch definiert durch das Wissenskapital. Es handelt sich hier um die Differenz zwischen dem Buchwert eines Unternehmens und dem Geldwert, den jemand für das Unternehmen zu zahlen bereit ist. Wissenskapital beinhaltet das Wissen aller Organisationsmitglieder sowie die Fähigkeit des Unternehmens, dieses für die Befriedigung der Kundenerwartungen einzusetzen. Wissenskapital beinhaltet somit alle Wertschöpfungskomponenten, die bislang unsichtbar waren.

Komponenten des Wissenskapitals sind das Strukturkapital (organisatorische Strukturen, Beziehungen und Prozesse, intelligente und innovative Produkte) und das Humankapital.

Das Humankapital wird durch Wissen, Erfahrungen und Fertigkeiten, durch Motivation, Verhaltensbereitschaften und Werte sowie durch Anpassungs-, Innovations- und Umsetzungsfähigkeiten gekennzeichnet – also durch fachlich-methodische, personale und sozial kommunikative sowie durch aktivitäts- und umsetzungsbezogene Kompetenzen.

Kompetenzen stellen die inhaltliche Seite des Humankapitals dar und legen somit fest, über welche Handlungsmöglichkeiten ein Unternehmen verfügt. Kompetente Menschen sind der wichtigste Produktionsfaktor eines Unternehmens. War der maßgebliche Produktionsfaktor ursprünglich die Maschine, so findet sich jetzt eine zunehmende Dominanz des Menschen und seiner Kompetenzen als produktive Ressource.

Der Konkurrenzkampf der Zukunft wird zunehmend als Kompetenzkampf geführt. Der derzeitige Führungs- und Fachkräftemangel stellt dies unter Beweis, und hier stehen wir erst am Anfang. Wir erinnern uns: Kompetenzen charakterisieren die Fähigkeiten von Menschen, sich in offenen und überschaubaren, komplexen und dynamischen Situationen selbstorganisiert zurechtzufinden. Angesichts der heutigen wirtschaftlichen, politischen und globalen Komplexität und Dynamik sind solche Situationen für uns inzwischen tägliche Herausforderungen.

Kompetenzen lassen sich damit als Selbstorganisationsdisposition beschreiben. Ein Beispiel verdeutlicht dies: Sie wollen mit Ihren Mitarbeitern oder mit Freunden Afrika, Rom oder die Gegend um den Lago Maggiore auf eigene Faust kennen lernen. Sie haben ein Auto gemietet und fahren mit der Absicht los, etwas von Land und Leuten zu verstehen. Sie wollen für sich selbst, möglicherweise auch für die Menschheit, etwas Neues entdecken. Dies könnten kulturelle Errungenschaften, Menschen, die noch nie mit unserer Zivilisation in Berührung kamen oder unbekannte Tier- oder Pflanzenarten sein. Hat jeder der Beteiligten wirklich das gleiche Ziel? In welcher Form wird das kommuniziert? Wird es überhaupt thematisiert? Wer gibt was vor? Wer stellt welche Fragen? Selbst das Ziel an sich hat Auswirkungen auf die Herausforderungen und den Grad der jeweiligen Ausprägung der notwendigen Kompetenzen!

Sie organisieren die Fahrt von Anfang bis Ende selbst und meistens lauern chaotische Entscheidungssituationen, wo alles „um ein Haar" auch ganz anders hätte kommen können. Dadurch entsteht eine einmalige, nicht zu wiederholende Geschichte. Und Sie müssen sich auf etwas ganz anderes als Ihre formalen Qualifikationen verlassen – im Dschungel, in der Großstadt nützen keine Diplome und Zertifikate.

Ihr Sach- und Methodenwissen bildet nur den Hintergrund, damit Sie sich zurechtfinden, wenn der Motor streikt, wenn Krankheiten drohen, wenn Sie die Orientierung verlieren. Das Wissen muss in einen großen Schatz von Erfahrungen, Motiven und Einstellungen eingebettet sein – also fachlich-methodische Kompetenzen. Sie benötigen weiterhin eine gehörige Portion Selbstvertrauen, Mut und Kreativität – also personale Kompetenzen. Sie müssen mit den Menschen, die Ihnen unterwegs begegnen, oder denen, die Sie mitgenommen haben, zusammenhalten oder zumindest auskommen. Sie brauchen Überzeugungskraft, Verständigungsbereitschaft und Offenheit – also sozial-kommunikative Kompetenzen. Und schließlich nützen Ihnen alle fachlichen, personalen und sozialen Kompetenzen wenig, wenn Sie Ihre Vorstellungen nicht umsetzen, sich nicht durchsetzen können – Sie brauchen also Aktivitäts- und Umsetzungskompetenzen.

Das alles gilt nicht nur für den afrikanischen Dschungel, in der Großstadt oder in der bergigen Seenlandschaft. Es gilt genauso für jedes Denken und Handeln unter den Bedingungen einer Risikogesellschaft – also einer Gesellschaft, in der viele politische, ökonomische und soziale Prozesse komplex und dynamisch sind.

Es handelt sich also um die Kompetenz, selbstorganisiert zu denken und zu handeln. In Bezug auf sich selbst (P: personale Kompetenzen) gestützt auf den Inhalt, also auf das inhaltliche, fachliche und methodische Wissen (I: inhaltlich-fachlich und methodisches Wissen), unter Anwendung der eigenen kommunikativen und kooperativen Möglichkeiten (S: sozial-kommunikative Kompetenzen) mit einem mehr oder weniger situativ bedingtem Antrieb, Gewolltes in Handlungen umzusetzen (A: aktivitätsbezogene Kompetenzen).

Denn: Jeder Mensch denkt und handelt selbstorganisiert.

Diese Basis- oder Schlüsselkompetenzen bilden eine solide Grundlage weiterer Differenzierungen. Kompetenzen lassen sich nicht abschließend feststellen und festlegen. Im Gegensatz zu einmalig erlangten Qualifikationen wirken Kompetenzen in der jeweiligen Situation und benötigen die gesamte Persönlichkeit.

Wie lassen sich diese bereits vorhandenen Potenziale bewusster an die Oberfläche bringen und verstärken? Wie lassen sich Mitarbeiterkompetenzen stärken? Wir gehen davon aus, dass bereits mehr oder weniger Kompetenzen vorhanden sind. Für uns ist diese Haltung ein wichtiger Baustein, die Grundlage unseres Denkens und Handelns. Diese Wertschätzung ist die Basis für eine erfolgreiche Umsetzung. Wir gehen davon aus, dass wir Kompetenzen nicht wie das Einmaleins oder die Abfolge historischer Ereignisse lernen können. Das hängt damit zusammen, dass diese Eigenschaften auf unseren Motiven und unseren Werten, Einstellungen und Glaubenssätzen fundiert und von unseren Erfahrungen verfestigt werden. Motive sind verinnerlicht, Werte basieren darauf und Erfahrungen können wir nur selbst machen.

Wir können uns zwar fremde Erfahrungen mitteilen lassen, und das ist für einen Impuls manchmal auch unterstützend. Damit sie aber zu eigenen Erfahrungen werden, müssen sie durch den eigenen Kopf und vor allem durch das eigene Gefühl hindurch. Wir müssen uns in Situationen selbst erleben. Mit unseren individuellen Motiven und den jeweiligen Werten und Glaubenssätzen entwickeln sich durch Feedback und Reflexion eigene Erfahrungen. Dadurch entstehen neue Emotionen und Motivationen, die dann erneut wirksam werden. Also ein Prozess.

Das eigene Gefühl, unser Denken und Handeln werden nur beteiligt, wenn sie vor spannungsgeladene, dissonante, nicht durch bloßen Verstand lösbare geistige oder handlungsbezogene Problem- und Entscheidungssituationen gestellt werden.

Deshalb: Kompetenzen lassen sich nicht durch Lehrsituationen vermitteln. Hier können lediglich Impulse gesetzt werden. Kompetenzen lassen sich nur durch emotions- und motivationsaktivierende Lern- und Bildungsprozesse aneignen und stärken. Kompetenzen werden durch Training gelernt, aktiviert und gestärkt.

Menschen, die im Berufs- und Privatleben spürbar glücklich und angespornt sind, wissen, wer sie sind. Sie akzeptieren sich selbst, respektieren und tolerieren aber auch das Anderssein anderer. Menschen, die ihre Werte, Ziele und Motive kennen, sind in der Lage, ihr Leistungspotenzial individuell und situationsgerecht zu nutzen. Das macht sie authentisch und sie überzeugen durch ihre Persönlichkeit.

Welche neuen Erkenntnisse
bringt die Motivanalyse nach Steven Reiss?

Aus der ermittelten Persönlichkeitsprägung lassen sich zuverlässige Aussagen zur individuellen Positionsbesetzung, Förderung und Entwicklung ableiten, sodass der Mitarbeiter aus sich heraus eine dauerhaft hohe Leistung erbringt. Das Reiss Profile ermittelt die individuelle Motiv- und Antriebsstruktur eines Menschen und bildet sie ab. Jeder erhält eine Auskunft darüber, was in seinem Leben tatsächlich wichtig ist, was er wirklich will und was seine wirkliche Leistungspalette darstellt. Diese Erkenntnisse bilden die Grundlage für die Selbstakzeptanz eines jeden Menschen und die Basis für den Respekt und die Toleranz gegenüber anderen Menschen.

Das Wissen über die eigene Persönlichkeit ist von unerlässlichem Nutzen für die individuelle Weiterentwicklung in beruflichen Situationen. Je größer die Übereinstimmung der Persönlichkeit mit ihren Lebensumständen ist, desto höher ist die Wahrscheinlichkeit, ein anderes Leistungsniveau und eine innere Zufriedenheit zu erreichen.

Die Einsatzmöglichkeiten
des Reiss Profile sind vielfältig

Unterstützung bei der Personalauswahl

Die für eine Position relevanten Anforderungen an die Persönlichkeit des Kandidaten können mit Hilfe des Reiss Profile genau und realistisch formuliert werden. In vielen Stellenbeschreibungen werden zum Beispiel „selbstständiges Arbeiten und Teamorientierung" verlangt. Nach den Forschungserkenntnissen zum Reiss Profile ist dies jedoch ein Widerspruch. Denn den Menschen, der diese beiden Aspekte in einem gleich hohen Maße in sich vereinigt, gibt es nicht. Das Lebensmotiv Teamorientierung tendiert entweder zu einer starken Autonomie und damit zu wirklich selbstständigem Arbeiten oder zu einer tiefen Teamorientierung, bei der die Arbeit in Kooperation mit anderen erledigt wird.

Das bedeutet: Wird sowohl bei der Formulierung der Anforderungen als auch bei der Eignungsdiagnostik der Kandidaten mit dem Reiss Profile gearbeitet, so wächst die Chance, den passenden Mitarbeiter zu finden. Dieser zeichnet sich dadurch aus, dass er neben Fachkompetenz auch die passende Persönlichkeit mitbringt, um in der entsprechenden Position eine dauerhafte Selbstmotivation zu entwickeln. Das Ergebnis sind eine neue Qualität und Nachhaltigkeit bei der Personalauswahl und der Positionsbesetzung.

Unterstützung bei der Potenzialerkennung und -förderung

Das Reiss Profile offenbart die wirklichen Potenziale eines Leistungsträgers. Es zeigt, wie die individuellen Ausprägungen als Stärken genutzt und zu Führungsqualitäten entwickelt werden können. Der Manager erkennt, wie er durch Selbstmanagement seine Persönlichkeit dauerhaft und gezielt stärken kann. Ein Beispiel: Das Reiss Profile beschreibt sehr genau, wie groß der zeitliche und inhaltliche Anteil von Führungsaufgaben bei dem jeweiligen Manager sein soll, damit er auf lange Sicht hochleistungsfähig ist. Zudem liefert es konkrete Hinweise darüber, nach welchen Aspekten das Führungsverhalten gegenüber jedem einzelnen Mitarbeiter entwickelt werden muss, um die Beziehung langfristig förderlich zu gestalten.

Unterstützung bei der Personalentwicklung

Auf der Grundlage des Reiss Profile können Trainings- und Bildungsmaßnahmen individuell und zielgerichtet geplant werden. So zeigt das Lebensmotiv „Neugier" auf, wie stark ein Mensch strategisch oder konzeptionell ausgerichtet beziehungsweise wie sehr er praktisch orientiert ist. Diese Erkenntnis liefert Hinweise auf sein Lernverhalten und die für ihn sinnvollen Lerninhalte. So kann vermieden werden, dass teure Seminare nur „abgesessen" werden, weil sie den Mitarbeiter aufgrund seiner Persönlichkeit gar nicht interessieren. Der Vorteil: Auf Basis des Reiss Profile können verlässliche Entwicklungsentscheidungen getroffen werden. Dies führt zu hoher Akzeptanz beim Mitarbeiter und infolgedessen zu hoher Effizienz in der Personalarbeit.

Unterstützung bei Teamentwicklungsmaßnahmen

Ein weiteres wichtiges Einsatzfeld des Reiss Profile ist die Teamentwicklung. Hier bieten die Erkenntnisse über die motivationale Zusammensetzung eines Teams die Möglichkeit, gegenseitige Akzeptanz herzustellen und damit Reibungen zu minimieren. Auch die Rollen- und Aufgabenverteilungen können passgenauer gestaltet werden. Ein auf Basis des Reiss Profile zusammengestelltes Team steigert unmittelbar seine Gesamtleistung – vorausgesetzt, die fachlichen Fähigkeiten stimmen. Auch die professionelle Unterstützung bei der Auswahl und Förderung von Einzel- und Team-Sportlern nimmt immer mehr an Bedeutung zu.

Hinzu kommt: Auch in Stresssituationen erhöht sich die Belastungsfähigkeit eines solchen Teams. Der verbesserte gegenseitige Respekt und die gesteigerte Toleranz in der Gruppe machen es weniger anfällig für Konflikte.

Was kann für Mitarbeiter/innen zur Unterstützung ihrer Motivation getan werden?

Fragen der Mitarbeiterzufriedenheit und -motivation werden viel und immer wieder neu diskutiert. Sie beschäftigen alle Unternehmen und die weltweite Forschung und lassen Führungskräfte, Personaler und Coaches oft verzweifeln. Denn viele entscheidende Fragen der unternehmerischen Leistungsfähigkeit und des unternehmerischen Erfolgs stehen in engem Zusammenhang mit der Mitarbeiterzufriedenheit und -motivation:

- Wie können wir persönliches Führungsverhalten erweitern und hinsichtlich Mitarbeitermotivation, Kommunikation und Zusammenarbeit optimieren?
- Wie können wir Leistungsbereitschaft und Mitarbeitermotivation erhöhen?
- Wie erreichen wir, dass neue Mitarbeiter hinsichtlich ihrer Motivation und ihrer Werte zum Unternehmen, zur Position und Aufgabe oder in ein bestimmtes Team passen?
- Was müssen wir beachten, um Veränderungsprozesse erfolgreich zu gestalten?

Ein lösungsorientiertes, effizientes und effektives Vorgehen für die Beantwortung dieser und ähnlicher Fragen, aber auch für Ihre ganz persönliche Lebens-Entwicklung bietet das Kompetenzmodell der 16 Lebensmotive nach Professor Dr. Steven Reiss.

Gleichbehandlung ist nicht gleich gleiche Behandlung!

Jeder Mensch hat andere Vorstellungen und Werte, die er leben möchte, um sich glücklich und zufrieden zu fühlen. Je stärker das angestrebte oder gewünschte Motiv im Alltag über einen bestimmten Zeitraum (abhängig von der Intensität des Lebensmotivs) abweicht, desto stärker spürt jeder Mensch Überforderung, Unterforderung und andere Probleme.

Die 16 Lebensmotive sind „Letztmotive" und „intrinsische Motivatoren" des menschlichen Handelns: In ihrem Handeln versuchen Menschen, das Bedürfnis, das sich hinter einem Motiv verbirgt, zu befriedigen. Gelingt das, sind Menschen zufrieden, leistungsfähig und glücklich. Als intrinsische Motivatoren sind die 16 Lebensmotive stark handlungstreibend, wobei insbesondere die hoch und die niedrig ausgeprägten Motive im Profil eines Menschen sein Handeln beeinflussen und seine Persönlichkeit formen.

Aufgrund des intrinsischen Motivationscharakters entfaltet ein einmal befriedigtes Motiv umgehend wieder neue motivierende Kraft und veranlasst ein erneutes Handeln in seinem Sinne. Das menschliche Handeln ist also kein „Mittel", um etwas zu bekommen, sondern tatsächlich Selbstzweck.

Möglichkeiten zur Motiv- und Bedürfniserfüllung sucht sich jeder Mensch in seinem beruflichen oder in seinem privaten Umfeld. Gerade für Unternehmen und Führungskräfte ergeben sich hieraus wichtige neue und vielfältige Ansatzpunkte. Einige wurden schon kurz beschrieben. So sind Engagement und Leistungsfähigkeit von Führungs- und Fachkräften dann am höchsten, wenn die Bedingungen und Möglichkeiten am Arbeitsplatz und im Umfeld so sind, dass sie den Mitarbeitern die Möglichkeit geben, ihre individuell am niedrigsten und am stärksten ausgeprägten Motive zu befriedigen.

Das Reiss Profile unterstützt Unternehmen, Führungskräfte, Mitarbeiter, Trainer und Leistungssportler aller Bereiche und Sportarten dabei, fördernde und blockierende Faktoren im Führungs-, Kommunikations- und Leistungsverhalten von Vorgesetzten und Mitarbeitern, Kollegen untereinander und mit Sportlern zu erkennen. Die Erkenntnisse und resultierenden Maßnahmen können im betrieblichen und sportlichen Alltag dann viel besser beachtet und dauerhaft umgesetzt werden.

Das Reiss Profile und die Nutzung der Motivstruktur für die Karriere- und Berufsplanung

Die Ergebnisse des Reiss Profile können Personen bei der Wahl ihres Studiums, der beruflichen Lehre / Ausbildung oder ihrer Karriere helfen. Neben dem persönlichen Reiss Profile ist es jedoch viel entscheidender, wie gut und erfahren der persönliche Reiss-Profile-Master ist. Denn gerade in der Interpretation der verschiedenen Verknüpfungen der Motive zueinander, sollte der Berater sehr erfahren und versiert sein. Denn bestimmte Motivausprägungen verstärken sich im Allgemeinen, andere blockieren sich. Das Streben nach einer hohen persönlichen Anerkennung, kombiniert mit einer niedrigen Ausprägung im Motiv Teamorientierung, beinhaltet viel Konfliktpotenzial. Man strebt stark nach persönlichem Lob und Anerkennung von anderen Menschen, auf der anderen Seite will man soziale Autarkie erreichen. Man möchte mit seinen persönlichen Emotionen und Gefühlen möglichst für sich sein, andererseits aber eben auch Lob bekommen. Sofern man jedoch den Menschen keine gefühlsmäßige Verbundenheit entgegenbringt, werden diese sich eher abwenden, sich nicht geliebt und verstanden fühlen und somit auch kein Lob und keine Wertschätzung aussprechen, sondern sich über die empfundene emotionale „Kälte" und Autarkie im Umgang mit Emotionen und Gefühlen beklagen. Ebenso können sich ein starkes Streben nach

Rache / Kampf und ein starkes Streben nach sozialen Kontakten zu anderen Menschen behindern. Hier wird es immer wieder zu Konflikten kommen, denn einerseits sucht man die Diskussion, den Wettkampf mit anderen Menschen, will besser sein als andere. Auf der anderen Seite möchte man viele gute freundschaftliche und humorvolle Kontakte zu anderen Menschen pflegen. Hier werden sich durch die starke Ausprägung in Rache / Kampf viele Menschen zu häufig und stark angegriffen und unter Druck gesetzt fühlen und sich demnach zurückziehen.

Da die Lebensmotivkombinationen immer wieder so einzigartig und individuell sind wie wir Menschen auch, ist es nicht möglich, alle denkbaren Konstellationen aufzuzählen und kurz und bündig zu interpretieren. Dies ist auch deswegen unmöglich, weil sich die Mischungen und Überlagerungen im individuellen Fall nicht auf zwei Lebensmotive beschränken, sondern auch drei, vier, fünf oder mehr grundlegende Beweggründe und viele darunter liegende Werte und Ziele umfassen. Hinzu kommen die persönlichen Prägungen, das Umfeld, die finanzielle Absicherung, die aktuellen Lebensumstände und vieles mehr. Daher ist immer wieder der persönliche Kontakt und intensive Austausch mit einem erfahrenen Reiss-Profile-Master nötig.

Wir geben hier einen kurzen Überblick zu bestimmten Tendenzen, die sich aus den Motiven ergeben.

Bedeutung der Lebensmotive im beruflichen Umfeld

Große Bedeutung im beruflichen Umfeld haben die folgenden Lebensmotive: Anerkennung, Macht, Status, Rache, Emotionale Ruhe sowie Ordnung.

Personen mit einer niedrigen Ausprägung im Motiv Macht mögen keine Jobs mit übermäßig oder regelmäßig langen Arbeitszeiten oder solche, in denen sie mit stark verantwortungsvollen Führungs- oder Aufsichtspositionen betraut werden. Sie arbeiten nicht gerne alleine und treffen auch nicht sehr gerne Entscheidungen für sich und über andere Menschen. Die hohe Ausprägung im Motiv Macht deutet darauf hin, dass man viel Leistung und viel Verantwortung im Job haben möchte.

Eine sehr niedrige Ausprägung im Motiv Teamorientierung deutet auf eine Neigung hin, Arbeitsplätze abzulehnen, die mit einer Abhängigkeit von anderen verbunden sind. Man hat gerne ein Büro für sich alleine. Man mag keine Großraumbüros, diese können sogar krank machen. Man möchte emotional nicht abhängig sein von anderen Menschen. Andere nicht um Gefallen bitten. Gefühle und Emotionen aus dem Privaten trennt man am liebsten vom beruflichen Alltag. Eine hoch ausgeprägte Teamorientierung signalisiert, dass der Betreffende Teamarbeit anstrebt und sehr schätzt.

Eine hohe Affinität zum Motiv Neugier drückt aus, dass der Betreffende sich in Berufen wohl fühlt, die intellektuelle Wachheit erfordern – strategisches Planen, Problemlösen, Marktanalyse oder der Umgang mit technischen Handbüchern oder Datenbanken. Routineaufgaben sind gar nichts für den mit Neugier hoch ausgeprägten Menschen. Sie reisen gerne, erleben gerne Neues, brauchen im Job vielfältig wechselnde Herausforderungen und Aufgaben. Wenn dies nicht der Fall ist, spüren sie eine starke Unterforderung.

Eine niedrige Ausprägung im Motiv Neugier dagegen lässt auf eine Abneigung gegen Aspekte eines Berufes schließen, die geistige Aufgeschlossenheit erfordern. Diese Menschen arbeiten gerne praxisorientiert, mögen Routineaufgaben und kümmern sich bevorzugt um die Umsetzung von Strategien und Plänen. Ob dies nun handwerklich geprägte Jobs sind oder vertriebliche Tätigkeiten. Um sich etwas Neues anzueignen, ist es wichtig, dass sie den Bezug zur Praxis verstehen. Sonst schalten sie ab und zeigen Desinteresse, drücken Überforderung aus.

Personen mit hohem Streben nach persönlicher Anerkennung mögen keine strengen, schriftlichen oder öffentlichen Bewertungen. Sie brauchen einen Job, in dem sie eher selten oder weniger beaufsichtigt oder beurteilt werden. Sie benötigen viel Lob von anderen. Wollen möglichst wenige Fehler machen und ärgern sich schon selbst genug, wenn ihnen mal ein Irrtum unterläuft. Kritik und Ratschläge sind dann das Letzte, was sie gebrauchen können.

Ein hoch ausgeprägtes Motiv nach Sparsamkeit deutet auf eine Neigung zu Berufen hin, die etwas mit Sammeln im weitesten Sinne zu tun haben – zum Beispiel Controller, Bürotätigkeiten, Finanz-/Bankumfeld, Lagerist oder Archivar. Menschen mit niedriger Ausprägung im Motiv Sammeln/Sparen mögen keine Jobs, die viel mit Zahlen und Controlling zu tun haben. Sie stellen sich gerne auf immer wieder neue und vielfältige Situationen und emotionale Bedingungen ein. Sie möchten sich großzügig verhalten können, fühlen sich in Firmen und Jobs wohl, in denen Wachstum stattfindet, in denen investiert wird und nicht gespart werden muss.

Niedrig ausgeprägte Ziel-/Zweckorientierung weist auf ein Bedürfnis nach einem Job oder Arbeitgeber hin, der ehrlich, redlich und offen ist und seine Kunden gerecht, fair und zuvorkommend behandelt. Berufssoldat, Polizist, Beamter, Anwalt, Richter oder ein Wachdienst könnten passende Arbeitsplätze sein.

Personen mit einer hohen Ziel-/Zweckorientierung werden etwas gegen Jobs haben, bei denen von ihnen verlangt wird, dass sie sich stark an Traditionen und vorgegebene Normen halten müssen. Diese Menschen möchten sich ihre eigenen Regeln machen, wollen nach dem alltäglichen Geschäft handeln. Sie benötigen eine Arbeitsatmosphäre, in der Kritik und Lob offen angesprochen werden. Sie möchten fair behandelt werden und sind so lange loyal, wie man ihnen auch loyal begegnet. Viele Führungskräfte und Manager haben heute eine stärker ausgeprägte Ziel-/Zweckorientierung. Das Geschäft wandelt sich oft täglich, sodass viele Entscheidungen von heute am nächsten Tag nicht mehr zählen. Hier sind sie sehr realitätsbezogen, anpassungsfähig und flexibel. Wohingegen der bezüglich Ziel-/Zweckorientierung niedrig ausgeprägte Mensch möglichst wenig Regeln verändern möchte, an Traditionen gerne festhält. Im Unternehmen sind dies oft die Gegenpole von Betriebsrat und Management.

Menschen mit einem Streben nach hoher innerer und äußerer Ordnung brauchen einen geordneten, geregelten Job und Pünktlichkeit, um sich wohl zu fühlen. Sie arbeiten gerne sehr akribisch, lieben die Sicherheit durch feste Abläufe und Gewohnheiten. Wollen erst eine Aufgabe erledigen, dann die nächste beginnen. Wenn mehrere Dinge gleichzeitig oder in hohem Tempo zu leisten sind, fühlen sie sich eher unwohl und überfordert. Geregelte Abläufe und Gewohnheiten aufzugeben fällt ihnen schwer. Jobs, die einen hohen Grad an Ordnung erfordern, sind Arzt, Krankenhauspersonal und andere Pflegeberufe, Polizist, Hygieneberufe, Finanzbeamter, Richter, Bürokraft oder Sekretariatsarbeiten.

Menschen mit niedriger Ordnung lieben Flexibilität und Spontaneität. Sie verrichten gerne mehrere Dinge gleichzeitig, sind jedoch in der Fehlerkontrolle nicht gut, da zu schnell abgelenkt. Sehr zielstrebig zu arbeiten ist nicht gut für diese Menschen. Jobs, die zu diesen Personen gut passen, sind vertriebliche Berufe, solche mit wechselndem Kundenkontakt, oder Servicemitarbeiter mit Schwerpunkt Kommunikation, Führungskräfte und Manager.

Stark ausgeprägter Idealismus lässt eine Neigung zu sozialen Berufen vermuten – beispielsweise den Armen helfen, Kranke pflegen, sich um Tiere kümmern, dem Gemeinwohl nützen oder humanitäre Fragen behandeln. Passende Jobs wären Arzt, Berater, Pfleger, Krankenschwester, Arbeit in Hilfsorganisationen für Menschen, Tiere und Umwelt oder auch Servicemitarbeiter/in.

Eine hohe Ausprägung im Motiv Beziehungen spricht dafür, dass der Betreffende sich zu Berufen hingezogen fühlt, die soziale Interaktionen mit vielen anderen Menschen erfordern – zum Beispiel Gastronomie, Messejobs, Spenden sammeln, Politik, Verkauf, Lehre, Consulting, Coaching und Psychologie.

Eine niedrige Ausprägung im Motiv Beziehungen lässt eine Abneigung gegen diese Jobs vermuten. Man möchte nicht Kontakt zu immer wieder neuen Menschen haben. Man liebt eher die intensive Kommunikation zu zweit oder mit wenigen, dafür aber langjährigen Kontakten. Wenn nur wenige Kunden zu betreuen sind, wäre eine Key-Account-Position denkbar, IT-bezogene Jobs, allgemein Arbeitsplätze mit wenig Menschenkontakt.

Eine hohe Ausprägung im Motiv Familie deutet auf das Bedürfnis nach einem Beruf hin, der sich mit einer Elternschaft verträgt, und nach Arbeitgebern, die eine firmeninterne Kinderbetreuung anbieten und bei denen der Anspruch, Beruf und Familie in Einklang zu halten, verwirklicht ist. Hier bieten sich Selbstständigkeit, Lehrer, Erzieherin, bestimmte Vertriebsjobs, Heimarbeit oder Teilzeitjobs an. Personen mit hoher Familien-Affinität werden Berufe meiden, die mit Reisen verbunden sind oder mit Arbeitszeiten, die sie mit ihren elterlichen Pflichten in Konflikt geraten lassen. Menschen mit einer niedrigen Ausprägung im Motiv Familie mögen dagegen solche Jobs, sind aber zum Beispiel als Lehrer schneller genervt; wenn, dann lieber höhere Klassen als kleine Kinder. Zudem werden Jobs bevorzugt, in denen man sich voll und ganz auf sich selbst konzentrieren kann. Man genießt zum Beispiel, dass man viel unterwegs ist und sich nicht unbedingt um die Kindererziehung kümmern muss.

Personen mit hohem Status-Motiv müssen mit dem Prestigewert ihres Jobs zufrieden sein – die üblichen Kriterien sind Aufstiegschancen, die Möglichkeit, etwas Besonderes zu erreichen, ein Job mit einem besonderen Prestigewert, Möglichkeit zu hohen Prämien, klangvolle Titel, ein hohes Gehalt und Statussymbole, das eigene hohe Berufsimage, Wertschätzung der persönlichen und besonderen Arbeit/Ideen und vieles mehr. Jobs hier wären der Verkauf, Schauspieler, Musiker, Künstler, Führungspositionen oder Unternehmer.

Menschen mit niedriger Ausprägung im Motiv Status benötigen dies überhaupt nicht, um sich wohl und zufrieden zu fühlen. Sie machen sich nichts aus teuren und auffälligen Autos, lieben das Understatement und legen auf die Beachtung ihres Status, Titels oder persönlicher Leistungen keinen großen Wert. Sie wollen sich nicht „verkleiden" und lieben oft mehr die bequemen und lässigen Kleidungsstile. Sie streben nach Jobs, wo sie im Hintergrund bleiben können, stellen ihre Leistungen lieber unauffällig in den Dienst des Teams oder des Unternehmens. Sie benötigen keinen teuren Firmenwagen, um sich und ihre Leistungen als wertgeschätzt zu empfinden. Sie laufen lieber locker und leger im Unternehmen herum. Alle Berufe, die sich nicht extrem mit Statussymbolen, Marken und deren Repräsentation beschäftigen, können von Interesse sein. Auch Geschäftsführer und Vorstände haben oft eine niedrige Statusorientierung.

Menschen mit einer hohen Ausprägung im Motiv Kampf/Rache lieben den Vergleich und den Wettbewerb. Sie wollen ständig besser sein als andere, messen sich gerne und verfolgen ihre Ziele klar und erfolgsorientiert. Sie verlieren nicht gerne, sind oft ungeduldig, möchten sich gerne durchsetzen, manchmal sind sie auch schnell reizbar. Jobs, die zu diesen Profilen gut passen, sind der Profisport, Verkäufer, Unternehmer, Manager, Führungskraft.

Diese Menschen sind sehr gut über Prämien und Zielvereinbarungs-Systeme zu motivieren.

Personen mit niedriger Kampf/Rache-Ausprägung gehen dem Wettbewerb, hitzigen Diskussionen und Konflikten möglichst aus dem Weg. Mit unzufriedenen Kunden geduldig umzugehen ist eine persönliche Stärke, da sie sich nicht schnell reizen lassen. Aggressives und gewinnorientiertes Verkaufen oder eine Position hart gegen die Meinung anderer zu verteidigen, mögen sie nicht. In der Kundenbetreuung, der Beratung, dem Service, in der Pflege und in der geduldigen Arbeit mit Menschen sind sie gut aufgehoben. Sie sind an einem harmonieorientierten Austausch mit Menschen interessiert. Sie wollen Spaß haben, sind Friedensstifter und immer möglichst auf Harmonie aus.

Menschen, die über eine hohe Ausprägung im Motiv Schönheit verfügen, haben eine Neigung zu Berufen, die „erotisch" oder „künstlerisch kreativ" sind oder sich um Schönheit und Ästhetik drehen – wie etwa Modelling, Kreativer in Werbeagenturen, Künstler, Musiker, Schauspieler/in, Modebranche, Möbelbranche, Gärtner, Landschaftsgestalter, Designer/in, Innenausstattung, Architekt. Eine niedrige Ausprägung im Motiv Schönheit spricht dafür, dass der Betreffende diesen Aspekten eines Berufes eher abgeneigt gegenübersteht. Oder mehr in Bezug auf Erotik und Schönheit das Einfache, Puristische und klar Definierte als das Bunte und Verspielte liebt.

Eine hohe Motiv-Ausprägung in Essen lässt vermuten, dass der Betreffende Berufe bevorzugt, die mit der Produktion, der Zubereitung, dem Servieren oder dem Verzehr von Speisen verbunden sind: ob nun Koch, Einkauf und Verkauf im Bereich Lebensmittel, Lebensmittelindustrie, Gastronomie, Landwirt. Je weniger ein Mensch über diese Ausprägung verfügt, desto weniger Zeit möchte er mit diesem Bereich verbringen.

Eine hohe Ausprägung im Motiv Körperliche Aktivität bedeutet, dass dieser Mensch sich gerne körperlich fit hält, gerne und viel in Bewegung ist und auf den Beinen sein möchte. Er fühlt sich zu Berufen hingezogen, die körperliche Ausdauer, Fitness oder Kraft erfordern. Dieser Mensch mag keine Jobs, die mit langem Sitzen verbunden sind und wenig Zeit für körperliche Betätigung lassen. Körperlich aktive Berufe wären handwerklich geprägte Arbeitsplätze, Landwirt, Forstwirt, Gärtner, stehende Berufe wie Verkäufer in Handelshäusern, die Gastronomie, Sport und Fitnessbranche, Postbote mit dem Fahrrad, Fahrradkurier, Bergführer, Skilehrer und viele weitere aktive Jobs.

Menschen mit einer niedrigen Ausprägung im Motiv Körperliche Aktivität werden versuchen, sehr aktive, bewegungsreiche und körperlich anstrengende Jobs zu meiden. Sie sitzen lieber am Telefon, im LKW, Taxi, Büro, vor dem PC, am Empfang, im Parkwächterhäuschen. Sie benutzen lieber den

Fahrstuhl und die Rolltreppe als die Treppen. Viel Bewegung strengt sie an und stresst sie.

Menschen, die ein hohes Streben nach Entspannung, Stressvermeidung über ihr hoch ausgeprägtes Motiv Emotionale Ruhe haben, brauchen am besten einen Beruf und ein Leben, dessen Ausmaß an Stress, Risiko oder persönlicher Gefährdung möglichst gering ist: der sichere Job auf Lebenszeit, die unkündbare Stellung, keine unsicheren Zeiten und möglichst wenig, was unvorhergesehen auf sie zukommt. Ein Job ohne Lärm in einer ruhigen und sicheren Arbeitsatmosphäre ist zu empfehlen. Ein Großraumbüro, der Lärm von Verkehr und Maschinen stresst sie sehr. Auch ein lauter Umgangston oder Jobs mit Gefahrengut und Risiken sind nicht gut für ihr Wohlbefinden. Hektik und Stress kosten sie viel Kraft. Viele Dinge, die sie nicht möchten, beherrschen jedoch heutzutage sehr stark unser Leben und sind kaum zu vermeiden. Finanzkrise, unsichere Jobs, Arbeitslosigkeit, gescheiterte Beziehungen und vieles mehr fordern von vielen Menschen ihren Tribut. Jobs, die oft noch mehr Sicherheit bieten als die meisten anderen, sind im Beamtenstatus zu finden. Große Firmen bieten im Gegensatz zu früher in der Regel keine derartige Sicherheit mehr.

In der normal bis höher ausgeprägten Ausformung des Motivs Emotionale Ruhe im Vergleich zu den beruflichen Anforderungen und dem aktuellen Leben im Job sowie im Privat-Bereich finden Unternehmen, aber auch die Mitarbeiter viele Ursachen für Burn-out, Ängste, Stress, Krankheiten und vieles mehr. Interessante Ansätze und Erfolge für das Unternehmen und die Arbeitnehmer haben wir in den Firmen, mit denen wir intensiv arbeiten, schon erreicht. Krankenkassen und das gesamte Gesundheitssystem könnten revolutioniert werden.

Menschen, die eine niedrige Ausprägung im Motiv Emotionale Ruhe haben, mögen und suchen den Stress, die Hektik, das Unvorhergesehene und das Abenteuer. Sie streben regelrecht danach oder suchen Druck und Anspannung. Jobs, für die sich Menschen mit hoher Affinität zu Anspannung, Druck, Risiko und Gefahren entscheiden können, sind beispielsweise Projektmanager, Interimsmanager, Dachdecker, Kanalarbeiter, Bergführer, Stuntman, Feuerwehr, Polizei, Soldat, Pilot, Bauarbeiter, Selbstständigkeit im Vertrieb und Management.

Authentische und kongruente Motivation
mit dem Wissen der individuellen Motivstruktur

Wer kennt das nicht: den Vorwurf oder die Erwartungshaltung des Lob-Dilemmas.

Lobt die Führungskraft zu wenig oder gar nicht, beklagen sich die Mitarbeiter – lobt die Führungskraft zu häufig, wird das Lob nicht ernst genommen. Zu erkennen, was für den Mitarbeiter in einer bestimmten Situation wichtig und bedeutsam ist, war bislang auch ein Stochern im Heuhaufen. Entweder passte es – oder die Führungskraft hatte genau das Gegenteil bewirkt.

Belohnungen von außen sind besonders nachhaltig, wenn deren Art an die individuell ausgeprägte Motivstruktur der Person angepasst ist. In diesem Fall wirkt die Belohnung verhaltensverstärkend und sogar verhaltensverändernd. Wenn wir die Ausprägung der Motivstruktur auf die bewusste Ebene heben können, wirken wir dem Lob-Dilemma entgegen. Führungskräfte sind mit dem Wissen um die Motivstruktur des Mitarbeiters jetzt erstmals in der Lage, Mitarbeiter wirklich authentisch zu der jeweils erbrachten Leistung positiv anzusprechen und dadurch nachhaltig zu motivieren. Das bislang eher verpönte Lob bekommt durch die Erkenntnisse von Steven Reiss eine neue Dimension und eine wirksame Nachhaltigkeit.

Von außen motivieren kann nur, wer weiß, was der andere wirklich will.

Finden Sie die Motivstrukturen Ihres engsten Umfeldes heraus und probieren Sie einmal, die Rahmenbedingungen so zu gestalten, dass Sie für den oder die anderen passen. Sie werden dafür ganz viel Positives an Leistung, Motivation und Wertschätzung zurückbekommen.

Lebensmotive und Sport

Sport und Bewegung begleiten die Geschichte des Menschen seit Jahrtausenden – ob in Form von Spielen und Wettkämpfen im alten römischen Reich oder des olympischen Gedankens der alten Griechen. Schon immer gab es Menschen, die aktiver und sportlicher waren als andere. Dies ist auch heute noch der Fall. Im Sport lassen sich alle Motive und Motivkombinationen befriedigen.

Sport ist in unserer heutigen Zeit mehr denn je ein Wirtschaftsfaktor, der nicht zu unterschätzen ist. Sport begeistert die Massen. Ereignisse wie die Fußballweltmeisterschaft ziehen Milliarden von Menschen vor die Bildschirme. In Deutschland ist Fußball Volkssport Nr. 1. Auch Tennis, Radfahren, Ski, Schwimmen, Laufen, Golf, Reiten, Handball oder Eishockey sind Sportarten, die von vielen Menschen ausgeübt werden. Dagegen sind Ringen, Boxen, Judo, Turnen, Curling, Rudern und Wasserball Disziplinen, die weniger Beachtung von den Massen bekommen, obwohl hier auch die verschiedensten Motive befriedigt werden können.

In anderen Regionen, zum Beispiel in Asien, ist Badminton der Volkssport Nr. 1. Wo hier in Deutschland bei Badmintonveranstaltungen schon ein paar hundert Fans eine gute Kulisse bilden, gibt es in Indonesien und China Hallen, wo mehr als 15.000 begeisterte Badminton-Fans die Sportler wie Volkshelden feiern. Badminton-Stars in Asien findet man auf den ersten Seiten der Tageszeitungen – so, wie wir in Deutschland unsere Fußballgrößen, die Amerikaner ihre Basketball- oder Footballstars feiern. Sport bewegt die Massen, weil er den Menschen, jedem auf seine Art und Weise, intrinsisch wertvolle positive Erlebnisse und nachhaltige Erfahrungen bietet. Die eigenen Lebensmotive werden durch diese bedient. Noch heute glauben viele, sportliche Aktivität sei in erster Linie von dem Streben nach Körperbewegung motiviert. Sport kann jedoch so gut wie alle unsere persönlichen Lebensmotive erfüllen. Daher gibt es auch so viele unterschiedliche Disziplinen, denn jeder Sport setzt an unterschiedlichen Lebensmotiven an. Die verschiedenen psychologischen Aspekte des Sports – Macht, perfekte Bewegungsabläufe, Kreativität und Überblick im Spiel, Taktik, Planung, Spontaneität, Anerkennung, Teamwork, Individualität, Kampf, Fair Play und Sieg – befriedigen unsere Lebensmotive auf unterschiedliche Weise.

Inwieweit können wir durch den Sport unsere Lebensmotive wiederfinden und befriedigen? Entscheidend werden auch hier wieder die Motivkombinationen sein.

Das Lebensmotiv Macht löst den wiederkehrenden Wunsch nach der Erfahrung eines Wettbewerbsgefühls aus. Sport bietet allen Gruppen von Fans und aktiven Teilnehmern zahlreiche Gelegenheiten, dieses Gefühl auszuleben. Wenn das heimische Bundesligafußballteam ein Tor schießt, schäumen die Emotionen über. Auf einmal ist der eben noch lästige Raucher neben uns ein willkommener Mensch, den man umarmt. Die Menge brüllt, jubelt und tanzt, Fahnen werden geschwenkt, Schals ausgebreitet: Das Macht-Motiv ist wirksam, der Fan spürt Ruhm und Erfolg, er fühlt sich großartig und nimmt den Erfolg der siegreichen Mannschaft als den eigenen. „Wir sind Fußballweltmeister"; „Wir fahren nach Berlin!" Dies ist die höchste motivationale und positive Identifikation mit einer Mannschaft.

Alle sportlich-positiven Leistungen können ein psychologisches Gefühl der Macht auslösen, sowohl bei den Fans als auch den Spielern. In der Niederlage erlebt man dann Frust, Machtlosigkeit und Hilflosigkeit, oft auch Wut und Trauer.

Erinnern Sie sich noch, als Andreas Brehme die deutsche Nationalmannschaft 1990 zum Fußballweltmeistertitel schoss? Was war 2006 in Deutschland los, als das deutsche Team viel besser als erwartet spielte? Millionen von Menschen zeigten Flagge, Fantrikots überall, und die Public-Viewing-Plätze waren voll von fiebernden, harmonieorientierten Fans. Eine neue, positive, gewaltfreie Identifikation mit dem eigenen Land wurde durch die deutschen Fanflaggen ausgedrückt. Ähnliche Motive bewirken Identifikation – und das löst eben ungeahnte Kräfte und Energien aus: Identifikation gleich Motivation.

Wenn Sportler erfolgreich sind, zeigen sie das auch. Ein gelungener Hechtsprung mit Punktgewinn von Boris Becker. Der Leimener freute sich und ballte die Faust in Richtung Gegner. Oder wie feierte einst Michael Schumacher jeden Sieg? Er riss beide Hände nach oben und sprang dabei auf und ab – alles ein Gefühl von Stärke und von Macht.

Leistung und Erfolg sind die häufigsten und besten Mittel zur Befriedigung des Machtbedürfnisses. Die meisten sehr erfolgreichen Sportler haben nach unseren Erfahrungen eine starke Ausprägung im Machtmotiv. Sie streben nach dem Erfolg und der Leistung, können schneller als andere Menschen Entscheidungen treffen und sind bereit, härter als andere für den Erfolg zu trainieren. Alles intrinsische Eigenschaften, die für einen Sportler, der dauerhaft hohe Leistungen erzielen möchte, von Vorteil sind.

Das Bedürfnis nach Macht und Leistung lässt sich auch durch Führungsaktivitäten befriedigen. Fast alle Sportteams haben einen gewählten Mannschaftskapitän. Nicht immer ist das wirklich auch ein Mensch mit einem hohen Machtmotiv. Dennoch gibt es immer wieder im Team bestimmte Führungsspieler, die gerne Verantwortung übernehmen und dem Team einen guten Halt geben. Was aber ist, wenn mehrere Spieler in einer Mannschaft sehr führungs- und machtaffin sind?

Als Beispiel würden wir hier den aktuellen Bundesligakader des FC Bayern München sehen. Hier gibt es einige sehr starke Führungspersönlichkeiten, junge wie ältere Spieler. Wenn nicht jeder Spieler seinen eigenen und klar abgesprochenen Machtbereich hat, wird dies zu vielen Konflikten führen. Hilflosigkeit und Ohnmacht sind die Folgen.

Zudem ist ein Team, ob im Sport oder im Business, immer nur eine virtuelle Idee. Denn dafür sind wir viel zu verschieden. Jeder hat andere Lebensmotivausprägungen. Im Erfolg kann der einzelne Sportler auf seine Art und Weise wichtige Motive befriedigen. Ziel ist es zu verstehen, was jeden Sportler auf seine individuelle Weise motiviert, sodass dann als Ziel herauskommt: „Team = Together Everybody Achieves More!"

Aber im Misserfolgsfall verstärken sich die negativen Emotionen aus den einzelnen Lebensmotiven, da diese dann in vielfacher Weise und Kombination nicht befriedigt werden. Schon beim Einkauf von Spielern sollte verstärkt darauf geachtet werden, wie die Machtmotive der einzelnen Sportler ausgeprägt sind. Zudem ist wichtig, welche Ausprägung der Trainer hat. Sodass es am Ende nicht heißt: „Team = Toll, ein anderer macht's!"

Motiv Teamorientierung

Wenn Menschen ihr Streben nach Teamorientierung über den Sport befriedigen, suchen sie die Gemeinschaft, ein Team oder einen Lauf-/Spielpartner. Menschen mit einem starken Bedürfnis nach Teamorientierung mögen es, sich auf andere verlassen zu müssen, um erfolgreich zu sein. Wenn jemand eine geringe Teamorientierung hat, trifft das Gegenteil zu. Diese Sportler möchten am liebsten unabhängig und autark ihrer Disziplin nachgehen. Was aber ist, wenn sie eine Teamsportart wie Fußball gewählt haben? Diese Sportler sind in Mannschaften oft die Einzelgänger.

Jeder Mensch kann im Sport sein Streben nach Teamorientierung oder Unabhängigkeit sehr gut ausleben. Teamsportarten sind beispielsweise Fußball, Handball, Basketball oder Hockey. Individualsportarten wären zum Beispiel Tennis, Badminton, Golf, Schwimmen und Biathlon. Wobei es auch hier Mannschaftswettbewerbe gibt oder man im Team auftreten kann. Sportler, die in den Teamsportarten eine niedrige Ausprägung in Richtung Teamorientierung haben, werden alles daran setzen, ihre Autarkie auch zu bekommen. Wenn hierauf entsprechend eingegangen wird, werden sie sich freier und autarker fühlen und somit auch bessere Leistungen bringen.

Menschen, die ein hohes Streben nach Teamorientierung haben, suchen bewusst nach dem Wir-Gefühl, nach Gemeinsamkeiten und gemeinsamen

Freizeitaktivitäten. Auch Besprechungen im Team sind für sie wichtig, wobei dann die Unabhängigen entweder ruhig sind oder nicht konstruktiv mitwirken.

Die einen wollen möglichst viel Zeit miteinander verbringen, die anderen möglichst autark ihr Ding machen. Wenn den Sportlern ihre Ausprägung im Motiv Teamorientierung klar ist, gibt es hier immer sehr viel Missverständnis- und Konfliktpotenzial. Gerade auch dann, wenn der Trainer seine eigene Motivausprägung in Bezug auf die Teamorientierung mit einbringt. Der teamorientierte Trainer gibt Parolen meistens im Wir-Ton aus, der andere Trainer im Ich-Ton. Weil im Team ja auch wieder die unterschiedlichsten Typen sitzen, fühlen sich einige angesprochen und motiviert, die anderen demotiviert.

Im Erfolgsfall funktionieren diese Ansprachen an das Team, wie sehr schön am Beispiel Jürgen Klinsmann während der WM 2006 deutlich wurde. Im Bundesligaalltag nicht unbedingt. Hier gilt es, die einzelnen Motivausprägungen der Spieler und die eigenen mehr zu betrachten und individuell zu bedienen, was wirklich nicht einfach ist.

Motiv Neugier

Wer hat das Fußballspiel zwischen dem FC Bayern München und dem 1. FC Köln gestern Abend nun gewonnen? Wer führt die Torschützenliste an? Warum halten sich bestimmte Spieler nicht an Absprachen? Über das Neugier-Motiv wird sehr stark das Wie und Warum abgefragt. Der eine möchte wissen, wie die Mannschaft gespielt hat, der andere interessiert sich viel mehr für das Warum. Der eine, der die Fakten wissen möchte, ist mehr der Praktiker und hat eine niedrige Ausprägung im Motiv Neugier. Der nach dem Warum fragt, ist der mit der hohen Ausprägung im Motiv Neugier.

Sehr viele Sportler haben eine eher geringe Ausprägung im Motiv Neugier. Es sind die Praktiker, die lieber spielen wollen, als zu viel Technik- und Taktiktraining zu absolvieren. Der neugierige Sportler ist oft der Künstler im Pässegeben. Er ist hoch kreativ. Was passiert beim Training, wenn alle das Gleiche trainieren müssen? Die einen üben gerne die Standardsituationen und wollen diese perfektionieren, die anderen langweilen sich und brauchen mehr Abwechslung. Bei zu viel Taktik- und Techniktraining sind die wenig neugierigen Sportler schnell überfordert, bei zu langen Übungen sind die Neugierigen unterfordert.

Für den Zuschauer und Fan sind sportliche Wettkämpfe zwischen unterschiedlich starken Teams und Gegnern langweilig, weil sie keine Neugier wecken. Wenn man schon vorher weiß, wie das Ergebnis ausfällt, ist das Neugier-Motiv nicht positiv aktiviert. Folglich haben wir kein großes Interesse an einem solchen Spiel. In den letzten Jahren ist der Trainings- und Taktikbereich stärker beachtet worden. Heute gibt es reihenweise Untersuchungen von Sportwissenschaftlern, die die einzelnen Sportler des eigenen Teams wie auch der gegnerischen Mannschaft studieren, um neue Taktiken zu erarbeiten. Das kann wiederum für den Fan von Interesse sein und sein Neugier-Motiv wecken: Man möchte gerne herausfinden, mit welcher Taktik heute der Gegner geschlagen werden soll.

Auch Psychologie und Mentalcoaching gewinnen im Sport mehr und mehr an Akzeptanz und Einfluss. Hier wird zunehmend auf die neuen Erkenntnisse aus den 16 Lebensmotiven zurückgegriffen. Denn unter gleichstarken Gegnern und den gleichen Bedingungen wird der Sportler das Spiel gewinnen, der über die bessere mentale Stärke verfügt. Wer unter emotionalem Druck am besten seine Leistung abrufen kann, wird der Sieger sein. Wie reagiert ein Sportler unter Druck, was ist nötig, um maximalen Erfolg zu bringen?

Weil dies sehr gut mit den Erkenntnissen aus den 16 Lebensmotiven herausgefunden werden kann, haben auch schon Vereine wie Mainz 05 unter Jürgen Klopp, Schalke 04 unter Ralf Rangnick und Mirko Slomka, die Deutsche Handballnationalmannschaft 2006 und Heiner Brand mit dem Reiss Profile gearbeitet oder tun dies noch.

Peter Boltersdorf ist einer der Pioniere bei der Anwendung des Reiss Profile im Bereich Sport in Deutschland und war schon zu Kinderzeiten einer meiner ersten Badminton-Trainer. Wie nutzt man nun die Erkenntnisse aus dem Reiss Profile? Notwendig ist ein zwei- bis dreistündiges Auswertungsgespräch, damit die Sportler später auch verstehen, warum anders mit ihnen gearbeitet und kommuniziert wird. Hier können, sofern jemand nicht aus dem Umfeld des Leistungssports kommt, sehr viele Fehler gemacht werden. Zudem gilt hier selbstverständlich die Schweigepflicht als Grundvoraussetzung für den Erfolg.

Wichtig hierbei ist, dass die Sportler genau vermittelt bekommen, was ihr persönliches Reiss Profile bedeutet. Dies sollten die professionell ausgebildeten Trainer und Assistenten sowie die medizinische Abteilung tun. Der externe Reiss-Profile-Berater greift hier in den Alltag nicht ein. Immer wieder gibt es neue Situationen, neue Taktiken, die es zu berücksichtigen gilt. Der eine Sportler benötigt dies praxisnah verpackt, der andere will tiefer einsteigen in die Thematik, weil er eben ein höheres Neugier-Motiv hat. Jeder sollte dasjenige Maß an Wissen bekommen, das für ihn wichtig und nötig ist. Gerade dann, wenn es einmal nicht so läuft, die Leistung stagniert, eine Verletzung auskuriert werden muss, ein Spieler auf der Bank sitzt, ausgewechselt oder eingewechselt wurde oder ein Spieler private Probleme hat.

Motiv Anerkennung

Einer von vielen Gründen, warum Menschen Sport treiben, ist, dass sie andere mit Erfolgen und Leistungen beeindrucken wollen. Erfolge im Sport haben immer viel mit Anerkennung und Wertschätzung zu tun. Bei den Freizeitsportlern ist es genauso. Ich kenne Menschen, die tragen ihre Medaillen und Pokale stolz mit ins Büro oder laufen damit durch die Stadt. Bei einigen ist es der erste Platz, für den sie Anerkennung haben möchten, bei anderen ist es die Zielerreichungsmedaille beim Marathon, die stolz präsentiert wird. Öffentlichkeit und Presse mögen Sieger und Idole. Was aber ist mit denen, die verlieren? Was macht der Sportler, der nach Anerkennung strebt, aber immer wieder Niederlagen einstecken muss? Dies gehört zum Sport schließlich dazu. Das Motiv Anerkennung ist entscheidend dafür verantwortlich, wie schnell der Sportler eine Niederlage verarbeitet und was nötig ist, um den Athleten im Verarbeitungsprozess zu unterstützen. Was ist, wenn ein Sportler eine Verletzung hat? Im Misserfolg sollten ein Coach und das direkte Umfeld nicht zusätzlich noch kritisieren und an der Außenlinie ausrasten, sondern den frustrierten Sportler positiv aufbauen.

Wer nach Anerkennung strebt, jedoch mehr auf der Verliererseite steht, hat oft ein starkes mentales Problem. Verletzungen können die Folge sein, man weicht unbewusst vor weiteren Niederlagen aus. Depressionen sind eine spätere Folge von zu wenig Anerkennung, Lob und Wertschätzung. Sportler brauchen unbedingt neben den Schlachtrufen ihrer Fans eine weitere Unterstützung, denn die Fans sind auch schnell gegen das Team oder einzelne Sportler eingestellt. Hier ist es wichtig, dass andere starke Motive bedient werden. Wenn eine hohe Ausprägung im Motiv Familie beim Sportler vorhanden ist, wären dies die Familie und die Kinder, die dem Sportler vor, während und nach dem Spiel die nötige mentale positive Unterstützung geben könnten. Bei einer hohen Teamorientierung können dies die Mannschaft oder gute Freunde sein. Sportler mit einem ausgeprägten Bedürfnis nach Anerkennung haben größere Schwierigkeiten, ein schlechtes Spiel oder eine Niederlage zu verarbeiten. Erwachsene, Kinder und Jugendliche weinen, ärgern sich, sind beleidigt. Bei erwachsenen Sportlern kommen die Tränen oft nach der Niederlage und aus Enttäuschung.

Psychologisch betrachtet sind Wutanfälle ein Zeichen für Unsicherheit, wenn Anerkennung und Lob nicht mehr im Gleichgewicht sind. Nach unseren Erfahrungen wäre es jedoch zu einfach, nur alles auf mangelnde Anerkennung zu schieben. Es spielt immer noch eine Reihe von anderen Motiven und Umständen eine wichtige Rolle – etwa die Motive Rache/Kampf oder Status, um nur zwei Beispiele zu nennen. Dies muss wieder im Einzelfall betrachtet werden. Die Kombination aus nicht befriedigten Lebensmotiven entscheidet schließlich darüber, wie stark die negativen Emotionen sind und welche Handlungen daraus entstehen.

Motiv Ordnung

In unserer heutigen Welt sind wir ständig Veränderungen unterworfen. Dagegen stehen bestimmte Sportveranstaltungen für Ordnung und Stabilität. Denn die Fußballbundesliga gibt es schon seit 40 Jahren. Idole von damals sind heute Trainer oder Kommentatoren in Funk und Fernsehen. Die Farben von Schalke 04 sind schon seit hundert Jahren Blau-Weiß. Der 1. FC Köln hat schon seit Anfang der sechziger Jahre sein Maskottchen „Hennes", den Ziegenbock. Dieser ist im Wappen des Vereins abgebildet, seit dem 24. Juli 2008 gibt es nun Hennes in der achten Generation. Er ist bei jedem Heimspiel am Stadionrand.

Menschen mit einem hohen Motiv Ordnung wollen ihre festen und regelmäßigen Trainingszeiten. Zudem ist Pünktlichkeit für sie sehr wichtig. Hier kann man auch sehr gut ansetzen, um Menschen zu mehr Bewegung zu motivieren.

Viele Sportler mit einem niedrigen Motiv nach Ordnung sind zum Beispiel bei Wettkämpfen besser als im Training. Sportler mit einem hohen Ordnungsmotiv sind im Training konstanter und zielorientierter, aber im Wettkampf irritiert und weniger leistungsstark, da sie sich nicht flexibel auf ständig wechselnde Situationen einstellen können.

Das Gefühl von Ordnung wird auch befriedigt über die wachsende Zahl der Dauerkarten. Der Mensch möchte sich wenigstens alle zwei Wochen zum Heimspiel seiner Mannschaft darauf verlassen können, dass man einen Platz im Stadion hat, „seinen" Platz. Das Spiel fängt zur gewohnten Zeit an und endet zu gewohnter Zeit.

Das heutige Problem vieler Vereine ist, dass sie das Motiv Ordnung nicht genügend im Spielerkader befriedigen. Die Fans wollen jugendliche „Eigengewächse" sehen, sich darauf verlassen können, wer im nächsten Jahr wieder für das Team spielt. Leider wechseln hier die Spielerkader immer schneller. Auch die Trainer bekommen immer weniger Zeit und Vertrauen, eine ordentliche und strukturierte Arbeit zu machen. Zu stark ist der Erfolgsdruck. Es wird immer mehr Geld investiert in Spieler, die eigentlich nicht zum Verein oder zum Kader passen. Auch das Ordnungsmotiv der Fußballer sollte beachtet werden. Dies drückt sich oft in Ritualen, Talismanen und Aberglauben aus.

Gut wäre zudem, wenn die Mannschaften und Sportler mit einem höheren Ordnungsstreben mehr Zeit für die Anreise hätten, sich mit der Umgebung, dem Stadion, der Laufstrecke oder anderen Gegebenheiten schon vorab vertraut machen könnten. Der niedrig ordnungsausgeprägte Spieler möchte flexiblere Trainingszeiten, wenig Rituale und wenig nach System und Vorgaben spielen. Spontaneität und Flexibilität sind das, was ihn antreibt.

Motiv Sparen / Sammeln

Alle Menschen besitzen das Potenzial, ihr individuelles Sparbedürfnis zu befriedigen, indem jeder bereit ist, einen bestimmten Preis für ein Ticket zu zahlen. Man kann im Sport sehr gut Erinnerungen sammeln. Einige Menschen sammeln die Panini-Fußballkarten zum Einkleben ins Album, Autogramme oder Trikots, andere nähen sich Sticker an die Jeansjacke und haben immer mehrere Vereins-Schals dabei. Manche Sportler trennen sich gerne von ihren Urkunden und Medaillen, andere bewahren sie in Vitrinen auf. Es gibt auch Sportler, die Trikots ihrer Gegner sammeln. Wenn man die Vereinszentralen besucht, staunt man nicht schlecht über die Kollektionen der Pokale. Gewiss ist hier viel Tradition mit im Spiel, was sich über das Motiv Sammeln / Sparen und niedrige Ziel- / Zweckorientierung ausdrückt.

Sportler und Trainer mit einem hohen Motiv Sammeln / Sparen leben Gewohnheiten und trennen sich nicht gerne von etwas. Am liebsten würden sie im Trikot der letzten Saison weiterspielen, wenn es eine gute Spielzeit war. Sie machen sich viele Notizen und sind nicht so anpassungs- und veränderungsbereit wie andere. Ein früherer Davis-Cup-Tennisspieler hatte ein hohes Sammel- / Spar-Motiv. Er nahm reihenweise Einladungen zu Showkämpfen für ein paar tausend Euro an, statt sich konsequent auf ein wichtiges Turnier vorzubereiten.

In einem derartigen Fall gibt es zwischen Trainer und Spieler immer heftige Auseinandersetzungen: Der Trainer hat eine unterdurchschnittliche Ausprägung im Motiv Sammeln / Sparen und logischerweise eine komplett andere Wahrnehmung und Betrachtung, wenn es um das Thema Investitionen geht. Trainer mit einem hohen Sammel- / Sparmotiv hingegen machen sich sehr gerne viele Notizen. Sie wollen ihre Gedanken festhalten. Spieler mit einem hohen Sammel- / Sparmotiv werden möglichst viel Geld anlegen wollen. Die anderen geben gerne und viel aus. Der eine Fan investiert in Fanartikel, der andere nicht.

Motiv Ziel- / Zweckorientierung

Das niedrig ausgeprägte Motiv Ziel- / Zweckorientierung erzeugt den wiederkehrenden Wunsch, Regeln zu befolgen, loyal und emotional mit dem Verein, der Mannschaft und den Traditionen verbunden zu sein. Man möchte möglichst die Regeln und den Kodex einhalten. Menschen, die mehr Sport machen sollten beziehungsweise abnehmen möchten, kann man zu mehr körperlicher Betätigung über ihre niedrige Ziel- / Zweckorientierung motivieren.

Sie halten sich ja gerne an Regeln, also macht man mit ihnen einen Vertrag, den werden sie nicht brechen.

Steven Reiss beschreibt in seinem ersten Buch „Who Am I?" ein schönes Beispiel der beiden Weltmeister- und Ausnahme-Boxer Mike Tyson und Evander Holyfield. Beide stehen für die gegensätzliche Ausprägung im Motiv Ziel-/Zweckorientierung. Evander Holyfield, der für das Gute und Regelkonforme stand, betrat den Ring als der religiöse Boxer. Mike Tyson, der Inbegriff des Bösen, war schon mehrfach vorbestraft, hatte Drogen- und Alkoholexzesse sowie diverse Skandale mit Prostituierten hinter sich. Als Holyfield in den Ring stieg, wurde Kirchenmusik gespielt, Tyson betrat den Ring begleitet von „Gangsta"-Rap-Musik. So konnten sich die Fans sehr gut über die unterschiedlichen Motivausprägungen ihr Idol suchen.

Wenn Sie einen Lehrer über den Zweck von sportlichen Wettkämpfen in der Schule für Kinder und Jugendliche befragen, wird er Ihnen wahrscheinlich sagen, dass Sport den Charakter bildet. Auch heute noch sollen Sportler am besten eine saubere Weste haben. Sie sollen Vorbild für die Jugend und die Bevölkerung sein. Was lösen hier die Dopingskandale aus? Was erwartet die Gesellschaft, die Presse von Sportlern, Trainern und Fans?

Steffi Graf ist ein gutes Beispiel für eine Sportlerin, die sich vorbildhaft an Regeln und Erwartungen der Gesellschaft hielt. Sie hatte keine Affären und fiel auch nicht durch andere negative Erlebnisse auf. Sie war immer nett und freundlich, auch in der Niederlage. Dagegen war und ist Boris Becker ein ganz anderes Beispiel. Die ganze Nation fieberte mit, stand nachts wegen seiner Spiele auf. Man war begeistert, wie er kämpfte, aber auch, wie er schimpfte und mit sich haderte. Und dazu hier und da eine Affäre. Boris benutzt heute noch gerne werbewirksam die Presse, um sich in Szene zu setzen. Er ist hier flexibel und sein tägliches Tun spricht für eine stark ausgeprägte Ziel-/Zweckorientierung.

Motiv Idealismus

Das Lebensmotiv Idealismus bewegt uns dazu, soziale Gerechtigkeit und Fairness wertzuschätzen. Sport bietet uns die Gelegenheit, diese Werte auszuleben. In der Fußballbundesliga und in anderen Sportarten wird dies mit der Aktion „Fair Play" und „Gegen Rassismus" unterstützt. Viele Sportler engagieren sich für mehr Gerechtigkeit. Sie machen mit bei Spendenaktionen, gründen eine Stiftung und fahren in die Dritte Welt. Nicht jeder macht dies nur aus dem Idealismus-Motiv heraus. Die Sportler, die beachtet werden wollen, haben immer noch andere oder wichtigere Motive. Idealismus ist für viele ein Mittel zum Zweck. Wer Gutes tut, hat einen besseren Ruf – und bekommt vielleicht wegen seiner Großzügigkeit und seines persönlichen Engagements mehr Einladungen zu Partys und bessere Sponsorenverträge.

Die Sportler, die sehr viel Geld verdienen und ein hohes Idealismus-Motiv haben, schämen sich oft wegen dieser hohen Summen, während auf der Welt so viel Elend ist. Oft sind sie sogar verschuldet, da sie überall helfen wollen und hier auch stark ausgenutzt werden. Auch dass sich Frauen immer mehr in typischen Männersportarten messen dürfen, ist ein Beispiel für das Idealismus-Motiv und das Streben nach Gerechtigkeit – ob dies nun Sportarten wie Fußball oder Boxen sind. Als die deutsche Damenfußballnationalmannschaft Weltmeister wurde und sehr viel Medienpräsenz bekam, sprachen einige davon, dass es wirklich gut tue, dass ihre Leistungen nun auf einer Stufe mit denen der Männer stünden.

Idealistische Sportler möchten gerne auch ihren Mitspielern etwas Gutes tun, sie mit guten Flanken und Pässen bedienen. Im Breitensport ist das Idealismus-Motiv positiv für die Gemeinschaft und in diversen Aktionen, um vielleicht für Hilfsprojekte Spenden zu sammeln. Zum Beispiel läuft der Hamburg Marathon unter dem Motto „Dein Schweiß für Wasser". Die Spenden und Einnahmen gehen an Viva con Agua, eine Trinkwasserinitiative, die sich in Entwicklungsländern engagiert, um die Versorgung mit sauberem Trinkwasser und sanitären Anlagen zu verbessern.

Motiv Beziehungen

Sportler und Fans aller Disziplinen können ihr Streben nach sozialen Kontakten und den Spaß, mit Menschen zusammen zu sein, befriedigen. Allein das Gefühl, Teil einer Gemeinschaft zu sein, die dasselbe Team anfeuert, ist eine Form des „social contact" und der Verbundenheit unter Menschen. Wenn das eigene Team einen Punkt macht, freuen sich wildfremde Sitznachbarn, als ob man sich schon lange kennt. Bei bestimmten Sportereignissen lädt man Freunde zu sich nach Hause ein oder geht zusammen zu den Public-Viewing-Plätzen. Man nutzt den Sport, um Party zu machen.

Auch siegreiche Mannschaften leben dies sehr gerne nach einem Sieg aus. Denn gerade im Leistungssport und in der Vorbereitung auf wichtige Wettkämpfe gehen Sportler nicht viel aus, feiern wenig und bedienen somit ihr Motiv Beziehungen oft nicht.

Viele Menschen betreiben eine Sportart, um Spaß zu haben oder um neue Leute kennen zu lernen. Der olympische Gedanke und das olympische Dorf bringen Menschen aller Nationen zusammen. Ein Erlebnis, das man sein ganzes Leben hindurch nicht vergisst. Hier entstehen Freundschaften und Beziehungen, die oft ein Leben lang halten können. Für Kinder sind es in jungen Jahren die Schulmeisterschaften in der Stadt, für das Bundesland oder auch der bundesweite Wettbewerb. Auch gibt es für Schüler und Jugendliche den Wettbewerb „Jugend trainiert für Olympia".

Insgesamt haben Studienergebnisse und unsere Erfahrungen in der Arbeit mit Sportlern ergeben, dass viele von ihnen ein höheres Motiv Beziehungen haben. Dies sollte man in der Arbeit mit Aktiven berücksichtigen, denn Leistungssportler trainieren sehr viel und haben oft nicht die Zeit für Partys oder sie sind ihnen viele Wochen im Jahr nicht erlaubt.

Auch der Freizeitsportler, der gerne Menschen um sich hat und über den Tag hinweg eher zu wenig Kontakte zu anderen hatte, sollte sich Möglichkeiten suchen, mit denen er soziale Kontakte zu anderen Sportlern knüpfen kann. Dann sind beide Motive gelebt, man ist unter sich und wird mehr Verständnis bei den anderen erleben: Durch ähnliche Motive ergeben sich auch mehr gemeinsame Interessen.

Motiv Familie

Über den gemeinsamen Sport mit den Kindern können Eltern sehr gut ihre Beziehung zum Nachwuchs pflegen. Wer hat uns, als wir jung waren, immer wieder zum täglichen Training gebracht? Die Mutter. Wer hat uns zum Sport mitgenommen und an den Sport herangeführt? Der Vater. Wer hat sich im Verein engagiert, bei Turnieren geholfen, Kuchen gebacken, Würstchen verkauft? Unsere Mutter. Wer war bei Turnieren immer anwesend? Unsere Eltern und die Eltern der anderen Kinder. Viele aus meiner Generation haben heute selbst Kinder, die sehr aktiv und erfolgreich Sport treiben. Wer unterstützt diese? Die schon immer sportlichen Eltern.

Leider kommt es jedoch immer häufiger vor, dass mehr und mehr Kinder von den Eltern zwar zum Sport gebracht werden, jedoch immer weniger Eltern sich in der Schüler-/Jugendarbeit engagieren. Die Identifikation der Eltern mit dem Sport und die Leistung der eigenen Kinder nehmen ab.

Wie fühlen sich wohl diese Kinder? Liegt es daran, dass die Eltern keine Lust haben, den Kindern zuzuschauen und sie zu fördern? Wir glauben nicht. Einer der Gründe ist sicher, dass das Leben teurer geworden ist und dass es immer mehr Familien gibt, in denen beide Eltern arbeiten gehen müssen. Das Weniger an Zeit mit den Kindern rächt sich dann schnell durch eine schwächere Bindung zu ihnen, oder die Kinder bleiben schulisch wie persönlich unter ihren Möglichkeiten. Immer mehr Kinder können heute ihre Motive, gerade auch die körperliche Aktivität, nicht ausleben.

Wo die Familie die Kinder unterstützt, entwickeln sich auch die nötigen Potenziale. Sogar die Fußballbundesligavereine haben in den letzten Jahren immer mehr die Familie und die Kinder der Spieler sowie die engsten Familienangehörigen und Freunde in das Vereinsleben integriert. Und wenn es „nur" bei den Heimspielen ist. Die Familie kann heute dabei sein. Zum Beispiel gibt es im Stadion bei Schalke 04 einen eigenen Bereich, den „Blauen Salon". Hier kommen nur die engsten Familienangehörigen, die Kinder und die besten Freunde hinein. Man bleibt unter sich. Wenn Spieler verletzt sind, verbringen auch sie hier während des Spiels ihre Zeit. Was nicht zu unterschätzen ist: Wer beruflich viel unterwegs ist und gerne viel Zeit mit der Familie und den Kindern verbringen möchte, bringt im Sport wie im Business eine bessere und konzentriertere Leistung, wenn der Sohn oder die Tochter den Papa auf dem Spielfeld anfeuert.

Motiv Status

Sport hat viel mit Status zu tun: Ob es nun um das Gewinnen von Meisterschaften und Pokalen geht, um Preisgelder oder um die besondere Aufmerksamkeit, die man als Sportler bekommt. Einige Sportarten sind besonders statusaffin: Früher waren es Ski und Tennis, heute ist es bevorzugt Golf. Wobei diese Sportarten über die Jahre hinweg für die Massen zugänglich geworden sind. Elitär sind auch heute noch Sportarten wie Polo, Springreiten, Speedboot-Rennen oder Segel-Regattas. Viele davon sind sehr teuer. Naturgemäß betreiben daher nur Menschen diese Sportarten, die es sich leisten können.

Beim Fußball gab und gibt es schon immer die Abgrenzung der Einkommensschichten über die verschiedenen Bereiche im Stadion: Stehplätze, Sitzplätze und seit ein paar Jahren den VIP-Bereich und die teuren Logen. Viele gute Spieler stammen auch heute noch aus einkommensschwächeren Schichten. Gerade die, die aus dem Ausland kommen.

In Asien erlangen die Badmintonspieler einen hohen Status, wenn sie Weltmeister oder Olympiasieger werden. Die olympischen Goldmedaillen-Gewinner von 1992 in Barcelona, Susi Susanti und Alan Budi Kusuma aus Indonesien, bekamen vom indonesischen Staat jeweils eine Million Dollar und viele weitere Annehmlichkeiten. In einem derart armen Land hat man durch solche Erfolge den Aufstieg geschafft. Man hat Status für seine Persönlichkeit und das nötige Kleingeld. In Deutschland sind das Pendant die zahlreichen Fußballstars, besonders die Nationalspieler.

Über bestimmte Sportartikelmarken, die über Kultstatus verfügen, kann man sich als Hobbysportler auch ein wenig mit Status umgeben. Deutsche Marken wie Adidas und Puma haben es international geschafft. Sie sponsern Nationalmannschaften und herausragende Sportler weltweit. Die Werbung mit ihnen ist ein lukratives Geschäft und zahlt sich aus. Die sportiven Käufer entscheiden sich dann für die Marke ihrer Stars und sind bereit, dafür auch mehr Geld zu bezahlen.

Als im Sommer 2003 der Spieler David Beckham für 35 Millionen Euro von Manchester United zu Real Madrid wechselte, sollte dies für die Spanier ein gutes Geschäft werden. Reals Marketing-Manager erwarteten aus dem Verkauf von David-Beckham-Trikots (pro Stück 78 Euro) von 2003 bis

2006 Einnahmen von 140 Millionen Euro. Das waren für die meisten Menschen wirklich unrealistische und verrückte Ziele, wenn man sich erinnert, dass Manchester United in der Saison 2002/03 mit den Beckham-Trikots 3,5 Millionen Euro eingenommen hatte. Als jedoch nach nur vier Monaten eine Million Trikots verkauft waren (Einnahmen: 78 Millionen Euro), erwiesen sich die Umsatzprognosen sogar als zu tief angesetzt. Die Absatzzahlen des Beckham-Trikots waren auch 2005 höher als die aller anderen Real-Stars zusammen. Als Beckham 2007 seinen Vertrag mit Real nicht verlängerte, hatte er in den vier Jahren dem Klub 440 Millionen Euro Zusatzeinnahmen beschert. Bei seinem Vertragsabschluss mit dem amerikanischen Fußballclub L. A. Galaxy Anfang 2007 sicherte sich David Beckham nicht nur ein Gehalt von 250 Millionen Dollar (für fünf Jahre), sondern auch die Eigenvermarktungsrechte aller Trikots mit seinem Namen. Das sollte sich gelohnt haben, denn bereits vor seinem ersten Einsatz in einem Meisterschaftsspiel waren 250.000 Bestellungen für sein Trikot eingegangen. In solchen Fällen sollte man aber auch als Sportler ein hohes Status-Motiv haben, denn sonst kann so ein Hype um die eigene Person emotional mehr schaden als nutzen.

Motiv Kampf / Rache

Laut Steven Reiss ist das Motiv Rache/Kampf gerade in Sport und Business ein wichtiges Lebensmotiv. Jeder, der über ein höheres Motiv Kampf/Rache verfügt, möchte im Sport und im Leben gewinnen. Der Sieg ist das intrinsische Ziel. Wer siegen will und siegt, fühlt sich gut. Viele Sportler, Kinder, Jugendliche oder Erwachsene, demonstrieren dies auf ihre Art: Der eine lässt sich feiern, der andere braucht Ruhe. Auch bei Niederlagen reagiert jeder Mensch auf seine Weise. Der eine gibt dem Gegner Lob und Anerkennung, der andere schimpft über den Schiedsrichter, den schlechten Platz, den Wind, die Sonne, die Haare im Gesicht. Gerade in der Niederlage hat jemand, der gerne gewinnt, am meisten mit sich und seinen Enttäuschungen zu kämpfen. Man hat alles gegeben und dennoch verloren. Menschen mit einem hohen Kampf/Rache-Motiv sind keine guten Verlierer. Anders die, die eine niedrige Ausprägung im Kampf/Rache-Motiv haben: Sie treiben Sport, um Spaß zu haben, sie wollen nicht um jeden Preis gewinnen. Kämpfen strengt sie mental sehr an. Daher sollte man bei Sportlern auch darauf achten, über welche Ausprägung des Motivs Kampf/Rache sie verfügen. Es ist nämlich einfacher, ein hohes Kampf/Rache-Motiv unter Kontrolle zu bringen, als aus einem Harmonie-Menschen einen Kämpfer wie Oliver Kahn zu machen.

Sport bietet meistens eine harmlose Gelegenheit, das Bedürfnis nach Rache auszuleben. Dies sollten sich auch alle jene Menschen bewusst machen, die nicht viel Sport treiben, jeden Tag um etwas „kämpfen" wollen, jedoch es ihren Emotionen und Gefühlen entsprechend so nicht ausleben können.

Wie viele Mitarbeiter würden ihren Vorgesetzten gern einmal die Wahrheit ins Gesicht sagen? Wie viele Verkäufer und Verkäuferinnen würden gern mal ihren Kunden vermitteln, was sie innerlich fühlen? Doch diese Emotionen werden meistens verdrängt und „runtergeschluckt". Energie und Frust jedoch sind und bleiben im Körper, solange man nicht „ausrasten" kann (oft sind dann die Familie, die Kinder, Freunde die Leidtragenden) oder eben durch regelmäßigen Sport sein „Ventil" findet. Millionen Menschen wären zufriedener und gesünder, würden sie Sport als Mittel einsetzen, um ihre Frustrationen abzubauen. Sehr kämpferische Menschen haben eine auf Sieg ausgerichtete innere Haltung nach dem Motto „Der Sieg ist das Ziel, egal wie", weil sie das Gefühl des Wettbewerbs, der Revanche und der Aggressivität genießen.

Hier gibt es auch wieder die verschiedensten Sportarten, mit denen unterschiedliche Aggressivitätslevels bedient und befriedigt werden können. Als Beispiel bietet Schach geringe Möglichkeiten, Kampfsportarten mit Vollkontakt jedoch sehr große. Da sportliche Rivalitäten im Wesentlichen vom Lebensmotiv Kampf/Rache bedient werden, ist Gewalt zwischen Sportlern und Fangruppen untereinander eine Entladung des Kampf/Rache-Motivs.

Denn wenn die Emotionen überkochen oder Erwartungen enttäuscht werden, kommt es immer wieder zu Kurzschlussreaktionen, ausgelöst durch ein Zuviel an negativer Energie aus dem Kampf-Motiv heraus. Sieger entladen sich nicht über negative Emotionen. Sondern es passiert vornehmlich dann, wenn Kämpfertypen frustriert sind wegen der eigenen Leistung, der Leistung der Mannschaft oder immer wieder von einem Gegner oder Mitspieler gereizt werden. Fast immer sind aber auch noch andere nicht ausgelebte Motive mit verantwortlich.

Die Wettbewerbsintensität des Sports ist ein umstrittenes Thema, vor allem im Hinblick auf Kinder. Wettbewerbsorientierte Eltern wollen, dass ihre Kinder konkurrenzintensive Sportarten erlernen, wohingegen sich weniger wettbewerbsorientierte Eltern Sorgen machen, dass derartige Sportarten ihre Kinder zu Überaggressivität verleiten.

Jedenfalls benötigen die Menschen, die eine niedrigere Reizschwelle gegenüber Aggressionen haben und Kämpfen als erstrebenswert sehen, Möglichkeiten zum kontrollierten Kampf, da das intrinsische Motiv bei ihnen vorhanden ist. Sonst macht es irgendwann krank oder entlädt sich unkontrolliert.

Schimpfen Sie deshalb nie, wenn Sie bei Ihren Kindern sehen, dass sie gern kämpfen, wenn sie Spaß daran haben, besser zu sein als andere Kinder. Suchen Sie Möglichkeiten für sich und die Kinder, mit denen der Wunsch nach Wettkampf und Vergleichen mit anderen bedient werden kann – nach festen Regeln und möglichst fair.

Motiv Schönheit

Verabredungen zum Sport sind vielleicht die am weitesten verbreitete Kombination von Sport und Erotik. Tennis, Golf, Reiten, Badminton, Segeln, Radfahren, Skifahren und Wandern sind beliebte Sportarten, die von Männern und Frauen gemeinsam ausgeübt werden können. Gemeinsamkeiten im Sport auszuleben, bietet immer auch eine gute Gelegenheit, sich besser kennen zu lernen oder die eigene Beziehung zu pflegen. Große Sportveranstaltungen sind auch immer große Flirtplätze.

Wer viel Sport treibt, setzt vermehrt körpereigene Hormone, Endorphine, frei. Endorphine sind Neuropeptide, das heißt Aminosäureketten, die von Nervenzellen abgegeben werden. Der bekannteste Vertreter dieser Gruppe ist das b-Endorphin, das in den 70er Jahren identifiziert wurde. Diese Hormone sind in der Lage, Schmerzempfindungen durch Bindung an Rezeptoren im Rückenmark zu modulieren oder zu unterdrücken. Beim Sportler können Endorphine bei höherer Belastungsintensität oder nach längerer Belastungsdauer ein Hochgefühl und gute Laune auslösen. Eine Leistungssteigerung im engeren Sinn bewirken die Hormone nicht, allerdings wird das subjektive und persönliche Belastungsempfinden verändert, was zu einer verbesserten Ausschöpfung der Ressourcen führen kann.

Unter Sportlern wird auch immer mehr geflirtet als unter Nichtsportlern. Man lernt sich über den Sport kennen, man achtet auf den eigenen Körper, ist im Allgemeinen auch eitler als ein Nichtsportler. Frauen tragen freizügige Sportkleidung, Männer zeigen ihre Muskeln. All dies fördert den Ur-Instinkt, nach dem sich die Frau den fitten muskulösen Jäger auswählt. Warum achten so viele Frauen auf den Po eines Mannes? Ein durchtrainierter Po war zu Urzeiten das Indiz für einen guten Läufer und damit für einen guten Jäger. Sicherheit für die Versorgung der Familie und der Kinder. Weshalb achten Männer auf den Busen und die Taille der Frauen? Eine gut ausgebildete Brust und ein „gebärfreudiges" Becken sprechen für eine sichere Geburt und die gute Ernährung des Nachwuchses. Evolutionsgeschichtlich sind wir noch nicht so weit entfernt vom Urmenschen. Das Erotik-Motiv ist ein „Urmotiv" zur Erhaltung unserer Art.

Motiv Essen

Wie beim Motiv Erotik / Schönheit schon erwähnt, sind zu menschlicher Urzeit die Jagd und die Suche nach Nahrung sehr eng mit körperlicher Aktivität und Erotik verknüpft. Ein Mensch muss essen, um zu überleben und um Höchstleistungen zu bringen. Immer mehr wird deutlich, wie wichtig eine gute Ernährung ist. Im Kraftsport geht man davon aus, dass die Ernährung 70 Prozent des Trainingserfolgs ausmacht. Ein guter Jäger überlebte besser und konnte seiner Familie und seiner Gruppe das Überleben sichern. Der

Stärkste und Gesündeste konnte sich am besten fortpflanzen. Essen ist dazu zwingend nötig und demnach auch ein „Urmotiv", das unsere Art und unser Leben sichert.

Viele Sportler/innen, die gerne essen, könnten ein Problem haben, ihr ideales Gewicht zu halten. Wer viel Sport treibt, hat auch einen hohen Bedarf an Nahrung. Dieses Mehr kann jedoch zu Essstörungen führen. Tausende von Sportlern und Sportlerinnen müssen vor einem Wettkampf „Gewicht" reduzieren. Eigentlich paradox, dennoch üblich. Der Boxer, Ringer, Skispringer, die Reiterin oder die Turnerin schwitzen noch vor dem Wettkampf einige Kilo herunter, um das „ideale" Wettkampfgewicht zu erzielen.

Wer gerne isst, dem sollte man sein Motiv Essen nicht verbieten. Lieber den Gewichtheber, Boxer, Ringer oder Judoka in der höheren Leistungsklasse starten lassen. So kann er dem intrinsischen Bedürfnis nach Essen frönen. Besser als sich Tag für Tag zu quälen und ein Leben nach Diätplan zu führen. Aktuell haben sich sogar die meisten Formel-1-Rennfahrer heruntergehungert: Weil das Mindestgewicht von Auto plus Fahrer mittlerweile für alle Teams gleich ist und bei 605 Kilo liegt, bemühen sich die Piloten, ihr Gewicht zu reduzieren.

Gesund ist dies bestimmt nicht. Nicht jeder wird durch die Einsparung von eigenem Körpergewicht gewinnen, denn mehr Krankheiten, Unzufriedenheit, Gereiztheit oder mehr individuelle Fehler durch geringere Konzentration werden die Folgen sein.

Gerade das Motiv Essen muss im Sport stark beachtet werden. Der eine Sportler isst zu viel und zu ungesund, was seine Leistung nicht fördert, der andere isst und trinkt zu wenig, vergisst es und mindert dadurch seine Chancen.

Motiv Körperliche Aktivität

Die Sportarten variieren je nach Ausübung und Durchhaltevermögen. Es gibt Disziplinen wie Ultra-Marathon, Marathon, Radrennen, 10.000-Meter-Lauf, 100-Meter-Lauf, Tennis, Badminton, Fußball, Rudern, Schwimmen, Golfen, Schießen, Dart-Spielen, Schach, Curling und Tausende andere. Für jeden Menschen ist etwas dabei. Die Menschen, die sich nicht gerne hart und anstrengend bewegen, wählen eben Sportarten, die vom Körper und der Ausdauer weniger verlangen. Menschen mit einem hohen Drang nach Anstrengung, Fitness und regelmäßiger körperlicher Aktivität finden genügend Möglichkeiten bei den trainingsintensiven und anstrengenden Sportarten.

Aber auch andere Motive können gut über den Sport bedient werden. Der eine ist eher der Typ für technisch anspruchsvolle Sportarten wie Badminton, der andere liebt die zyklischen Bewegungen, die man beim Radfahren oder Laufen befriedigen kann. Da jeder Mensch ein eigenes Streben nach körperlicher Aktivität hat, ist es demnach immer schwierig, in einer Mannschaft gleiche Typen zu finden. Der eine Sportler beschwert sich, dass er immer für die anderen mitrennen muss. Die anderen stöhnen, weil sie so viel rennen und trainieren müssen.

Die für eine Sportart nötige körperliche Anstrengung sowie der Grad an Wettkampf und Konfliktpotenzial, die mit dieser Disziplin verbunden sind, sind zwei übergreifende Faktoren, die beeinflussen, ob sich jemand für diese Sportart interessiert oder nicht.

Mancher Sportler ist in einer nicht so kampfbetonten Sportart unterwegs, obwohl er wohl besser vom persönlichen Potenzial her Boxer oder Ringer geworden wäre.

Sportler, die eine sehr hohe Ausprägung im Motiv Körperliche Aktivität haben, müssen sich der Stärke dieses Motivs bewusst werden. Denn sie quälen sich mehr, strengen sich mehr an als die, die das Motiv in nur durchschnittlicher Ausprägung haben. Sie schonen sich aber oft auch weniger, was negative Folgen haben kann.

Motiv Emotionale Ruhe

Die meisten Menschen mit einem ausgeprägten Wunsch nach emotionaler Ruhe streben nach körperlicher Entspannung, wollen abschalten und suchen ihren Seelenfrieden. Gerade heute ist der Wunsch nach innerer Ruhe stärker als noch vor 40 Jahren. Alles um uns herum ist schneller geworden. Ein Mensch nimmt heute so viele Informationen an einem Tag auf, wie er früher in einem Jahr nicht bekam. Hunderte von Mails bekommen und auf Dutzende antworten, das wäre zu Zeiten des handgeschriebenen Briefes nicht möglich gewesen. Eine Mail zu schreiben und zu verschicken, kostet an Zeit und Geld so gut wie nichts mehr.

Wir Menschen sind zunehmend fremdgesteuert. Innere Ruhe zu finden, das geht sehr gut über den sportlichen Ausgleich. Leider sind immer mehr Menschen schon so ausgepowert, dass ihnen zum Sport die Energie fehlt. Sie legen sich lieber auf die Couch, und der Körper wird immer schwächer. Millionen Menschen können heute nicht mehr abschalten, bekommen aufgrund von psychosomatischem Stress und der Verleugnung der eigenen Motive über kurz oder lang körperliche und gesundheitliche Probleme. Erste Anzeichen sind, dass viele Menschen nicht mehr gut schlafen können. Unser dringender Appell: Gehen Sie dann eine Runde Sport treiben oder spazieren. Danach werden Sie besser schlafen können. Die meisten Menschen in den Industrieländern bewegen sich zu wenig, haben jedoch jeden Tag emotionalen Stress und Kämpfe auszutragen, fast wie ein Urmensch im Kampf gegen ein wildes Tier. Nur dass der Urmensch seine Emotionen im Kampf hat ausleben können und den ganzen Tag in Bewegung war. Zu den Sportarten, die

Aufregung für den Aktiven und den Zuschauer bieten, gehören Skifahren, Klettern, Boxen, Tennis, Badminton, Fußball, Handball, Basketball und viele andere.

Wenn Sie innere Ruhe erlangen möchten, treiben Sie bewusst mehr Sport und gönnen Sie sich danach zum Beispiel einen guten Saunabesuch, eine Massage und ein gutes gesundes und frisches Essen. Verzichten Sie auf Alkohol und trinken Sie viel reines Wasser ohne Kohlensäure.

Menschen, mit einem geringen Bedürfnis nach innerer Ruhe suchen dagegen eher nach aufregenden Erlebnissen. Sport bietet beiden Bedürfnissen Erfüllung. Wandern und Spazierengehen oder Walken sind ausgezeichnete Beispiele für entspannenden Sport. Hier wird von Ihnen nur wenig Körpereinsatz erfordert, und Sie sind an der frischen Luft und in der Natur, wo Sie in der Ruhe gut entspannen können. Gerne können Sie danach noch mentale Entspannungsübungen machen, und es geht Ihnen wieder viel besser.

Menschen sollten versuchen, ihre 16 Lebensmotive gerade über den Sport wieder mehr in Balance zu bekommen, denn das hat jeder Mensch wirklich selbst in der Hand und in den Beinen. Ein schwieriger Kunde, ein tyrannischer Vorgesetzter, ein von Insolvenz bedrohter Arbeitgeber, Vermögens- oder Jobverlust, das sind alles Umstände, die man nicht beeinflussen kann. Wenn Sie jedoch darauf achten, dass Sie neben dem Job genug Zeit mit der Familie und den Kindern verbringen, sich mit Angehörigen und Freunden bewegen, mehr Sport treiben und ernährungsmäßig mehr auf sich und den Nachwuchs achten, werden Sie viel besser durch die heutige und zukünftige Zeit kommen. Laut Steven Reiss suchen wir Menschen jeder für sich nach einer guten Lebensmotivbalance aus Aufregung und innerer Ruhe. Wenn wir zu viel Ruhe verspüren, langweilen wir uns und suchen uns Stress und Aufregung.

Lebensmotive und Ernährung

Ich wiege zu viel ... der Anfang einer Diät – oder das Ende, sich diesem Thema weiterhin zu widmen? Die Frage des Gewichts beschäftigt uns Menschen in unserer komplexen und hektischen Welt, in der es jederzeit möglich ist, so viel zu essen, wie es uns gefällt. Wunderbar – einerseits. Eine permanente Herausforderung – andererseits. Die Frage nach der richtigen Ernährung hängt eng zusammen mit dem Motiv Essen sowie mit den anderen 15 Lebensmotiven in wichtiger, aber in abgeschwächter Form. Für einige Menschen ist Essen einfach nur eine Art Nahrungsaufnahme, ein Mittel zum Zweck. Für andere ist Essen eines der wichtigsten Lebensmotive. Essen ist für sie Genuss, eine Art Lebenselixier. „Wir sind das, was wir essen", sagt Jean-Anthelme Brillat-Savarin, der durch seine Texte zur Physiologie des Geschmacks berühmt gewordene französische Gastronom des 18. Jahrhunderts.

In einer beschleunigten Welt muss Privates und Berufliches unter einen Hut gebracht werden. Für das Essen und den damit zusammenhängenden Genuss bleibt oft wenig Zeit, um ihnen den Stellenwert einzuräumen, der ihnen gebührt. „Food to go" und Schnellimbisse mögen eine wichtige Komponente unserer heutigen Zeit sein und gehören an manchen Stellen zur gesellschaftlichen Entwicklung. Der Genuss steht hier allerdings meist weniger im Vordergrund.

Genuss ist die stärkste Motivation und dabei gleichzeitig die eher weniger berücksichtigte Komponente, wenn es um die Reduzierung von Gewicht geht. Sie gehören hoffentlich nicht zu den Diätopfern auf dieser Welt, die darauf hereinfallen, dass Gewichtsverlust nur über Entbehrung und Entzug möglich ist und dass jeder Genuss zu Übergewicht führen muss.

Ob jemand zum Beispiel ein Gourmet ist, hängt auch stark davon ab, wie sehr das Motiv Sammeln/Sparen ausgeprägt ist. Der Mensch, dem das Motiv Essen wichtig ist und der gerne Geld ausgibt, wird immer bereit sein, für seinen Nahrungsgenuss mehr zu zahlen. Wenn man dann noch eine gewisse Statusorientierung hat oder ein höheres Motiv Schönheit, wird man gerne Geld für ein gutes Menü in einem besonderen Ambiente und vielleicht auch dem besseren Restaurant ausgeben. Für die Hedonisten ist sogar unser ganzes menschliches Denken und Handeln vom Streben nach dem Schönen und dem Lustvollen bestimmt.

Wenn es uns gelingt, das Motiv Essen clever und positiv zu nutzen, können wir das Gewicht reduzieren und kontrollieren. Was wir lernen und umsetzen müssen, ist ein Gefühl für die Verhältnismäßigkeit und für das, was unseren Geschmack befriedigt. Wenn wir unseren individuellen Geschmack kultivieren, werden wir kaum das Gefühl haben, dass wir etwas entbehren müssen.

Aufgrund unserer Lebenssituation haben wir ein Ernährungsverhalten entwickelt, das nicht gerade das Essen-Motiv befriedigt. Vermutlich ist uns gar nicht bewusst, wie individuell das Essen-Motiv ausgeprägt ist. Deshalb rutschen Menschen auch in die Fress- und Diätfallen. Kurzfristig kommt es aufgrund von Verzicht und Durchhaltevermögen zu einer schnellen Gewichtsreduzierung. Was auf der Strecke bleibt, sind der Genuss und eine wirkliche Veränderung unserer Essmuster. Wenn das Essen-Motiv längere Zeit unterdrückt wird, kommt es zur Rebellion, und die Schokoladentafeln gewinnen den Kampf. Der Jojo-Effekt ist da.

Was ist also zu tun? Wenn Ihnen die Ausprägung Ihres Essen-Motivs bekannt ist, leben Sie Ihre Lust aus und lernen jetzt erst recht die Genüsse des Lebens kennen und schätzen, ohne etwas entbehren zu müssen. Entwickeln Sie gleichzeitig ein Bewusstsein dafür, welche wundervollen Lebensmittel Ihnen die Jahreszeiten zu bieten haben, und lernen Sie dadurch, bislang vorhandene Muster zu verändern. Vielleicht könnte es auch interessant sein, herauszufinden, welche anderen Motive noch dafür verantwortlich sind, dass es für Sie zukünftig leichter sein wird, die bekannten Schemata zu verändern. Mit dem Gedanken an Ihre schlummernden Lebensmotive können Sie Folgendes jedoch sofort umsetzen: Essen Sie Speisen mit einem vollen, natürlichen Geschmack, die ein weit befriedigenderes Esserlebnis gewährleisten, statt Varianten mit künstlichen Geschmacksstoffen zu wählen. Plötzlich erleben Sie das, was Sie wirklich genießen und essen wollen. Sie entwickeln Ihren Gaumen zu einem Gradmesser von Qualität und sensibilisieren Ihre Geschmacksnerven, was für Sie persönlich heißt: „Jetzt habe ich meinen Genuss und mein Motiv Essen befriedigt, und gleichzeitig habe ich meinem Körper gesunde Nahrung zur Verfügung gestellt."

Dreh- und Angelpunkt einer guten Ernährung und damit einer guten Gesundheit ist eine Ausgeglichenheit, die mit einer guten Verdauung verbunden ist. Wenn das Essen bekömmlich zubereitet wird, sorgen Sie damit für eine gute Verdauung und einen funktionstüchtigen Stoffwechsel. Durch qualitativ hochwertige und vor allem regelmäßige und ausgewogene Mahlzeiten, die unser Körper optimal verwerten kann, werden die Vitalität des Körpers und die Lebenskraft gesteigert.

Individuelle Motive und die „Fünf-Elemente-Ernährung" für ein vitales und ausbalanciertes Leben nutzen

Wir spüren sofort, wenn wir aufgrund der Ernährung vital und voller Energie sind statt träge und müde. Eine gute Verdauung stärkt zudem die Abwehrkräfte, fördert die innere Ausgeglichenheit und einen erholsamen Schlaf. Neben der entsprechenden Auswahl und Zubereitung der Speisen ist zum Fluss der Lebensenergie im Körper auch die Auswahl und Zubereitung der Nahrungsmittel unter Berücksichtigung der jeweiligen Auswirkungen auf den menschlichen Organismus zu treffen. Diese Lebensenergie nennen die Chinesen Qi. Wenn das Qi ungehindert durch den Körper fließt, definieren die Chinesen das als Gesundheit.

Die Bausteine unserer Nahrung, die uns in erster Linie satt machen, nähren und Genuss bereiten sollen, haben unterschiedliche Auswirkungen. Vielleicht könnte es deshalb interessant sein, die Erkenntnisse der Traditionellen Chinesischen Medizin (TCM) und die damit verbundene Fünf-Elemente-Ernährung mit zu berücksichtigen. Diese Erkenntnisse betrachten besonders die Individualität des Einzelnen. Eine unmittelbare Verbindung zur individuellen Motivstruktur ist hier deutlich.

Alles wird stets im Ganzen betrachtet. Die übergeordneten Prinzipien des Yin und Yang wirken individuell. Jeder Mensch reagiert anders. Die chinesische Ernährungslehre gewinnt auch in Europa zunehmend an Bedeutung, da durch die Berücksichtigung der „Fünf Elemente" (Holz (sauer), Feuer (bitter), Erde (süß), Metall (scharf) und Wasser (salzig)) das energetische Gleichgewicht hergestellt werden kann.

Dem Erdelement werden die Bausteine zugeordnet, die uns sättigen und nähren, also Fette, Eiweiße und vollwertige Kohlenhydrate. Das Geheimnis der Bekömmlichkeit besteht darin, dass frische und qualitativ hochwertige Lebensmittel der Saison verwendet werden. Zum anderen ist die Zubereitungsart von großer Bedeutung. Um die Nahrungsmittel des Erdelements facettenreich zuzubereiten, werden sie gezielt mit den Zutaten aus den so genannten vier dynamischen Geschmacksrichtungen sauer (Holz), bitter (Feuer), scharf (Metall) und salzig (Wasser) kombiniert. Frische, grüne Kräuter, Zitronensaft und Essig entsprechen beispielsweise dem Holzelement (sauer). Sie liefern dem Körper Enzyme und Vitamine für die Verdauung. Bittere Gewürze und Kräuter wie Thymian, Rosmarin, Kurkuma und Rosenpaprika gehören zum Feuerelement (bitter). Hier wird insbesondere die Fettverdauung unterstützt. Für das Metallelement (scharf) sind vor allem frischer Ingwer, Pfeffer, Meerrettich, Kardamom, Koriander, Nelke oder Kümmel kennzeichnend. Sie bringen den gesamten Stoffwechsel in Schwung. Zum Wasserelement (salzig) zählen Nahrungsmittel, die reich an Mineralien sind und einen hohen Gehalt an natürlichem Meeressalz besitzen.

Die Ernährung nach den Fünf Elementen ist eine Ernährungsweise, die die Sinne befriedigt und dem Körper spürbar wohltut. Sie dient der Erhaltung der Gesundheit, kann aber auch therapeutisch eingesetzt werden. Sie setzt weder den Umstieg auf asiatische Nahrungsmittel noch den Wechsel zu einer vegetarischen Ernährungsweise voraus. Sie ist abgestimmt auf einheimische und saisonale Lebensmittel und die Konstitution des Menschen. Die Ernährung beeinflusst das emotionale Gleichgewicht und eröffnet neue Wege zu mehr Wohlbefinden und Lebensfreude.

Sie ist typgerecht, das heißt sie beachtet, ob ein Mensch eher ein Hitzetyp ist, dem oft zu warm ist, oder ein Kältetyp, der eher friert. Wer ständig friert, der braucht wärmende Lebensmittel, wem ständig zu warm ist, der braucht abkühlende Lebensmittel.

Gekocht wird mit Produkten der Saison, die danach beurteilt werden, wie sie Energien aktivieren, erhalten und erneuern können. Die Bekömmlichkeit der Speisen ist gewährleistet, wenn man weiß, wer was wann in welcher Qualität verträgt.

Die Fünf Elemente haben Entsprechungen: eine Farbe, einen Geschmack, eine Jahreszeit, eine Emotion. Alle Lebensmittel lassen sich über ihren Geschmack einem Element zuordnen. Außerdem ist bekannt, ob ein Lebensmittel eine kühlende oder wärmende Wirkung hat.

Der Frühling entspricht dem Holz, der Sommer dem Feuer. Die Erde ist dem Spätsommer zugeordnet, der Zeit der Ernte. Die Jahreszeit des Metalls ist der Herbst. Der Winter mit seiner Kälte und seinem Schnee gehört zum Wasser.

Nicht selten führt eine Ernährungsumstellung dazu, dass der verlorengegangene Lebensrhythmus wiedergefunden wird und das Leben eine neue Dynamik erhält. Eine Ernährungsberatung auf dieser Grundlage stellt die Weichen für eine bekömmliche und genussreiche Speisefolge, die Ihren persönlichen Vorlieben und Ihrer individuellen Lebenssituation entspricht.

Denken Sie zudem daran, dass Sie mehr trinken, als Sie es bisher Tag für Tag getan haben. Zwei Liter reines Wasser wären schon gut, drei noch besser – für Sportler immer je nach der Intensität der Belastung und der Belastungsdauer einige Liter mehr. Reines Wasser ist hier am besten für den Organismus. Sofern Ihre Ernährung ausgewogen ist, Sie fünfmal am Tag Obst und Gemüse essen, auf leichte fettarme Kost achten, weniger Kohlenhydrate und mehr hochwertige Eiweiße zu sich nehmen, wird Ihr Wohlbefinden sich deutlich steigern. Wir empfehlen Ihnen auch, einmal eine professionelle Metabolic-Balance-Blutanalyse zur Bestimmung Ihres Ernährungstyps durchzuführen. So bekommen Sie Antworten darauf, wie Ihr persönlicher Ernährungsplan in Bezug auf die tägliche Aufnahme von Fett, Kohlenhydraten und Eiweiß auszusehen hat.

Wenn Sie möchten, bekommen Sie von uns eine individuelle Unterstützung bei:

* Gewichtsproblemen
* Verdauungsstörungen

- Gesundheitlichen Beschwerden insgesamt
- Erschöpfung, Konzentrationsmangel und Lustlosigkeit

Die „Fünf-Elemente-Ernährung" ist zusätzlich unterstützend:

- zur Befriedigung des individuellen Essen-Motivs
- als Vorbeugung und Stärkung der Gesundheit
- zur Verbesserung der individuellen Abwehrkräfte
- für diejenigen, die ein ganzheitliches und bewährtes Ernährungsprinzip anwenden möchten

Lebensmotive und Veränderungen im Alter

Die Normstichprobe zeigt nach bisherigen Forschungsergebnissen altersabhängige Effekte auf sechs der 16 Reiss-Profile-Lebensmotive. Bei allen sechs – Rache/Kampf, Körperliche Aktivität, Erotik, Status, Macht und Ziel-/Zweckorientierung – nahm die jeweilige Ausprägung mit zunehmendem Alter ab.

Die emotionale Ruhe verstärkt sich jedoch aus unserer praktischen Erfahrung mit zunehmendem Alter oder in wirtschaftlich schwierigen Zeiten. Wenn bestimmte wichtige Lebensmotive nicht gelebt werden können oder wegbrechen, wird ein Mensch immer ängstlicher und unsicherer. Gerade bei älteren Menschen ist dies zu beobachten. Denn viele sind mehr und mehr auf Hilfe angewiesen, verlieren ihre Unabhängigkeit, sind nicht mehr so leistungsfähig, können anderen Menschen nicht mehr so helfen, bekommen weniger Lob und Anerkennung, sind viel mehr allein, der Körper wird schwächer, die Hirnleistungen lassen nach, der Alltag und die Technik verändern sich. Viele fühlen sich dann überfordert, sind unsicher und werden ängstlicher, da vieles eben nicht mehr so ist, wie sie es gewohnt waren. In allen 16 Lebensmotiven merken ältere Menschen, dass sie ihr Optimum nicht mehr erreichen. Wenn dies mehr und mehr bewusst wird, verstärken sich die negativen Emotionen. Andere ältere Menschen werden zitterig und vergesslich, was wiederum nicht gut für die Kontrolle der Persönlichkeit ist. Es ist schwieriger, sein Ordnungsmotiv zu leben, das Beziehungs- und Neugiermotiv, die Erotik kommt den Wünschen nicht mehr nach, das Motiv Essen sowie das Tag für Tag wichtige Trinken werden mehr und mehr vernachlässigt.

Wenn sich ältere Menschen ihrer wichtigsten Lebensmotive bewusst werden, können Sie frühzeitig Ausgleiche schaffen, was wiederum ein Mehr an Lebensqualität und innerer Zufriedenheit sowie Gesundheit körperlicher und geistiger Art mit sich bringt.

Einsatz und Nutzen des Reiss Profile in der Kurzübersicht .

Erziehung und Partnerschaft

Eltern erleben die Lebensmotive anders als ihre Kinder. Und Ehefrauen erleben die Lebensmotive anders als ihre Ehemänner. Laut der Theorie der 16 Lebensmotive ist Sex für einige Menschen zum Beispiel ein wesentlich genussvolleres Erlebnis als für andere. Dem vergleichbar bietet die Elternschaft für manche Menschen ein erheblich größeres Potenzial für Freude als für andere.

Da wir die Intensität des Genusses und der Freude, die andere Menschen für Sex oder Elternschaft empfinden, nicht nachempfinden können, erkennen wir gelegentlich nicht das Ausmaß, in dem diese Bedürfnisse andere Menschen motivieren oder nicht motivieren. Wir neigen dazu, misszuverstehen, warum manche Menschen auf Sex oder Elternschaft anders reagieren als wir selbst, weil wir nicht erkennen, wie die Unterschiede zwischen uns in unterschiedlich intensivem Genussempfinden resultieren. Zudem wird von Menschen sehr schnell das Verhalten eines anderen kritisiert oder verurteilt. Ein Konflikt ist über kurz oder lang vorprogrammiert. Das Reiss Profile schafft hier Klarheit und Abhilfe.

Personalauswahl

Das Reiss Profile unterstützt Sie gezielt in der Erkenntnis von Potenzialen bei der Auswahl von Bewerbern und bei der Karrieregestaltung der Mitarbeiter. Mit Hilfe des Reiss Profile lassen sich präzise Anforderungsprofile für alle Positionen erstellen. Die Analyseverfahren aus dem Reiss Profile bieten Ihnen eine wirksame Unterstützung bei der effektiven Positionierung der richtigen Personen an den richtigen Stellen im Unternehmen und der spezifischen Abstimmung von Anforderungen an das Leistungsvermögen. Hierdurch haben unsere bisherigen Kunden ihre Assessment Center neu ausgerichtet.

Personalentwicklung

Das Reiss Profile bietet Ihnen eine präzise Grundlage für die Erstellung von wirklich individuellen und maßgeschneiderten Personalentwicklungsprogrammen. Die Motivanalyse des Reiss Profile bildet eine ideale Ausgangsbasis für die Situationsbestimmung, die Entwicklung von Trainings- und Coaching-Programmen sowie für ein modernes wirkungsvolles Bildungscontrolling.

Individuelle Potenziale erkennen und fördern

Das Reiss Profile ist das zurzeit modernste und genaueste Instrument, um individuelles Verhalten zu messen. Es ermöglicht eine genaue Betrachtung in Richtung Selbstreflexion und Selbsterkenntnis, um darauf aufbauend das eigene Potenzial weiterzuentwickeln und das eigene Verhalten zu flexibilisieren. Das Reiss Profile hilft Ihnen bei der Bewusstwerdung von eigenen Verhaltensstrategien und der Entwicklung von neuen Verhaltensoptionen. Diese Analysemethode unterstützt die Weiterentwicklung von individuellen Ressourcen und Talenten sowie die Entwicklung einer integrierten und ganzheitlichen natürlichen Persönlichkeit.

Führung

Das Reiss Profile unterstützt Sie bei der Entwicklung eines individuell adäquaten Beziehungsmanagements von Führungskräften und Mitarbeitern. Führungskräfte werden für ihre Präferenzen und Defizite in der Beziehungsgestaltung zu ihren Mitarbeitern sensibilisiert. Das Reiss Profile hilft Ihnen bei der Ausformung eines gleichermaßen situations- wie personengerechten Führungsstils. Effektivität und Effizienz des Führungsverhaltens werden nachhaltig gesteigert, wenn die Managementkräfte bereit sind, an sich dauerhaft und mitarbeiterbezogen zu arbeiten.

Kommunikation im Team, Teamentwicklung und Projektmanagement

Das Reiss Profile fördert das eigene Verständnis für unterschiedliche Präferenzen und Neigungen in Teams. Es ermöglicht Ihnen eine hohe Transparenz bezüglich der Zusammensetzung eines Teams und zeigt Ihnen Möglichkeiten auf, um effektive emotionale und kommunikative Kooperation zu erreichen. Im Prozess ergeben sich Synergien, und es entsteht ein Verständnis füreinander, das Sie so bisher nicht kennen gelernt haben. Teams können ganz gezielt auf die Aufgaben, Anforderungen und Rahmenbedingungen hin zusammengesetzt werden. Neu ist, dass neben den fachlichen Qualifikationen die Teams auch nach ihrer persönlichen emotionalen Passung aufgebaut werden. Denn die meisten Projekte kommen ins Schleudern oder scheitern, weil die Menschen in den Teams unter emotionalem Druck nicht zueinander passen oder die Aufgaben nicht richtig verteilt wurden.

Marketing, Werbung und Kommunikation

Das Reiss Profile bringt einen hohen Nutzen in Bezug auf Zielgruppenanalysen für Werbestrategien und Produktentwicklungen. Denn je besser ich weiß, was meine Zielgruppe motiviert und innerlich antreibt, desto besser kann ich die Produkte, Konzepte, Marketingmaßnahmen beziehungsweise den Marketingmix auf die Zielgruppe individuell konzipieren. Somit würden Millionen von Euro an Kosten einzusparen sein, die vorhandenen Ressourcen besser genutzt und die Gewinne und der individuelle Nutzen erhöht. Der Kunde, die Agenturen und die Hersteller würden hier gleichermaßen profitieren. Marketing und Kommunikation müssen mehr denn je ganzheitlich verstanden werden. Grundlage für eine innovative und kundenorientierte Arbeit sind Motive und Werte, vernetztes Denken, kreative Klasse, Wirksamkeit, Leidenschaft und Menschen, die die Kundenanforderungen verstehen und kreativ umsetzen können. Unter Einsatz der Erkenntnisse aus den 16 Lebensmotiven arbeitet zum Beispiel die Agentur Imagepeople aus Essen um Inhaber Thorsten Herbrand erfolgreich mit Topkonzernen und mittelständischen Unternehmen zusammen.

Auch die Hamburger Werbeagentur Jung von Matt überrascht die Branche und ihre Kunden immer wieder mit innovativen Konzepten. Was ist deren Erfolgskonzept, mit dem sie sich über mittlerweile 18 Jahre im Markt so etabliert hat, dass sie seit vielen Jahren zu den Top-Werbeagenturen in Deutschland gehört? Oder die Agentur Avantgarde aus München, die unter dem Slogan „Hot, Hotter, Hottest" immer wieder im Markt mit sehr erfolgreichen Promotionsaktionen glänzt. Mit den Erkenntnissen des Reiss Profile würden Slogans, Werbebotschaften, die Kommunikation und die Werbefilme mehr die Bedürfnisse der Kunden ansprechen, zudem stärker emotionalisieren und dauerhafter im Gedächtnis bleiben. Die Firma Froebus hebt sich auch immer wieder in ihrem Bereich mit sehr innovativen Konzepten und Strategien im Bereich Litho, Druckvorstufe und Druck in einem hart umkämpften Markt ab. Individuelle Reiss-Profile-Motivprofile, mutige Strategien und Führungspersönlichkeiten sind hier seit vielen Jahren die entscheidenden Erfolgsgaranten.

Organisationsentwicklung

Der Einsatz des Reiss Profile in komplexen Veränderungsprozessen, ob Merger oder im normalen Businessalltag, hilft, die Dynamik und Kultur einer Organisation besser zu verstehen. Gezielte individuelle Interventionen bei der Begleitung von Veränderungsprozessen ermöglichen Ihnen eine erfolgreichere und von hoher Akzeptanz getragene Umsetzung. Im Bereich Outplacement-Beratung hat das Unternehmen Mentauris GmbH um Geschäftsführer Matthias Stadel als erstes Outplacement-Unternehmen in Deutschland sehr erfahrene Reiss-Profile-Master ausgewählt, die als Coaches Menschen in Outplacement-Programmen sehr individuell für einen möglichst schnellen Berufswiedereinstieg begleiten.

Verkauf

Beziehungen aufbauen und pflegen ist der Schlüssel zum ehrlichen und dauerhaften Verkaufserfolg. Das Reiss Profile hilft Ihnen, die entscheidenden Erfolgsfaktoren im Verkauf speziell für Ihr Business zu bestimmen, denn in jeder Branche gibt es im Verkauf eigene Gesetze und besondere Vorgehensweisen. Die Persönlichkeit des Kunden, die Persönlichkeit des Verkäufers und die Beziehung zwischen Käufer und Verkäufer werden in speziellen Maßnahmen gezielt analysiert. Mit der Arbeit des Reiss Profile können sich Ihre Verkäufer verstärkt zum modernen Beziehungsmanager entwickeln, und die individuellere Vorgehensweise Ihrer Sales-Mannschaft garantiert, dass Ihre Verkaufsstrategien noch gezielter auf die Bedürfnisse ihrer Kunden abgestimmt sind.

Kindererziehung und Studium, Berufsauswahl und Berufsentwicklung

Anhand der Ergebnisse aus dem Reiss Profile und den 16 Persönlichkeitskategorien lassen sich gezielte Rückschlüsse auf die Fähigkeiten des Jugendlichen oder jungen Erwachsenen in Bezug auf berufsrelevante Kompetenzen ableiten. Passt der wissenschaftlich analytische, passt der kreative gestalterische Job, passt ein Job vor dem PC mit sitzendem Schwerpunkt oder mehr der aktive menschen- und kommunikationsorientierte Job? Dies und vieles mehr lässt sich schon in frühen Jahren mit Hilfe des Reiss Profile abbilden. Damit können Sie die richtigen Entscheidungen treffen, gerade in einer Zeit, in der die Kinder und Jugendlichen noch stark beeinflusst sind von den Entscheidungen der Eltern. So können Eltern, Berufsberater und andere sich auf eine sichere Entscheidungsgrundlage stützen, die individuell zum Schüler, Jugendlichen oder Studenten passt. Denn was ein Mensch gerne macht, macht er immer gut und ausdauernd. Dies wird letztendlich zum Erfolg und zur Zufriedenheit führen.

Da Werte und Motive intrinsisch schon beim Kind verankert sind, kann ab einem Alter von zwölf Jahren mit dem Reiss Profile gearbeitet werden. In jüngeren Jahren analysieren wir, ohne dass wir das Kind den Test bearbeiten lassen, und schauen aufgrund der gezeigten Verhaltensweisen, was Ihrem Sohn oder Ihrer Tochter gut tut und im Umfeld passen sollte, damit sich Ihr Kind möglichst gut entwickeln kann.

Im Bereich des Studiums und der Karriereplanung sowie der Karriereorientierung arbeitet als erste Universität in Deutschland die Sporthochschule Köln erfolgreich im Career Service mit dem Reiss Profile und dem BIP (Bochumer Inventar zur berufsbezogenen Persönlichkeitsbeschreibung) zusammen, um junge Menschen schon frühzeitig auf ihrem Erfolgsweg und bei den entscheidenden Weichenstellungen für den späteren Berufseinstieg zu unterstützen.

Die professionell von Step4ward und Alexander Reyss ausgebildeten Mitarbeiter des Career Service an der Sporthochschule Köln verfügen über eine sehr gute Grundlagenausbildung im Bereich Pädagogik und Psychologie sowie über eine Trainer- und Coaching-Ausbildung. Dieses Angebot einer wertschätzenden und individuellen Beratung wird von den Studenten stark und begeistert angenommen.

Wertearbeit mit dem Reiss Profile und der wingwave-Methode

wingwave-Coaching in Verbindung mit dem Reiss Profile ist ein Kurzzeit-Coaching-Konzept, das bei Führungskräften, Managern, Kreativen und Sportlern eingesetzt wird. Unter anderem wurde wingwave während der Handball-Weltmeisterschaft 2006 mit der Deutschen Nationalmannschaft angewendet.

Günter Klein ist einer der erfahrensten wingwave-Coaches in der Zusammenarbeit mit Sportlern. Das Besser-Siegmund-Institut in Hamburg, vertreten durch Frau Cora und Herrn Harry Besser-Siegmund, bildet professionell in vier Tagen zum wingwave-Coach aus.

Denn sehr viele Menschen fühlen sich nach dem Kennenlernen ihres persönlichen Reiss Profile motiviert, ihren Leistungs- und Lebenskontext für die Erfüllung ihrer Lebensmotive zügig zu optimieren. Ein zielgerichtetes Ressourcen-Coaching vermag in dieser Situation für eine zeitnahe Umsetzung der Erkenntnisse zu sorgen. Hierbei kann wingwave eine gute ergänzende Unterstützung sein.

wingwave bezieht sich auf folgende Coaching-Bereiche:

1. Regulation von Leistungsstress

Effektiver Stressausgleich bei sozialen Spannungsfeldern im Team oder mit Kunden, Rampenlicht-Stress, Nackenschlägen auf dem Weg zum Ziel, Flugangst oder körperlichem Stress wie zum Beispiel Schlafmangel: Sie fühlen sich durch die rasche Stabilisierung Ihrer inneren Balance schnell wieder energievoll, innerlich ruhig und konfliktstark.

2. Ressourcen-Coaching

Hier setzen wir die Interventionen für Erfolgsthemen wie Kreativitätssteigerung, Selbstbild-Coaching, überzeugende Ausstrahlung, positive Selbstmotivation, die Stärkung des inneren Teams, Ziel-Visualisierung und die mentale Vorbereitung auf die Spitzenleistung ein – wie beispielsweise einen wichtigen Bühnen-Auftritt oder einen Sportwettkampf (in vivo-Coaching).

3. Belief-Coaching

Leistungseinschränkende Glaubenssätze werden bewusst gemacht und in Ressource-Beliefs verwandelt. Von besonderer Bedeutung ist hier das Auffinden von Euphorie-Fallen im subjektiven Erleben, welche langfristig die innere Welt allzu erschütterbar machen könnten. Das Ziel ist eine emotional stabile Belief-Basis sowie persönliche Glaubenssätze, die auch anspruchsvollen mentalen Belastungen standhalten.

wingwave ist ein geschütztes Verfahren des Besser-Siegmund Instituts in Hamburg. Es ist keine Psychotherapie und kann sie nicht ersetzen. Voraussetzung bei den Klienten / Kunden ist – wie auch sonst beim Coaching üblich – eine normale psychische und physische Belastbarkeit.

Themen für die Kombination von wingwave mit dem Reiss Profile können sein:

* Ressourcenaktivierung für einen zielführenden Veränderungsprozess
* Reduktion von Leistungsstress und Stärkung von Konfliktstabilität für eine optimale Persönlichkeitsentfaltung

- konkurrierende Motive zu einer inneren „Motiv-Balance" führen („Stärkung des inneren Teams")
- Veränderung von sehr dominant oder sehr wenig ausgeprägten Lebensmotiven mit Wertemanagement und Glaubenssatz-Arbeit
- Erlangung von Spitzenform und dauerhaft hohen Leistungen

Mehr Informationen zu wingwave: www.wingwave.com

Transzendentale Meditation und Lebensmotive

Auch die Meditationsarbeit bei Bettina Winde (www.bettina-winde.de) bietet eine hervorragende Ergänzung zur Arbeit mit den eigenen Lebensmotiven. Denn tiefe Ruhe und die Lösung von Verspannungen und Blockaden sind der Schlüssel für alle positiven Resultate der transzendentalen Meditation. Mehr Energie, Lebensfreude, Harmonie, Ausgeglichenheit, körperliches Wohlbefinden und geistige Klarheit sind nur einige der bekannten Wirkungen. Doch der größte Gewinn ist letztlich die Selbstfindung, die direkte Erfahrung des innersten Wesenskerns. Daraus entwickeln sich innere Freiheit, geistige Unabhängigkeit, natürliches Selbstvertrauen und klare Intuition. Gerade Menschen mit einem hohen Streben nach emotionaler Ruhe beziehungsweise Menschen, die ein stressiges Leben haben (Künstler, Schauspieler, Sportler, Manager, Mütter etc.), empfehlen wir Meditation.

Lebensmotive und Leistungssport

Immer mehr Leistungssportler, Sport-Profis und ambitionierte Hobby-Sportler nutzen die leistungsstabilisierenden und leistungssteigernden Möglichkeiten eines Sportpsychologen oder Mentalcoachs, zunehmend auch diejenigen, die mit dem Reiss Profile professionell und wertschätzend arbeiten. Die vielfältigen in der Presse erwähnten Erfolge, wie auch die noch bedeutenderen Erfolge, die ohne Bekanntgabe an die Medien gemacht wurden und werden, geben unserer Arbeit und der unserer Kollegen, die sämtlich mit dem Reiss Profile und anderen Methoden arbeiten, Recht: Denn Sportler möchten im entscheidenden Moment besser sein als ihre Gegner oder Gegnerinnen.

NLP-Sport-Mental-Coaching und wingwave mit Unterstützung des Reiss Profile geben unter anderem Antworten und Lösungen für folgende Fragen:

- Wie kann ich mich optimal unter emotionalem Höchstdruck konzentrieren?

- Wie kann ich meine positiven wie negativen Emotionen „regulieren"?
- Wie bekomme ich meine Nervosität in Griff?
- Wie kann ich mich selbst motivieren?
- Warum gewinne ich im Training gegen bestimmte Gegner, auch bei normalen Wettkämpfen, jedoch bei Weltmeisterschaften etc. verliere ich? Was kann ich dagegen tun?
- Wie gehe ich mit der Gefahr von Verletzungen um?
- Warum verletze ich mich auf einmal immer wieder?
- Welcher Verein, welcher Trainer und welcher Sponsor passen zu mir, sodass meine individuellen Leistungen optimal unterstützt werden?
- Was ist nötig, damit meine Verletzungen auch mental schnell verarbeitet werden und mich nicht blockieren?

Sport-Mentaltraining unterstützt die Sportler und Trainer, um im richtigen Moment die Leistungen abzurufen, die entscheidend sind für den sportlichen Erfolg. Auf gleichem Leistungsniveau entscheiden zu 90 Prozent der Kopf und die psychische Stabilität eines Sportlers und des unterstützenden Teams über Sieg oder Niederlage.

Mit der Reiss-Profile-Methode werden Sport-Trainer/innen und Betreuer zu Reiss-Profile-Mastern ausgebildet, um im Alltag und im Wettkampf ihre Sportler/innen individuell und situativ passend unterstützen zu können. Die Reiss-Profile-Master-Ausbildung Sport dauert vier Tage und richtet sich an alle Psychologen und Trainer aus dem Leistungssportumfeld.

Das Reiss Profile als individueller Fragebogen ist in Deutschland ein Lizenzprodukt der Reiss Profile Europe und der Reiss Profile Germany. Alle ausgebildeten Reiss-Profile-Instruktoren/Ausbilder und Reiss-Profile-Master sind selbstständige und eigenverantwortlich handelnde Lizenznehmer der Reiss Profile Europe. Die Reiss Profile Europe besteht aus den Herren John Delnoy, Thomas Staller und Peter Boltersdorf (www.reissprofile.eu).

Zudem wird beim Step4ward-Ausbildungsinstitut für das Reiss Profile in Personalentwicklung und Leistungssport eine zusätzliche professionelle Coachingausbildung angeboten (www.reiss-profile.de).

Der Weg zu Ihrem persönlichen Reiss Profile, zur Reiss-Profile-Ausbildung und zu Weiterbildungen rund um das Reiss Profile

Bei persönlichem Interesse an einer unverbindlichen Beratung rund um das Thema „Kraftquellen des Erfolgs" und das Reiss Profile sowie Ihrem individuellen Reiss Profile einschließlich persönlichem zwei- bis dreistündigem Auswertungsgespräch, der Reiss-Profile-Master-Ausbildung und diversen interessanten und aktuellen Aus- und Weiterbildungen wenden Sie sich bitte an die Autoren:

www.kraftquellen-des-erfolgs.de

Zu den Autoren

Alexander Reyss (geb. 1970), Dipl.-Ingenieur mit kaufmännischem Schwerpunkt, ist Inhaber des Step4ward-Ausbildungsinstituts für das Reiss Profile in Personalentwicklung und Leistungssport in Köln. Mehrere Jahre lang war er in leitender Funktion eines Pharma-Großkonzerns als Personalmanager und Coach im Bereich Management und Verkauf tätig. Als ehemaliger Top-Leistungssportler, Nationalspieler, mehrfacher deutscher Meister und Bun-

desligaspieler ist er einer der ersten und erfahrensten Reiss-Profile-Master und Reiss-Profile-Master-Ausbilder in Deutschland sowie wingwave-Coach. Er begleitet junge Menschen in der Berufswahl und Karriereentwicklung, berät erfolgreich Unternehmen, Unternehmer, Manager, Schauspieler, Künstler und trainiert und fördert individuell Menschen und Teams aus dem beruflichen und dem privaten Umfeld sowie dem Profi- und Leistungssport.
Kontakt: **www.reiss-profile.de** und **www.kraftquellen-des-erfolgs.de**

Dipl.-Pädagoge **Thomas Birkhahn** (geb. 1961) ist nach mehrjähriger Tätigkeit als FH-Dozent und Vorstand einer Aktiengesellschaft mit den Themen der Personalentwicklung und der Organisationsberatung in vielen Branchen der Industrie, der Wirtschaft und des Handels vertraut. Als Systemischer Coach, NLP-Trainer und zertifizierter Reiss-Profile-Master begleitet er Menschen und Organisationen bei Neuorientierung und Veränderungsprozessen. Thomas Birkhahn ist Geschäftsführer von birkhahn & partner und lebt in Hamburg.
Kontakt: **www.birkhahnpartner.de**

Zum Diskussionsforum der Autoren: **www.mankau-verlag.de**

Literatur

Auhagen, A. E. (Hrsg.) (2004): Positive Psychologie. Anleitung zum „besseren" Leben. Beltz Verlag

Badura, B. (2008): Sozialkapital. Grundlagen von Gesundheit und Unternehmenserfolg. Springer

Bandler, R., Grinder, J. (1998): Metasprache und Psychotherapie – Die Struktur der Magie I. Junfermann Verlag

Bandura, A. (1994): Lernen am Modell. Ansätze zu einer sozial-kognitiven Lerntheorie. Klett-Cotta

Becker, M. (2002): Personalentwicklung. Bildung, Förderung und Organisationsentwicklung in Theorie und Praxis. 3. Aufl. Schäffer-Poeschel Verlag

Bengel (1999) in: Dollinger, B., Raithel, J. (Hrsg.) (2006): Aktivierende Sozialpädagogik. Ein kritisches Glossar. S. 44. Vs-Verlag

Böschemeyer, U. (2008): Worauf es ankommt. Werte als Wegweiser. Piper

Bowi, U. (1990): Der Einfluss von Motiven auf Zielsetzung und Zielrealisation. Unveröffentlichte Dissertation. Psychologisches Institut der Ruprecht-Karls-Universität Heidelberg

Brandstädter, J. (2007): Das flexible Selbst. Selbstentwicklung zwischen Zielbindung und Ablösung. Spektrum Akademischer Verlag

Comelli, G., von Rosenstiel, L. (2003): Führung durch Motivation. Mitarbeiter durch Organisationsziele gewinnen. 3. Aufl. Verlag Vahlen

Csikszentmihályi, M. (2005): Flow. Das Geheimnis des Glücks. 12. Aufl. Klett-Cotta

Dahlke, R., Dethlefsen, Th. (1990): Krankheit als Weg. Goldmann

Damasio, A. (2001): Ich fühle, also bin ich. Die Entschlüsselung des Bewusstseins. List

Dennert, P. (2008): Selbstwirksamkeit im Unternehmen. Das Konzept der Selbstwirksamkeit von A. Bandura auf den betrieblichen Kontext angewendet. Grin Verlag

Dilts, R. (1993): Die Veränderungen von Glaubenssystemen. Junfermann

Edelmann, W. (1986): Lernpsychologie. Eine Einführung. Psychologie Verlags Union

Ehrenberg, A. (2004): Das erschöpfte Selbst. Depression und Gesellschaft in der Gegenwart. Campus

Elflein, P. (2000): Sportpädagogik und Sportdidaktik. Schneider Verlag

Erpenbeck, J., von Rosenstiel, L. (2003): Handbuch Kompetenzmessung. Erkennen, Verstehen und Bewerten von Kompetenzen in der betrieblichen und psychologischen Praxis. Schäffer-Poeschel Verlag

Franz (1992) in: Chall, L. (1993): Sociological abstracts, Band 41, Ausgabe 5–6, American Sociological Association Ed. Jill Blaeney. Vol. 1–47. Bethesda, CSA

Freud, S. (1951): Psychopathology of everyday life. New York: New American Library

Fromm, E. (2005): Die Kraft der Liebe. Diogenes

Goleman, D. (1997): Emotionale Intelligenz. dtv

Greiner, B. A. (1998) in: Ulich, E., Wülser, M. (2008): Gesundheitsmanagement im Unternehmen. Arbeitspsychologische Perspektiven. S. 44. Gabler

Groeben, N. (1986): Handeln, Tun, Verhalten als Einheiten einer verstehend-erklärenden Psychologie. Narr Francke Attempo

Grossmann, R., Scala, K. (1996): Gesundheit durch Projekte fördern. Ein Konzept zur Gesundheitsförderung durch Organisationsentwicklung und Projektmanagement. Juventa

Grün, A. (2006): Mit Anselm Grün zur inneren Balance finden. Herder

Grün, A. (2007): Buch der Antworten. Antworten auf die Königsfragen des Lebens. Herder

Grünewald, S. (2006): Deutschland auf der Couch. Campus

Guiliano, M. (2008): Warum französische Frauen nicht dick werden. Das Geheimnis genussvollen Essens. Berliner Taschenbuch Verlag

Haberzettl, M. (2001): Kommunizieren und Motivieren. Top-Tools für die Gesprächsführung. Financial Times Deutschland

Haberzettl, M., Birkhahn, T. (2004): Moderation und Training. Ein praxisorientiertes Handbuch. Verlag C.H. Beck

Hansch, D. (2006): Erfolgsprinzip Persönlichkeit. Springer

Heckhausen, H. (1980): Motivation und Handeln. Springer

Heckhausen, H. (1996): Enzyklopädie der Psychologie, Bd. 4. Motivation, Volition und Handlung. Hogrefe

Heckhausen, H. (2009): Motivation und Handeln. Springer

Hilmer, J. (1995): Studien zur bildungsorientierten Didaktik von Bewegung – Spiel – Sport mit Beiträgen von Peter Elflein. Schneider Verlag

Höller, J. (2002): Sprenge Deine Grenzen. Econ

Horx, M. (2005): Wie wir leben werden. Unsere Zukunft beginnt jetzt. Campus

Hüther, G. (2005): Bedienungsanleitung für ein menschliches Gehirn. Vandenhoeck & Ruprecht

King, B., Tomlin, D., Anen, C., Camerer, F., Quartz, R. und Montague, P. R. (1995): Getting to know you: reputation and trust in a two-person economic exchange. Science, 308. S. 78 – 82

Klinkhardt, D. (1999): Lehrbuch der Psycho-Kinesiologie. Ein neuer Weg in der psychosomatischen Medizin. Verlag Hermann Bauer

Kohn, A. (1990): Punished by rewards. Boston: Houghton Mifflin Company

Kuhl, J. (1983): Motivation, Konflikt und Handlungskontrolle. Springer

Kuhl, J. (2001): Motivation und Persönlichkeit. Interaktionen psychischer Systeme. Hogrefe

LeDoux, J. (2006): Das Netz der Persönlichkeit. Wie unser Selbst entsteht. dtv

Lewin, K. (1926): Vorsatz, Wille und Bedürfnis – Untersuchungen zur Handlungs- und Affekt-Psychologie. Psychologische Forschung, 4. S. 1 – 39

Lindemann, H. (1974): Überleben im Stress. Der erfolgreiche Weg zu Entspannung, Gesundheit und Leistungssteigerung. Heyne Verlag

Lorenz, K. (1973): Die Rückseite des Spiegels. Versuch einer Naturgeschichte menschlichen Erlebens. dtv

Luhmann, N. (2005): Einführung in die Theorie der Gesellschaft. Carl-Auer Verlag

McClelland, D. (1984): Macht als Motiv. Entwicklungswandel und Ausdrucksformen. Klett-Cotta

McClelland, D. (1995): Die Leistungsgesellschaft. Kohlhammer

Malik, F. (2001): Führen, Leisten, Leben. Heyne

Maturana, H. R., Varela, F. J. (1984): Der Baum der Erkenntnis. Die biologischen Wurzeln menschlichen Erkennens. Goldmann

Ötsch, W., Stahl, T. (1997): Das Wörterbuch des NLP. Junfermann

Petzold, H.-G. (2001): Wille und Wollen. Psychologische Modelle und Konzepte. Vandenhoeck & Ruprecht

Pervin, L.(1993): Persönlichkeitstheorien. UTB

Precht, R. (2007): Wer bin ich – und wenn ja, wie viele? Eine Philosophische Reise. Goldmann Verlag

Reiss, S. (2000): Who Am I?. Tarchner/Putnam

Reiss, S. (2008): The Normal Personality. Cambridge Press

Reiss, S. (2009): Wer bin ich und was will ich wirklich? Mit dem Reiss-Profil die 16 Lebensmotive erkennen und nutzen. Redline

Reiss Profile Europe B.V. und Reiss Profile Germany (2007, 2008, 2009): Unterlagen, Grafiken und Texte

Rheinberg, F. (2000): Motivation. Kohlhammer

Roth, G. (1996): Das Gehirn und seine Wirklichkeit. Kognitive Neurobiologie und ihre philosophischen Konsequenzen. Suhrkamp

Roth, G. (2001): Fühlen, Denken, Handeln. Wie das Gehirn unser Verhalten steuert. Suhrkamp.

Roth, G. (2008): Persönlichkeit, Entscheidung und Verhalten. Warum es so schwierig ist, sich und andere zu ändern. 4. Aufl. Klett-Cotta

Schmid, W. (2000): Philosophie der Lebenskunst. Eine Grundlegung. Suhrkamp

Schmid, W. (2005): Schönes Leben?. Einführung in die Lebenskunst. Suhrkamp

Schmid, W. (2005): Die Kunst der Balance. 100 Facetten der Lebenskunst. Insel Taschenbuch 3120

Schmid, W. (2007): Mit sich selbst befreundet sein. Von der Lebenskunst mit sich selbst. Suhrkamp

Schmidt, G. (2004): Liebesaffären zwischen Problem und Lösung. Hypnosystemisches Arbeiten in schwierigen Kontexten. Carl-Auer Verlag

Schneider, K., Schmalt, H.-D. (1999): Motivation. Kohlhammer

Schnell, D. (2007): Stressabbau durch Lebensfreude. Das Modell der Salutogenese von Antonovsky. Grin Verlag

Siebert, H. (2000): Didaktisches Handeln in der Erwachsenenbildung. Didaktik aus konstruktivistischer Sicht. Ziel

Siebert, H. (2008): Konstruktivistisch lehren und lernen. Grundlagen der Weiterbildung. Ziel Verlag

Siegrist, J., Marmot, M. (2008): Soziale Ungleichheit und Gesundheit. Erklärungsansätze und gesundheitspolitische Folgerungen. Huber

Siegrist, J., Möller-Leimkühler, A. M. (1998) in: Dragano, N. (2007): Arbeit, Stress und krankheitsbedingte Frührenten. Zusammenhänge aus theoretischer und empirischer Sicht. Vs-Verlag

Spitzer, M. (2007): Lernen. Gehirnforschung und die Schule des Lebens. Spektrum Akademischer Verlag

Sprenger, R. (2007): Mythos Motivation. Wege aus einer Sackgasse. Campus

Sprenger, R. (2007): Das Prinzip Selbstverantwortung. Wege zur Motivation. Campus

Udris, J. (1996): Psychologie und Arbeit. Arbeitspsychologie im Dialog. Beltz PVU

Von Foerster, H., Pörksen, B. (2001): Wahrheit ist die Erfindung eines Lügners. Gespräche für Skeptiker. Carl-Auer-Systeme Verlag

Von Hentig, H. (1996): Bildung. Hanser

Walker, W. (2000): Abenteuer Kommunikation. Klett-Cotta

Watzlawick, P., Weakland, J., Fisch, R. (1992): Lösungen. Zur Theorie und Praxis menschlichen Wandels. Verlag Hans Huber

Weinberger, J., McClelland, D. in: Vollmeyer, R., Brunstein, J. C. (Hrsg.) (2005): Motivationspsychologie und ihre Anwendung. Kohlhammer

Weischedel, W. (2008): Die philosophische Hintertreppe. Nymphenburger

White, R. W. (1959): Motivation reconsidered: The concept of competence. Psychological Review, 66. S. 297 – 333

Detlef Rathmer
7 Wege zu Dir selbst
Lebenskunst für den Alltag

ISBN 978-3-938396-23-0

„Ein inspirierendes Buch, das sich als Wegbegleiter in den unterschiedlichsten Lebenslagen bewährt."
 büchermenschen

„(...) Auf sieben einfachen, aber sehr effektiven Wegen kannst du mit ihm zusammen eine spannende Reise antreten, deren Ziel DU selbst bist."
 Wege

Doris Kirch
Handbuch Stressbewältigung
Lernen Sie in fünf Schritten, den Tiger zu zähmen

ISBN 978-3-938396-34-6

Die alltagstauglichen und effektiven Strategien, Methoden und Übungsanleitungen in diesem Buch basieren auf der jahrzehntelangen Erfahrung der Autorin. Ihre umfassenden Kenntnisse sowie die Essenz aus der Arbeit mit Hunderten von Kursteilnehmern und Klienten fasst sie in diesem einzigartigen Ratgeber zusammen.
Ein Standardwerk!

Dr. Verena Breitenbach / Stefan Esser
Spüre deine Urkraft!
Die Intuitionsmethode

ISBN 978-3-938396-29-2

„(...) Die hier vorgestellte ‚Intuitionsmethode' ist ein Schritt auf dem Weg zur optimalen Ausschöpfung unserer geistigen Fähigkeiten."
 KGS Hamburg

„(...) Sie zeigen, was unsere Intuition ist, wie sie ‚funktioniert', wo und wie wir sie orten und einen verlässlichen und befriedigenden Zugang zu ihr finden können (...)."
 Das Wesentliche